MÉMOIRES

DU

CHANCELIER PASQUIER

Les éditeurs déclarent réserver leurs droits de reproduction et de traduction en France et dans tous les pays étrangers, y compris la Suède et la Norvège.

Ce volume a été déposé au ministère de l'intérieur (section de la librairie) en octobre 1893.

HISTOIRE DE MON TEMPS

MÉMOIRES

DU

CHANCELIER PASQUIER

PUBLIÉS PAR

M. LE DUC D'AUDIFFRET-PASQUIER

DE L'ACADÉMIE FRANÇAISE

PREMIÈRE PARTIE

RÉVOLUTION — CONSULAT — EMPIRE

II. — 1812-1814

TOME DEUXIÈME

PARIS

LIBRAIRIE PLON

E. PLON, NOURRIT et Cie, IMPRIMEURS-ÉDITEURS

10, RUE GARANCIÈRE

—

1893

MÉMOIRES

DU

CHANCELIER PASQUIER

CHAPITRE PREMIER

Les premiers bulletins de la Grande Armée. — Appréhensions de MM. de La Valette, Pasquier, Mollien, Decrès. — Illusions de Napoléon. — Translation de Pie VII de Savone à Fontainebleau. — La bataille de la Moskova. — Occupation prolongée de Moscou. — Vives inquiétudes à Paris. — La conspiration Malet. — Antécédents de ce général. — L'association secrète des *Philadelphes*. — Détention des chefs de cette association. — La maison de santé du faubourg Saint-Antoine; MM. de Polignac, de Puyvert, Berthier de Sauvigny et l'abbé Lafon. — Conception et plan du complot. — Exposé des moyens. — Préparatifs combinés par le général Malet et l'abbé Lafon. — Malet à la caserne Popincourt, à la caserne des Minimes, à la prison de la Force. — Les généraux Lahorie et Guidal et le Corse Boccheiampe. — Arrestation de M. Pasquier et du duc de Rovigo. — Malet chez le général Hulin, commandant la division, puis chez le général Doucet, chef d'état-major. — Avortement du complot. — Arrestation de Malet et de Lahorie. — Danger couru par M. Pasquier à son retour à la préfecture de police. — Effarement et crédulité de M. Frochot, préfet de la Seine. — Arrestation des conspirateurs, à l'exception de l'abbé Lafon. — Les projets de Malet, son gouvernement provisoire, ses mesures politiques. — Interrogatoire de Lahorie. — Enquête contre les hommes de l'ancien parti révolutionnaire. — Entrevue à ce sujet de Tallien avec M. Pasquier. — Procès des accusés. — Condamnation des conspirateurs et de leurs dupes. — Lettre du général Lahorie au duc de Rovigo. — Irritation de l'Empereur à la nouvelle de cette conspiration. — Indignation affectée des gens de cour contre l'administration de la police.

Les premiers bulletins, après le passage du Niémen, avaient annoncé la retraite de l'armée russe, se retirant devant l'armée française, évitant avec soin un engagement que celle-ci cherchait au contraire avec la plus grande ardeur. Cette marche rétrograde avait été représentée comme un indice de faiblesse dont on aimait à tirer les meilleurs augures; mais, pour les personnes mieux instruites, il n'était pas permis de douter qu'une retraite aussi régulièrement exécutée ne fût le résultat d'un système habilement combiné, d'abord pour fatiguer le corps principal de l'armée française par de longues marches dans un pays où il n'avait aucun approvisionnement assuré, ensuite pour l'attirer le plus loin possible de ses magasins, de ses renforts; on voulait lui faire perdre sa ligne d'opération, l'isoler des corps auxiliaires qui devaient se mouvoir sur ses ailes, depuis la Baltique sous les murs de Riga, jusqu'aux frontières qui séparent la Galicie de la Lithuanie.

Ma liaison avec M. de La Valette me mettait dans le cas de savoir la vérité; il avait au quartier général plusieurs anciens camarades qui le tenaient au courant, entre autres un inspecteur général chargé du service des postes de l'armée, et que la nature de ses relations mettait plus à portée que qui que ce fût de connaître la véritable situation des choses. J'entendais souvent M. de La Valette gémir des efforts faits pour donner aux événements les plus fâcheux une apparence favorable. Il craignait avec raison que l'Empereur finît par tomber dans les illusions qu'il cherchait à propager. Je me souviens de sa colère, le jour où nous lûmes dans un bulletin que des Cosaques faits prisonniers avaient déclaré que leurs camarades désertaient en foule et se hâtaient de regagner leur pays. « Est-il donc possible, s'écriait M. de La « Valette, qu'on prétende nous faire croire à de pareilles « fables? Les Cosaques abandonner l'armée! Eux dont les « plus grandes jouissances se trouvent dans l'état de « guerre, qui ont tout à y gagner, rien à y perdre! »

Celui qui faisait à Napoléon ces rapports optimistes était M. Lelorgne d'Ideville, maître des requêtes; c'est pour cela qu'il avait été mis à la suite du quartier général : il était chargé d'interroger les prisonniers. Ses récits venaient à l'appui de ceux de M. Bignon, alors chargé d'affaires auprès du grand-duché de Varsovie; ils n'ont peut-être pas été sans influence sur la décision prise par l'Empereur de franchir le Niémen; ils avaient présenté l'effectif de l'armée russe comme ne dépassant pas deux cent mille hommes. Les craintes dont M. de La Valette et moi étions tourmentés étaient partagées par plusieurs des ministres dévoués à Napoléon; d'abord par M. Mollien, ministre du Trésor, fort intimement lié aussi avec M. de La Valette. Nous dînions assez souvent chez lui à Boulogne, nos causeries se prolongeaient parfois dans la nuit, elles étaient pleines de confiance et d'abandon. M. Mollien entrevoyait, dans le cas d'un grand revers, une pénurie d'argent qui l'inquiétait d'autant plus qu'il savait mieux que personne que les procédés employés ne permettraient pas de recourir au crédit. Le duc de Rovigo, de son côté, sans s'ouvrir aussi complètement avec moi, laissait percer les nombreux soucis dont il était assiégé.

Voici ce qui m'arriva avec le ministre de la marine, M. Decrès : je passais à cheval sur la place Louis XV, il sortait à pied du ministère; m'ayant aperçu, il m'appela, m'engagea à descendre et à venir avec lui visiter un hôtel qu'il avait acheté. La visite de l'hôtel ne fut pas longue, nous allâmes dans le jardin; pendant une heure que dura notre promenade, il ne cessa de m'entretenir de la folle témérité de l'Empereur, des dangers qu'il courait, de sa situation qu'il regardait comme désespérée. On venait d'apprendre la conclusion de la paix entre la Russie et la Turquie; bien qu'elle eût été signée dès la fin de mai, elle nous avait été jusqu'alors soigneusement cachée. Cette paix rendait disponible une armée russe qui pouvait se porter sur les derrières de l'armée française. On savait qu'une entrevue avait eu lieu à Abo, entre l'empereur de Russie et le prince royal de Suède, que l'arrangement qui venait d'être conclu entre eux allait permettre de retirer les troupes russes cantonnées en Finlande, et de les amener au secours de Riga; ajoutez encore la diversion qui serait probablement tentée en Poméranie par une armée suédoise. C'était au milieu de ces circonstances que Napoléon, après la prise de Smolensk, dédaignant tous les conseils de la prudence, se décidait à marcher sur Moscou! Tout le monde avait supposé qu'il donnerait à son armée, déjà très fatiguée, le temps de se refaire, qu'il s'occuperait de fortifier, d'assurer sa position sur la Dwina, qu'il y passerait peut-être l'hiver. Il aurait pu organiser derrière lui les anciennes provinces polonaises séparées de l'empire russe, se mettre ainsi en mesure, ou de dicter la paix, ou de commencer au printemps une campagne décisive. L'opinion était tellement établie, au quartier général, sur la nécessité de prendre ce parti, que le prince de Neufchâtel, major général de l'armée, l'avait annoncé dans sa correspondance. « Et ce que tout le monde voit, me dit M. Decrès « en terminant ce tableau, l'Empereur ne le voit pas, ou il « a la folie de repousser tout ce qui semble contrarier ses « présomptueuses espérances. Pendant ce temps, Mar-« mont se fait battre en Espagne par Wellington; cette « défaite entraînera peut-être d'ici à six mois la perte de « l'Espagne. » La bataille des Arapiles avait été, en effet, livrée et perdue par Marmont à la fin de juillet. « Tout « cela, au reste, ne lui fait et ne lui fera rien, ajouta M. De-« crès; il croira s'en tirer en demandant de nouveaux con-« scrits; le Sénat vient de lui en livrer cent quarante mille, « cela fait quatre cent quarante mille dans l'année, et vous « croyez qu'une corde ainsi tendue peut résister long-« temps?... Non, je vous dis que c'est un homme perdu. »

Ma position était difficile, entendant ces paroles sortir de la bouche d'un personnage avec lequel je n'avais aucune intimité; je lui fis, pour la forme, quelques objections, puis le remerciai, en riant, d'une marque de confiance qui m'honorait beaucoup et qui était grande de la part d'un ministre envers un préfet de police, avec lequel il avait affecté, pendant deux ou trois ans, de ne pas échanger une parole. Il me répondit qu'il savait bien à qui il avait affaire. Cette conversation m'est toujours restée dans la mémoire ; je ne crois pas qu'il en ait été tenu, à cette époque, dans laquelle on soit allé aussi au fond des choses. Je découvris quelque temps après qu'une assez grande liaison s'établissait entre M. Decrès et le duc de Rovigo ; cela m'expliqua le chemin que celui-ci avait fait dans ses appréciations sur l'avenir politique.

On pourrait ajouter aux nombreux indices de l'acharnement avec lequel la Russie se préparait à soutenir la lutte, le sacrifice qu'elle faisait des combinaisons les plus persévérantes de sa politique, et aussi son empressement à aller chercher des alliés partout où elle pouvait rencontrer un ennemi de Napoléon. Pour faire la paix avec la Turquie, elle avait renoncé aux fruits les plus certains d'une campagne qui devait, en lui donnant la Géorgie tout entière, porter sa frontière jusqu'aux rives de l'Araxe, et assurer sa domination sur la mer Noire ; puis elle avait, dès la fin de juillet, conclu une alliance avec les Cortès de Cadix, stipulant au nom de Ferdinand VII, roi d'Espagne. Les deux alliés s'engageaient à suivre avec vigueur la guerre contre l'Empereur des Français, leur ennemi commun, et à se secourir de tous leurs moyens. Qu'on se reporte aux conférences d'Erfurt, à la fin de septembre 1808, alors qu'Alexandre abandonnait à son allié non seulement l'Italie, mais l'Espagne tout entière, dont il prend aujourd'hui la défense, et on pourra se faire une juste idée de la confiance qu'il faut accorder aux transactions politiques, quand ceux qui les signent n'ont d'autre règle que leur toute-puissante volonté.

Nous venions encore d'avoir un nouvel exemple de cette

violence qui ne respecte rien, qui foule aux pieds toutes les convenances; il faut d'autant plus s'y arrêter que c'est la dernière de celles que le pouvoir absolu de Napoléon lui ait permis de commettre. Il avait à peine quitté Paris lorsque l'avis lui parvint qu'une escadre anglaise se montrait en vue de Savone. Craignant que cette apparition n'eût pour objet d'enlever le Pape, il envoya aussitôt l'ordre au ministre de la police de contraindre Sa Sainteté à quitter cette résidence dans le plus bref délai, et de la transférer à Fontainebleau. L'ordre portait que le plus strict incognito devait être gardé sur toute la route. Pie VII partit donc accompagné de deux personnes seulement, un colonel et un médecin.

Voici comment je fus informé de cette mesure, malgré le secret recommandé. Étant allé un matin chez le duc de Rovigo, je le trouvai dans une agitation si visible qu'il me fut impossible de ne pas lui en demander la cause. « Eh! « le Pape, me dit-il, qui à l'heure qu'il est se meurt peut-« être dans l'hospice du mont Cenis. — Quoi! lui dis-je, le « Pape? Et comment se trouve-t-il là? » Alors il me raconta les ordres qu'il avait reçus et ceux qu'il avait donnés pour opérer le transfèrement commandé. Sa Sainteté était sujette à une maladie de vessie, dont elle avait beaucoup souffert de Savone à Turin; arrivée dans cette ville, elle avait demandé à s'y arrêter quelque temps pour donner à sa santé les soins qui lui étaient nécessaires, mais le prince Borghèse, gouverneur du Piémont, avait craint que ce retard n'engageât sa responsabilité et n'avait jamais voulu l'autoriser. Il avait fallu repartir. Arrivé au haut du mont Cenis, l'incommodité avait été si grave, qu'elle avait fait naître les craintes les plus sérieuses; on n'avait eu d'autre ressource que de s'arrêter dans l'hospice destiné aux voyageurs lorsqu'ils sont surpris par le mauvais temps. C'était de là qu'un courrier avait été expédié au duc de Rovigo. « Et c'est le prince Borghèse, un prince romain, s'écriait-

« il dans sa colère, qui ne consent pas à accorder au Pape
« un jour de repos, à lui faire donner des soins indispen-
« sables! Il sera cause de sa mort sur cette montagne et
« on m'en accusera, on dira que je l'ai tué. Quel effet dans
« l'Europe! L'Empereur lui-même ne me le pardonnera
« jamais. »

Ne voulant rien négliger, le duc de Rovigo avait cependant fait partir sur-le-champ un excellent chirurgien; s'il
eût osé, il serait parti lui-même. Heureusement ses ter-
reurs ne furent pas justifiées; le médecin qui accompagnait
Sa Sainteté avait su lui administrer les secours nécessaires. Le Pape arrivait le 20 juin au château de Fontainebleau, où les cardinaux qui étaient à Paris eurent la permission de lui rendre leurs devoirs. Il y vécut dans une
retraite qui aurait pu ressembler à une réclusion.

L'Empereur, pendant ce temps, poursuivait sa route;
il avait passé la Dwina à la fin d'août, et, marchant toujours à la suite d'un ennemi qui ne voulait pas se laisser
atteindre, il était arrivé, le 7 septembre, sur les bords de
la Moskova. Là, l'armée russe, ne pouvant se résoudre à
ouvrir sans combat la route de la capitale, prit le parti de
risquer le sort d'une bataille. On n'était plus qu'à vingt-six
lieues de Moscou. Quand le récit de cette journée, dont
l'issue cependant fut encore une grande victoire, arriva à
Paris, il consterna les amis les plus fermes et produisit
dans le public une sorte de stupeur. Le champ de bataille
était demeuré à nos troupes, mais les pertes étaient immenses. Jamais, en aucune journée, pendant vingt années
de combats acharnés, tant de généraux, d'officiers de
marque, n'avaient été ou tués ou blessés. La route de
Moscou était ouverte, c'était le seul prix de la victoire,
on allait entrer dans l'antique ville des Czars! Qu'y
gagnerait-on? Les hommes qui aiment toujours à se
flatter assuraient qu'on ne pouvait manquer d'y trouver
la paix : l'illusion ne fut pas de longue durée; bientôt

nous apprenions et l'occupation et l'incendie de Moscou.

Tout le monde est d'accord, la bataille de la Moskova a été mal engagée par l'Empereur, il n'avait pas examiné lui-même le terrain. Sans être aussi affaibli que le prétend M. de Ségur, il est cependant certain que la veille, le jour et le lendemain de la bataille, il souffrait d'un rhume de cerveau extrêmement violent, accompagné de fièvre. C'était une incommodité à laquelle il avait été toujours sujet et qui ne laissait pas de l'abattre. Il s'en était donc fié à ses maréchaux du soin de faire les reconnaissances; la veille, il les avait rassemblés pour entendre leurs rapports; il s'agissait de savoir si on attaquerait de vive force la position de l'ennemi, défendue par plusieurs redoutes, ou si on essayerait de la tourner. Le maréchal Davout soutint qu'il était possible de la tourner par la droite, que c'était le meilleur parti à prendre, mais il fut seul de son avis. Napoléon, après les avoir écoutés tous avec beaucoup d'attention, se résolut à suivre celui de la majorité. Lorsqu'ils se furent retirés, l'Empereur demanda à M. Daru, qui avait assisté à la conférence, ce qu'il en pensait. « Sire, « lui répondit M. Daru, j'en croirais le maréchal Davout, « parce que, ayant la vue fort courte, il a dû faire sa recon- « naissance de plus près que les autres (1). »

La position aurait été facile à tourner, ainsi que l'indiquait le maréchal; on le reconnut le lendemain. Faute d'avoir suivi son avis, on fut condamné aux efforts les plus terribles, et la victoire ne put être achetée qu'au prix des plus grands, des plus douloureux sacrifices. On croit généralement qu'elle aurait été bien autrement complète, et peut-être même décisive, si l'Empereur, à la fin de la journée, avait consenti à faire donner sa garde, qui resta inactive. Il aurait fait un grand nombre de prisonniers et complété la déroute des Russes; au lieu de cela, il a laissé

---

(1) Je tiens ce détail de M. Daru lui-même.

à l'armée ennemie le moyen d'organiser sa retraite, de se reformer avec facilité. Il a donc, par sa faute, rendu à peu près nul le résultat de cette bataille si désirée. Ce reproche est-il fondé? La situation où Napoléon s'était mis, par la rapidité de ses marches depuis le passage du Niémen, se portant toujours en avant, sans prendre la précaution de rien éclaircir sur ses flancs, était telle qu'il n'avait aucune connaissance des forces qui lui étaient opposées, ni de ce qui se passait autour de lui. Les nuées de Cosaques dont il était entouré ne lui permettaient pas de pousser ses reconnaissances à plus d'une ou deux lieues, les habitants du pays fuyaient à son approche, tous les moyens de se procurer des renseignements lui manquaient à la fois. Cependant il ne pouvait se dissimuler que l'armée ennemie était plus considérable et plus résolue qu'il ne l'avait supposé; rien ne lui garantissait qu'à dix lieues plus loin il ne trouverait pas une position fortifiée et une nouvelle armée prête à la défendre. Ses forces à lui s'épuisaient d'une manière effrayante, sa belle cavalerie était particulièrement éprouvée; il avait passé le Niémen avec quatre-vingt-dix mille hommes de cette arme, il ne lui restait pas vingt-cinq mille hommes montés, surtout après qu'il l'eut employée à enlever les redoutes du champ de bataille de la Moskova. Les meilleurs corps de son armée se trouvaient affaiblis par les pertes énormes qu'ils venaient de faire. Dans une telle position, devait-il compromettre, pour obtenir un succès plus grand, le seul corps qui fût encore intact, le seul qu'il pût mettre hardiment en face de l'ennemi, le seul qu'il pût ranger autour de sa personne, s'il avait une retraite à opérer? N'a-t-on pas le droit de conclure que son entreprise, conçue avec une grande témérité, avait été non moins follement conduite, sans ligne d'opération certaine, sans communication assurée avec les renforts qui lui devenaient de plus en plus nécessaires? Poursuivant un ennemi dont les forces lui étaient inconnues, il marchait sur Moscou sans pouvoir dire ce qu'il ferait quand il y serait arrivé, ayant l'air de croire que tout dépendait de l'occupation de cette capitale. Il ne tenait aucun compte de l'esprit et du caractère différents des peuples; jugeant de ce que seraient les Russes après la prise de Moscou, sur ce qu'avaient été les Autrichiens et les Prussiens après la prise de Vienne et de Berlin, c'était courir à une perte à peu près certaine.

Veut-on une preuve de ce que j'ai avancé sur l'impossibilité où il était d'éclairer sa marche? Qu'on songe qu'après la bataille gagnée de la Moskova, il a été deux jours sans pouvoir découvrir la route que l'armée russe suivait dans sa retraite. On s'est demandé pourquoi Napoléon n'avait pas pris, aussitôt après l'incendie de Moscou, le parti de commencer la retraite. Il avait encore le temps de l'effectuer avant la mauvaise saison; la résolution désespérée qui avait fait brûler cette capitale, n'était-elle pas la preuve que toute négociation serait désormais impossible, que les Russes étaient décidés à soutenir la guerre jusqu'à la dernière extrémité? S'est-il trompé sur le caractère d'Alexandre? espérait-il reprendre sur lui l'ascendant qu'il avait exercé à Tilsitt? Sa confiance à cet égard fut entretenue par l'ouverture à laquelle les généraux russes eurent l'adresse de se prêter. Il envoya de son côté aux avant-postes le général Lauriston, son dernier ambassadeur à Saint-Pétersbourg. L'état de son armée, quand il arriva à Moscou, ne permettait pas de la mettre immédiatement en retraite. Les malades et les blessés étant en nombre considérable, il eût fallu les abandonner, car les moyens de transport manquaient absolument; les voitures d'ambulance et les chariots de bagages avaient besoin de réparations. Le soldat, dans ses longues fatigues, avait été soutenu par l'espoir du repos qu'il s'attendait à trouver dans la capitale; l'incendie avait anéanti une grande partie des ressources qui s'y devaient trouver, mais il en restait assez pour satisfaire aux plus pressants besoins; ordonner une retraite précipitée, au travers d'un pays ruiné, au moment où le plus grand nombre se croyait arrivé au terme de ses travaux, c'était risquer de jeter l'armée dans un découragement dont les effets auraient été incalculables. La faute de Napoléon n'est donc pas tant d'être resté à Moscou que d'y être venu; ce qui n'empêche pas que le séjour y ait été prolongé au delà de l'indispensable nécessité. L'Empereur lui-même est convenu qu'il aurait dû y demeurer quinze jours de moins.

Toutes les correspondances particulières qui arrivèrent de l'armée augmentèrent l'impression, si vive déjà, que l'on ressentait à Paris. Je me souviens d'une lettre de M. Baraguey d'Hilliers adressée à M. de La Valette; les plus grands malheurs y étaient prédits. Placé sur les derrières de l'armée, M. Baraguey d'Hilliers voyait les difficultés qui s'accumulaient autour de lui; il prévoyait que bientôt les communications qu'il était chargé d'assurer seraient interceptées. Il n'y avait qu'un seul homme dont la confiance inébranlable cherchât à se rendre communicative, dont les lettres annonçassent toujours les plus heureux résultats. M. de Bassano, établi à Wilna avec quelques membres du corps diplomatique, repoussait tout ce qui pouvait faire douter du succès final; ce n'était pas chez lui indifférence pour les souffrances dont il était témoin, car il était bon et humain; tous les sentiments généreux trouvaient accès dans son âme; mais M. de Bassano était possédé d'une telle admiration pour Napoléon, d'un désir si ardent de voir réussir ses projets, que tout cédait en lui au besoin de concourir à ce succès, à lui en fournir les moyens.

Il était impossible que l'inquiétude, qui gagnait à Paris les hommes les plus dévoués au gouvernement impérial, ne fît pas naître chez ceux qui avaient pour lui des sentiments hostiles l'espoir de le renverser. A la fin d'octobre nous en eûmes la preuve. Une conspiration éclata, dans des circonstances fort extraordinaires, qui méritent d'être racontées. Presque toutes les relations qui en ont été publiées sont plus ou moins mensongères : je veux parler de la conspiration Malet.

Le général Malet n'était plus un jeune homme; il avait fait ses premières armes dans les mousquetaires et avait quitté le service, lors de la dissolution de ce corps, avec le brevet de capitaine. Patriote très chaud, au commencement de la Révolution, il était rentré dans l'armée en 1792; en 1799, il était général de brigade. Son républicanisme fort ardent, qu'aucune des horreurs de la Révolution n'avait ébranlé (il était de ceux, en très petit nombre, qu'on qualifiait, dans l'armée, de terroristes), lui avait fait voir avec un grand déplaisir l'élévation du général Bonaparte au Consulat; il avait été l'un des généraux qui, lors du Concordat avec le Pape, étaient entrés dans un complot qui avait donné assez d'inquiétude au premier Consul. Cependant, en 1805, il avait été encore employé en Italie et avait même eu le commandement de la ville de Pavie. Il cessa d'être employé dans les premiers jours de l'Empire, et vint s'établir à Paris, où il forma des liaisons avec des hommes exaltés, toujours occupés à tramer quelques complots contre l'Empereur. Parmi eux se trouvaient le général Servan, l'ancien ministre de la guerre, et un sieur Jacquemont, membre du Tribunat. Servan vint à mourir au moment où la police commençait à se méfier de lui; Jacquemont seul fut arrêté, mais on trouva dans les papiers du général Servan le plan très détaillé de l'organisation d'un gouvernement provisoire, dans le cas où on réussirait à se défaire de Napoléon. La police découvrait en même temps une association secrète formée dans le but d'agir sur l'armée. Le plus capable et le plus audacieux des fondateurs de cette association, dont les membres se donnaient le nom de *Philadelphes*, était un nommé Bazin, originaire du Mans. Il avait, dans les plus mauvais jours, épouvanté le département de la Sarthe par la rédaction d'un journal très violent; c'était lui qui le premier avait conçu, en 1799, l'idée de la loi des otages. La crainte des vengeances du parti chouan avait, depuis, décidé M. Bazin à s'éloigner du Mans et à se réfugier à Paris.

Après beaucoup d'interrogatoires, de recherches et de perquisitions, on ne trouva pas de preuves suffisantes, ni contre Bazin, ni contre Jacquemont; personne ne fut mis en jugement; on se borna donc à détenir comme prisonniers d'État tous ceux sur qui on avait mis la main. Le général Malet, également compromis dans l'une et l'autre affaire, fut du nombre des détenus. Ceux-ci restèrent presque tous dans les prisons de Paris, probablement parce que M. Dubois, ne renonçant pas à l'espérance que de nouvelles investigations seraient plus fructueuses, préférait garder les prévenus sous sa main. Le général Malet obtint assez promptement d'être transféré de la prison de la Force, dans une maison de santé, au faubourg Saint-Antoine. Il avait eu avec M. Fouché, dans le cours de sa vie révolutionnaire, des rapports qui lui donnèrent quelques droits à un souvenir bienveillant; il lui dut cet allégement, considéré presque toujours comme un acheminement vers une liberté qui ne se fit pas longtemps attendre. Dans la réalité, l'homme qui était détenu dans une maison de santé ne devait être considéré que comme un prisonnier sur parole; rien ne lui était plus aisé que de s'évader; il n'y avait là ni gardien, ni guichet, ni grille, ni verrou. Le propriétaire de l'établissement était seul responsable des individus qui lui étaient confiés et n'avait pour les surveiller que des domestiques, chargés en même temps de les servir. On recevait, dans ces maisons, toutes les visites des personnes que les détenus jugeaient à propos de voir, avec lesquelles ils passaient, sans nulle gêne, la plus grande partie de la journée; les communications entre le dedans et le dehors ne souffraient donc aucune difficulté.

Lorsque le général Malet entra dans la maison de santé du faubourg Saint-Antoine, il y trouva MM. de Polignac, Berthier de Sauvigny, l'abbé Lafon, et M. de Puyvert; ces cinq personnes étaient toutes détenues pour fait de complot royaliste. MM. de Polignac avaient dû leur sortie de Vincennes à l'intérêt que leur portait la duchesse de Rovigo. Elle était un peu leur parente; fort liée de plus avec la femme de l'aîné de ces messieurs, elle avait décidé son mari à obtenir de l'Empereur cet adoucissement à leur longue captivité. J'avais rendu le même service à M. Berthier de Sauvigny, beau-frère de mon frère. Les projets de conspiration insensés qui avaient attiré sur lui cette rigueur n'étaient pas de nature à le faire considérer comme très redoutable. On ne pouvait pas en dire autant de l'abbé Lafon. Né dans le département de la Gironde, dès 1795 il s'était signalé par la part très active qu'il avait prise à toutes les tentatives ayant pour but de rétablir l'ancienne monarchie; promoteur de la chouannerie, plus récemment, lors de l'occupation des États de l'Église par les troupes françaises, il avait travaillé à répandre les protestations du Pape, et la bulle d'excommunication que Sa Sainteté avait jugé à propos de fulminer. Cette dernière entreprise l'avait fait arrêter à Bordeaux, envoyer à Paris, puis enfermer à la Force, avec le général Malet. L'intérêt qu'il avait su inspirer, par une maladie feinte ou véritable, avait motivé son transfèrement dans cette maison de santé, où se trouvait M. de Puyvert, détenu depuis neuf ans. Royaliste non moins dévoué que M. Lafon, le marquis de Puyvert avait participé, comme investi des pouvoirs du Roi, à tous les mouvements tentés pour la cause royale dans le midi de la France.

Voilà donc la société au milieu de laquelle le général Malet se trouva jeté en sortant de la Force. Elle semblait devoir peu convenir à ses habitudes, à ses opinions et aux souvenirs de sa vie passée. Mais un malheur semblable, surtout une haine commune, rapprochent facilement les hommes; on ne discute pas les motifs de la vengeance, dont le besoin vous dévore, quand on est d'accord sur le mal qu'on souhaite à son ennemi! Une certaine intelligence ne tarda pas à s'établir entre le général et ses nouveaux compagnons d'infortune. Cependant la véhémence de son caractère, l'audace de ses procédés révolutionnaires, durent étonner, jusqu'à un certain point, des hommes qui n'avaient pas comme lui joué un rôle actif dans les scènes de 93 et de 94. L'abbé Lafon paraît avoir été de force à se tenir constamment à sa hauteur. Si même on ajoutait foi aux récits qui ont été publiés par lui, il faudrait admettre qu'il a puissamment contribué à attiser le feu dont cette âme ardente était dévorée.

Lorsque les événements de la campagne de Russie commencèrent à produire l'impression générale dont j'ai tâché de rendre compte, Malet crut que la chute de Napoléon, non seulement pouvait, mais devait être immédiate. Il se persuada qu'elle serait facilement décidée par le plus léger effort, surtout si cet effort était tenté dans la capitale. Ce fut sur cette idée qu'il bâtit son plan. M. Lafon a affirmé que ce plan avait été connu des royalistes qui partageaient la réclusion du général. Il faut observer que M. Berthier n'en faisait déjà plus partie; j'avais obtenu sa liberté définitive dans le même conseil où la permission de passer en Amérique avait été accordée au général Lahorie; il avait été seulement astreint à se retirer chez une de ses sœurs, en Languedoc. Quant à M. de Puyvert, dont les paroles méritent d'être crues, il a affirmé qu'il n'avait absolument rien su. Restent MM. de Polignac. M. Lafon prétend qu'ils furent effrayés des conséquences de l'entreprise; il attribue à la crainte de se voir compromis par une habitation commune avec le général, la demande qu'ils formèrent alors d'être transférés dans une autre maison de santé, située au faubourg Saint-Jacques. La coïncidence de cette démarche avec l'événement donne quelque force à cette assertion.

Quand le complot éclata, il n'y avait plus dans la maison de santé du faubourg Saint-Antoine que le général Malet, M. de Puyvert et l'abbé Lafon; M. de Puyvert n'a pris aucune part à l'action, elle appartient donc tout entière au général et à l'abbé. Persuadés l'un et l'autre que les conspirations échouent presque toujours par l'indiscrétion ou la trahison des individus trop nombreux qu'on se croit obligé de mettre dans la confidence, ils résolurent de renfermer le plus possible leur secret, mettant l'espoir du succès dans la surprise qu'ils causeraient à ceux dont ils comptaient se servir, comme à ceux qu'ils devaient attaquer. M. Lafon, dans son récit, prétend qu'il avait de nombreux correspondants, que des intelligences étaient ménagées avec beaucoup de militaires, que tout enfin avait été disposé par ses soins pour un soulèvement à Paris et dans les provinces. Je donnerai plus tard une preuve qui me semble irrécusable de la fausseté de cette assertion.

Les moyens employés par eux furent aussi simples que téméraires. Profiter de la nuit pour se présenter à la porte de deux casernes, annoncer la mort de Napoléon, donner lecture d'un sénatus-consulte supposé, qui abroge le gouvernement impérial, qui établit un gouvernement provisoire, et investit le général Malet de tous les pouvoirs nécessaires pour commander la force armée, la requérir, la commander comme il conviendra; avoir ainsi à sa disposition une cohorte et un bataillon d'un régiment; conduire et envoyer des détachements de ces deux corps sur les points les plus importants à occuper, s'en servir pour arrêter les fonctionnaires publics dont la résistance est le plus à craindre; cela fait, publier et proclamer par toute la ville le prétendu sénatus-consulte; appeler à soi les mécontents de toutes les couleurs, de tous les partis; assembler à l'hôtel de ville les plus importants d'entre eux; en former un gouvernement provisoire, avec lequel ils se flattent de vaincre toutes les résistances, d'entraîner l'obéissance et l'assentiment de la France entière; tel est l'ensemble des opérations que le général Malet et M. Lafon vont tenter, en sortant, le 23 octobre, à huit heures du soir, de la maison de santé.

Leur départ ne souffrit aucune difficulté. Ils se transportèrent d'abord près de la place Royale, rue Saint-Gilles, où ils s'étaient assurés d'une chambre qu'occupait un prêtre espagnol. Il paraît sûr que, déjà dans la nuit du dimanche précédent, ils s'étaient rendus dans ce même lieu, mais qu'ayant attendu trop longtemps un des individus dont la coopération leur était nécessaire, ils avaient pris le parti de rentrer dans la maison de santé. Je crois même que le maître de cette maison avait donné avis au ministre de la police de cette première sortie; on y avait fait peu d'attention, dans la pensée, sans doute, que l'escapade avait eu lieu pour quelque partie de plaisir sur laquelle il valait mieux fermer les yeux. L'asile momentané de la rue Saint-Gilles leur avait été procuré par les soins d'un jeune homme nommé Boutreux, qui venait souvent visiter M. Lafon et le général Malet. Il était natif d'Angers, licencié en droit; on a lieu de penser qu'il avait fait partie de la société des Philadelphes. Les deux conspirateurs s'étaient décidés à le mettre dans leur confidence, ne pouvant se passer d'un complice en état de leur trouver un lieu dans lequel ils pourraient rédiger en sûreté les pièces nécessaires, et où le général Malet revêtirait son uniforme. Ce fut Boutreux, en effet, qui reçut, dans l'appartement du prêtre espagnol, les deux conjurés, auxquels vint se joindre aussitôt un caporal du 1er bataillon d'un régiment de la garde de Paris, nommé Rateau. C'était lui qui s'était fait attendre le dimanche précédent; il avait été séduit par le général Malet, dans la maison de santé, où il venait assez souvent rendre visite à un de ses parents. Il devait apporter, et apporta, en effet, le mot d'ordre. Ces deux individus, avec le prêtre espagnol, sont les seuls qui aient été notoirement mis à l'avance dans le secret de la conspiration. Les pièces à rédiger et à copier consistaient dans le sénatus-consulte supposé, dans la proclamation de ce sénatus-consulte, et dans un ordre du jour daté du 23 ou 24 octobre, signé Malet, plus deux lettres contenant des instructions très détaillées sur la distribution et l'emploi des troupes ; l'une était adressée au sieur Soulier, commandant la 10° cohorte, l'autre au sieur Rouff, commandant le 2° bataillon de la garde de Paris. La lettre au sieur Soulier annonçait sa promotion au grade de général de brigade et était accompagnée d'un bon de 100,000 francs, sur lequel devait être pris le payement d'une haute solde aux soldats, et de doubles appointements aux officiers. Le général Malet, signataire de ces deux lettres, était censé les remettre à un général Lamotte, qui devait prendre le commandement des troupes et pourvoir à l'exécution de tous les ordres. Mais, dans la réalité, il n'y avait point de général Lamotte ; il se chargeait lui-même de porter ses dépêches. Le temps de faire toutes ces écritures, bien qu'elles fussent grossièrement fabriquées, prit une grande partie de la nuit. Une pluie abondante était survenue, rendant la marche des conjurés fort pénible ; la caserne de Popincourt, où se trouvait la 10° cohorte, était assez loin de la rue Saint-Gilles ; il était trois heures et demie lorsque Malet s'y présenta, accompagné de Rateau, qui remplissait auprès de lui les fonctions d'aide de camp. Le chef de la cohorte, Soulier, était dans son lit avec la fièvre. La nouvelle de la mort de l'Empereur, jointe à son indisposition, bouleversa ses facultés ; il crut sans hésiter et sans vérification tout ce qui lui fut dit, ordonna de faire lecture du sénatus-consulte et de la proclamation, puis mit les troupes à la disposition du général. Le même succès attendait celui-ci à la caserne des Minimes, où se trouvait un bataillon de la garde de Paris, composé de six compagnies. Le colonel du régiment, nommé Rabbe, auquel on alla porter la nouvelle, ne fut pas moins crédule que le chef de la cohorte, et envoya l'ordre d'obéir à toutes les réquisitions qui seraient faites. D'après ces réquisitions, les six compagnies devaient s'acheminer entre cinq et six heures du matin, pour occuper la barrière Saint-Martin, la barrière de Vincennes, la préfecture de police, le quai Voltaire, la place de Grève et la place Royale, chacun de ces postes devant être occupé par une compagnie. Malet disposait donc de douze cents soldats environ. Il avait réservé ceux de la cohorte pour soutenir et exécuter les coups de main auxquels il attachait le plus d'importance. Mais il lui fallait, pour diriger et faire servir utilement ces soldats, des hommes de résolution, en état de les bien commander; or la prison de la Force renfermait deux généraux dont les sentiments bien connus lui promettaient une vigoureuse coopération. Cette prison se trouvait sur son chemin, en avançant dans la ville; il résolut de les aller délivrer; il se servit, auprès d'eux, du sénatus-consulte et leur confirma la nouvelle de la mort de l'Empereur, toujours avec le même succès. Cependant beaucoup de temps était déjà perdu; il ne fallait plus compter sur les avantages de la nuit. Il était six heures et demie lorsqu'il se présenta à la Force, suivi d'une partie de la cohorte; le reste marchait pour s'emparer de l'hôtel de ville. Le concierge de la prison, voyant une troupe militaire en bon ordre, commandée par un général en uniforme, n'éleva pas le moindre doute sur la légalité de sa mission et s'empressa de lui obéir.

Les généraux Lahorie et Guidal furent donc mis en liberté, ainsi qu'un sieur Boccheiampe, Corse de naissance, assez récemment amené à Paris, de Parme, où il avait été prisonnier d'État pendant de longues années; le malheureux avait lui-même sollicité cette translation comme un moyen de faire mieux entendre sa justification, d'obtenir enfin sa liberté.

Le général Guidal, d'un caractère très violent, après plusieurs démêlés avec différents ministres de la guerre, avait été réformé, pour ses sentiments de haine contre Napoléon. Des propos menaçants, qu'il s'était permis depuis, en maintes occasions, avaient motivé la détention qu'il subissait. Malet l'avait connu pendant son séjour à la Force. Lahorie se fit attendre ; il était couché lorsqu'il fut averti, et mit assez de temps à se lever. Il ne paraît pas cependant qu'il eût conçu le moindre doute sur la vérité des faits qui lui étaient annoncés. A sa sortie de prison, il reçut le commandement d'un peloton avec l'ordre de se transporter à la préfecture de police, d'y arrêter le préfet, d'y installer à sa place le sieur Boutreux, qui se joignit à lui, revêtu d'une écharpe. Cette expédition faite, il devait continuer sa route jusqu'au ministère de la police, arrêter le ministre et le remplacer dans ses fonctions. Guidal et Boccheiampe eurent aussi chacun le commandement d'un peloton, avec mission d'appuyer, si besoin était, les opérations de Lahorie, avec instruction de se conformer dans tous les cas aux ordres qu'ils en recevraient. Malet, de son côté, se dirigea avec cent cinquante hommes sur l'état-major de la division militaire, place Vendôme.

Il était plus de sept heures quand Lahorie arriva à la préfecture de police. Je venais de quitter mon lit, lorsque j'entendis une grande rumeur dans les pièces qui précédaient ma chambre à coucher. Mon valet de chambre sortit pour en savoir la cause. Voyant une troupe armée, il chercha à l'arrêter, et défendit avec un admirable dévouement la porte de ma chambre ; il fut jeté de côté, blessé à la jambe d'un coup de baïonnette. Je cherchais à gagner l'escalier qui donnait sur le jardin, lorsque je fus assailli par une troupe de soldats, conduits par un officier, qui me fit rentrer dans mon appartement, sans souffrir que ses gens exerçassent sur moi aucune violence. Cet officier, que je ne reconnus pas, était enveloppé d'un manteau; le trait caractéristique de sa figure, son front découvert, était caché par un grand chapeau. C'était le général Lahorie. Il m'annonça la mort de l'Empereur, tué sous les murs de Moscou; me signifia le prétendu sénatus-consulte, mais sans me permettre de le lire. Il me dit encore que le citoyen Boutreux, qui l'accompagnait, allait prendre mes fonctions, puis me consigna dans ma chambre, sous la garde de deux fusiliers. Il partit, laissant garnison dans l'hôtel, dont le poste n'était occupé que par quelques invalides.

Arrivé au ministère de la police, la scène fut beaucoup plus vive. Le duc de Rovigo, comme moi pris à l'improviste, courut beaucoup plus de dangers. Le général Guidal nourrissait une haine particulière contre lui et aurait volontiers profité de l'occasion pour s'en défaire; il avait trouvé dans quelques-uns des soldats qu'il conduisait des dispositions semblables. Le général Malet avait donné les instructions les plus violentes; on peut juger de ce qu'il attendait de ses lieutenants par ce qu'il a fait lui-même. Il avait agi habilement en entraînant cette troupe, composée d'hommes arrachés à leurs foyers, lorsqu'ils se croyaient depuis longtemps à l'abri des réquisitions, et disposés à se montrer hostiles au gouvernement impérial. Ils étaient commandés par des officiers, presque tous usés par l'âge et les fatigues, plus que d'autres faciles à tromper. Les soldats qui suivaient le général Guidal envahirent la chambre du ministre de la police; il fallut, pour le protéger, toute la fermeté du général Lahorie. Le profond ressentiment dont il devait être animé contre le duc de Rovigo céda dans cette occasion à la générosité naturelle de son caractère : il usa du pouvoir dont il était revêtu pour empêcher qu'on lui fît aucun mal, mais ne trouva, ainsi qu'il l'a déclaré ensuite, d'autre moyen de lui sauver la vie qu'en le faisant emprisonner. « Rassure-toi, avait-il dit à

Savary, tu es tombé dans des mains généreuses, tu ne périras pas. »

Le duc de Rovigo fut conduit à la Force, dans une voiture de place, par le général Guidal. Lahorie signa, comme ministre de la police, l'ordre de sa détention; il n'a pris cette qualité que dans cet acte, pour sauver la vie de Rovigo, a-t-il dit, et n'en a, en aucune façon, exercé les fonctions. Sur ce point, son assertion manque de vérité; car il fit demander, immédiatement après son installation dans l'hôtel, un tailleur auquel il commanda un habit de ministre, puis monta dans la voiture de son prédécesseur, se fit mener à l'hôtel de ville, où il fut introduit comme ministre de la police.

Pendant que ces choses se passaient au ministère, j'étais demeuré dans ma chambre à coucher. J'achevai ma toilette entre mes deux fusiliers; puis, désireux de savoir ce qui se passait, je demandai à parler au citoyen Boutreux. Il vint, et eut la simplicité de me montrer le sénatus-consulte et la proclamation. Il ne me fut pas difficile de juger, à la première vue, que ces pièces étaient apocryphes, fabriquées par des gens qui ne connaissaient pas les formes usitées. Je me bornai à lui dire que la mort de l'Empereur m'étonnait beaucoup, parce que j'avais vu la veille des dépêches apportées par une estafette venue très vite et que, selon ces dépêches, il se portait bien. Peu de minutes après, Mme Pasquier et mon beau-frère ayant pénétré jusqu'à moi, je leur dis que tout ce qui se passait était fondé sur une grossière imposture, qui ne tarderait pas à être reconnue.

Je raisonnais sur l'issue probable de cette échauffourée, lorsque je vis entrer un sous-lieutenant de la cohorte; j'ai su depuis qu'il se nommait Lefèvre. Il était porteur d'un ordre de Lahorie, ministre de la police, et me signifia qu'il allait me conduire à la Force. Je montai donc à côté du sous-lieutenant dans un cabriolet de place entouré par une douzaine de soldats; à moitié chemin, remarquant que l'escorte était peu considérable, j'eus l'idée qu'il serait peut-être possible de faire entendre raison à l'officier qui me conduisait. Je pris le parti de lui dire qu'il était dupe d'une grossière imposture, qu'il ne savait pas sans doute les conséquences de sa participation à une affaire fort coupable, qu'il pouvait y perdre la vie; je lui déclarai que l'Empereur n'était pas mort, que le sénatus-consulte en vertu duquel il agissait était faux. Il fut d'abord étonné; pensant ensuite que ce langage était une ruse de ma part, ou peut-être ayant peur des soldats qui nous accompagnaient, il ordonna à l'escorte de doubler le pas et au conducteur du cabriolet d'aller plus vite.

Nous arrivâmes à la Force. Mon sous-lieutenant se hâta de me mettre entre les mains du concierge, nommé Lebeau; c'était un fort honnête homme, fils d'un concierge, qui, dans le temps de la Terreur, s'était signalé par les courageux services qu'il avait rendus aux malheureux détenus. Il me devait sa place. Aussitôt que les portes furent fermées, il se mit à ma disposition; j'appris de lui ce qui s'était passé le matin dans la prison, lorsque Lahorie, Guidal et Boccheiampe avaient été mis en liberté; il me dit comment le duc de Rovigo venait de lui être amené, que le général Guidal avait pris, en se retirant, la précaution de confier la garde du poste extérieur à des soldats tirés de la cohorte dont il disposait. Enfin je fus informé que M. Desmarets, conduit aussi par un officier, était arrivé peu après le ministre et avait aussi été constitué prisonnier. Après quelques minutes de réflexion sur le meilleur parti à prendre, sur les premières démarches à faire, je chargeai la femme du concierge d'aller vérifier si une issue de la prison, donnant sur une autre rue que celle de l'entrée principale, était aussi gardée par la cohorte; j'attendais son retour, quand je vis entrer dans le greffe M. Saulnier, secrétaire général du ministre de la police, et l'adjudant de place Laborde. Ils me dirent que tout était terminé, que le général Malet et Lahorie étaient arrêtés, qu'ils n'avaient pas perdu une minute pour venir me délivrer, ainsi que le duc de Rovigo.

Nous sortîmes ensemble : le duc de Rovigo monta avec moi dans la voiture de M. Saulnier, qui nous conduisit à l'hôtel du ministère. Je n'ai donc guère passé plus d'un quart d'heure à la Force. Je n'ai pas quitté le greffe; mais la scène avait cependant été rude; je ne prétends pas nier que mon émotion n'ait été vive, que je n'aie pas passé ce qu'on appelle un mauvais quart d'heure. C'est ici le lieu de dire que dans le trajet de la préfecture à la Force je n'avais aperçu sur la route aucun mouvement, aucun rassemblement. Toute la ville paraissait dans l'ignorance la plus profonde de ce qui se passait. Quelques habitants du quartier qui me reconnurent dans le cabriolet, entouré de mon escorte, s'arrêtèrent avec les marques du plus grand étonnement. Le ministre de la police avait été encore moins remarqué. Il n'y a donc rien de plus mensonger que les assertions contenues dans l'écrit de M. Lafon sur l'indignation qui éclata, dit-il, contre nous, au moment où on nous emmenait, sur les menaces de jeter le ministre dans la rivière. A notre retour, nous trouvâmes un assez grand nombre de personnes assemblées sur la place de Grève; il y en avait beaucoup plus sur le pont Neuf, sur les quais, en face du ministère de la police et de la préfecture de police; déjà on savait l'arrestation du général Malet, on s'entretenait par conséquent de son entreprise comme d'une odieuse folie.

Voici maintenant ce qui avait précipité le dénouement.

Malet, arrivé à la place Vendôme, s'était porté au logement du général Hulin, commandant la division. Laissant son escorte à la porte, il était monté à l'appartement du général, accompagné de deux ou trois officiers ou sous-officiers. Il avait annoncé au général la mort de l'Empereur; mais ayant remarqué peu de crédulité sur sa figure, il l'avait engagé à passer dans un cabinet voisin pour prendre lecture des pièces qu'il allait lui communiquer. Aussitôt entré dans le cabinet, pendant que le général Hulin jetait les yeux sur le sénatus-consulte, Malet lui tira dans la tête un coup de pistolet qui lui fit perdre connaissance. Ce crime consommé, le général Malet se hâta de reprendre le commandement de sa troupe, dont une partie s'était emparée de la porte de l'état-major, situé à l'extrémité de la place; mais de là on avait pu voir un mouvement anormal chez le général Hulin et on était sur ses gardes.

Cependant Malet pénétra encore jusqu'au cabinet du général Doucet, adjudant général, chef d'état-major; celui-ci lisait le sénatus-consulte, que venait de lui remettre le commandant du détachement qui avait pris les devants. M. Doucet s'était aperçu de la fausseté de la pièce. Comme il se récriait sur cette indignité, Malet se préparait à lui faire subir le même sort qu'au général Hulin, lorsque l'adjudant Laborde, qui le suivait de près, le voyant porter la main sur un pistolet, se jeta sur lui et l'arrêta, en appelant à son secours les soldats du poste préposés à la garde de l'hôtel. Ceux de la cohorte ne surent pas plus tôt ce qui venait de se passer, qu'ils se hâtèrent de se ranger sous les ordres du général Doucet et de l'adjudant Laborde, auxquels ils avaient l'habitude d'obéir.

M. Saulnier ayant appris l'enlèvement du duc de Rovigo, s'était transporté chez M. Réal qui avait couru chez l'archichancelier, puis chez le ministre de la guerre, et de là enfin à l'École militaire, requérir le général Deriot, commandant la garde impériale, de faire avancer au plus vite des détachements en nombre suffisant pour rétablir le bon ordre. M. Saulnier, de son côté, s'était fait mener chez le général Hulin; il y était arrivé quelques instants après le coup de pistolet que lui avait tiré Malet et l'avait trouvé dans son lit. Le ministre de la guerre, déjà informé de l'arrestation de Malet, avait donné les ordres nécessaires pour faire rentrer dans les casernes les troupes qui avaient été séduites.

Ainsi, pour le général Malet, tout était terminé après quatre ou cinq heures de succès.

Malet avait cru que ses ordres, envoyés de l'état-major général à tous les corps de troupes dans l'étendue de la division, ne pourraient pas manquer d'entraîner leur complète obéissance puisqu'ils leur apparaîtraient sous la forme accoutumée, puisqu'ils leur seraient transmis par les voies ordinaires. Malgré ce que l'audace d'une telle conception peut avoir de saisissant, il est impossible de ne pas la regarder comme un acte de folie. Il eût fallu tuer le ministre de la guerre et son état-major, gagner, désarmer ou détruire le général et les officiers supérieurs auxquels appartenait le commandement de la portion de la garde que l'Empereur n'avait pas près de lui et qui se trouvait à Paris et à Saint-Cloud. Or il n'était pas permis d'ignorer que la garde n'était pas sous les ordres de l'état-major de la division. Son dévouement à l'Empereur, à l'Impératrice, au Roi de Rome était connu; elle était casernée en grande partie hors de la ville, à l'École militaire, à Courbevoie; ses chefs auraient, par conséquent, été avertis à temps, ils avaient quatre à cinq mille hommes.

La conduite de l'adjudant Laborde, en cette occasion, fut des plus vigoureuses. En quittant la place Vendôme, où il avait arrêté le général Malet, il courut au ministère de la police, mit la main sur Lahorie, déjà établi dans le cabinet du ministre, mais assez inquiet. Il était impossible qu'il ne se fût pas douté que le général Malet avait abusé de sa crédulité. Confiant dans sa parole, il avait été chercher, à l'hôtel de ville, le gouvernement établi par le sénatus-consulte; son étonnement fut extrême de n'y trouver que deux compagnies de la 10ᵉ cohorte, envoyées par Malet pour en prendre possession. Personne ne pouvant lui donner le moindre renseignement sur le prétendu gouvernement provisoire, il avait pris le parti de revenir au ministère.

Étonné de la tranquillité qui régnait dans toute la ville, où nul ne paraissait instruit d'un événement aussi grand que la mort de l'Empereur et le renversement de son gouvernement, il était plongé dans ces réflexions lorsque parut Laborde qui le fit prisonnier. C'était après cette expédition et sur les ordres du ministre de la guerre, que Laborde était venu à la Force, accompagné de M. Saulnier, et nous avait délivrés.

En arrivant sur le quai, nous rencontrâmes la tête d'une colonne de grenadiers de la garde impériale qui vint, rangée devant le ministère, attendre des ordres; sa présence seule était une suffisante garantie que la tranquillité ne serait pas troublée. On crut donc que tout était fini, ce fut alors cependant que je courus personnellement le plus grand danger.

Ma présence à la préfecture de police devant être nécessaire, je me hâtai d'y retourner. Je commis l'imprudence d'y aller à pied, sans escorte. Pendant mon absence, les soldats de la cohorte, restés en possession de l'hôtel, ayant été rejoindre la compagnie dont ils faisaient partie, avaient été remplacés par la compagnie du bataillon de la garde de Paris, auquel Malet avait assigné cette destination. Celle-ci était commandée par le lieutenant Beaumont.

Arrivé à l'entrée de l'hôtel, voyant la cour remplie de soldats, j'appelai le commandant et lui signifiai qu'il eût à reconduire sa troupe à la caserne. Je crus que ma vue seule devait suffire pour lui apprendre que tout était changé; les militaires, j'aurais dû le savoir, n'obéissent pas avec tant de facilité aux ordres d'un fonctionnaire civil. Le changement, si brusque d'ailleurs, ne fut pas admis par l'officier, qui, encouragé par un sergent qui paraissait fort animé, refusa tout à fait de se soumettre à mon injonction et cria à sa troupe de prendre les armes. Ce fut le signal d'une manifestation accompagnée de cris : « Il faut l'arrêter, il faut le tuer! » Heureusement, j'étais encore auprès de la porte; je me rejetai au milieu de la foule de curieux qui s'y pressait et remontai la petite rue de Jérusalem, dans l'intention de gagner le quai. Les soldats se mirent à me poursuivre, baïonnette en avant, et je n'eus d'autre ressource que de me réfugier dans une boutique, à l'extrémité de la rue. Ils voulurent briser la porte, mais les nombreux agents de la préfecture présents se jetèrent au-devant d'eux, leur persuadèrent de garder la porte, sans recourir à la violence, dont ils leur firent comprendre l'inutilité et le danger. Me voilà donc de nouveau prisonnier. Je restai près d'une heure ainsi bloqué. L'adjudant s'était présenté, muni des ordres du ministre de la guerre, qui enjoignait à la compagnie de rentrer à la caserne, mais son autorité avait été méconnue comme la mienne, on l'avait arrêté; le tumulte ne prit fin que lorsqu'on apprit qu'un fort peloton de la garde impériale était en route pour la préfecture de police. Le lieutenant Beaumont prit alors le parti de se retirer avec la compagnie et cessa ainsi une résistance qui ne lui en a pas moins coûté la vie.

Sur les ordres du général Malet, le chef de la cohorte Soulier, parti pour occuper l'hôtel de ville, n'arriva qu'à sept heures et demie; il fit stationner sa troupe sur la place, monta pour signifier au préfet les ordres dont il était chargé; mais celui-ci avait couché à sa maison de campagne. Soulier ne put parler qu'à un des employés qui, sachant que le préfet devait être en route, envoya au-devant de lui pour hâter sa marche et lui annoncer la mort de l'Empereur par un petit mot au crayon : *Fuit Imperator*. M. Frochot arriva à cheval à huit heures; la nouvelle l'avait mis hors de lui, tout ce qu'on lui apprit augmenta son trouble : ainsi il sut que le ministre de la police était venu, sans savoir que ce ministre était Lahorie, que le duc de Rovigo était en prison. On lui parla d'un ordre pour arrêter un de ses employés nommé Lapierre qu'il aimait beaucoup. Enfin il reçut la visite d'un médecin attaché au duc de Rovigo qui venait, de la part de la duchesse au désespoir, lui demander où était son mari. Ce désespoir, aux yeux de M. Frochot, était motivé par la mort de l'Empereur; il y vit une confirmation de la fatale nouvelle.

M. Frochot lut, dans les ordres que lui remettait le commandant de la cohorte, l'abolition du gouvernement impérial, l'établissement d'une commission provisoire de gouvernement, siégeant à l'hôtel de ville, et l'injonction, s'il en était besoin, de faire un appel au pays en sonnant le tocsin. Toutes ces mesures révolutionnaires achevèrent de le dérouter. « Eh bien, dit-il à Soulier, que voulez-vous? Il « vous faut un emplacement pour la commission, un autre « pour l'état-major. Il y a de la place dans la grande salle « pour la commission; quant à l'état-major, il pourra se « mettre dans le bas de l'hôtel. » Puis, sortant de son cabinet, il alla dans la grande salle, appela le concierge, donna l'ordre d'y apporter une table et des chaises, et se hâta de gagner son appartement particulier, demanda des chevaux, ayant l'intention de se rendre au plus vite chez l'archichancelier. On vint alors lui annoncer que l'adjudant Laborde arrivait, avec des ordres du ministre de la guerre, pour faire retirer la cohorte et la remplacer par d'autres troupes. M. Saulnier eut bientôt appris à M. Frochot l'erreur dans laquelle on l'avait jeté. Sa joie fut alors aussi vive que l'avait été sa douleur; il se joignit à l'adjudant Laborde pour persuader au colonel d'obéir à l'ordre qui lui était signifié et que ce malheureux était fort tenté de méconnaître. Ne sachant plus auquel entendre, au milieu de tant de faits extraordinaires et contradictoires, il céda cependant, et reconduisit sa troupe à la caserne. Pendant ce temps les chaises et la table, apportées dans la grande salle, étaient remportées; mais ces préparatifs avaient été remarqués. M. Frochot, dans la joie que lui causait ce dénouement inespéré, était loin de prévoir tout ce que sa crédulité, si excusable cependant, devait entraîner pour lui de peines et de malheurs.

Dans la journée du 24, les deux chefs de corps, les officiers et sous-officiers qui avaient le plus activement secondé les opérations du général Malet furent arrêtés. Le général Guidal et Boccheiampe furent saisis dans la maison où ils s'étaient retirés. Boutreux, qui avait eu la prétention de remplir les fonctions de préfet de police, échappa dans ce premier moment à toutes les recherches. Il en fut de même de Lafon, qui n'a reparu qu'à la Restauration. Une commission militaire fut assemblée dès les premiers instants pour juger les prévenus.

Malet et ses principaux agents appartenaient au parti révolutionnaire, c'était de ce côté que devaient être dirigées les recherches; cependant les pièces saisies sur les conjurés renfermaient des données contradictoires; ainsi le sénatus-consulte portait comme membres du gouvernement provisoire des hommes connus pour leurs sentiments royalistes et contre-révolutionnaires. On y voyait figurer M. Mathieu de Montmorency, M. Alexis de Noailles, à côté de l'abbé Sieyès. Le mariage de Marie-Louise était cassé, le jeune Napoléon était déclaré illégitime, on abolissait la conscription et une partie des impôts indirects. Le Pape était rendu à ses États, un congrès indiqué pour travailler à la paix générale, que la France rendait facile en rentrant dans ses anciennes limites. L'inaliénabilité des domaines nationaux était garantie; ce mot inaliénabilité pouvait être interprété de manières fort différentes. L'ordre du jour signé Malet n'était pas moins étrange, il donnait le commandement des troupes aux généraux Guidal, Desnoyers et Pailhardy, tous trois révolutionnaires. Le licenciement des cohortes était annoncé. Le général Lecourbe, ennemi personnel de Napoléon, le plus déterminé des jacobins, était nommé commandant d'une armée centrale, qui allait s'assembler sous Paris. Le général Lahorie devait être le chef d'état-major de cette armée. Les promesses de hautes payes et de grades supérieurs y étaient prodiguées aux officiers et aux soldats qui se distingueraient par leur zèle. Enfin, l'arrestation des hommes pervers et corrompus, qui voudraient se servir de leur influence pour contrarier la marche du gouvernement provisoire, était annoncée comme devant s'exécuter sans délai; il était ordonné aux troupes qui seraient employées à ce service de le faire avec ordre et modération, mais avec toute l'énergie qu'exige une mesure commandée par la tranquillité publique. Il est évident que l'abbé Lafon avait une grande part à la rédaction du sénatus-consulte et que l'ordre du jour appartenait tout entier au général Malet.

Les premières recherches ne se firent donc point sans quelque hésitation. L'interrogatoire que M. Réal fit subir au général Lahorie, avant qu'il fût envoyé devant la commission militaire, mit en lumière la folie qui avait présidé à la conception du général Malet. Le duc de Rovigo voulut que j'y assistasse; il m'envoya chercher; c'était une attention dont je me serais bien passé. M. Pelet avait été aussi appelé, ainsi que M. Anglès, M. Saulnier et M. Desmarets. Je fus donc témoin de la scène, qui dura plus de trois heures. Lahorie soutint et démontra jusqu'à la dernière évidence qu'il n'avait rien su à l'avance, que la vue d'un général qui se présentait à la tête d'une force militaire nombreuse, sans apparence de tumulte, lui avait inspiré confiance; qu'il avait cru à la mort de l'Empereur, qui n'avait en soi rien d'extraordinaire; que la révolution annoncée ne lui avait présenté aucune invraisemblance; qu'il avait vu bien d'autres changements de gouvernement et notamment celui du 18 brumaire. N'était-ce pas un sénatus-consulte qui avait fait le premier consul Empereur? Si le Sénat avait créé le gouvernement impérial, ne pouvait-il pas l'avoir aboli? Pris au dépourvu, éveillé en sursaut, il avait été complètement dupe d'un homme qui exerçait sans conteste un grand pouvoir, qui se faisait ouvrir sans violence les portes de la prison, auquel tout ce qui l'environnait s'empressait d'obéir. Lorsqu'on lui mettait sous les

yeux le sénatus-consulte, en lui demandant comment il avait pu être trompé par une fabrication aussi grossière et par des dispositions aussi incohérentes, il répondait qu'à peine y avait-il jeté les yeux, que pressé par Malet de se mettre à la tête de la troupe dont le commandement lui était confié, il n'avait rien lu et avait écouté seulement ce qui lui avait été dit : « On s'étonne, ajouta-t-il, que j'aie pu
« croire à la vérité d'une semblable pièce. Il serait bien
« plus étonnant qu'après l'avoir attentivement examinée,
« j'eusse été assez insensé pour m'en servir, pour l'accepter
« comme base d'une entreprise aussi périlleuse. On n'a
« jamais dit que je fusse dépourvu d'esprit, de jugement,
« et il faudrait me supposer le plus inepte des hommes
« pour admettre que j'ai volontairement donné les mains à
« une imposture si témérairement ourdie. Non, j'ai été
« la première dupe du général Malet et j'en suis la misé-
« rable victime. »

Interrogé sur sa conduite envers le ministre de la police et envers moi, il donna à entendre que, s'il avait obéi aux instructions de Malet, il nous aurait sacrifiés; que le désir de nous conserver la vie l'avait principalement décidé à se charger de l'expédition qui était dirigée contre nous. « J'espère, dit-il en se tournant vers moi, qu'on ne vous a pas maltraité? » Déjà il m'avait adressé la même question le matin, lorsque, rentrant au ministère avec le duc de Rovigo, je l'avais trouvé en état d'arrestation. Sur un seul fait sa défense ne me parut pas digne du caractère qu'il montrait. Il s'obstina à soutenir, contre l'évidence, qu'il n'avait pas voulu s'emparer des fonctions de ministre de la police. Comme preuve de sa bonne foi et de la crédulité qui seule l'avait entraîné sur les pas de Malet, il déclara que sa visite à l'hôtel de ville avait commencé à éveiller ses soupçons. La tranquillité des habitants qu'il avait rencontrés sur son chemin et l'absence de toutes les personnes qu'il s'attendait à trouver réunies, lui avaient semblé tout à fait inexplicables. Il était donc revenu au ministère ne sachant plus que penser sur ce qui se passait, les plus tristes réflexions s'emparaient de son esprit au moment où l'adjudant Laborde se présenta pour l'arrêter.

Toutes ces déclarations étaient empreintes d'un caractère de vérité qu'on ne pouvait méconnaître ; mais si Malet avait ainsi trompé l'homme auquel il avait donné la mission qui supposait le plus de confiance, que penser des prétendues intelligences dont parle la relation imprimée par M. Lafon ? Est-il possible de croire qu'il ait eu tant de complices dans l'armée et dans tous les corps de l'État ? Quoi ! il avait tant de monde à sa disposition et il prenait pour principal agent un général prisonnier ! La crainte, le désespoir pouvaient s'emparer de son esprit dès qu'il commencerait à reconnaître la fausseté des faits qu'on lui avait annoncés, des assurances qu'on lui avait données. Malet, de son côté, affirmait qu'il n'avait pas de complices, que seul il avait tout fait et s'était confié pour le succès de son entreprise dans une explosion générale des sentiments de haine et d'indignation qui devaient exister dans toutes les âmes et ne pouvaient manquer de répondre au premier signal qui leur serait donné. Il me serait difficile de rendre tout ce que j'ai souffert pendant la durée de l'interrogatoire du malheureux Lahorie. Il n'y a pas de plus douloureux spectacle que celui d'un homme perdu qui semble se défendre sans espoir de succès, pour l'acquit de sa conscience. Quand cet homme a du courage, de l'élévation d'âme, quand l'action dont il est coupable est une de celles que les révolutions produisent, que l'esprit de parti justifie, on a le cœur brisé en pensant à la fin si prochaine de celui qu'on a devant les yeux, plein de vie, de force et d'énergie !

Les membres de la commission, MM. Réal et Desmarets, accoutumés sans doute à de pareils spectacles, ne semblaient pas partager nos pénibles émotions ; M. Réal faisait même quelquefois ses questions sur un ton de dureté et d'ironie tout à fait inconvenant. Le pauvre Lahorie s'était aperçu de l'effet que cela produisait sur nous; plusieurs fois je surpris ses regards cherchant les nôtres et nous remerciant de le comprendre. Enfin, il y eut un moment où M. Pelet, ne pouvant plus y tenir, se leva de son siège, vint me rejoindre à la cheminée et me dit : « Vous êtes « comme moi, Réal m'afflige, il faut en finir de cette « scène »; puis, se tournant de son côté, il lui adressa ces mots : « En voilà assez pour aujourd'hui. Croyez-moi, il « est temps de lever la séance, vous n'en saurez pas davan- « tage de monsieur pour le moment. » L'interrogatoire fut clos, et nous eûmes la liberté de nous retirer.

Le jugement de la commission militaire eut lieu le 29. Dans l'intervalle, rien ne fut épargné pour pousser les recherches aussi loin que possible. On tenait beaucoup à découvrir Boutreux, le prêtre espagnol, et Lafon. Ce dernier surtout, d'après ce qu'on savait de son caractère, aurait été fort important à trouver; d'ailleurs, s'il y avait vraiment dans la conspiration la coopération du parti royaliste, c'était en l'atteignant qu'on pouvait en saisir les fils. Il est, au reste, fort remarquable que cet homme, plus prudent, plus avisé que Malet et Boutreux, cet homme dont l'audace était beaucoup plus grande dans le conseil que dans l'action, n'avait accepté pour lui aucun rôle qui pût le mettre en péril; peu lui importait que ceux qu'il poussait s'exposassent à des dangers certains; quant à lui, accoutumé à la vie aventureuse de la chouannerie, il recommencerait à aller de cache en cache et retrouverait l'espèce de satisfaction dont les hommes de ce parti avaient une si longue habitude, celle de procurer à un petit nombre de personnes, heureuses de tout risquer pour le sauver, le devoir d'un infatigable dévouement. Telle est, en effet, la vie qu'il a menée jusqu'à la Restauration.

Quant au prêtre espagnol, on ne l'a jamais trouvé; on

n'en a même rien su depuis la Restauration. Du côté du parti révolutionnaire, c'était par Guidal qu'on croyait pouvoir arriver à quelque découverte importante; on s'attacha donc à interroger tous les hommes avec lesquels on lui avait connu des liaisons. Tous justifièrent de la tranquillité profonde dans laquelle ils avaient vécu depuis quelque temps, et la plupart donnèrent les preuves les plus palpables que, loin d'avoir été prévenus, ils n'avaient eu connaissance de la conspiration qu'après l'arrestation des conspirateurs. Il y avait cependant un homme qu'on n'avait pu joindre, qui s'était absenté de son domicile au premier bruit des recherches faites par la police; cet homme, bien digne de fixer l'attention, était le fameux Tallien. Sa disparition excitait les plus violents soupçons, lorsqu'un de mes parents, auquel il avait rendu quelques services dans le temps de la Terreur, vint me trouver de sa part et me demander un sauf-conduit. Cette faveur accordée, il vint. A ma première question : « Pourquoi vous êtes-vous caché? » il répondit « qu'un homme qui avait été, comme lui, mêlé à la vie et aux menées des révolutionnaires, devait se tenir sur ses gardes, sa longue expérience lui ayant appris que, quelque innocent qu'on fût, il ne fallait jamais courir le risque d'être arrêté ». Il entra avec moi dans les détails les plus circonstanciés sur tout ce qu'il avait fait depuis deux ou trois ans. Il me fit voir comment il avait eu soin de rester étranger à toute apparence non seulement de complot, mais même d'intrigue; il alla plus loin, et, passant en revue les noms de tous les hommes de l'ancien parti révolutionnaire existant encore et se trouvant à Paris ou dans les environs, il me montra à quel point ils vivaient isolés les uns des autres, combien ils étaient dominés par la crainte de se compromettre. Enfin, il me laissa convaincu que ni lui, ni ceux qu'on pouvait appeler les siens, n'avaient eu la moindre intelligence avec Malet, connu parmi eux comme cerveau brûlé; personne n'eût voulu entrer dans une entreprise conçue et dirigée par lui. Ces renseignements étaient parfaitement d'accord avec ceux que recueillaient de tous côtés les agents des différentes polices. Le gouvernement ayant acquis la certitude que la tranquillité publique n'était nullement menacée, personne ne fut inquiété, et les prisons ne se remplirent pas de suspects, comme cela s'était vu trop souvent.

Les débats qui eurent lieu devant la commission (les accusés étaient au nombre de vingt-quatre) établirent, plus clairement encore que les informations précédentes, que la conspiration tout entière était l'œuvre personnelle de Malet, que les hommes qu'il avait traînés à sa suite étaient victimes d'une déplorable crédulité. Dans le cours des interrogatoires il n'hésita pas à assumer sur lui la complète responsabilité et montra à cet égard un noble caractère. Sa défense consista dans ce peu de mots : « Celui qui s'est constitué « le défenseur de son pays n'a pas besoin de défense : « il triomphe ou il meurt. »

Lahorie répéta devant la commission ce qu'il avait dit chez le duc de Rovigo. Il insista beaucoup sur la générosité de sa conduite à l'égard du ministre de la police. « Au reste, « ajouta-t-il, je sais le sort qui m'attend; ce n'est pas pour « sauver ma tête que je parle, mais pour établir la vérité « et défendre ma mémoire des odieuses inculpations dont « on pourrait vouloir l'entacher. » La défense de Lahorie est rapportée en entier, avec son interrogatoire, dans la relation de M. Lafon; elle mérite d'être lue avec soin, ainsi que celle des autres accusés.

Guidal et Boccheiampe établirent aussi à quel point ils avaient été trompés par Malet et s'efforcèrent de montrer comment leur erreur était excusable. La bonne foi de Boccheiampe avait été si complète, qu'après son expédition au ministère de la police avec Lahorie, il n'avait pas craint de retourner à la Force pour porter à un ami l'assurance des soins qu'il allait prendre pour obtenir son élargissement.

Le chef de la cohorte, le colonel d'un régiment de Paris et tous les officiers sous leurs ordres, s'excusèrent sur le trouble où les avait jetés la nouvelle de la mort de l'Empereur, sur l'impossibilité où ils s'étaient trouvés, dans leur douleur, de rien examiner, de rien approfondir. Comment leur aurait-il été possible de soupçonner qu'on osât abuser d'eux à ce point? Ces deux malheureux étaient l'un et l'autre d'une très faible intelligence. Les officiers sous leurs ordres se retranchaient derrière l'obéissance qu'ils avaient cru devoir à leurs chefs. Il est certain qu'entre eux tous, il n'y en avait pas un seul qu'on pût déclarer coupable d'intention; mais des actes de cette nature, commis par la force armée, sont d'une telle gravité, peuvent avoir de si terribles conséquences, que si jamais la sévérité a été excusable, commandée même, c'est dans une telle circonstance. Admettre que des chefs de corps, des officiers, pourraient suivre impunément un général autre que celui préposé à leur commandement, ce serait exposer les États à tous les bouleversements que voudrait tenter un factieux quelconque, pourvu qu'il fût revêtu d'un uniforme et paré des épaulettes de général. Cependant je crois qu'on aurait pu mettre moins de personnes en jugement, surtout en sacrifier un plus petit nombre. Le ministre de la guerre fut inflexible dans la rigueur des poursuites. Quoi qu'on puisse penser de l'étendue qui leur fut donnée, le jugement de la commission fut très sévère sans qu'on puisse le taxer d'injustice.

Malet, Lahorie, Guidal, Boccheiampe, Rabbe, Soulier, furent condamnés à mort avec huit officiers ou sous-officiers, parmi lesquels se trouvait, hélas! le lieutenant qui m'avait fait courir d'assez grands périls, lors de ma rentrée à la préfecture, et le sous-lieutenant qui m'avait conduit à la Force, auquel j'avais prédit son funeste destin. J'avais, mais sans espoir de succès, tenté pour l'un et pour l'autre des démarches auprès du duc de Feltre. Ils furent tous fusillés le lendemain dans la plaine de Grenelle, à l'exception de Rabbe, colonel du régiment de Paris, et de Rateau, caporal dans ce même régiment, auxquels un sursis fut accordé. Je ne me rappelle pas comment Rateau obtint cette faveur d'autant plus étonnante qu'il s'était trouvé au premier rendez-vous rue Saint-Gilles, qu'il avait ensuite rempli auprès de Malet les fonctions d'aide de camp, qu'on ne pouvait dès lors douter qu'il n'eût été initié au secret de la conspiration. Quant à Rabbe, le duc de Rovigo, s'étant souvenu qu'il avait fait partie de la commission qui avait condamné le duc d'Enghien, avait fait suspendre à son égard l'exécution du jugement.

Je crois qu'il avait fait aussi quelques tentatives pour que Lahorie fût épargné, mais le duc de Feltre les a rendues vaines. Voici la lettre que ce malheureux, avant d'aller à la mort, adressa à son ancien camarade. Elle est belle, noble et touchante, jusque dans les moindres mots :

« De l'Abbaye, le 29 octobre 1812.

« *Victor Lahorie à S. Exc. le duc de Rovigo.*

« Vous vous étonnerez peut-être de recevoir encore une
« lettre de moi; mais au moment où je suis, je me rappelle
« avec tant de plaisir ma conduite envers vous, dans une
« circonstance où vous pouviez en craindre une autre, que,
« revenant sur d'autres temps, j'ai une sorte de besoin de
« me rappeler une dernière fois à votre souvenir.

« Actuellement je suis sans intérêt là-dessus, et, vous
« pouvez m'en croire, je vous assure que je perds la vie
« pour un éclair d'absence de jugement qui m'a fait croire
« une folie, et non comme un conspirateur. Ma conduite l'a
« assez prouvé, et il est certain qu'à ma sortie de la Force
« je n'en savais pas plus que vous des extravagances de
« Malet.

« D'après ce qui m'arrive, on devrait presque croire à la

« fatalité ; vous vouliez absolument me jeter hors de mon
« pays, une sorte d'instinct m'y retenait et j'aurais fini par
« gagner ce malheureux procès, mais aux dépens de ma
« tête, à quoi nous n'avions songé ni l'un ni l'autre.

« Je vous renouvelle ma prière pour qu'on remette à ma
« mort les quatre mille et quelques cents francs qu'on a
« trouvés chez moi, à ma famille. Je vous jure sur mon
« honneur et ma mémoire que c'est elle qui m'avait prêté
« ces fonds pour un voyage en Amérique, savoir : ma mère,
« 1,000 francs, mon frère Régnier, 1,000 francs, et le reste
« par mon frère Desloges, chef d'escadron au 8ᵉ de chas-
« seurs. Cette faible somme est fort indifférente au minis-
« tère ; je désire d'autant plus qu'elle soit rendue à ma
« famille qu'elle sera dans le cas de renoncer à ma mau-
« vaise succession.

« Je vous demande au moins de remplir l'objet de cette
« lettre comme un souvenir des premiers mots que je vous
« ai dits en vous revoyant. Vous ne pouvez pas douter que
« je péris pour avoir accepté une mission où je n'ai eu pour
« but que de vous sauver la vie et particulièrement pour
« l'ordre de votre transfèrement qui, seul, pouvait vous
« sauver. Je ne vous le rappelle point pour moi, mais pour
« l'intérêt que je dois à ma famille, qui souffre déjà tant
« pour moi. Je vous ai donné l'exemple de la généro-
« sité. Adieu, Savary.

« *Signé* : V. F. Lahorie. »

Boutreux, arrêté quelques jours plus tard, fut jugé et exécuté comme l'avaient été ses complices.

Restait à savoir quelle impression produiraient sur Napoléon des faits aussi imprévus. On aurait peut-être assez de peine à lui persuader que les administrateurs, qui ne les avaient ni prévus ni prévenus, ne méritaient pas un blâme sévère. Cependant, que pouvait-on reprocher au ministère et à la préfecture de police? Malet, en ne mettant presque personne dans sa confidence, en ne faisant aucun préparatif au dehors, en n'établissant aucune correspondance avec qui que ce fût, avait rendu toute découverte impossible. Il s'était mis à l'abri des trahisons, des imprudences qui déjouent presque toujours les complots. Il avait pu séduire deux casernes sans que la police civile et la police militaire se soient doutées de rien. Pour la police civile l'explication est simple : elle n'exerçait aucune action, aucune surveillance sur les casernes, dont elle était écartée, avec un soin jaloux, par l'administration militaire. On ne l'informait jamais à l'avance des mouvements de troupes, en sorte que les inspecteurs du ministère et de la préfecture de police, le ministre et le préfet de police eux-mêmes auraient pu se trouver sur le chemin des détachements que conduisaient Malet et les officiers sous ses ordres, sans en concevoir le moindre ombrage, sans y prêter la plus légère attention. Aucun corps militaire n'était spécialement préposé à la garde de la capitale; l'administration de cette ville n'avait pas une compagnie de cent hommes, excepté les pompiers, qui fût sous son commandement, car la gendarmerie n'obéissait qu'à ses chefs, soumis à la division ou à leur inspecteur général, le maréchal Moncey. On ne pouvait donc avec raison accuser que la police militaire; elle aurait dû informer l'état-major de la place des mouvements qui s'opéraient sans qu'elle en eût donné l'ordre; elle aurait dû s'en apercevoir d'autant plus aisément qu'ils avaient duré plus de trois heures, depuis l'apparition de Malet à la caserne Popincourt jusqu'à son arrivée à la prison de la Force.

Le tort remontait au général Hulin, qui l'a, à peu de chose près, payé de sa vie. L'archichancelier, le ministre de la police et moi, nous écrivîmes à l'Empereur; profondément irrité par cette étrange aventure, sa colère fut accrue par les récits de ses correspondants, toujours très empressés à se faire valoir aux dépens des autres.

Le duc de Rovigo avait beaucoup d'ennemis, parmi lesquels se trouvait le ministre de la guerre. Le duc de Feltre, désireux de détourner les reproches que méritait peut-être son administration, imagina l'existence d'un complot ourdi depuis longtemps, qui, selon lui, aurait dû être connu de la police. Il n'hésita pas à soutenir que Malet avait de nombreuses intelligences dans le Sénat. J'eus bientôt la certitude qu'il avait écrit dans ce sens à l'Empereur. Les gens de cour n'étaient guère plus favorables que lui à l'administration de la police. Il fut aisé de juger par le langage et l'attitude des personnes qui entouraient l'Impératrice et le Roi de Rome, que leurs récits seraient peu bienveillants. Croyant avoir trouvé une bonne occasion de signaler leur zèle, ils affectaient une vive indignation contre l'inhabileté de cette police qui n'avait pas su prévenir un complot, où le principe sacré de la légitime succession au trône avait été si audacieusement contesté.

CHAPITRE II

Sang-froid de Napoléon après l'évacuation de Moscou. — Son arrivée à Paris le 18 décembre 1812. — Le lendemain, réception du Sénat et du Conseil d'État. — Harangues concertées des orateurs de ces deux corps. — Réponse de l'Empereur à ces discours et allusions à la conspiration Malet. — Appréciation de la conduite de M. Frochot déférée aux sections du Conseil d'État. — Décret destituant M. Frochot de ses fonctions. — Nouvelles désastreuses de l'armée en retraite. — Levée ordonnée de trois cent cinquante mille hommes. — Négociations engagées avec le Pape à Fontainebleau. — Arrangement provisoire arraché à Pie VII par Napoléon en personne. — Te Deum chanté à cette occasion, tandis que le Pape prépare une rétractation. — Lettre à ce propos de Pie VII à l'Empereur. — Décret de Napoléon, imposant l'arrangement provisoire comme loi d'État. — Renouvellement des rigueurs contre le Pape et ses conseillers. — Mort de l'évêque de Nantes et son adjuration suprême à l'Empereur.

Les événements les plus graves vinrent détourner les esprits de la folle entreprise du général Malet et des responsabilités encourues.

Napoléon avait commencé, le 15 octobre 1812, son mouvement de retraite. Il lui avait fallu, renonçant à la marche qu'il avait entreprise sur Kalouga, regagner la route suivie en allant à Moscou; puis, abandonnant à quelque distance de Wilna les débris de son armée, porté sur un misérable traîneau, accompagné de son seul grand écuyer, se diriger sur la France, qu'il avait quittée, sept mois auparavant, pour se mettre à la tête de plus de six cent mille hommes. C'est avant d'entrer à Smolensk qu'il apprit la conspiration Malet. Depuis dix jours, aucune estafette n'était parvenue jusqu'à lui. Il eut donc à lire à la fois les dépêches de plusieurs courriers : il apprit en même temps le crime et le supplice des conspirateurs. Retiré, pour faire cette lecture avec M. Daru, dans une maison située au bord de la route, ses sentiments éclatèrent; ce furent des exclamations d'étonnement et de colère. Il voulut faire connaître lui-même à plusieurs de ses officiers et de ses généraux les dépêches qu'il avait reçues, juger de l'effet qu'elles produiraient sur leur esprit, et il ne put s'empêcher de remarquer en eux une consternation qui tenait évidemment à une moindre confiance dans sa fortune et sa puissance. Ce que M. de Ségur a écrit à ce sujet, M. Daru me l'a confirmé; personne n'a pu le savoir mieux que lui. Depuis, il a souvent présenté la conspiration Malet comme une preuve de la sagesse de sa résolution d'évacuer Moscou, malgré l'avis de ceux qui pensaient qu'il eût été plus sage d'essayer d'y passer l'hiver, dût-on rester cinq ou six mois sans communication avec la France.

Cette résolution, en admettant qu'un audacieux général osât l'adopter, ne pouvait convenir à un souverain qui commandait son armée en personne, et surtout à un Empereur de si récente origine. Ce sont les paroles de Napoléon que je répète. Dans cette épouvantable crise, il resta admirable par la force de son caractère, par les ressources de son esprit. Si lui seul avait pu concevoir et oser une si folle expédition, lui seul pouvait n'y pas succomber tout entier. Telle était la puissance qu'il exerçait sur les hommes qui périssaient à sa suite, que pas un signe de désobéissance ne s'est manifesté, que pas un murmure ne s'est fait entendre dans cette armée succombant sous le froid et la faim; un pareil exemple n'a peut-être jamais été donné au monde. Pour ceux qui l'ont vu sur les bords de la Bérésina, parcourant ces rives inconnues un bâton à la main, absorbé dans l'étude des chances qui lui restaient de dérober son passage à l'ennemi, donnant ses ordres avec un imperturbable sang-froid et triomphant enfin d'une difficulté qui eût paru insurmontable à tout autre, il n'a peut-être jamais été plus grand. Il fut bien servi sans doute par le peu de perspicacité du général russe qui occupait l'autre rive, mais la première habileté dans l'art de la guerre ne consiste-t-elle pas à savoir profiter des fautes de l'ennemi ?

Le 25ᵉ bulletin de la grande armée nous avait appris le commencement de la retraite. Le 28ᵉ, daté de Smolensk, publié à Paris le 29 novembre, était conçu dans des termes déjà effrayants. Le commencement de l'hiver y était annoncé; jusque-là il n'avait été question que de la beauté admirable de la saison. Nous restâmes ensuite sans nouvelles durant dix-huit jours. Il est facile d'imaginer combien les appréhensions furent vives pendant un si long temps; les communications étaient évidemment interrompues. Enfin, le 17 décembre, arriva le 29ᵉ bulletin; celui-là restera éternellement célèbre. Jamais plus grande calamité ne sera plus crûment annoncée. Cependant le récit était de beaucoup au-dessous de la réalité. J'en devais être moins étonné que qui que ce fût, car peu de jours auparavant était arrivé à Paris le général Nansouty, avec lequel des liens de famille me donnaient des rapports intimes. Blessé à la bataille de la Moskova, se trouvant hors d'état de servir, il avait obtenu, à Moscou, la permission de se faire ramener en France, et avait ainsi parcouru en avant de l'armée toute la route qu'elle devait suivre dans sa retraite; sa grande expérience de la guerre lui avait aisément fait mesurer l'étendue du danger dont elle serait environnée; il m'avait, en confidence, exprimé ses craintes que l'Empereur et toute l'armée vinssent à y succomber, estimant qu'on devrait se croire heureux si le quart seulement de ceux qui étaient engagés dans cette fatale expédition revoyaient jamais les frontières de l'Empire.

L'Empereur arriva à Paris le 18 décembre, au milieu de la nuit; il ne vit le lendemain que l'archichancelier, ses ministres et ses familiers les plus intimes. Je sus que, malgré les graves préoccupations qui devaient assiéger son esprit, il avait trouvé le temps de parler de la conspiration Malet, s'enquérant des plus petits détails. Il y attachait donc une grande importance.

Le surlendemain, dimanche, il donna son audience accoutumée au sortir de la messe. J'y assistai; ce fut le premier moment où je me trouvai en sa présence, depuis sa rentrée au palais des Tuileries; il n'y avait personne autour de moi qui ne fût très attentif à la manière dont il allait me traiter. Beaucoup s'attendaient à une scène qui me serait pénible. Cette attente fut trompée. Les renseignements qu'il avait recueillis la veille avaient, apparemment, dissipé les nuages élevés sur ma conduite; il m'aborda d'un air fort affable et me dit à mi-voix, de manière à n'être entendu que de moi : « Eh bien, monsieur le préfet, vous avez eu aussi votre mauvaise journée; il n'en manque pas de cette espèce dans la vie ! »

A la suite de cette audience, Napoléon reçut en grande cérémonie le Sénat et le Conseil d'État. Les orateurs de ces deux corps avaient déjà reçu leurs instructions sur la manière dont ils devaient s'exprimer; jamais donc l'expression n'a moins répondu aux sentiments qui étaient au fond des cœurs. Dans ces discours, une grande place avait été faite à la conspiration Malet. « Des hommes, échappés « des prisons où la clémence impériale les avait soustraits « à la mort méritée par leurs crimes passés, ont voulu », disaient M. de Lacépède et M. Defermon, « troubler l'ordre « public dans cette grande cité; ils ont porté la peine de « leurs nouveaux attentats. » La mention de cet événement conduisait naturellement à des réflexions sur les heureuses garanties de tranquillité que la constitution monarchique et l'hérédité dans la couronne assurent aux États. Rien ne devait donc être négligé pour consolider cette garantie.

M. de Lacépède rappelait que « dans les commencements « des anciennes dynasties françaises, on avait vu plus d'une

« fois le monarque ordonner qu'un serment solennel liât
« d'avance tous les Français de tous les rangs à l'héritier
« du trône. Quelquefois, quand l'âge du jeune prince
« l'avait permis, une couronne était placée sur sa tête
« comme le gage de son autorité future et le symbole de
« la perpétuité du gouvernement. » Cette réminiscence
avait été certainement inspirée par l'Empereur, et annonçait suffisamment ses projets. M. Defermon, de son côté,
s'écriait : « Dieu qui protège la France, la préservera long-
« temps du plus grand des malheurs ; mais dans cette cir-
« constance tous les cœurs se rallieraient autour du prince
« objet de nos vœux et de nos espérances ; chaque Français
« renouvellerait à ses pieds ses serments de fidélité et
« d'amour pour l'Empereur. »

Napoléon, en répondant à ces deux harangues, parla
peu de ce qui avait trait à la guerre ; seulement, il assura
que celle qu'il avait entreprise contre la Russie était toute
politique, qu'il la faisait sans animosité. Il aurait pu armer
la plus grande partie de la population, en proclamant la
liberté des esclaves ; il s'était refusé à cette mesure, parce
qu'il aurait voué à la mort et aux plus horribles supplices
bien des familles. « Si mon armée, ajoute-t-il, a essuyé des
« pertes, c'est par la rigueur de la saison. » Autant il fut
bref sur ce sujet, autant il s'étendit sur celui de la conspiration. « Des soldats timides et lâches, dit-il au Sénat,
« perdent l'indépendance des nations ; mais des magistrats
« pusillanimes détruisent l'empire des lois, les droits du
« trône et l'ordre social même. Lorsque j'ai entrepris la
« régénération de la France, j'ai demandé à la Providence
« un nombre d'années déterminé. On détruit dans un
« moment, mais on ne peut réédifier sans le secours du
« temps. Le plus grand besoin de l'État est celui de magis-
« trats courageux. Nos pères avaient pour cri : *Le Roi est
« mort ! Vive le Roi !* Ce peu de mots contient les principaux
« avantages de la monarchie. Je crois avoir bien étudié

« l'esprit que mes peuples ont montré dans les derniers
« siècles, j'ai réfléchi à ce qui a été fait aux différentes
« époques de notre histoire. J'y penserai encore. »

Au Conseil d'État il répondit : « Si le peuple montre tant
« d'amour pour mon fils, c'est qu'il est convaincu, par sen-
« timent, des bienfaits de la monarchie. » Puis venait un
long morceau contre l'idéologie : « C'est à cette téné-
« breuse métaphysique qui, en recherchant avec subtilité
« les causes premières, veut sur cette base fonder la légis-
« lation des peuples, au lieu d'approprier les lois à la con-
« naissance du cœur humain et aux leçons de l'histoire,
« qu'il faut attribuer tous les malheurs qu'a éprouvés notre
« belle France. »

Ce qui apparaissait au milieu de tous ces discours, c'était
la pensée qu'il avait suffi de répandre le bruit de sa mort
pour faire oublier les droits de son fils. Voilà l'insulte pour
laquelle il voulait une réparation éclatante, il cherchait
l'occasion de faire un exemple. Dans les récits minutieux
qu'il avait entendus, il avait remarqué que le préfet de la
Seine, demeuré libre, sans qu'aucun acte de violence ait
été exercé sur sa personne, avait obéi aux conspirateurs,
sans contester la légalité des actes qu'ils produisaient,
reconnaissant de fait un gouvernement s'établissant sur les
ruines du sien, méconnaissant les droits de son fils. Bien
plus, il avait ordonné les préparatifs nécessaires pour recevoir à l'hôtel de ville les membres du nouveau gouvernement. Ce tort était irrémissible à ses yeux, et c'était à lui
qu'il avait voulu faire allusion en prononçant ces paroles :
« Les magistrats pusillanimes détruisent l'empire des lois,
« les droits du trône et l'ordre social même. » Mais M. Frochot était un de ses plus anciens serviteurs, un de ceux
pour lesquels il avait toujours eu du goût; sa réputation
d'honnête homme était fort établie. Il fallait garder une
certaine mesure dans la manière de le frapper; il fallait en
même temps que la punition eût beaucoup d'éclat, et fût

prononcée sur l'avis des hommes les plus en position de commander l'assentiment général. Il envoya aux sections du Conseil d'État l'ordre d'examiner, chacune en particulier, la conduite du préfet de la Seine, et de délibérer sur le parti qu'il convenait de prendre à son égard. Pour éclairer cette délibération, il leur fit remettre les pièces relatives à la sédition du 23 octobre, une déclaration du comte Frochot sur les faits qui le concernaient dans cette journée, et une lettre qu'il avait écrite sur le même sujet au ministre de la police. Cet examen et cette délibération furent extrêmement pénibles pour la plus grande partie des membres du Conseil d'État, dont M. Frochot était généralement aimé, et qui tous étaient convaincus de l'innocence de ses intentions.

Toutes les sections, excepté celle des finances, gardèrent les plus grands ménagements; dans celle-là, M. Defermon procéda avec le zèle le plus rigoureux, posa les questions de manière à obtenir des réponses extrêmement dures. Après avoir énoncé tout au long les questions et les réponses, l'avis de cette section se terminait par la déclaration que « d'après les faits constatés et reconnus, il y
« avait lieu de faire rendre par le Conseil d'État, conformé-
« ment à l'art. 75 des constitutions de l'Empire, une déci-
« sion pour autoriser la mise en jugement du comte Fro-
« chot, préfet de la Seine; mais qu'attendu la surprise qu'il
« avait éprouvée, l'égarement d'esprit dans lequel il avait
« été plongé, enfin les inconvénients et les difficultés qu'en-
« traînerait une nouvelle procédure, le parti le plus conve-
« nable, dans cette circonstance, était de le destituer de sa
« place ».

M. Bérenger, seul entre tous les membres de cette section, refusa de signer l'avis qui concluait à la destitution; il en rédigea un pour son compte, conçu dans le même esprit que celui de la section de l'intérieur. Cet acte d'indépendance lui fit beaucoup d'honneur.

Le 25 décembre, tous ces avis furent imprimés dans le *Moniteur*, qui contint en même temps un décret par lequel M. Frochot fut destitué de ses fonctions de conseiller d'État et de préfet de la Seine. Il fut remplacé par M. de Chabrol.

Les nouvelles de l'armée arrivaient chaque jour plus désolantes. On apprit dans la première quinzaine de janvier, le sort des débris de l'armée, depuis le jour où l'Empereur s'en était éloigné. On sut que les pertes, depuis Wilna jusqu'à la Vistule, avaient encore été plus grandes que de Smolensk à Wilna. La défection du général d'York et des troupes prussiennes qui faisaient partie du corps d'armée, sous le commandement du maréchal Macdonald, ne laissait aucun doute sur la prochaine défection de la Prusse. Bientôt on apprit le départ subit du roi de Naples, auquel Napoléon avait laissé le soin de la retraite, et le découragement absolu qui en était résulté dans les restes d'une armée si misérablement abandonnée. L'alliance de l'Autriche, dans une situation si critique, était la seule chance de salut, mais jusqu'à quel point fallait-il s'y fier?

Napoléon ne pouvait se dissimuler les périls d'une situation qui allait ainsi s'aggravant chaque jour; mais il n'y voyait de remède que dans les nouveaux efforts qu'il allait tenter, dans les nouveaux sacrifices qu'il allait exiger du pays. Le 11 janvier 1813, un sénatus-consulte mit trois cent cinquante mille hommes à la disposition du ministre de la guerre : savoir, cent mille hommes de cohortes, cent mille pris parmi ceux des conscrits de 1809, 1810, 1811 et 1812, qui n'avaient pas encore été appelés, plus de cent cinquante mille sur la conscription de 1814.

La conscription de 1813 tout entière avait été levée dans le courant de 1812. Le dernier appel de cent vingt-sept mille hommes s'était exécuté dans le mois de septembre précédent, sur les ordres envoyés par l'Empereur, au moment où il avait pris la résolution de s'avancer de Smolensk sur Moscou. Mais toutes les levées ne fournissaient que de l'infanterie. La cavalerie ne s'improvise pas, et toute celle qui, quatre mois auparavant, avait passé le Niémen, pouvait être considérée comme détruite. Elle s'élevait cependant à plus de quatre-vingt mille hommes montés. Jamais aucune armée française n'en avait possédé une aussi nombreuse ni aussi belle.

L'imagination reste confondue quand on songe à tout le travail qu'il a fallu faire, et aux ressources en tout genre qu'il a fallu trouver, pour lever, habiller, équiper, fournir de munitions, organiser de tous points, dans l'espace de cinq mois, une armée de cinq cent mille hommes; et ce gigantesque résultat avait été précédé, dans le commencement de 1812, d'un effort déjà bien grand.

Ce fut cependant au milieu des soins qui devaient entraîner pour Napoléon l'obligation de donner à son administration militaire une impulsion aussi vigoureuse, qu'il trouva le temps de songer à ses affaires avec le Pape. Il était plus que jamais nécessaire de les terminer, car les moindres dissensions religieuses pouvaient augmenter singulièrement les embarras de la situation politique en Europe. Il paraît même qu'il avait reçu à cet égard des observations de l'empereur d'Autriche; il lui était impossible de ne pas les prendre en très sérieuse considération. Il chargea l'évêque de Nantes de porter au Pape de nouvelles propositions. La négociation ne marchant pas assez vite au gré de son impatience, il se rendit avec l'Impératrice à Fontainebleau, sous prétexte de partie de chasse, se présenta inopinément à l'appartement de Pie VII, et employa auprès de lui toutes les séductions et toutes les menaces qu'il crut de nature à faire impression sur son esprit; il parvint enfin à arracher au Souverain Pontife son consentement à un arrangement provisoire. Il est connu sous le nom de Concordat de Fontainebleau.

Bien que les articles de cette convention, d'après les

termes formels de son préambule, ne fussent signés que comme pouvant servir de base à un arrangement définitif, Napoléon éprouva de cette solution une vraie joie, une des dernières peut-être qu'il ait eues à la fin de son règne. Il se croyait sorti d'une des grandes difficultés de sa position et se hâta, dès le 26, de faire annoncer à tous les évêques, par son ministre des cultes, qu'un concordat pour la paix de l'Église avait été passé la veille entre lui et le Pape.

Dans la joie que ce grand événement devait causer au clergé et à tous les fidèles, il les autorisait à faire chanter un *Te Deum*, dans toutes les églises de leurs diocèses. Plusieurs prélats furent invités en même temps à se rendre à Fontainebleau pour complimenter le Chef de l'Église, et un décret fut rendu pour donner des témoignages de satisfaction aux cardinaux, archevêques et évêques qui avaient assisté à la signature du traité et aux conférences préliminaires. Par ce décret, le cardinal de Bayane et l'évêque d'Évreux furent nommés membres du Sénat conservateur, les évêques de Nantes et de Trèves devinrent conseillers d'État. L'aigle d'or de la Légion d'honneur fut accordée aux cardinaux Doria et Ruffo. L'archevêque d'Édesse reçut la décoration de la Couronne de fer. Enfin des ordres furent expédiés pour que les cardinaux exilés eussent, sans exception, la faculté de retourner auprès du Pape. Mais, pendant que toutes ces mesures étaient prises dans la confiance d'un succès que l'Empereur croyait assuré, le Pape, livré à ses propres réflexions, n'étant plus soumis à la puissante influence qui lui avait dicté sa dernière décision, s'abandonnait aux regrets et même aux remords. Il ne se pardonnait pas la facilité avec laquelle il avait transigé sur des questions et des points que son devoir lui commandait de défendre.

L'article sur les investitures était, comme de raison, celui qui lui pesait le plus, et il paraît aussi qu'il se reprochait vivement de n'avoir pas profité de cette occasion pour revendiquer les droits de souveraineté qui appartenaient au Saint-Siège et qu'il avait, lors de son exaltation au pontificat, juré de maintenir et de défendre. Ces conditions, cependant, que Pie VII se reprochait à grand tort d'avoir consenties, étaient à peu de chose près celles qu'il avait accordées, à Savone, aux députés qui lui furent envoyés après le Concile; elles étaient même un peu plus douces; mais il faut convenir que la situation était aussi très différente des deux côtés, et la violence avec laquelle Sa Sainteté avait été transportée de Savone à Fontainebleau ne devait pas la disposer à une grande condescendance.

Le premier symptôme de changement dans les résolutions du Pape fut le refus d'accepter une somme assez considérable que l'Empereur avait fait mettre à sa disposition; en même temps il ajournait l'octroi des bulles d'institution qui lui étaient demandées pour les évêques nommés, « désirant avant tout, disait-il, avoir l'assurance que ses « vœux ne rencontreraient pas d'obstacle de la part de « Napoléon, lors de l'arrangement définitif ».

Les scrupules qui lui avaient dicté ce commencement de rétractation furent encore accrus par les rapports qu'il eut bientôt avec plusieurs cardinaux. Le cardinal di Pietro surtout, longtemps détenu à Vincennes, exerçait alors un grand empire sur son esprit; il ne lui dissimula pas qu'il trouvait ses concessions excessives et contraires aux droits du Saint-Siège.

L'Empereur avait fait insérer dans le *Moniteur* les articles de la convention provisoire. Pie VII se hâta d'appeler auprès de lui tout ce qu'il put rassembler du Sacré Collège, et, d'après l'avis des membres qui composaient cette assemblée, il écrivit à Napoléon une longue lettre dans laquelle il déclara que « depuis le jour où il avait souscrit l'acte « dont on prétendait faire un usage définitif, les plus grands

« remords et le plus vif repentir avaient déchiré son âme;
« que sa seule consolation avait été de penser que le mal
« fait à l'Église par ce consentement pouvait être réparé
« dans l'acte postérieur de l'arrangement définitif; mais sa
« douleur s'était accrue excessivement lorsque, à sa grande
« surprise et contre ce qui avait été formellement convenu
« entre Sa Majesté et lui, il avait vu publier, sous le titre de
« Concordat, des articles qu'il n'avait signés que comme
« devant fournir les bases d'un arrangement futur. Il décla-
« rait donc que sa conscience opposait des obstacles insur-
« montables à l'exécution de ces articles, et qu'il reconnais-
« sait, à sa grande confusion et douleur, qu'il se serait
« servi de son pouvoir, non pour l'édification, mais pour la
« destruction, s'il exécutait ce qu'il avait inconsidérément
« promis par ces articles. » Le reste de la lettre contenait
quelques développements sur plusieurs des articles imprimés, dont les uns, y était-il dit, avaient besoin de modifications, tandis que les autres étaient radicalement mauvais
et devaient être détruits, comme contraires à la justice et
aux canons de l'Église.

Tous ces débats intérieurs durèrent, sans trop d'éclat,
jusqu'au 25 mars. La veille au soir, la lettre du Pape avait
été remise à l'Empereur. Il y répondit par un décret rendant obligatoire pour les archevêques, évêques et chapitres,
le traité du 25 janvier, publié comme loi de l'État. Il sta-
tuait que les Cours impériales connaîtraient désormais de
toutes les affaires comprises autrefois sous la dénomination
d'appel comme d'abus, ainsi que de toutes celles qui résulte-
raient de la non-exécution du Concordat. Cette innovation
dans les formes de procéder avait évidemment pour but de
retirer au clergé la protection qui lui avait été accordée
jusqu'alors, en ne le rendant justiciable que du Conseil
d'État.

Les mesures de rigueur contre le Pape se renouvelèrent,
on le priva de toutes communications avec les personnes

du dehors; les membres du Sacré Collège, encore admis auprès de lui, eurent défense de lui parler d'affaires, et le cardinal di Pietro, désigné comme le chef de l'opposition, fut enlevé de nouveau et transféré à Auxonne.

La paix ne fut donc, en aucune façon, rendue à l'Église, et ce dernier effort de Napoléon pour imposer sa loi au Souverain Pontife tourna entièrement contre lui. Il fut évident pour tout le monde qu'il avait agi avec mauvaise foi en prétendant attribuer un caractère définitif à un acte arraché à la faiblesse d'un vieillard et qui n'avait jamais été accepté qu'à titre provisoire.

L'évêque de Nantes, qui avait montré dans ces pénibles négociations tant de modération, mourut dans le mois de juillet; il voulut, avant de rendre le dernier soupir, faire entendre la vérité au Souverain qu'il avait servi dans la sincérité de son cœur, uniquement préoccupé des intérêts de la religion. Il lui écrivait peu d'heures avant sa mort : « Je vous supplie de rendre la liberté au Saint-Père; sa « captivité trouble encore les derniers instants de ma vie. « J'ai eu l'honneur de vous dire plusieurs fois combien « cette captivité affligeait toute la chrétienté, combien il y « avait d'inconvénients à la prolonger. Le retour de Sa « Sainteté à Rome serait, je crois, nécessaire à votre « bonheur. »

CHAPITRE III

Pourparlers entre le cabinet de Paris et les cabinets de Berlin et de Vienne. — Illusions persistantes de M. de Bassano. — Confiance de Napoléon dans la fidélité de ses alliés. — Traité d'alliance offensive et défensive signé entre la Prusse et la Russie. — Attitude ambiguë de l'Autriche. — Traité conclu entre l'Angleterre et la Suède. — Nouvelle levée de cent quatre-vingt mille hommes ordonnée par Napoléon. — Création de quatre régiments de gardes d'honneur à cheval. — Profond mécontentement causé par cette mesure. — La loi sur les finances et le budget de 1813. — Optimisme excessif de M. le comte Molé. — Misère de la classe ouvrière et gêne étroite des dignitaires de l'armée. — Grands travaux donnés aux ouvriers : commandes importantes d'ameublements, achèvement de l'avenue de l'Observatoire. — Création de la gendarmerie de Paris, placée sous les ordres du préfet de police. — Apostrophe, à ce sujet, du maréchal Moncey à M. Pasquier. — Ouverture de la nouvelle campagne contre la coalition des Russes et des Prussiens. — Force et composition des armées en présence. — L'impératrice Marie-Louise régente. — Victoire de Lutzen. — Bataille de Bautzen et mort du grand maréchal Duroc. — Armistice signé après la prise de Breslau. — Médiation équivoque de l'Autriche. — Rôle prépondérant du général Pozzo di Borgo dans ce débat diplomatique. — Son antagonisme constant avec Napoléon depuis 1793.

Les mois de janvier et de février 1813 se passèrent en pourparlers et en négociations de Paris à Berlin et de Paris à Vienne ; il s'agissait de retenir ces deux puissances dans l'alliance de la France. Était-il possible de s'en flatter pour la Prusse ? L'Empereur était-il donc sincère, lorsqu'il affectait de croire à la bonne foi du Roi faisant mettre en jugement le général d'York, et envoyant un ministre extraordinaire à Paris, le prince d'Hatzfeld, pour offrir le remplacement du contingent prussien qui avait déserté ?

Pouvait-on supposer sérieusement, lorsque le prince Eugène, laissé à la tête des débris de l'armée française, obligé d'évacuer successivement toutes les positions intermédiaires entre la Vistule et la frontière de la Saxe, après avoir jeté garnison dans la ville de Dantzig, réunissait à peine autour de lui vingt mille hommes de troupes épuisées et qui, même après la réunion complète de tous les corps épars, ne s'élevèrent jamais à cinquante mille, pouvait-on supposer, dis-je, que Frédéric-Guillaume se refuserait longtemps à faire cause commune avec l'empire russe, dont les troupes victorieuses s'avançaient à marches forcées sur ses États? Les conséquences d'une telle situation étaient évidentes.

Un soir, c'était à la fin de février, M. de Sémonville et moi, impatientés de l'air d'assurance qu'affectait encore le duc de Bassano, fîmes tous nos efforts pour dissiper les illusions dans lesquelles il paraissait se complaire. Le hasard avait fait venir à ma connaissance, le matin même, des propos tenus dans les ambassades d'Autriche et de Prusse, et qui ne laissaient aucun doute sur le parti que prendrait nécessairement cette dernière puissance. Nous mîmes donc l'un et l'autre sous les yeux du duc la vérité dans tout son jour, et il en parut tellement frappé qu'il nous dit : « Oui, vous avez raison, je le vois bien, et il « est de mon devoir de reporter à l'Empereur tout ce que « vous venez de me dire. J'y vais à l'instant même, atten- « dez-moi, et à mon retour je vous raconterai l'impression « qu'il en aura reçue. » Il était dix heures du soir, et nous attendîmes jusqu'à une heure du matin; il revint enfin, et je le vois encore entrant dans son salon avec l'air ouvert et riant, nous tirant à part et nous disant ces propres paroles : « Eh bien, mes chers amis, tout ce que vous « m'aviez conté, et vous m'aviez, je l'avoue, un peu trou- « blé, n'est rien du tout : l'Empereur n'a fait qu'en rire, et « en quatre phrases, avec quelques faits bien positifs, il a « soufflé sur cet échafaudage de sinistre augure dont il n'a « rien laissé subsister. » Il fallut bien baisser la tête, en présence d'un aveuglement si obstiné, et nous en fûmes pour les frais de notre franchise.

Dans cette scène, au reste, je ne puis m'empêcher de le croire, Napoléon trompait son ministre bien plus qu'il ne se trompait lui-même. S'il avait cru réellement à la possibilité de maintenir la Prusse dans son alliance, comment aurait-il refusé de régler le compte des fournitures qu'elle avait faites à ses troupes, pendant la campagne? Il connaissait, d'ailleurs, le caractère peu énergique du roi de Prusse; or la nation prussienne tout entière était dans un état d'exaltation qui ne pouvait tarder à imposer une éclatante rupture avec la France. L'empereur Napoléon avait pu se rendre compte, en traversant les États du nord de l'Allemagne, des mauvaises dispositions qui régnaient dans les populations à son égard (1). Je tiens donc pour certain que son apparente confiance, à l'époque dont je parle, n'était qu'un jeu joué, et qui avait pour but d'éviter le découragement qui gagnait même ceux qui l'entouraient. Le doute ne fut plus longtemps permis : dès le 28 février, une alliance offensive et défensive fut signée à Kalisch, entre le roi de Prusse et l'empereur de Russie. L'Autriche serait-elle plus fidèle? Bien des symptômes pouvaient en faire douter.

Le corps d'armée autrichien qui, en qualité d'auxiliaire,

(1) Je ne crois pas avoir rapporté une anecdote qui justifie ses craintes et ses soupçons. Pendant la course si rapide qu'il fit à travers l'Allemagne du Nord, avec le duc de Vicence, son grand écuyer, à Eisenach, petite ville de Saxe, on le fit attendre plus de deux heures avant de lui donner des chevaux. On prétendait en manquer, et on en avait, disait-on, envoyé chercher par voie de réquisition, mais ceux-là n'arrivaient pas. En furetant dans les coins de la poste, M. de Vicence découvrit enfin une écurie où étaient enfermés plusieurs postillons avec de fort bons chevaux. Il voulut les forcer à marcher, mais il n'en vint à bout qu'en posant la pointe de son épée sur la poitrine du maître de poste et en l'y tenant jusqu'à ce que la voiture fût attelée. Napoléon avait-il été reconnu en arrivant? S'était-il trahi par quelque indiscrétion? Il y a lieu de le croire, et dans ce cas, on voulait peut-être se donner le temps d'avertir un certain nombre d'affidés et de lui préparer quelque embûche sur la route. Le fait n'a jamais été éclairci.

faisait partie de l'armée française, avait remis aux troupes russes la place de Varsovie. En concluant plus tard avec elles un armistice, il s'était retiré sur la Galicie et avait laissé libre le chemin de l'Oder et de la Silésie. Les réponses aux plaintes qui furent portées de cette conduite n'étaient pas des plus satisfaisantes, et cependant il fallut bien s'en contenter et avoir l'air de les trouver bonnes. Mais ce qui était encore plus caractéristique dans la conduite du cabinet de Vienne, c'est que, abandonnant son attitude d'allié de la France, il se hâta de proposer sa médiation entre elle et la Russie.

Napoléon dut encore souffrir ce changement de rôle et consentir à une démarche qui n'eut d'autre résultat qu'une réponse du cabinet russe déclarant qu'il ne pouvait accepter cette entremise qu'autant qu'elle serait acceptée également par l'Angleterre, la Prusse et la Suède. On touchait, en effet, au moment où la Suède allait prendre part à la lutte et faire figurer son armée sur les champs de bataille.

J'anticipe un peu sur les dates, mais c'est pour faciliter l'intelligence de la situation générale. Un traité fut conclu entre la Grande-Bretagne et la Suède, qui s'engagea à employer trente mille hommes au moins, sur le continent, dans une opération directe contre l'ennemi commun. Pour prix de ce service, l'Angleterre promit de ne mettre aucun obstacle à l'occupation de la Norvège, qui déjà était convenue entre la Russie et la Suède. Un subside d'un million sterling, payable de mois en mois, lui fut de plus assuré, et enfin l'île de la Guadeloupe lui fut cédée, mais sous condition d'y interdire la traite des noirs. Cette stipulation, dans un traité relatif à des intérêts si différents et dans de telles circonstances, prouve l'importance que l'Angleterre mettait à l'abolition de cette traite et sa persévérance à la poursuivre.

Pendant que cette nouvelle coalition se formait, et à mesure que les preuves en arrivaient à la connaissance de

Napoléon, il redoublait d'efforts pour rassembler les moyens d'en triompher. Quand la rupture de la Prusse et son alliance avec la Russie furent signifiées à son ministre des affaires étrangères, il y répondit par un sénatus-consulte qui mit à la disposition du ministre de la guerre cent quatre-vingt mille hommes de plus : quatre-vingt mille tirés de la garde nationale, quatre-vingt-dix mille enlevés à une portion de la conscription de 1814, enfin dix mille hommes destinés à composer quatre régiments de gardes d'honneur à cheval.

Les gardes d'honneur devaient s'habiller, s'équiper, se monter à leurs frais. Après douze mois de service, ils auraient le grade de sous-lieutenant, et enfin, lorsque après la campagne on procéderait à la formation de quatre compagnies des gardes du corps, une partie de ces compagnies serait choisie parmi les gardes d'honneur qui se seraient le plus distingués. L'idée de créer des gardes du corps avait toujours souri à Napoléon; mais il avait été forcé d'y renoncer, à cause de l'extrême déplaisir qu'elle causait aux militaires et aux anciens soldats de la garde. La retraite de Russie ayant anéanti la majeure partie de ces vieux guerriers, il crut pouvoir sans péril ouvrir cette perspective aux recrues qu'il appelait et sur la bonne volonté desquelles il ne pouvait pas compter.

Ce qui ressortait le plus clairement des règlements publiés sur la formation des régiments des gardes d'honneur, c'était l'absolu pouvoir des préfets pour désigner les jeunes gens de dix-neuf à trente ans appartenant aux classes les plus élevées, les plus riches de la société. Outre l'intention de se procurer un nombreux corps de cavalerie dont la première formation ne coûterait rien à l'État, il est certain que l'Empereur entendait avoir des otages pris dans toutes les familles dont la fidélité pouvait être douteuse.

Nulle mesure n'a fait, plus que celle-là, des ennemis

irréconciliables à Napoléon, et n'a fait plus ardemment désirer sa chute. Hâtons-nous de reconnaître que ces régiments se sont battus avec un grand courage et ont dignement soutenu l'honneur du drapeau français.

On vit paraître en même temps un autre décret sur la garde nationale; en l'organisant, on rendait disponibles les troupes de ligne. Tous les hommes de vingt à quarante ans qui avaient jusqu'alors échappé aux réquisitions, aux conscriptions, formèrent des cohortes de grenadiers et de chasseurs. Ainsi, il n'y avait aucune partie de la population qui ne fût mise dans l'obligation de servir.

Malgré le ton si confiant des discours prononcés par l'Empereur et ses ministres à l'ouverture de la session du Corps législatif, l'opinion devenait chaque jour plus inquiète et plus sévère.

Dans les premiers jours de mars, M. le comte Molé, conseiller d'État, directeur des ponts et chaussées, apporta la loi sur les finances et le budget de 1813. On sut alors comment on entendait faire face à l'augmentation inévitable des dépenses; c'était au moyen de l'aliénation de certaines parties des biens communaux, dont la vente était estimée devoir produire trois cent soixante-dix millions. Les communes seraient dédommagées en recevant, en inscription à cinq pour cent, une rente proportionnelle au revenu net des biens qu'elles seraient dans le cas de céder.

C'était un véritable emprunt fait aux communes, puisque l'État restait grevé du service de la rente, ou autrement dit, de l'intérêt du capital. Mais ce qu'on remarqua surtout dans le discours de M. Molé, ce fut le langage de l'adulation porté au plus haut degré, dans un moment où il répondait si peu au sentiment public. Il finissait par cette phrase qui lui a été longtemps reprochée : « Si un homme du siècle
« des Médicis ou du siècle de Louis XIV revenait sur la
« terre, et qu'à la vue de tant de merveilles il demandât
« combien de règnes glorieux, combien de siècles de paix

« il avait fallu pour les produire, vous lui répondriez, mes-
« sieurs : Il a suffi de douze années de guerre et d'un seul
« homme. » Cet éloge de la guerre parut déplacé (1), au
moment où les maux de la guerre étaient si lourds, où
l'énorme consommation d'hommes pouvait faire naître
dans la population un désespoir dont les conséquences
seraient incalculables. C'était cependant ce que Napoléon
considérait le moins, et j'ai tout lieu de croire que ses
préoccupations et ses inquiétudes ne portaient en aucune
façon sur cet objet. La levée des hommes lui semblait en
quelque sorte plus naturelle et plus facile que celle des
impôts, et il croyait beaucoup plus dangereux d'abuser de
l'une que de l'autre.

Ce qu'il redoutait par-dessus tout, c'était la misère famé-
lique qui pousse aux séditions. De ce côté il était loin,
malgré le brillant exposé de M. le ministre de l'intérieur,
d'avoir une complète sécurité, notamment pour ce qui concernait la capitale, et les rapports que j'étais dans le cas
de lui faire, contribuaient beaucoup aux nombreux soucis
qui l'assaillaient. Je ne lui avais pas dissimulé, dans mes
bulletins journaliers, à quel point la situation de la classe
ouvrière, si nombreuse dans les faubourgs, devenait peu
satisfaisante.

Il n'y avait pas de jour où l'argent ne se resserrât de
plus en plus, et, comme les inquiétudes sur l'avenir portaient les familles les plus aisées à restreindre leurs dé-

(1) Je dois dire que M. Molé pensait tout ce qu'il disait. On doit
avoir d'autant plus d'indulgence pour les illusions qu'il se faisait
alors sur l'Empereur, qu'il était difficile qu'à son âge il ne fût pas
séduit par la faveur qu'il lui témoignait. Je ne crois pas qu'il ait existé
d'homme pour lequel Napoléon ait manifesté plus de goût et ait fait
plus de frais. Causant fort souvent avec lui et l'écoutant avec bienveillance sur toutes matières, il aimait à dire combien étaient grandes
les espérances qu'il fondait sur ses talents. On savait, à n'en pouvoir
douter, qu'il lui destinait le rang et les fonctions d'archichancelier,
lorsque M. Cambacérès prendrait sa retraite; il en avait informé
celui-ci, qui me l'a dit à plusieurs reprises. Nul n'a donc autant perdu
que M. Molé à la chute de Napoléon.

penses, il en résultait une notable diminution dans les travaux. Cet état fâcheux était encore accru par ce fait que tous les grands dignitaires de l'armée, qui venaient ordinairement joindre pendant l'hiver leur luxe à celui de la cour, se trouvaient ou retenus en Allemagne, ou occupés à refaire le plus économiquement possible leurs équipages que la dernière campagne avait entièrement détruits. Or il n'y en avait aucun que cette nécessité ne mît dans une gêne fort étroite.

Ajoutez que les ouvriers avaient épuisé, pour se soutenir pendant la dernière disette, une grande partie de leurs ressources. Le compte que je rendis plus particulièrement de la misère qui commençait à se faire sentir dans le faubourg Saint-Antoine, où se trouvaient les principaux ateliers d'ébénisterie, motiva l'ordre donné à l'intendant de la liste civile de commander dans ces ateliers une grande quantité de meubles. On les destinait à l'ameublement du Louvre et des différents palais. Les administrateurs royaux ont été, au moment de la Restauration, fort heureux de les trouver dans les magasins de la couronne. Je procurai au faubourg Saint-Marceau un autre genre de soulagement. Je savais que le Sénat tenait enfermé dans sa caisse un fonds de réserve considérable ; je demandai qu'il fût employé à l'exécution des remblais et des travaux de terrassement que nécessitait l'achèvement de l'allée qui devait conduire du jardin du Luxembourg à l'Observatoire. Ces travaux donnèrent de l'ouvrage aux plus pauvres ouvriers du faubourg, et on leur doit la belle avenue qui existe aujourd'hui et qui est l'un des plus notables embellissements du magnifique palais de la Chambre des Pairs.

Après avoir pris les mesures nécessaires pour assurer du travail aux ouvriers, l'Empereur voulut organiser un service dont la conspiration de Malet lui avait fait sentir l'indispensable nécessité. Tant que l'administration de la ville de Paris n'aurait pas à sa disposition, sous son commandement immédiat, une force armée capable de se faire respecter, rien ne pouvait la mettre à l'abri d'un coup de main. Déjà en plus d'une occasion j'avais fait sentir l'utilité de cette organisation, dans une foule de circonstances, surtout quand le peuple se trouve réuni en grande masse. Il faut pour exercer la police et maintenir l'ordre, une dose de patience que l'habitude seule peut donner, que n'ont pas les soldats de l'armée active. Ils apportent, dans ces délicates fonctions, une rudesse qui produit toujours un très mauvais effet, et peut occasionner des scènes très fâcheuses. C'est ainsi que, dans les fêtes publiques, sur les halles et marchés, comme à la sortie des spectacles, on avait eu plus d'une fois à déplorer des accidents et des actes de violence qui compromettaient l'autorité et la rendaient impopulaire.

L'Empereur fut frappé de cette vérité et, dès le mois de janvier, il ordonna à ses ministres de s'occuper de la formation d'un corps spécialement consacré au maintien du bon ordre dans la ville de Paris, et qui serait placé sous les ordres immédiats de l'administration. Je fis sur ce sujet plusieurs mémoires, dans lesquels, m'attachant à rechercher et à faire connaître tous les détails de l'organisation de l'ancien guet, je démontrai qu'on n'avait rien de mieux à faire que de se rapprocher de cette organisation, et que surtout il était indispensable que le nouveau corps fût composé à la fois de cavalerie et d'infanterie.

L'Empereur, ayant adopté mon idée, fit rédiger un projet que le Conseil d'État discuta; il fut combattu par les hommes de guerre, qui ne pouvaient supporter la pensée d'une troupe militaire entièrement placée sous le commandement d'un administrateur civil. Ce fut à ce sujet que Napoléon, défendant le projet, prononça des paroles qui justifiaient ma conduite dans l'affaire Malet : « Quand je
« suis arrivé ici, dit-il, je ne savais encore que penser de la
« conduite du préfet de police; mais après le plus mûr exa-

« men des faits, j'ai été forcé de convenir qu'on n'avait pas
« le droit d'imputer quoi que ce fût à un magistrat telle-
« ment désarmé, qu'en rentrant dans son hôtel, il avait
« failli être assassiné par des soldats qui faisaient cepen-
« dant partie d'un régiment qu'on appelait le 1er régiment
« de la ville de Paris. »

Ce fut à la suite de cette discussion que parut, le 10 avril, le décret qui a établi la gendarmerie de Paris, composée, ainsi que je l'avais demandé, de cavalerie et d'infanterie. Elle fut mise dans une entière dépendance de mon administration, et je dus remplir auprès d'elle les fonctions de commandant supérieur, toutefois avec assistance d'un colonel chargé de commander le service.

J'ai peu fait dans ma vie de travail qui m'ait causé autant d'embarras et m'ait été aussi pénible que celui-là. Complètement étranger aux règles compliquées de l'administration et de la comptabilité militaires, il me fallut les étudier. Le duc de Rovigo m'éclaira de ses conseils, avec une grande loyauté; il me rendit surtout le plus grand service, en veillant sur le choix des hommes qui devaient entrer dans la première formation. Ce choix, aux termes du décret, devait être fait de concert entre le ministre de la guerre et le ministre de la police, et les hommes devaient être pris dans toute la gendarmerie de l'Empire.

Ce fut un bien vif sujet de déplaisir pour le maréchal Moncey, qui la commandait en qualité d'inspecteur général. Personne n'était plus minutieux et plus susceptible que lui. Quand je le rencontrai au château, il vint à moi, l'œil enflammé : « Eh bien! monsieur le préfet, me dit-il, vous
« allez donc à votre guise prendre dans ma gendarmerie
« tous les hommes qu'il vous conviendra d'y venir cher-
« cher; et quand moi, maréchal de France, inspecteur
« général, je rencontrerai dans les rues de Paris un de ces
« beaux messieurs, portant votre uniforme, je ne pourrai
« pas seulement lui dire : Polisson, pourquoi ton chapeau

« est-il de travers? — Monsieur le maréchal, lui repar-
« tis-je, vous ne lui ferez plus l'honneur de le regarder,
« vous le tiendrez pour un pékin. »

En dernier résultat, cette organisation, qui m'occupa pendant la plus grande partie de l'été, eut un plein succès. La gendarmerie de Paris a rendu depuis de bons services ; elle a contribué à garantir la grande ville des désordres qu'auraient probablement entraînés les deux occupations de 1814 et de 1815.

La nouvelle campagne allait s'ouvrir. Les Russes et les Prussiens avaient, dans le courant de l'hiver, poussé leurs marches et leurs opérations avec une activité qu'on ne leur avait pas connue jusqu'alors. Toutes les lignes défensives occupées par les troupes françaises avaient été successivement forcées. Dès les premiers jours d'avril, le prince Eugène, quittant les bords de l'Elbe, était venu se placer sur la Saale, après quelques tentatives infructueuses pour se jeter sur Berlin. L'armée prussienne comptait près de cent trente mille hommes, et la nation entière s'ébranlait ; la jeunesse de tous les rangs, de toutes les classes, se formait en bataillons d'infanterie, en régiments de cavalerie ; la ville de Berlin, en un seul jour, avait fourni jusqu'à neuf mille de ces volontaires. Il n'y avait donc pas un moment à perdre pour arrêter cet élan.

L'Empereur avait besoin d'un grand succès pour imposer à ses ennemis, pour relever le courage de ses soldats, pour leur rendre un peu de confiance. Comment pouvait-il se flatter de l'obtenir à l'ouverture de la campagne? Malgré l'extrême rapidité avec laquelle toutes ses forces disponibles avaient été poussées en avant, il n'avait pu réunir encore, à la fin d'avril, sur les bords de la Saale, au delà de cent mille combattants, et les quatre cinquièmes de ceux qui se trouvaient rassemblés n'avaient jamais vu le feu.

C'était cependant une assez belle infanterie, dont les

cohortes avaient fourni la meilleure partie, et dont les hommes étaient, par conséquent, un peu moins jeunes que ceux de la conscription courante. Leur formation datait de près d'une année, et ceux-là au moins avaient eu le temps d'apprendre le maniement des armes. Mais la cavalerie, qui aurait dû venir à l'appui de cette infanterie, manquait presque entièrement; celle qu'on travaillait à former en France n'était pas encore en état de rejoindre, bien qu'on eût pris tous les chevaux de la gendarmerie qui se trouvait dans l'intérieur de l'empire; ils étaient généralement bons et en bon état, et on les avait largement payés, en laissant aux gendarmes, dont ils étaient la propriété, le soin de les remplacer et de se remonter le plus tôt possible. En même temps plusieurs corps de la cavalerie qui servait en Espagne avaient été rappelés; mais ces corps ne pouvaient être encore arrivés. Enfin, pour avoir une artillerie suffisante, il avait fallu remplacer les sujets si distingués que cette arme avait perdus, dans la campagne de Moscou, par les artilleurs de la marine. Ils ont admirablement servi pendant tout le reste de la guerre.

Le 15 avril, quand l'Empereur partit pour aller se mettre à la tête de l'armée, elle pouvait compter environ cent dix mille hommes.

La ville de Dresde, évacuée par le maréchal Davout, avait été occupée par les Russes, et la ligne des opérations combinées des armées russes et prussiennes s'étendait, depuis la frontière de Bohême, sur toute la rive droite de l'Elbe. Les forces françaises étaient concentrées sur la rive gauche de la Saale, depuis Magdebourg jusqu'aux montagnes du Hartz. Le champ de bataille ouvert aux deux armées était donc entre l'Elbe et la Saale. La capitale, ainsi que tous les États du roi de Saxe, seul allié qui, dans cette partie de l'Allemagne, fût, malgré les instances dont il avait été assailli, resté fidèle à la France, se trouvaient envahis par les troupes ennemies. Le souverain, qui donnait ce courageux exemple d'une fidélité si rare à des engagements pris dans des jours de prospérité, s'était retiré à Ratisbonne.

Napoléon, avant de quitter sa capitale, avait remis la régence aux mains de l'Impératrice; c'était à l'intérieur une précaution contre toutes les tentatives de conspiration; et, s'il venait à perdre la vie dans quelque désastre, c'était intéresser l'Autriche au maintien et à la défense d'un gouvernement confié à des mains qui lui étaient chères. La précaution était bonne et sage; elle avait, toutefois, l'inconvénient d'ajouter beaucoup aux inquiétudes que provoquaient déjà les grands événements qui se préparaient.

La véritable délégation demeurait toujours aux mains de l'archichancelier. La Régente ne pouvait autoriser par sa signature la présentation d'aucun sénatus-consulte, ni proclamer aucune loi de l'État; elle présidait le Sénat, le Conseil d'État, le conseil des ministres et le conseil privé, notamment pour les recours en grâce, sur lesquels elle était autorisée à prononcer. Toutes ces présidences n'étaient qu'une vaine représentation, à en juger du moins par celle du Conseil d'État. Quand nous la voyions paraître et s'asseoir à la place de l'Empereur, avec sa dame d'honneur derrière elle, nous avions tous le sourire sur les lèvres. Le sérieux avec lequel l'archichancelier avait l'air de la consulter et de prendre ses ordres sur toutes choses n'était pas fait pour atténuer cette impression.

Le jour où l'on apprit le gain de la bataille de Lutzen, toutes les inquiétudes, toutes les appréhensions si vives qui s'étaient manifestées au départ de l'Empereur se trouvèrent miraculeusement dissipées. Il avait franchi la Saale le 30 avril et rencontré le 2 mai les forces combinées russes et prussiennes, qui, décidées à empêcher sa marche sur Leipzig, l'avaient attaqué plus tôt qu'il ne s'y était attendu. Cette surprise, jointe au peu d'expérience de sa jeune armée, ne l'empêcha pas de vaincre, et la valeur française a rarement brillé d'un plus vif éclat que dans cette journée.

Les beaux jours de la gloire allaient donc revenir. L'Empereur n'avait-il pas, par ce premier triomphe, tranché les plus grandes difficultés de la campagne? L'ennemi, arrêté dans sa marche, était forcé de reculer, perdait les avantages de l'offensive, et, pendant qu'il allait chercher en arrière de fortes positions, pour y établir sa ligne de défense, Napoléon avait le temps de voir arriver ses renforts et de combiner ses opérations avec cette habileté, cette puissance de coup d'œil, ce génie dont il avait donné de si éclatantes preuves.

On se disait qu'il n'avait été, dans la réalité, vaincu en Russie que par le climat; dans une contrée qui n'offrait plus les mêmes dangers, on s'attendait à le voir reprendre tous ses avantages. On se plaisait aussi à espérer que des négociations ne tarderaient pas à s'ouvrir. A Paris surtout, au milieu de la foule qui s'arrête à la surface des choses, cette espérance était très généralement admise; mais pour ceux qui, comme moi, ne tardèrent pas à avoir des renseignements certains sur les particularités de la bataille et sur ses résultats, il ne fut pas permis de se fier longtemps à ces belles apparences. Nous sûmes presque aussitôt que le manque absolu de cavalerie avait empêché de profiter de la victoire et qu'après avoir été très disputée, elle était restée incomplète. L'ennemi avait opéré sa retraite sans déroute, dans le meilleur ordre, sans perte d'artillerie, et sans laisser de prisonniers derrière lui. Il y avait loin de ce résultat à ceux qu'on avait obtenus après la bataille d'Iéna.

L'empereur de Russie et le roi de Prusse, quoiqu'ils eussent renoncé à défendre le passage de l'Elbe et eussent évacué assez promptement la ville de Dresde, n'avaient laissé apercevoir aucun découragement. On sut, au contraire, qu'ils n'étaient occupés qu'à hâter la marche des renforts, qui leur arrivaient de toutes parts. Enfin la manière dont les Prussiens surtout s'étaient battus et ce qu'on savait des efforts qui se faisaient dans tous les États de la Prusse, montraient clairement que la guerre allait prendre un nouveau caractère et qu'on n'aurait plus seulement à lutter contre des armées, mais bien contre des populations.

Dès le 14 avril, le quartier général de l'armée suédoise débarquée en Allemagne s'était établi à Rostock. Les opérations militaires suivirent, et, avec une grande promptitude, les Français entrèrent dans la ville de Dresde. L'Empereur, ayant porté son armée de l'autre côté de cette ville, attaqua, les journées du 19, du 20 et du 21, les Russes et les Prussiens, dont les forces étaient concentrées dans des positions très habilement choisies sur le flanc des hauteurs qui séparent la Saxe de la Bohème, en suivant la route qui mène en Silésie.

La bataille de Bautzen est une de celles où Napoléon a manœuvré avec le plus d'habileté, et il en a peu livré qui lui aient fait autant d'honneur. Cependant la victoire ne lui donna d'autre résultat que l'occupation des positions où l'ennemi s'était établi, et la nécessité où il se trouva d'opérer sa retraite sur la Silésie; mais point encore de prisonniers et point, ou presque point, d'artillerie et de bagages enlevés.

L'armée française manquait toujours de cavalerie pour la poursuite; les Prussiens pouvaient bien être vaincus, ainsi que les Russes, mais on ne les mettait plus en déroute. Le lendemain, à la suite d'un engagement que les alliés soutinrent pour assurer leur retraite, un coup de canon tiré lorsque l'affaire était terminée vint frapper, à côté de l'Empereur, le grand maréchal du palais Duroc. Aucune perte ne pouvait lui être plus sensible, et il en fut en effet très affecté. Déjà la bataille de Lutzen lui avait coûté un de ses plus fidèles et plus dévoués serviteurs, le maréchal Bessières, mais Duroc était d'une tout autre importance. Il avait la confiance entière de son maître, et la méritait de toutes façons. C'était un homme froid, de l'esprit le plus juste, d'une infatigable activité, et d'une discrétion à toute épreuve. Il était de ceux, en bien petit nombre, qui avaient le privilège de se faire toujours écouter.

La fin du mois de mai se passa en manœuvres sur la Silésie, où l'armée française pénétra à la suite de plusieurs combats plus ou moins disputés. Le 1er juin, Breslau tomba en son pouvoir, et, le 4, un armistice était signé entre les armées belligérantes. Cette fois, contrairement à ce qui se passait d'ordinaire, loin de faire de larges concessions afin d'obtenir que Napoléon, s'arrêtant dans le cours de ses victoires, donnât le temps nécessaire pour conclure un arrangement définitif, les coalisés avaient exigé de lui des concessions au moins aussi grandes que celles qui leur étaient accordées. Cela voulait-il dire que sa résolution était bien arrêtée de conclure la paix, et qu'il était par conséquent bien résigné à tous les sacrifices nécessaires pour l'obtenir? Les faits qui ont suivi ont prouvé que, de part et d'autre, les intentions pacifiques étaient peu sincères. Les Prussiens et les Russes avaient, en Silésie, une mauvaise position militaire, dont ils voulaient sortir; l'empereur Alexandre, ennemi bien plus irréconciliable qu'on ne le supposait, voulut avoir le temps de faire arriver toutes ses réserves, et le roi de Prusse voulait achever l'armement général de sa landwehr. Tous deux étaient aussi bien aises de ménager au roi de Suède le délai dont il avait besoin pour entrer décidément en ligne.

Napoléon, de son côté, ne se dissimulait pas l'étendue des pertes que lui avaient fait souffrir les batailles et les combats qu'il avait déjà livrés, et la résistance qu'il rencontrait lui faisait sentir la nécessité, pour porter un coup décisif, de réunir aussi toutes ses forces. Il voulait attendre les renforts qui lui arrivaient de l'intérieur de l'Empire et même du fond de l'Espagne. Enfin, des deux côtés, on se flattait de profiter de l'armistice pour amener à soi l'empereur d'Autriche, dont l'attitude, encore incertaine, permettait à chacun de croire qu'il y avait moyen de le déterminer en sa faveur.

Ainsi l'Autriche, naguère si abattue, si écrasée, par un retour de fortune inespéré, tenait entre ses mains les destinées de l'Europe. Le cabinet de Vienne était trop habile pour ne pas sentir et mesurer les avantages d'une telle situation. Sous couleur d'être toujours prêt à réaliser l'offre qu'il avait déjà faite de sa médiation, l'empereur François s'était rapproché du théâtre de la guerre et était venu s'établir en Bohême. Et comme rien ne saurait mieux appuyer une médiation que le développement d'une force considérable, il avait eu soin de mettre en mouvement toutes les forces dont il pouvait disposer. La Bohême se remplissait donc de troupes qui devaient bientôt former une armée de plus de cent mille hommes.

Le comte de Bubna vint à Dresde rejoindre Napoléon et lui annonça que, la Russie et la Prusse ayant accepté la médiation de l'Autriche, cette puissance proposait d'ouvrir à l'instant des négociations. Tant de pièces et de documents ont déjà été publiés sur ce débat diplomatique, que je n'ai rien à y ajouter. Les hommes les plus importants y furent employés de part et d'autre. Parmi ceux-ci, il en est un dont je dois faire une mention plus particulière : le général Pozzo di Borgo, qui va bientôt tenir une place importante dans les grandes affaires de l'Europe.

Corse de naissance et général, parce que ce titre s'attache en Russie à toutes les fonctions tant soit peu relevées, M. de Pozzo était en même temps un des hommes les plus spirituels et les plus capables que j'aie rencontrés. Attaché pendant plusieurs années à la diplomatie russe, dans un rang inférieur, la haine qu'il exprimait en toute occasion contre Napoléon avait obligé l'empereur à le désavouer au moment où le traité de Schœnbrunn venait d'être conclu. Il s'était réfugié en Angleterre. Telle était alors la puissance de Napoléon sur le continent, qu'il lui avait fallu prendre la route de Constantinople pour arriver à Londres avec sûreté. Une fois établi dans cette ville, il n'avait négligé aucune occasion de faire parvenir à l'empereur Alexandre des avis importants, et, dès la fin de 1811, il lui avait, avec l'autorisation formelle du prince régent, communiqué les renseignements les plus positifs sur les projets hostiles de Napoléon à l'égard de la Russie. Revenu au quartier général de ce souverain, dans le mois de février qui avait suivi la retraite de Moscou, il avait été fort bien accueilli et avait pris place dans son cabinet.

Le général Pozzo jouissait d'une confiance toute particulière, au moment où s'ouvrirent les négociations qui allaient décider de la paix ou de la continuation de la guerre. C'est la guerre qu'il désirait passionnément, et il fit tout ce qui était en son pouvoir pour la rendre inévitable. Il conseilla d'envoyer à Prague, comme plénipotentiaire de la Russie, M. d'Anstett, qu'on savait être fort désagréable à Napoléon. Il rédigea toutes les instructions qui furent réunies, puis successivement envoyées à ce négociateur, notamment la dernière, datée du 5 août, qui précéda de très près la rupture du congrès à laquelle elle eut une grande part. Son habileté consistait à placer toujours l'Autriche dans une position que Napoléon s'obstinait à lui refuser. Ainsi, tandis que celui-ci prétendait qu'elle n'avait à jouer que le rôle d'un médiateur désintéressé, et ne devait prétendre à rien pour son propre compte, M. de Pozzo di Borgo, au nom de la Russie, lui donnait au contraire à entendre, qu'ayant le plus grand intérêt à une pondération des forces de l'Europe, elle ne devait pas laisser échapper une aussi heureuse occasion de réclamer tout ce qui pouvait lui assurer à elle-même la force et la puissance dont elle avait besoin pour occuper utilement et dignement la place qui lui était assignée, aussi bien que pour le maintien de l'équilibre général.

Ce n'est pas une des moindres bizarreries de la destinée de Napoléon que la part prise, dans des événements qui ont amené sa chute, doive être attribuée à un compatriote qu'il avait trouvé sur son chemin, dès sa plus grande jeunesse, et avec lequel son antagonisme date de 1793. Député royaliste à l'Assemblée législative, M. de Pozzo di Borgo était retourné en Corse, après le 10 août; il y exerçait les fonctions de procureur syndic de l'administration départementale et il unissait ses efforts, pour repousser le joug de la Convention, avec ceux du vieux général Paoli, l'idole et l'oracle des principaux habitants de l'île.

Le jeune Bonaparte, capitaine d'artillerie au service de la France, était de plus lieutenant-colonel de la garde nationale, sur laquelle il avait su acquérir un grand ascendant. Attaché d'abord, comme M. de Pozzo, à Paoli, il ne tarda pas à s'en séparer pour défendre les droits du gouvernement français. Ce fut sur la nouvelle de la condamnation de Louis XVI qu'il prit ce parti. Je tiens le fait de M. de Sémonville, qui alors était en Corse, avec le titre de commissaire du gouvernement français. Bonaparte vint l'éveiller dans la nuit. « Monsieur le commissaire, lui dit-il, j'ai bien
« réfléchi sur notre situation; on veut faire ici des folies;
« la Convention a sans doute commis un grand crime, et
« je le déplore plus que personne; mais la Corse, quoi qu'il
« arrive, doit toujours être unie à la France; elle ne peut
« avoir d'existence qu'à cette condition; moi et les miens
« nous défendrons, je vous en avertis, la cause de l'union. »
On assure que Paoli dit de lui : « Vous voyez ce petit
« homme! eh bien, il y a en lui deux Marius et un Sylla. »
Ayant succombé dans la lutte, Bonaparte se vit bientôt, ainsi que toute sa famille, obligé de fuir et réduit à chercher un asile à Marseille.

Lorsque la Corse fut de nouveau réunie à la France,

Pozzo fut obligé de chercher un asile en Angleterre. Là, son dépit s'accrut encore, en proportion de l'élévation de son rival, et toutes les ressources de son esprit furent dès lors employées à lui susciter des ennemis. Il devint un des agents les plus actifs de la diplomatie anglaise, ce qui le ramena sur le continent, à Vienne d'abord, puis, après la mort de l'empereur Paul, à Saint-Pétersbourg, où il offrit ses services à l'empereur Alexandre. C'était un serviteur dévoué, victime pendant plusieurs années de sa fidélité, et dont les prévisions avaient toutes été justifiées par les événements.

CHAPITRE IV

Confiance excessive de Napoléon dans la fidélité de l'empereur d'Autriche. — Prolongation de l'armistice. — Désastres en Espagne ; perte de la bataille des Arapiles par Marmont ; le roi Joseph et Jourdan défaits à Vitoria, par le duc de Wellington ; évacuation progressive de la Péninsule par l'armée française dont le commandement est donné au maréchal Soult. — Armements de plus en plus menaçants de l'Autriche. — La Comédie-Française mandée à Dresde. — Conditions onéreuses demandées à Napoléon pour traiter de la paix. — Refus de l'Empereur. — Notification formelle, au 12 août, de l'accession de l'Autriche à l'alliance de la Russie et de la Prusse. — Concours de Bernadotte et de Moreau obtenu par la coalition. — Hésitations de Napoléon sur le plan de campagne à adopter. — Souvenir anecdotique de M. Daru à ce sujet. — Reprise des hostilités. — Bataille de Dresde et mort de Moreau. — Jugement de la vie de ce général, ainsi que de la conduite de Bernadotte. — Joie causée à Paris par la victoire de Dresde et prompte désillusion. — Défaite du général Vandamme ; l'entrée de la Bohême fermée à l'armée française. — Petite cause de ce grave événement. — Série de revers en Saxe complétés par la désastreuse bataille de Leipzig. — Obstination de Napoléon à ne pas vouloir acheter la paix. — Énormité des sacrifices en hommes imposés à la France dans l'année 1813. — Arbitraire des préfets. — Scène très vive, à ce propos, entre M. Pasquier et le ministre de la guerre. — Mécontentement manifeste de la haute société et multiplication des réfractaires dans les campagnes. — Récit d'une mission de M. Réal à ce sujet. — Entêtement de Napoléon ; ses abus de pouvoir.

Napoléon avait commis la faute de blesser au vif M. de Metternich : dans un entretien qu'il eut avec lui à Dresde, il lui donna à entendre qu'il le croyait gagné par l'Angleterre. Il ne pouvait se persuader que l'empereur d'Autriche, son beau-père, ne fût pas, de toute nécessité, son allié. Il raisonnait donc et agissait continuellement dans cette hypothèse, qui lui donna une folle confiance dont les conséquences lui ont été si fatales ; et il ne crut pas opportun d'offrir à l'Autriche l'Illyrie, que le cabinet de Vienne désirait (1). Cette offre, faite à propos, aurait peut-être été décisive. Napoléon semble s'être fait une sorte de point d'honneur de n'acheter par aucun sacrifice les alliances les plus nécessaires, quand il les considérait comme lui appartenant de droit.

De pourparlers en pourparlers, les jours s'écoulaient et l'armistice, qui devait expirer le 20 juillet, ne laissait plus le temps nécessaire pour arriver à un résultat. Il fut prolongé jusqu'au 10 août, sur la demande et sur la garantie de l'Autriche. On convint en même temps que les plénipotentiaires français, russes et prussiens se réuniraient, avant le 5 juillet, dans la ville de Prague. M. le duc de Vicence et M. le comte de Narbonne y furent envoyés pour la France; mais le premier, retenu toujours par l'Empereur sous un motif ou sous un autre, n'y arriva que le 28 juillet. Ce peu d'empressement à faire partir le principal plénipotentiaire, l'homme de confiance, n'était pas de bon augure.

Les événements se pressaient : en Espagne, tout allait au pire. Après la perte de la bataille des Arapiles par Marmont, l'Empereur apprit à Dresde la défaite du roi Joseph et du maréchal Jourdan, à Vitoria, par le duc de Wellington. Tous les bagages, toute l'artillerie étaient tombés au pouvoir de l'ennemi, et la retraite sur la France avait été la seule ressource des vaincus. Ainsi ce roi, qui devait fonder une nouvelle dynastie dans la Péninsule, était réduit à

---

(1) En commençant son expédition de Russie, il en aurait rendu le succès bien plus facile, s'il avait pu se résoudre à consommer avec l'Autriche l'échange, qu'il laissa seulement entrevoir, des provinces Illyriennes contre la partie de la Pologne qui était échue à cette puissance dans les différents partages. Alors, rien ne l'aurait empêché de reconstituer derrière lui la Pologne et d'en faire la base de ses opérations. Je tiens d'une personne qui lui en donna le conseil, qu'il fit la réponse suivante : « Je vois bien que vous ne vous faites pas
« une idée de l'importance de ces provinces. Vous ne voyez pas qu'en
« prenant un point d'appui sur elles j'ai un pied sur Rome et l'autre
« sur Constantinople. »

évacuer un royaume où les derniers moments de sa présence avaient été signalés par un désastre, et les Anglais, soutenus par les Cortès de Cadix, se trouvaient maîtres de tout le pays, depuis Cadix et Lisbonne jusqu'aux Pyrénées. Dans la Catalogne et une partie du royaume de Valence, le maréchal Suchet se soutenait toujours, grâce à l'excellente discipline qu'il avait maintenue dans son armée, et à la bonne administration qu'il avait établie dans les provinces qu'elle occupait encore.

Il fallait maintenant songer à couvrir le territoire de la France, car on devait s'attendre que l'armée victorieuse n'en respecterait pas les frontières et qu'elle s'efforcerait de porter la guerre dans nos provinces du Midi. Sans doute on pouvait croire que les débris de l'armée vaincue, sous les ordres de Joseph, étaient encore suffisants pour organiser un bon système de défense, surtout avec les avantages de position que devait présenter la chaîne des Pyrénées.

Napoléon se hâta de rappeler son frère, ainsi que le maréchal Jourdan, et donna le commandement, qu'il leur faisait abandonner, au maréchal Soult. Ici finit la carrière royale de Joseph. Il revint occuper d'abord sa belle terre de Morfontaine, puis le palais du Luxembourg, à Paris, où nous le reverrons bientôt, toujours inférieur aux événements au milieu desquels il s'est trouvé placé.

Les armements de l'Autriche devenaient menaçants; outre l'armée qui se rassemblait en Bohême, il s'en formait une autre sur les frontières du royaume d'Italie. L'Empereur avait renvoyé le prince Eugène à ses fonctions de vice-roi et de général commandant les troupes françaises et italiennes de l'autre côté des Alpes, en même temps qu'il rappelait auprès de lui le roi de Naples Murat, auquel il affectait de tenir encore beaucoup, malgré le coupable abandon de l'armée dont le commandement lui avait été confié.

Après la retraite de Moscou, il avait deux motifs pour le

vouloir garder à ses côtés : d'abord les services qu'en de certaines circonstances il en pouvait encore tirer sur les champs de bataille; et ensuite les inquiétudes qu'il ne pouvait s'empêcher de concevoir sur le rôle auquel son ambition sans mesure le pousserait peut-être en Italie. Chose étrange! ce que Napoléon redoutait le plus auprès de Murat, c'était l'influence de sa femme. On se servit, pour décider Murat à venir reprendre son poste auprès de l'Empereur, du crédit que M. Fouché avait toujours conservé sur son esprit. Mme Murat, voyant les premiers succès des armes de son frère, avait jugé aussi qu'il était prudent de céder à ses invitations, et elle se résigna à suspendre, du moins momentanément, une négociation déjà entamée avec M. de Metternich, et qui avait pour objet d'assurer, contre tout événement, la couronne de Naples sur sa tête et sur celle de son mari.

Au milieu des efforts prodigieux qui étaient demandés à tout ce qui pouvait fournir un instrument de guerre, on nous entretenait de l'éclat dont s'environnait le quartier général à Dresde. Nous apprenions que la Comédie française y était mandée, pour amuser les loisirs de l'Empereur; puis, que l'Impératrice partait pour Mayence. On se disait que cette princesse serait encore le gage de la paix. Ces belles espérances ne furent pas de longue durée; Napoléon arriva seul à Mayence; toutes ses démarches pour y attirer son beau-père avaient été infructueuses. C'est une chose digne de remarque que le soin qui fut apporté par les ministres de Russie et d'Autriche pour écarter, pendant ces dernières campagnes, toutes les occasions qui auraient pu mettre leurs souverains en rapports directs avec Napoléon. Ils paraissaient craindre presque autant ses séductions dans le cabinet, que son épée sur les champs de bataille.

Le projet d'abattre entièrement sa puissance n'était pas encore conçu. Cette idée ne pouvait naître que lentement. On voulait seulement profiter de l'occasion pour affranchir l'Allemagne du joug écrasant qui pesait sur elle, depuis l'abaissement de la Prusse. Ce but, qui n'était plus douteux de la part des coalisés du Nord, fut d'abord moins clairement avoué par l'Autriche ; mais il était au fond de sa pensée et ne pouvait être longtemps caché aux yeux de Napoléon, qui dut reconnaître que, pour obtenir la paix, il lui faudrait, à peu de chose près, consentir à ce que le Rhin redevînt frontière de la France du côté de l'Allemagne ; c'était la demande formelle de la Russie.

Du côté de l'Italie, il était douteux que l'Autriche dût se contenter de la cession des provinces Illyriennes : cette puissance pensait au moins à rendre le royaume d'Italie indépendant de l'Empire français. Il n'était pas dans le caractère de l'Empereur d'accepter de telles conditions, sans courir une fois encore la chance des combats. « Que « peut-il m'arriver de pire ? se disait-il. La frontière du Rhin « ne m'appartiendra-t-elle pas toujours ? Que je remporte « d'ailleurs une seule victoire signalée, et cette formidable « coalition, dont on me menace, sera dissoute. En moins « de six semaines mes aigles auront reparu sur les bords « de la Vistule, toutes les places fortes où je tiens des gar-« nisons seront débloquées, et ce dernier effort de mes « ennemis n'aura servi qu'à affermir ma puissance. Quand « on est monté aussi haut, on serait indigne de la fortune, « si on consentait, sans la plus extrême nécessité, à redes-« cendre autant qu'on me le demande, et je perdrais, par « cela seul, le prestige dont un trône aussi nouveau que le « mien a besoin d'être environné. »

Partant de deux points aussi opposés, il était impossible de s'entendre. Les pourparlers de Dresde, le semblant d'un congrès à Prague, ne furent donc que des manœuvres employées pour gagner du temps. On peut reprocher à Napoléon de s'être donné le tort apparent de ne vouloir rien céder, d'avoir combiné ses démarches de manière à ne faire parvenir la seule proposition qui pût être efficace, qu'après le moment où la rupture devait être consommée. Je pense que ses adversaires avaient, au moins autant que lui, le désir de tenter un dernier effort, et de ne pas perdre une occasion où, marchant tous vers un même but, ils allaient, pour la première fois peut-être, faire un emploi sincère de leurs forces.

Pour former de telles coalitions, il faut des circonstances bien extraordinaires, et elles ne sauraient presque jamais entrer dans les combinaisons de la politique, même la plus habile. Un des caractères distinctifs de la grandeur de Napoléon, sera toujours que, pour l'écraser, il n'ait pas fallu moins que l'Europe entière coalisée contre lui.

Au 12 août, toutes les conventions étaient arrêtées entre la Russie, la Prusse et l'Autriche, qui signifia formellement à Napoléon son accession à l'alliance des deux autres puissances. Les plans pour la campagne qui allait s'ouvrir avaient été concertés dans une petite ville de Silésie, où le roi de Suède, Bernadotte, avait été appelé. Il faut encore noter cette particularité que, pour triompher de l'armée et de la puissance françaises, l'Europe coalisée se crut obligée d'avoir recours à la science militaire et au talent de deux Français, que seuls apparemment elle jugea capables de lui révéler les secrets de la tactique qui depuis trente années avait successivement vaincu toutes ses armées. On avait été chercher jusqu'en Amérique le général Moreau, et sa haine contre le rival qui l'avait expulsé de sa patrie et chassé du théâtre de sa gloire, avait répondu à cet appel. Il arrivait pour diriger les grands mouvements stratégiques qui allaient commencer.

La Bohême, devenant territoire ennemi, rendait très périlleuse pour nous l'occupation de la Saxe, quand surtout cette occupation devait s'étendre jusqu'aux frontières de la Silésie; et en effet la Bohême, entourée de montagnes, allait être comme un grand camp retranché, qui occuperait tout le flanc droit de l'armée française, et se prolongerait sur ses derrières. L'ennemi réunissant des forces considérables dans ce camp, et pouvant toujours dérober ses mouvements derrière le rideau de montagnes qui le cacherait, aurait la facilité d'en sortir à l'improviste, sur le point qui lui conviendrait le mieux; et, pour peu que l'Empereur se portât en avant, il devait s'attendre à voir une armée de cent mille hommes se jeter entre lui et la France. Il fallait donc, à l'ouverture des hostilités, ou qu'il pénétrât lui-même en Bohême pour en chasser l'ennemi et s'établir dans cette province, ou qu'il se résolût à prendre une position qui le mettrait à l'abri du danger d'être tourné. Mais alors aussi la guerre qu'il avait commencée en prenant l'offensive, devenait défensive, et c'était une situation qui déconcertait tous ses plans.

D'un autre côté, pénétrer en Bohême était dangereux. On y serait reçu, en descendant des montagnes, par une armée formidable et intacte. On laisserait pendant ce temps la Saxe exposée à l'envahissement des armées russe, prussienne et suédoise, qui occupaient la Silésie, ou s'assemblaient sous les murs de Berlin. Il était fort douteux que les lieutenants de l'Empereur, avec les forces qu'il pouvait leur laisser, fussent en état de s'opposer à cet envahissement. Obligé de choisir entre tant de périls, tout ce qui avait expérience de la guerre souhaitait ardemment que la résolution de prendre une position en arrière vînt à prévaloir. On peut dire que c'était le vœu unanime de l'armée : Napoléon lui-même hésita longtemps.

Voici à ce sujet une anecdote dont je puis garantir la vérité, car je la tiens de M. Daru; elle explique d'une manière fort curieuse le parti auquel l'Empereur s'est enfin arrêté. Il mettait beaucoup de soin à savoir l'opinion de tous les officiers généraux qui l'approchaient, et tous lui parlaient à peu près dans le même sens. Un jour, à la fin de juillet, après avoir écouté le compte que lui rendait le général Sébastiani d'une inspection dont il avait été chargé, il lui demanda ce qu'on disait de la position, dans les cantonnements qu'il avait visités. Celui-ci ayant répondu que, si l'Autriche devenait ennemie, on croyait généralement qu'il serait difficile de ne pas changer la ligne d'opération, et qu'on regardait comme impossible, ce cas échéant, de persister à prendre la ville de Dresde pour point central : « On a raison, reprit-il, et mon parti est pris; je reviens « sur la Saale; j'y réunirai près de trois cent mille hommes, « et là, mes derrières appuyés sur Mayence, mon flanc « droit couvert par l'extrémité des montagnes de Bohême, « je présenterai à l'ennemi les cornes du taureau. Il voudra « manœuvrer devant moi; à la première faute, je tomberai « sur lui, je l'écraserai, et la coalition se dissoudra un peu « plus vite qu'elle ne s'est formée. »

Ayant congédié le général, il fit à l'instant appeler M. Daru, lui répéta les mêmes paroles, et lui ordonna d'aller sur-le-champ préparer les ordres qui étaient nécessaires pour que ce mouvement rétrograde commençât immédiatement sur tous les points. Malheureusement M. de Bassano entra dans le cabinet, comme M. Daru en sortait, et l'Empereur lui ayant adressé la question accoutuméé : « Qu'est-ce qu'on dit? » — « Des gens qui se « mêlent de parler sur tout, et sans rien savoir, assurent, « répondit celui-ci, que Sa Majesté ne peut demeurer ici, « et qu'elle va prendre une position en arrière. Ils font à « l'appui de cette assertion beaucoup de raisonnements fort « peu solides, et oublient que le grand Frédéric, avec des « forces bien inférieures aux vôtres, a tenu tête dans cette « même position pendant tout un hiver aux armées combi- « nées de l'Autriche et de la Russie. »

Ce malheureux rapprochement fit apparemment une vive impression sur l'esprit de Napoléon, car M. Daru lui ayant, peu d'heures après, rapporté le travail qu'il lui avait demandé, le trouva rêveur et fut éconduit par ces mots : « Il faut y penser encore. » Le résultat de cette nouvelle méditation fut de persister dans son premier système d'opération, et la campagne s'ouvrit conformément à ce système.

Le début fut extrêmement brillant. Après une course en Silésie, que signala un assez bel avantage remporté sur les Prussiens, l'Empereur était revenu à Dresde, assez à temps pour protéger cette capitale contre une armée de cent cinquante mille hommes, Russes et Autrichiens. Cette armée était sortie de Bohême, à dix lieues en arrière de la ville menacée, et l'attaque des faubourgs était commencée, quand Napoléon, paraissant avec sa garde et la meilleure partie de son armée, qu'il ramenait à marches forcées, tomba tout à coup sur les assaillants, déconcerta toutes leurs manœuvres, et remporta une de ses plus belles et plus heureuses victoires. Cette fois, il fit beaucoup de prisonniers.

C'était l'armée autrichienne qu'il avait devant lui. Moreau fut atteint dans cette bataille d'un boulet qui termina sa carrière. Quoi qu'en aient pu dire ceux dont il venait de servir la cause, il aurait été désirable pour lui de la finir plus tôt. Le rôle de Coriolan a pu plaire à des hommes profondément aigris et désireux de se venger, mais toujours il a laissé après lui une fâcheuse mémoire. Moreau d'ailleurs venait se venger sur sa patrie, sur trois cent mille Français, dont beaucoup avaient été ses compagnons d'armes, et plusieurs ses amis, d'une injure qui était le fait d'un seul homme. Il n'avait point l'excuse de Bernadotte, car celui-là, du moins, en acceptant un trône, s'était fait une nouvelle patrie et avait contracté envers elle des devoirs nouveaux.

Qu'on ne dise pas que le général Moreau avait la pensée de rendre à la France ses anciens souverains et d'assurer ainsi son bonheur. Cette proposition n'est pas admissible pour quiconque a connu la disposition des cabinets, à l'époque où il fut rappelé d'Amérique. Il venait mettre ses talents et son besoin de vengeance à la solde de la Russie. La nouvelle de sa mort fut une triste occasion de repasser l'histoire de sa vie; toujours on voit le grand capitaine, mais aussi un caractère sans fermeté, comme sans élévation. Il avait, après le 18 fructidor, trahi et dénoncé, au profit du Directoire, son premier maître dans l'art de la guerre et son ami, le général Pichegru; plus tard, ses tergiversations l'avaient compromis dans la conspiration de Georges, qu'elles avaient peut-être fait échouer. Sa dernière entreprise n'était pas de nature à faire oublier le passé.

L'opinion publique, si sévère pour Moreau, fut, malgré les efforts de l'Empereur, plus indulgente pour Bernadotte, dont la position, quoique assez difficile et assez fausse, s'excusait cependant par les puissants motifs que j'ai indiqués. On a su depuis, cependant, avec trop de certitude, que des vues d'ambition étrangères à la Suède étaient entrées dans sa détermination. Il avait rêvé que, si Napoléon venait à tomber, la France pourrait l'admettre à recueillir son héritage. Il paraît que dans les conférences d'Abo, l'empereur Alexandre, pour le conquérir plus entièrement, avait fait briller à ses yeux cette chimérique espérance. Mme de Staël qui, dans le même temps, vint se réfugier auprès de lui, a dû contribuer à entretenir ses illusions à cet égard.

Quoi qu'on en puisse penser, la situation de Bernadotte eut toujours, dans cette campagne même, où son concours a été décisif, un côté fort pénible, qu'il dut ressentir vivement. Malgré le besoin qu'on avait de ses services, malgré la sincérité apparente de son zèle pour la cause commune, jamais ses alliés ne purent se résoudre à lui accorder une confiance entière, et il fut tenu dans une sorte de surveillance continuelle. Quatre personnes avaient été spécialement chargées du soin de l'accompagner jusqu'au dénouement et de ne le perdre jamais de vue. C'étaient, pour l'Angleterre, le général Stewart, pour l'Autriche, le général Vincent, pour la Prusse, le général Krusemarck, et enfin pour la Russie, le général Pozzo di Borgo.

Lorsqu'on apprit à Paris le gain de la bataille de Dresde, lorsqu'on sut que la prise de vingt mille prisonniers et de soixante pièces de canon en avait été la suite, la joie fut grande au premier moment et on passait de l'abattement à la confiance. Mais les illusions ne furent pas de longue durée, et on reçut fort peu de jours après la nouvelle de l'échec éprouvé par le corps du général Vandamme, qui avait été presque entièrement détruit dans un défilé qui conduisait en Bohême. Au lieu de se borner à en occuper l'entrée, ce général avait commis la faute de le traverser et de déboucher dans la plaine. Outre la perte très considérable en hommes et en artillerie que cet échec occasionna, il eut pour conséquence d'arrêter le mouvement par lequel l'armée française allait se porter en Bohême, avec l'espérance assez fondée de tomber sur l'armée autrichienne et de l'anéantir. L'occasion étant manquée, presque tous les avantages de la victoire de Dresde se trouvèrent effacés.

Ici se place une de ces anecdotes qui viennent si souvent montrer comment les plus petites causes ont les plus graves conséquences. Je puis encore garantir l'exactitude de celle-ci, car je la tiens toujours du même témoin, non suspect, de M. Daru. L'Empereur, aussitôt après la bataille de Dresde, avait envoyé l'ordre au général Vandamme de s'emparer du défilé, dont le corps sous son commandement se trouvait peu éloigné. Lui-même, le surlendemain, partit pour se mettre à la tête de sa garde et de la meilleure partie de ses troupes, qu'il avait déjà fait avancer dans la même direction. Il était certain, après trois jours de marche, d'arriver dans les plaines de Bohême recueillir les fruits de sa dernière victoire; on ne voit guère en effet ce qui aurait pu l'en empêcher. Son état-major ordinaire l'accompagnait et M. Daru en faisait partie.

« Je ne sais plus, m'a-t-il dit, quelle circonstance m'avait
« retardé un peu, mais je me trouvais en arrière d'une lieue
« environ; mon étonnement fut donc très grand, en arrivant
« au premier lieu de repos, de voir tout le quartier général
« opérant un mouvement rétrograde, d'apercevoir Napo-
« léon reprenant la route de Dresde. Aucun de ceux que
« j'interrogeais ne put me dire la cause d'un changement
« de résolution si subit, et dont la première conséquence
« était l'ordre que les troupes avaient déjà reçu de s'arrêter.
« Je revins donc comme tout le monde, et sans en savoir
« davantage.

« Pendant la journée du lendemain, aucune occasion ne
« se présenta pour moi d'approcher de l'Empereur, et le
« surlendemain matin, comme je me rendais à son loge-
« ment, j'appris qu'il circulait de mauvais bruits sur le
« corps de Vandamme. Aussitôt entré dans son cabinet,
« je me hâtai de lui demander ce qu'il fallait en croire. —
« Tout ce qu'il y a de plus sinistre, me répondit-il, le corps
« est perdu et mon expédition en Bohême devient impos-
« sible. » Alors il m'expliqua que, la surveille, il avait été
« surpris dans sa marche par des douleurs d'estomac si
« violentes qu'il lui avait été impossible d'aller plus loin et
« qu'il avait été obligé de se faire ramener en arrière.
« — Cela n'était, cependant, ajouta-t-il, qu'une indigestion
« causée par un malheureux ragoût dans lequel on avait
« mis de l'ail, que je ne puis supporter; mais j'avais lieu
« de craindre que ce mal ne fût beaucoup plus grave. »
« Dans le fait, il s'était cru empoisonné; c'était une crainte
« qu'il concevait assez facilement. « Et voilà, ajouta-t-il, à
« quoi tiennent les plus grands événements! Ceci sera
« peut-être irréparable. »

S'il eût continué sa marche, il aurait occupé le défilé
assez à temps pour soutenir Vandamme, qui ne s'était
aventuré si témérairement que dans la confiance de le voir
arriver sur ses pas. Ce général se trouva, au lieu de cela,

attaqué en tête, du côté de la Bohême, et surpris, sur ses derrières, par un corps de l'armée autrichienne qui, après la bataille, s'était dirigé sur ce défilé pour opérer sa retraite. Ce corps lui-même serait tombé dans les mains de Napoléon si son mouvement n'avait pas été interrompu. A partir de ce jour, toutes les chances lui sont devenues persévéramment contraires, et on entre dans l'histoire de cette déplorable campagne de Saxe, qui n'offre que des revers, dans laquelle l'habileté la plus consommée a été paralysée par les inconvénients inévitables d'une position mal choisie dès le début et qu'on s'est obstiné à garder jusqu'à la fin.

Enfin la bataille de Leipzig est venue trancher définitivement la question, et la valeur de l'armée française a dû succomber sous l'effort des masses sans cesse renouvelées qui se sont précipitées sur elle de tous les points de l'horizon, et entre lesquelles une étroite issue lui fut à peine laissée pour opérer sa retraite. Les pertes dont ce désastre a été accompagné et suivi ne peuvent être comparées qu'à celles de Moscou; quoique moins grandes, au premier aperçu, elles devaient cependant entraîner de plus graves conséquences. La durée de cette campagne fut d'un peu moins de trois mois : elle s'était ouverte le 10 août, et le 2 novembre l'Empereur était rentré dans Mayence.

Les communications, cette année, avaient été faciles entre la capitale et l'armée qui combattait sur les bords de l'Elbe. Tout avait été connu et jugé jour par jour, l'Empereur avait été fort généralement trouvé au-dessous de lui-même. Son obstination à ne pas vouloir acheter la paix par des sacrifices proportionnés au besoin qu'on en ressentait, n'aurait pu se justifier que par les plus éclatants succès; elle avait été au contraire suivie des revers les plus accablants : de nouveaux sacrifices étaient demandés; la population entière semblait destinée à tomber dans un gouffre que rien ne pouvait combler.

Ainsi, dès la fin d'août, un sénatus-consulte avait accordé trente mille hommes à prendre sur la conscription de 1814, 1813, 1812, et années antérieures, ce qui n'avait pas empêché que, dans les premiers jours d'octobre, l'Impératrice ne fût venue elle-même au Sénat (c'est, je crois, la seule fois qu'elle y ait paru) et n'y eût demandé deux cent quatre-vingt mille hommes, dont cent vingt mille à prendre sur la conscription de 1814 et années antérieures, et le reste sur la conscription de 1815. On pense bien que cette nouvelle demande ne souffrit pas plus de difficultés que les précédentes.

En répondant à l'Impératrice, le président, M. de Lacépède, ne craignit même pas de terminer son discours par ces mots : « Avec quelle reconnaissance, avec quel soin « religieux ne conserverons-nous pas à jamais le souvenir « des paroles mémorables que Sa Majesté vient de proférer « du haut de son trône! » Un pareil langage était trop en contradiction avec les sentiments du pays, et loin d'inspirer la patience, il poussait à l'indignation. En trainant sur les champs de bataille des hommes hors d'état de supporter les fatigues de la guerre, on augmentait les victimes. Dans cette année 1813, du 11 janvier au 7 octobre, huit cent quarante mille hommes avaient été exigés de la France. J'ai dit le sacrifice de l'année précédente, et on doit se souvenir de son énormité. Jamais, je crois, dans aucun pays, il ne s'est rien vu de semblable, jamais on n'a demandé à aucune nation de se laisser ainsi volontairement conduire en masse à la boucherie.

La France n'y pouvait suffire. Voilà la vérité, l'exacte vérité; voilà le secret et l'explication de tout ce qui est arrivé depuis. Avec ces appels successifs de conscriptions passées, présentes et à venir, avec les gardes d'honneur, avec les brevets de sous-lieutenant imposés aux jeunes gens des meilleures familles, lorsqu'ils avaient échappé à la conscription ou qu'ils s'étaient fait remplacer conformément à la loi, il n'y avait plus de famille qui ne fût dans les transes, si elle n'était pas dans les larmes.

La levée des gardes d'honneur surtout avait été l'occasion de vexations intolérables. Comme le choix des individus était laissé à l'arbitraire des préfets, plusieurs en avaient usé de la manière la plus odieuse, faisant tomber leur désignation sur des fils uniques, souvent d'une santé fort débile, et qui, très évidemment, n'étaient ainsi enlevés à leurs parents que pour servir d'otages.

Le ministre de la guerre était plus spécialement chargé des brevets de sous-lieutenant, et je me souviens d'avoir eu un jour à ce sujet une scène extrêmement vive avec lui. Un de ces brevets avait été envoyé à un jeune homme riche, fort bien né, du Mans, et comme la sous-lieutenance était pour la cavalerie, il avait eu ordre de se rendre à l'école militaire de Saint-Germain pour y recevoir l'instruction qui lui était nécessaire. Or, ce jeune homme avait près de trente ans et était au moment de se marier. Il prit le parti de venir se réfugier à Paris, et me fut recommandé par d'anciens amis de mon père. J'écrivis au ministre de la guerre trois lettres ; je m'efforçais de lui faire comprendre à quel point un tel abus d'autorité était révoltant, l'âge de ce jeune homme le mettant hors de tous les appels. Mes trois lettres restèrent sans réponse, et M. le duc de Feltre croyait apparemment que son silence suffisait pour trancher la question. Je le vis, un soir, dans sa loge, au spectacle que l'Impératrice donnait à Saint-Cloud, et je l'abordai. Il ne sut jamais faire à mes objections d'autre réponse que celle-ci : « Que voulez-vous ? son nom est « porté sur le bulletin qui a été envoyé à l'Empereur ; il « n'y a pas moyen d'en revenir ; il faut qu'il marche. » Profondément irrité, je lui répondis « qu'il lui était appa- « remment indifférent de réduire les hommes au désespoir, « et qu'il fallait qu'il se fût fait une singulière idée de la « patience des jeunes gens de l'époque. Quant à moi, qui

« me souvenais fort bien de ce que j'étais à vingt-neuf ans,
« je pouvais lui dire que, si on en avait agi alors de cette
« manière avec moi, et qu'on eût prétendu m'envoyer à
« l'école, il n'y avait rien dont je n'eusse été capable contre
« celui qui aurait osé m'opprimer aussi injustement. » —
« Quoi! s'écria-t-il, c'est un préfet de police qui me tient
« un tel langage! — Oui, répliquai-je, et si vous per-
« sistez, il est capable d'écrire ce qu'il vient de vous dire à
« l'Empereur lui-même, afin qu'il puisse juger lequel de
« nous deux le sert avec plus de raison, de lumières et de
« conscience. » Je l'emportai cependant, et mon jeune
homme eut la permission de retourner chez lui.

Dans la haute société, le langage, qui était depuis quelques années on ne saurait plus mesuré, devint tout à coup violent et amer. Le duc de Rovigo ne pouvait manquer d'en être informé. Il m'en parlait souvent; il jugeait alors les événements avec assez de sagesse, et l'avenir lui paraissait trop incertain pour qu'il fût tenté de se compromettre par des rigueurs qui pourraient un jour lui être sévèrement reprochées.

Ce qui, dans les salons, se traduisait en conversations, devait avoir dans les classes moins élevées, et surtout au milieu des habitants des campagnes, des résultats bien autrement fâcheux. Le nombre des réfractaires à la conscription se multipliait chaque jour d'une manière effrayante, et pour qui se rappelle ce qu'était la législation contre les réfractaires, tout ce qu'on avait inventé pour punir, dans la personne des parents, la résistance des enfants, il est facile de se faire une idée du trouble qui devait résulter pour la société entière de l'application, devenue journalière, d'une législation si odieuse. La paix même des plus humbles demeures était continuellement troublée, et la chaumière livrée aux garnisaires, malgré son indigence, se trouvait assaillie par des misères jusqu'alors inconnues.

Quand on parcourra quelque jour le recueil de toutes

les lois, de tous les décrets, de tous les règlements qui ont été jugés nécessaires pour assurer le prélèvement annuel d'êtres humains arrachés à leurs foyers, on reconnaîtra que l'enivrement de la gloire doit être bien puissant, puisqu'il a suffi durant tant d'années pour faire supporter à une nation, parvenue à un haut degré de civilisation, non pas seulement la continuité d'un sacrifice aussi pénible, mais bien encore les odieux moyens qui ont dû être employés pour en assurer l'accomplissement. Il fallait que les habitudes d'obéissance fussent bien enracinées, car, même au point où nous étions arrivés, la fuite était la seule voie qu'on osât tenter pour échapper aux désignations des conseils de recrutement, et je n'ai mémoire que d'un seul endroit où les conscrits se soient révoltés ouvertement. Ils en furent sévèrement punis. C'était dans un des départements du nord de la Hollande.

On fit marcher aussitôt quelques troupes qui furent tirées des garnisons voisines, et M. Réal eut ordre d'aller en toute hâte informer sur les lieux, et de veiller à ce que la plus sévère punition atteignît promptement les révoltés. Il avait fait fusiller, en vingt-quatre heures, huit ou dix des plus coupables. Tout était aussitôt rentré dans l'ordre. Il me semblait, pendant qu'il parlait au ministre de la police, entendre un représentant du peuple rendant compte de sa mission au Comité de salut public. Je dois cette justice au duc de Rovigo, qu'il me dit, après l'avoir congédié : « Le sang-froid de cet homme, en racontant une telle expé- « dition, fait mal ; voilà cependant comme sont tous ces « révolutionnaires. »

A cette époque, il était fort enclin à l'indulgence. J'en fis, presque au même moment, l'expérience, pour un homme auquel je prenais beaucoup d'intérêt. M. de Mézy, ancien conseiller au parlement, avait donné son propre passeport à M. de Montrond, qui, fatigué de sa relégation loin de Paris, avait pris la résolution de quitter la

France et de se dérober à la surveillance sous laquelle on l'avait placé.

M. de Montrond, intimement lié avec M. de Talleyrand, était au plus haut degré suspect à l'Empereur, et son évasion était d'autant plus piquante qu'il pouvait porter au dehors la révélation de plus d'un secret connu de lui seul et de M. de Talleyrand. La colère du duc de Rovigo fut donc très grande en apprenant cette évasion, et comme il s'attendait aux reproches les plus vifs de la part de son maître, rien ne dut être épargné pour rattraper le fugitif. La participation de M. de Mézy ne pouvait manquer d'être bientôt découverte; il fut aussitôt enlevé de sa terre, puis amené à Paris. Sa position se trouvait d'autant plus mauvaise, qu'étant maire de sa commune, on pouvait avec juste raison lui imputer un abus de confiance dans l'exercice de ses fonctions. Le ministre, au premier moment, se montra décidé à l'envoyer à Vincennes, et à l'y tenir enfermé jusqu'à ce que M. de Montrond se fût présenté. J'eus assez de peine à lui faire abandonner cette résolution; mais enfin j'y parvins. « M. de Mézy était, lui dis-je, « mon camarade de collège, mon plus ancien ami, et je me « tiendrais personnellement obligé de tout ce qui serait fait « en sa faveur. » Il céda à cette prière.

Ces idées de modération n'étaient pas partagées par Napoléon. Il s'était permis un acte dont l'effet fut extrêmement mauvais. On pouvait dire de celui-là que c'était un luxe de pouvoir absolu bien inutile, car l'occasion n'en valait pas la peine, et pourtant il s'est trouvé au nombre des griefs qui ont pesé le plus sur le gouvernement impérial. Beaucoup de malversations avaient été commises dans la perception de l'octroi d'Anvers, et les régisseurs avaient été poursuivis criminellement pour des faits qui constituaient de véritables vols; mais ils avaient beaucoup d'amis dans la ville, et le jury, devant lequel ils furent traduits, les acquitta, malgré l'évidence de leur culpabilité.

L'Empereur, furieux de ce déni de justice, et très frappé de quelques circonstances qui permettaient de croire que la déclaration d'innocence avait été obtenue à prix d'argent, ordonna de remettre la main sur les acquittés et de les incarcérer de nouveau. Sur le refus du préfet de concourir à un acte aussi arbitraire, il fut remplacé à l'instant même. Ce préfet était M. d'Argenson. Sa conduite en cette occasion lui fit beaucoup d'honneur, bien que les hommes les plus expérimentés, les plus éclairés peut-être dans la science du gouvernement, fussent d'avis qu'il aurait dû commencer par obéir, sauf à donner ensuite sa démission. Quoi qu'on puisse penser, en principe, de cette règle générale de conduite, il sera toujours, en cas pareil, fort honorable de n'errer que comme l'a fait M. d'Argenson.

La colère de Napoléon ne s'arrêta pas aux mesures que le préfet d'Anvers avait refusé d'exécuter, et le Conseil d'État reçut l'ordre de délibérer sur le moyen le plus convenable d'annuler la décision du jury et de faire juger l'affaire de nouveau. Un projet de sénatus-consulte, rédigé à cet effet, fut mis en discussion; mais le Conseil d'État se prononça unanimement sur le danger qu'il y aurait à l'adopter; aucun inconvénient ne pouvant être plus grand que celui de violer le respect qui est dû à la chose jugée, surtout en matière criminelle.

Je suis persuadé que, si l'Empereur eût assisté à la délibération, il aurait été frappé de la puissance des motifs allégués; mais il ne connut que le résultat et, persistant dans sa première idée, il fit porter au Sénat le projet qui avait été repoussé par le Conseil. Le 8 septembre on lut dans le *Moniteur* un sénatus-consulte annulant la déclaration donnée le 24 juillet par le jury, en faveur des auteurs ou complices des dilapidations commises dans la gestion de l'octroi d'Anvers. La Cour de cassation était investie du droit de renvoyer les accusés devant une autre cour impériale, qui prononcerait en sections réunies et sans jury.

La cour devait statuer, dans la même forme, sur les poursuites qui seraient exercées contre les prévenus du crime de corruption dans le procès criminel qui donnait lieu à cette mesure inqualifiable.

Quelle sécurité peut-il y avoir dans un pays où un acquittement en matière criminelle est annulé par la volonté du souverain? Tous les gens sensés ne purent s'empêcher de gémir hautement d'un abus de pouvoir aussi odieux.

CHAPITRE V

État des esprits après la défaite de Leipzig. — Explosion de la haine des peuples alliés contre Napoléon et contre la prépondérance française. — Défection imprévue des Bavarois; leur marche pour couper l'armée française; ils sont culbutés à Hanau. — Isolement de l'Empereur. — Murat abandonne soudainement l'armée. — En Espagne : retraite forcée de Soult sur Bayonne. — En Italie : évacuation de l'Illyrie par le prince Eugène et entrée imminente des Autrichiens. — Retour de Napoléon à Saint-Cloud. — Nouveaux sacrifices demandés au pays. — Indignation de l'Empereur contre la Bavière. — Capitulation, à Dresde, du maréchal Gouvion. — Mort de M. de Narbonne et portrait de cet homme d'État. — Ouvertures faites à l'ancien roi d'Espagne Ferdinand. — Propositions de paix des puissances coalisées, transmises par M. de Saint-Aignan. — Acceptation évasive de l'Empereur. — Remarques de M. de Metternich. — Proclamation des alliés précisant les bases indispensables à la conclusion de la paix. — Désir universel, à Paris, de bien accueillir ces propositions et sentiment conforme des ministres à cet égard. — Tergiversations de l'Empereur sous l'influence de M. de Bassano. — Remplacement de ce dernier par M. le duc de Vicence au ministère des affaires extérieures. — Réponse favorable du nouveau ministre à la lettre de M. de Metternich. — Nouvelles exigences des alliés. — Napoléon ne peut sacrifier son orgueil personnel à l'intérêt de la France. — Soulèvement de la Hollande qui rappelle le prince d'Orange. — Appréciations de M. Pasquier sur les intentions réelles des souverains de Russie et d'Autriche; intentions modifiées par les hésitations dilatoires de Napoléon. — Considérations qui déterminent les princes coalisés à profiter jusqu'au bout des embarras de l'Empereur, de l'insuffisance de ses forces militaires, de l'épuisement de toutes ses ressources. — Premiers pressentiments de Napoléon sur la possibilité du retour des Bourbons. — Traité de Valençay : Napoléon reconnaît Ferdinand VII roi d'Espagne et des Indes. — Offre qu'il fait au Pape de la restitution d'une partie de ses États.

Plusieurs jours avant la bataille de Leipzig, les nouvelles venant du quartier général manquèrent; des nuées de Cosaques interceptaient toutes les communications. Ce silence rappelait celui qui avait précédé le 29ᵉ bulletin. La défection des Saxons et celle de la cavalerie wurtembergeoise, sur le champ de bataille de Leipzig, n'avaient pas seulement rendu la défaite inévitable, elles avaient signalé la complète révolution qui s'opérait dans les esprits. Décidément, la volonté des populations faisait plier celle des souverains jusqu'alors tout-puissants. La haine contre Napoléon et contre la prépondérance française éclatait. Ce malheur, que beaucoup prévoyaient, l'Empereur s'était obstiné à ne pas le croire possible; les avis les plus éclairés lui en avaient été donnés, et inutilement.

La défection des Bavarois allait compléter son isolement. M. de Talleyrand l'ayant su, je ne sais comment, mais d'une manière non douteuse, était accouru chez l'archi-chancelier et l'avait chargé d'en informer l'Empereur au plus vite. Un courrier fut expédié, mais il était trop tard, et nous sûmes bientôt que toute l'armée bavaroise, sous les ordres du général de Wrède, était en marche pour prendre position entre Mayence et l'armée française, qui allait se trouver ainsi entièrement coupée. Dans l'état de déroute où l'avait mise le désastre de Leipzig, serait-elle de force à franchir cet obstacle? Il était permis d'en douter. M. de Talleyrand m'a dit depuis que l'Empereur, à son retour, pour tout remerciement d'un avis aussi important, lui avait reproché de ne l'avoir donné que pour desservir M. le duc de Bassano; ce dernier, en effet, avait à plusieurs reprises repoussé des avertissements qui auraient dû lui dessiller les yeux.

Les Bavarois, cependant, furent culbutés à Hanau, comme tout le monde le sait; cette dernière victoire, qui rouvrait le chemin de la France, fut remportée par la garde, que commandait le général Nansouty, et que soutint admirablement l'artillerie, dirigée par le général Drouot. Napoléon y prit fort peu de part; il était dans un état d'abattement difficile à décrire, mais facile à comprendre. Hors la garde, qui lui rendit encore ce grand service, le reste de l'armée n'était plus qu'une masse marchant sans ordre et incapable d'exécuter aucun mouvement vigoureux.

Déjà la maladie qui gagne si facilement les soldats vaincus et découragés causait les plus grands ravages. Enfin, ce n'était pas assez de la défection de ses alliés, il fallait encore qu'elle éclatât au sein de sa famille. Le roi de Naples l'abandonna dès les premiers jours de la retraite, et cet abandon fut accompagné apparemment de circonstances bien graves, car le ministre de la police reçut, par un courrier expédié en toute hâte, l'ordre, si le roi Murat se présentait aux portes de Paris, de le faire arrêter et de l'enfermer à Vincennes; c'est un fait dont je ne puis douter, car je le tiens du duc de Rovigo, qui m'enjoignit de mettre tous les agents de la police aux aguets, et de le faire avertir à la première nouvelle qui me serait donnée de l'apparition du fugitif.

Murat évita ce danger en ne mettant le pied sur aucune partie du territoire français. Arrivé sur les bords du Rhin, il suivit la rive droite de ce fleuve, et rentra en Italie par la Suisse.

L'Empereur, après avoir passé à Mayence trois ou quatre jours qu'il employa à donner les ordres les plus urgents, arriva à Saint-Cloud le 9 novembre. Voici quelle était alors sa position. Il avait à peine ramené avec lui cinquante à soixante mille hommes, et cependant, à la reprise des hostilités, après la rupture des négociations de Prague, il en comptait encore sous ses drapeaux, depuis l'embouchure de l'Elbe jusqu'aux confins de la Bohême et de la Silésie, trois cent soixante-dix mille environ, sans parler de quatre-vingt mille au moins employés à la défense des places fortes, depuis Dantzig jusqu'à Magdebourg. Il en avait donc perdu près de quatre cent mille, car on pouvait regarder comme bien réellement perdus tous ceux qui étaient restés prisonniers à la suite des batailles, et ceux qui se trouvaient enfermés dans des places sans espoir d'être débloqués.

Du côté de l'Espagne, le général anglais, après beaucoup d'hésitation dans ses mouvements, et malgré la lenteur de ses opérations, était parvenu cependant à triompher des efforts du maréchal Soult qui avait vainement tenté de repasser les Pyrénées, de venir au secours de Pampelune et de Saint-Sébastien. Ces deux places étaient tombées, et l'armée anglaise avait passé la Bidassoa dans les premiers jours d'octobre. Ainsi le territoire français était envahi de ce côté, et dès le commencement de novembre, Soult, forcé dans une position qu'il avait inutilement tenté de défendre, s'était vu contraint d'opérer sa retraite sur Bayonne.

En Italie, le prince Eugène, n'ayant pu réunir au delà de quarante-cinq mille hommes, était hors d'état de résister aux forces autrichiennes que la défection de la Bavière avait permis de grossir considérablement. Il lui avait donc fallu abandonner l'Illyrie, dont l'Empereur n'avait pas su se détacher à propos, et reculer jusqu'à la ligne de l'Adige, où il courait encore le risque d'être tourné par le Tyrol. Ainsi, l'Italie allait être ouverte aux Autrichiens, dont les progrès n'auraient pu être arrêtés que par la réunion des troupes napolitaines à celles du royaume d'Italie. Mais n'était-il pas évident, avec les dispositions connues du roi de Naples, qu'on ne pouvait pas compter sur cette jonction?

Pour faire face à de tels dangers, quelles étaient les ressources de Napoléon? Il lui fallait faire marcher jusqu'au dernier homme capable de soutenir le poids d'un fusil. Le 25 octobre, au milieu de sa retraite, l'Empereur avait, par un décret daté de Gotha, convoqué le Corps législatif pour le 2 décembre. Il était difficile qu'il s'en passât pour autoriser la perception des nouveaux impôts devenus nécessaires. A peine arrivé à Saint-Cloud, il fit appeler tous ses ministres et les consulta sur les projets que le Conseil d'État eut à discuter le lendemain.

J'ai assisté à cette séance et elle est restée profondément gravée dans ma mémoire. Avant d'entrer en conseil, nous fûmes reçus en audience; les émotions les plus pénibles se reflétaient sur la physionomie de Napoléon. Ses premières paroles furent adressées à M. Jaubert, gouverneur de la Banque, qu'il admonesta avec emportement, sur je ne sais quel refus que la Banque avait fait de ses fonds ou de son crédit. M. Jaubert se défendit mieux et avec plus de courage qu'on ne devait s'y attendre. Une année auparavant, il n'aurait certainement pas répondu de cette manière. Entrés en séance, nous eûmes à discuter un projet de décret qui fut adopté sans difficulté, et qu'on promulgua le même jour. Il ordonnait une augmentation de trente centimes à la contribution des portes et fenêtres et des patentes, puis ajoutait vingt centimes par kilogramme au prix du sel.

Nous entendîmes ensuite la lecture d'un projet de sénatus-consulte, mettant à la disposition du gouvernement trois cent mille conscrits sur les années 1806 et 1807 et années suivantes, jusques et y compris 1814. Que pouvait-on répondre à une pareille demande, si ce n'est que depuis le 11 janvier de cette année on avait levé onze cent quarante mille hommes! L'Empereur, pour écarter à l'avance toutes les réflexions, avait pris soin, après la lecture du projet, de nous faire un exposé de la situation des affaires, dans lequel il avait particulièrement insisté sur les trahisons dont il avait été victime, et dont l'honneur national commandait de tirer vengeance.

Son imagination s'était exaltée, son œil s'était enflammé au souvenir de la Bavière. « Il faut que Munich soit brûlé, Munich sera brulé! » s'était-il écrié d'un son de voix qui retentit encore à mes oreilles, et qui nous glaça tous d'effroi. A quel avenir étions-nous donc réservés? Que ne devions-nous pas craindre de toutes les représailles dont nous étions menacés? La Bavière, il faut en convenir, méritait ces reproches indignés. Comme toutes les autres puissances qui étaient entrées dans l'alliance de Napoléon et qui s'étaient associées à sa politique, elle avait eu sans doute fort à se plaindre, et en plus d'une occasion, de ses hauteurs et de ses exigences ; mais elle en avait toujours été très largement payée. Son souverain, dont la fille avait épousé le prince Eugène, vice-roi d'Italie, devait à l'Empereur sa couronne ; et la France n'avait jamais terminé une guerre avec l'Autriche, sans que celle-ci eût été obligée d'acheter la paix au prix de sacrifices importants en faveur de son ennemie naturelle.

C'est ainsi qu'à l'aide d'augmentations de territoire fort considérables, la Bavière avait acquis de tous côtés une excellente frontière ; la possession du Tyrol, notamment, l'avait rendue inexpugnable, là où elle avait été jusqu'alors le plus faible. Quelle violence n'avait-il pas fallu employer pour soumettre à cette réunion les braves Tyroliens? Le souvenir des exécutions militaires qui furent commandées par Napoléon, pour dompter leur résistance, restera peut-être comme une tache à sa mémoire, et tout cela cependant n'avait pas suffi pour assurer une fidélité si chèrement achetée, et qui lui avait manqué au moment le plus décisif; qui avait fait plus que de lui manquer, puisque les forces sur lesquelles il avait dû compter pour sa défense s'étaient tournées contre lui!

Le sénatus-consulte qui accordait les trois cent mille hommes fut promulgué le 15 novembre, et le même jour le *Moniteur* en contenait un second qui portait que les députés de la quatrième série exerceraient leurs fonctions pendant tout le temps que durerait la session qui devait s'ouvrir le 2 février. Cette mesure se justifiait par le défaut de temps pour réunir les collèges électoraux. On aurait pu penser aussi que le moment n'était guère favorable pour tenter de nouvelles élections.

On était inquiet de tout, on n'entrevoyait que malheurs de tous les côtés. On n'avait plus de foi en rien, toutes les illusions étaient détruites. Aussi les longues colonnes du

Moniteur avaient beau être remplies d'adresses et d'expressions de dévouement de la part de tous les corps, de toutes les villes, ce langage officiel faisait l'effet d'une comédie convenue. Mieux eût valu de beaucoup pour le gouvernement un silence digne, qui seul convenait dans d'aussi tristes circonstances.

On sut bientôt que le maréchal Gouvion, enfermé dans la ville de Dresde avec près de trente mille hommes, avait été forcé de capituler; que cette capitulation avait été violée par l'ennemi, et qu'enfin le corps d'armée tout entier, qui aurait dû rentrer en France, était prisonnier de guerre. Ce fait constata de nouveau que sans son étrange obstination à conserver jusqu'au dernier moment des places qu'il regardait comme la base de ses opérations futures, Napoléon aurait réuni sans peine autour de lui un renfort de quarante à cinquante mille hommes avec lesquels le succès eût été possible dans les plaines de Leipzig. Mais, jusqu'au dernier moment, il n'avait pu se départir de la chimérique espérance de reconquérir en une seule bataille tout le nord de l'Allemagne.

Nous apprîmes en même temps la mort d'un homme que personnellement je regrettai beaucoup, de M. de Narbonne. Sa perte fut d'autant plus sensible qu'il était du petit nombre de ceux qui, se trouvant en position de traiter avec l'Empereur les plus hautes questions politiques, ne craignaient pas de lui faire entendre la vérité, s'en faisaient même un devoir. L'adresse de son esprit lui fournissait pour cela les moyens que M. de Caulaincourt trouvait dans la fermeté de son caractère. Cette adresse cependant ne l'empêcha pas de porter la peine de sa franchise. Après la rupture des négociations de Prague, Napoléon voulut éloigner de sa personne un témoin trop clairvoyant, qui désapprouvait sa conduite; il l'envoya prendre le commandement de la place de Torgau, sur l'Elbe. La garnison de cette place se trouva bientôt atteinte d'une maladie, que

M. de Narbonne gagna en prodiguant ses soins aux malheureux soldats entassés dans les hôpitaux.

M. de Narbonne, un moment ministre de la guerre de Louis XVI, sous l'Assemblée législative en 1792, avait eu, dans sa jeunesse, les plus brillants succès à la cour. Il lui était resté des mœurs de cette époque une apparence de légèreté sur laquelle trop de gens se sont obstinés à le juger. Son esprit était d'une rare perspicacité et en même temps d'une solidité qui l'aurait rendu propre aux plus grandes affaires, si sa longue émigration ne l'en avait pas tenu éloigné pendant tant d'années. Le souci que son retour a causé à M. de Talleyrand, et les peines que celui-ci s'est données pendant longtemps pour empêcher qu'il approchât de l'Empereur, sont la meilleure preuve de ce que j'avance.

Il était cependant impossible que l'Empereur ne sentît pas le besoin de la paix, et surtout ne comprît pas à quel point il était indispensable qu'il eût au moins l'air de la désirer et d'être prêt à se résigner, pour l'obtenir, aux plus grands sacrifices. Il n'avait que ce seul moyen de calmer les esprits et de ramener à lui ceux qui tendaient plus ouvertement à s'en écarter.

L'Espagne était irrévocablement perdue ; la guerre, de ce côté, ne pouvait donc plus avoir que de fâcheuses conséquences. Il fallait maintenir sur la frontière des forces qui, transportées sur le Rhin, auraient été de la plus grande utilité. La France n'avait de vieux soldats que ceux dont se composaient les armées du maréchal Soult et du maréchal Suchet.

Dans cette extrémité, Napoléon se flatta que, s'il traitait avec son prisonnier de Valençay, le bonheur de remonter sur le trône le déciderait facilement à accepter des conditions qui, séparant sa cause de celle des Anglais, forceraient ceux-ci à la retraite. Le 12 novembre, il envoya M. de Laforest auprès de Ferdinand, avec pouvoir de faire les premières ouvertures. Quelque faible d'esprit et de caractère que fût le prince, il eut cependant assez de lumière pour ne pas tomber dans un piège aussi grossier. Il demanda qu'il lui fût permis, avant tout, de recevoir une députation de la régence qui, en son absence, avait pris le gouvernement de son royaume et qui seule pouvait lui en faire connaître la véritable situation.

On permit au duc de San-Carlos, un de ses principaux conseillers, qui depuis cinq années en avait été tenu constamment éloigné, de venir le joindre à Valençay. Nous verrons un peu plus tard ce que son intervention a produit. Tout ce qui se passait de ce côté était tenu dans le plus profond secret, jusqu'à ce point que M. de Laforest avait été envoyé sous un nom supposé.

On en était là, quand l'attention fut appelée d'un autre côté. M. de Saint-Aignan, beau-frère de M. de Caulaincourt et ministre de l'Empereur à Weimar, avait été enlevé dans cette résidence par un parti de troupes étrangères qui le conduisit à Francfort, où se trouvait le quartier général des souverains alliés. Il y fut traité avec beaucoup d'égards, on lui parla de la possibilité de faire la paix, et, dans une conférence qui eut lieu le 9 novembre, entre lui, MM. de Metternich, de Nesselrode, et lord Aberdeen, le prince de Metternich lui dit formellement que les puissances coalisées étaient résolues à ne jamais rompre les liens qui les avaient récemment unies et qui faisaient leur force, qu'il fallait donc un seul traité dans lequel la paix générale serait réglée, et qu'on ne devait penser ni à un armistice ni à une négociation qui n'aurait pas pour premier but la paix générale.

Les souverains coalisés étaient unanimement d'accord sur la puissance et la prépondérance que la France devait conserver, en se renfermant dans ses limites naturelles, qui se trouvaient formées par le Rhin, les Alpes et les Pyrénées; que le principe de l'indépendance de l'Allemagne était une condition *sine quâ non;* qu'ainsi la France devait renoncer à toute souveraineté dans ce pays; que l'indépendance de l'Espagne et le rétablissement de l'ancienne dynastie étaient également une condition *sine quâ non;* qu'en Italie, l'Autriche devait avoir une frontière qui serait l'objet d'une négociation; que le Piémont offrait plusieurs lignes qu'on pourrait débattre; qu'on pourrait aussi discuter l'état général de l'Italie, pourvu toutefois qu'elle fût, comme l'Allemagne, gouvernée d'une manière indépendante de la France ou de toute autre puissance; que de même la Hollande serait l'objet d'une négociation, en partant du principe qu'elle devait être indépendante.

L'Angleterre, à cette conférence, déclara qu'elle était disposée aux plus grands sacrifices, dans le cas où on parviendrait à s'entendre pour conclure une paix qui serait fondée sur les bases que M. de Metternich venait d'indiquer. Cette hypothèse admise, elle ne demandait pas mieux que de reconnaître la liberté de commerce et de navigation à laquelle la France avait droit de prétendre.

M. de Saint-Aignan fut formellement chargé par M. de Metternich et M. de Nesselrode d'informer au plus tôt l'empereur Napoléon de toutes ces dispositions, et de lui faire connaître que, s'il agréait les principes d'une pacification générale, on pourrait neutraliser sur la rive droite du Rhin tel lieu qu'on jugerait convenable, et où les plénipotentiaires de toutes les puissances belligérantes se rendraient sans que les négociations suspendissent le cours des opérations militaires.

Bien que ces détails aient été rapportés dans une note de M. de Saint-Aignan rendue publique et qui souvent depuis a été réimprimée, j'ai cru devoir les consigner ici de nouveau, parce qu'ils donnent bien nettement le point de vue où il faut se placer pour apprécier sainement les grands événements qui vont suivre. M. de Saint-Aignan arriva à Saint-Cloud avec une grande rapidité, et, dès le 16 no-

vembre, M. le duc de Bassano écrivit à M. le comte de Metternich que, « d'après le compte qui avait été rendu
« par M. de Saint-Aignan des communications qui lui
« avaient été faites, et sur l'assurance que l'Angleterre
« avait adhéré à la proposition de l'ouverture d'un congrès
« pour la paix générale, S. M. l'empereur Napoléon dési-
« rait que la ville neutralisée sur la rive droite du Rhin
« pour la réunion des plénipotentiaires, fût celle de
« Manheim; que M. le duc de Vicence, qu'elle désignait
« pour son plénipotentiaire, s'y rendrait aussitôt qu'on
« aurait fait connaître le jour indiqué pour l'ouverture du
« congrès ».

On voit que le silence le plus absolu était gardé dans cette réponse sur l'acceptation demandée des bases posées dans la conférence de Francfort. Il était dit seulement, dans une phrase générale, que « Sa Majesté acceptait
« comme base de la paix l'indépendance de toutes les
« nations, tant sous le rapport territorial que sous le rap-
« port militaire ». Ce principe de droit public qui ne pouvait être contesté, n'était évidemment employé que comme formule évasive, et M. de Metternich ne pouvait manquer d'en faire l'observation. Aussi répondit-il à son tour que
« les hautes puissances, invariables dans leur point de
« vue, et indissolubles dans leur alliance, étaient prêtes à
« entrer en négociation dès qu'elles auraient la certitude
« que les bases générales et sommaires qui avaient été
« indiquées à M. de Saint-Aignan étaient acceptées, et
« comme il n'en était fait aucune mention dans la dépêche
« de M. de Bassano, elles désiraient que S. M. l'empereur
« Napoléon voulût bien s'expliquer à leur sujet; que c'était
« le seul moyen d'éviter que, dès l'ouverture des négocia-
« tions, d'insurmontables difficultés ne vinssent en entraver
« la marche; le choix de la ville de Manheim ne semblait,
« du reste, présenter aucune difficulté ».

Peu de jours après cette lettre, le 1er décembre, les alliés

publièrent une proclamation d'autant plus remarquable qu'elle a été cruellement démentie par les actes subséquents. Elle semblait faite en réponse au sénatus-consulte qui venait d'ordonner une levée de trois cent mille conscrits et à l'exposé des motifs donnés à l'appui de cette résolution. « Ces motifs, disait-on, renferment une provo-
« cation aux puissances alliées; il faut donc qu'elles pro-
« clament de nouveau à la face du monde les vues qui les
« guident dans la présente guerre, les principes qui font la
« base de leur conduite, leurs vœux et leurs détermina-
« tions. Elles ne font point la guerre à la France, mais à
« cette prépondérance hautement annoncée, et que, pour
« le malheur de l'Europe et de la France elle-même,
« l'empereur Napoléon a trop longtemps exercée hors des
« limites de son empire.

« La victoire a conduit les armées alliées sur le Rhin,
« et le premier usage qu'elles en font a été d'offrir la
« paix. Les conditions de cette paix sont fondées sur l'indé-
« pendance de l'Empire français, comme sur celle des autres
« États de l'Europe…

« Les souverains alliés confirment à l'Empire français
« une étendue de territoire que n'a jamais connue la
« France sous ses rois, parce qu'une nation valeureuse ne
« déchoit pas pour avoir à son tour éprouvé des revers
« dans une lutte opiniâtre et sanglante où elle a combattu
« avec son audace accoutumée… Mais les puissances aussi
« veulent être heureuses et tranquilles… Elles ne poseront
« pas les armes avant d'avoir atteint ce grand et bienfai-
« sant résultat…, avant d'avoir raffermi l'état politique de
« l'Europe, avant que des principes immuables aient repris
« leurs droits sur de vaines protestations, avant que la
« sainteté des traités ait enfin assuré une paix véritable à
« l'Europe. » On voit que, dans cette pièce, les bases offertes à M. de Saint-Aignan restaient encore admises par les alliés.

Lorsqu'une négociation si importante s'engageait entre Francfort et Saint-Cloud, lorsque tous les détails en étaient publiés en Allemagne, il était impossible que le public français, malgré le désir qu'on pouvait avoir de lui en dérober la connaissance, ne vînt pas à en être informé. Il y eut des indiscrétions volontaires, calculées, et on connut bientôt dans Paris les propositions dont M. de Saint-Aignan avait été porteur. Le désir de les voir accepter fut universel, et il se forma dans le palais, dans la ville, dans le conseil, une sorte de ligue pour pousser Napoléon dans cette voie de salut. M. le duc de Vicence en était l'âme et M. de Talleyrand n'y était pas étranger.

Entre les ministres, ceux de la police et du trésor étaient les plus prononcés pour une acceptation prompte et franche. L'un et l'autre avaient une trop parfaite connaissance des embarras dont on serait incessamment assailli, pour que leur avis pût être un moment douteux. Le prince de Neufchâtel et presque tous les aides de camp pensaient de même et agissaient en conséquence. M. de La Valette, important par sa place de directeur général des postes et par la confiance dont il avait toujours joui, saisissait aussi toutes les occasions de faire arriver la vérité aux oreilles de son maître ; je ne m'y épargnais pas plus que lui, et j'en avais le moyen en faisant entrer chaque jour, dans mes bulletins, un récit circonstancié de ce qui se disait dans la ville.

Un tel concert aurait eu beaucoup de force, si nous n'eussions trouvé sur notre chemin un adversaire très puissant. M. le duc de Bassano possédait toujours la confiance de l'Empereur ; quand M. de Saint-Aignan eut rendu compte de sa mission, il n'hésita pas à soutenir que les alliés sentaient, au moins autant que la France, le besoin de la paix ; que les dangers qu'ils auraient à courir, s'ils se hasardaient à franchir la frontière de France, leur inspiraient le plus ardent désir de conclure au plus tôt un arrangement définitif. L'initiative que l'Autriche avait prise en était la preuve; il y voyait en outre un commencement de retour du beau-père vers le gendre; il tomba d'accord avec l'Empereur que les alliés avaient dû demander le plus possible, sauf à obtenir moins. Il fallait donc se garder d'accepter de prime abord des bases qui ne devaient point être considérées comme un ultimatum et sur lesquelles les plénipotentiaires discuteraient dans le congrès. C'est ainsi que s'explique la réponse du 16.

Dès qu'on la connut, elle fut pour tout le monde le sujet d'une profonde affliction. Les conséquences étaient faciles à prévoir. M. le duc de Vicence, éclairé par les conférences de Prague sur les véritables dispositions des puissances, et très exactement informé par son beau-frère, M. de Saint-Aignan, n'hésitait pas à regarder les dernières propositions comme un ultimatum sur lequel il était indispensable de s'expliquer franchement, si on ne voulait pas que la négociation fût rompue. Il le dit nettement à l'Empereur et lui fit connaître à quel point la manière dont venaient d'être accueillies les propositions des coalisés était universellement blâmée.

Le même avertissement lui venant de tous côtés, l'Empereur fut enfin effrayé d'une désapprobation si générale et comprit qu'il était nécessaire d'adopter, au moins en apparence, une ligne de conduite qui pût lui valoir un retour de confiance; il se décida à sacrifier M. le duc de Bassano. Personne n'admettait que la paix pût être traitée sincèrement tant qu'il serait chargé du ministère des relations extérieures. Il fut donc remplacé par M. le duc de Vicence.

Aucun choix ne pouvait être plus sympathique au public, dont les espérances se ranimèrent aussitôt. L'Empereur, cependant, ne voulant pas se détacher entièrement du duc de Bassano, lui rendit le ministère de la secrétairerie d'État. Mieux eût valu qu'il eût le courage de l'éloigner entièrement. M. Maret était, sans aucun doute, un très honnête homme, parlant suivant sa conscience et animé du dévouement le plus sincère, mais ce dévouement était précisément ce qui, dans la circonstance donnée, le rendait fort dangereux, parce que, devant toujours inspirer un peu de confiance, il n'était plus qu'un mécontent sans lumières et moins que jamais en position d'en acquérir.

Ce mouvement ministériel en entraîna d'autres. M. Daru, quittant la secrétairerie d'État, alla remplacer, au ministère de l'administration de la guerre, M. le comte de Cessac, qui fut fait ministre d'État et reprit la présidence de la section de la guerre au Conseil d'État. M. Molé remplaça au ministère de la justice M. de Massa, qui fut aussi nommé ministre d'État et peu après président du Corps législatif.

Le 2 décembre, M. le duc de Vicence répliqua à la lettre de M. de Metternich, et, après avoir cherché assez vainement à prouver que l'adhésion demandée était une conséquence du principe de l'indépendance de toutes les nations, qui se trouvait reconnue dans la dépêche de M. de Bassano, il termina par ces paroles : « Toutefois, c'est avec une vive « satisfaction que j'annonce à Votre Excellence que je suis « autorisé par l'Empereur, mon maître, à déclarer que Sa « Majesté adhère aux bases générales et sommaires qui « ont été communiquées à M. de Saint-Aignan. Elles en- « traînent de grands sacrifices de la part de la France, mais « Sa Majesté les fera sans regret si, par des sacrifices sem- « blables, l'Angleterre donne les moyens d'arriver à une « paix générale et honorable pour tous, que Votre Excel- « lence assure être le vœu non seulement de toutes les « puissances du continent, mais encore de l'Angleterre. »

Cette réponse était claire et positive, mais elle aurait dû être faite vingt jours plus tôt, et, peut-être alors, aurait-elle fait prendre un cours tout différent aux destinées de la France. Quand elle arriva à Francfort, le moment favorable était déjà passé, et M. de Metternich, à son tour,

répondit d'une façon dilatoire. Il annonça le 10 décembre qu'il avait soumis à Leurs Majestés « la dépêche du mi-
« nistre français, qu'elles y avaient reconnu avec satisfac-
« tion que l'empereur Napoléon avait adopté les bases
« essentielles au rétablissement d'un état d'équilibre et de
« tranquillité future de l'Europe, qu'elles voulaient en con-
« séquence que cette pièce fût portée sans délai à la con-
« naissance de leurs alliés, Leurs Majestés Impériales et
« Royales, ajoutait-il, ne doutant point qu'immédiatement
« après la réception des réponses, des négociations ne
« puissent s'ouvrir ».

Napoléon a été sévèrement puni de la faute qu'il venait de commettre. Ce qui aggrava ses torts, c'est qu'il fut inspiré dans cette circonstance, bien moins par l'intérêt de la France que par son intérêt personnel. Il pouvait, après tant de désastres, la laisser dans un haut degré de force et de puissance; il l'a sacrifiée aux embarras de sa propre situation, à la difficulté de se retrouver seul, après l'écroulement de ses projets ambitieux, en face d'une nation qui avait tout fait pour lui et qui pourrait si justement lui demander compte de tant de trésors gaspillés, de tant de sang versé dans de folles entreprises.

La paix, dans cette situation, lui a semblé le pire des malheurs. Dépouillé du prestige attaché aux conquérants, entouré de tous ces capitaines auxquels il n'aurait plus les richesses des peuples à distribuer, il n'a pas admis la possibilité de demeurer sur un trône où son premier devoir aurait été de se faire pardonner les fautes passées. En cela il a méconnu la générosité française et n'a pas su se fier à une qualité qui était étrangère à son caractère. Il ne s'est même pas rendu justice à lui-même, car il avait dans les souvenirs de sa brillante carrière, même dans ses fautes et dans ses revers, un éclat et une grandeur qui l'auraient toujours soutenu. Son orgueil n'a pu accepter la moindre diminution dans son prestige. Dans le fond de sa pensée il a donc toujours préféré courir les chances des combats et n'a été réellement résolu à traiter que quand il a été convaincu que tous les moyens de continuer la guerre allaient lui manquer à la fois. Mais quand il s'en est enfin aperçu, ses ennemis en savaient à cet égard autant que lui, et ils se sont conduits en conséquence.

Ceux qui ont entrepris de le défendre ont beaucoup dit que les alliés n'étaient pas de bonne foi dans leurs premières propositions, et qu'ils n'avaient nulle envie d'y donner suite. Je crois cette assertion dénuée de fondement. L'Autriche et la Russie voulaient sincèrement la paix ; l'empereur François n'avait aucune envie de détrôner sa fille, et le caractère de l'empereur Alexandre était beaucoup trop circonspect pour qu'il n'eût pas la crainte, en continuant la guerre, de compromettre des succès et une gloire qui surpassaient déjà tout ce que son imagination avait osé se promettre dans ses rêves les plus exaltés.

Un homme qui l'a souvent approché pendant le premier moment de son séjour à Francfort, M. de Labouchère, m'a assuré qu'il lui avait alors entendu répéter plusieurs fois ces paroles : « Il ne faut pas qu'on me croie assez insensé « pour porter la guerre de l'autre côté du Rhin. Je ne tom- « berai pas dans la faute qui a coûté si cher à mon ennemi, « et je n'irai pas chercher à Paris le sort qu'il a trouvé à « Moscou. » Alors, cette frontière du Rhin avait encore un grand prestige, on la croyait fort difficile à franchir, et l'entreprise d'attaquer chez elle une nation si guerrière, de l'attaquer au milieu de toutes ses ressources, derrière ses lignes de places fortes, se présentait à l'imagination sous un aspect très effrayant.

Si donc Napoléon eût, le 16 novembre, répondu sans hésitation qu'il acceptait les bases proposées, je ne fais aucun doute que l'Autriche et la Russie se seraient crues liées, et que les négociations auraient été ouvertes à l'instant même. L'Angleterre et la Prusse auraient peut-être cherché à les entraver, mais elles ne pouvaient rien seules, et elles n'auraient pas risqué de séparer leur cause de celle des deux Empereurs d'Autriche et de Russie. Mais quand on vit que Napoléon refusait une réponse catégorique, on jugea qu'il ne voulait que gagner du temps pour rassembler ses forces, réorganiser son armée, et être en état de profiter de la première occasion favorable. Or, c'était cet avantage qu'on ne voulait pas surtout lui laisser. On hâta donc de tous côtés les marches, les mouvements militaires, et on s'occupa sans relâche à distribuer les forces coalisées de manière à pouvoir les faire agir simultanément sur tous les points, depuis Bâle jusqu'à l'extrême frontière du Bas-Rhin.

De ce côté un événement fort important survint encore, avant la fin de décembre, et il contribua beaucoup à donner aux alliés une plus juste idée de ce qu'ils pouvaient tenter. La Hollande tout entière se souleva et, assistée d'un corps d'armée russe et prussien, elle parvint en fort peu de jours à expulser de son territoire les troupes et les autorités françaises. Le premier usage qu'elle fit de son indépendance fut de rappeler le prince d'Orange, qui, le 20 novembre, débarqua à Scheveningen, non loin de la Haye, dans le port où son père s'était embarqué en 1795. Il fut proclamé prince souverain des Pays-Bas, et prit, en cette qualité, les rênes du gouvernement. L'exemple d'une si prompte révolution et d'un retour si complet vers une ancienne famille, qui recevait un pouvoir plus grand que celui qu'elle avait perdu, était de nature à susciter dans l'esprit des peuples et des cabinets de sérieuses réflexions.

En même temps, le voisinage des provinces françaises, les communications si faciles à établir d'une des rives du Rhin à l'autre, donnèrent aux coalisés des lumières beaucoup plus étendues que celles qui leur étaient parvenues jusqu'alors, sur la situation des affaires et sur la disposition des esprits dans toute l'étendue de la France. Ils ne purent ignorer qu'il n'y avait, pour le moment, aucune force en état de s'opposer au passage du fleuve, s'ils jugeaient à propos de le tenter. Les débris de l'armée que l'Empereur avait ramenée après la bataille de Hanau étaient anéantis par une épidémie qui emportait non seulement les soldats rentrés en France, mais même ceux qui composaient les faibles garnisons des places où ils étaient reçus. Ces places n'étaient, pour la plupart, ni approvisionnées ni armées.

D'autre part les progrès de l'armée anglaise, sur la frontière des Pyrénées, promettaient aux forces combinées sur le Rhin une diversion dont les résultats leur seraient très avantageux; enfin l'excessif découragement, le mécontentement qui se manifestaient sur une foule de points, dans l'intérieur de cet empire, si ferme naguère et si uni, pouvaient fournir à la coalition des chances favorables.

Est-il étonnant que ces diverses considérations aient conduit l'Autriche et la Russie à penser que le seul moyen d'avoir raison des hésitations, des résistances de l'Empereur était de le pousser jusqu'à la dernière extrémité? Le doute ne fut plus possible, lorsqu'on vit que le mois de décembre se passait sans qu'elles eussent l'air de s'occuper du congrès dont elles avaient eu, les premières, l'idée. Elles mirent à profit le temps qu'on leur laissait pour s'expliquer et s'entendre avec l'Angleterre, et convenir des principales résolutions qu'il serait sage de prendre, soit que la guerre dût continuer, soit que des négociations vinssent à s'ouvrir. Dans ce dernier cas, les bases qu'il serait à propos d'adopter pouvaient être discutées et fixées de nouveau, car évidemment on ne se tenait plus pour lié par celles qui avaient été offertes de premier mouvement. L'envoyé extraordinaire qu'on dépêcha à Londres pour traiter ces grandes questions fut le général Pozzo di Borgo; c'était l'homme le plus agréable à l'empereur Alexandre, en même temps que le plus hostile à Napoléon. M. de Pozzo étant parti dans le courant de novembre muni d'instructions rédigées au nom de la Russie, de l'Autriche et même de la Prusse, il était sensible que tout devait rester en suspens jusqu'au moment où le résultat de sa mission serait connu.

Cependant les intérêts étaient si mêlés et la manière de les régler dépendait tellement de la marche des événements, toujours si difficiles à prévoir, que le cabinet anglais, après avoir entendu le négociateur des trois puissances continentales, et d'accord avec lui, résolut d'envoyer sur les lieux le seul personnage que sa situation pût autoriser à prendre, chaque jour et à chaque instant, les résolutions que les circonstances nécessiteraient. Ce ne pouvait être que le ministre des affaires étrangères, lord Castlereagh.

Rien ne pouvait être plus contraire au succès des manœuvres diplomatiques de Napoléon; il n'y avait plus moyen de conserver les illusions dans lesquelles il s'était si longtemps complu. Tout lui échappait à la fois. Vers le milieu de novembre, ses conversations intimes, dont plusieurs me furent connues, surtout celles qu'il avait chaque soir avec M. de La Valette, ne laissaient aucun doute sur les inquiétudes qui envahissaient son esprit. L'insuffisance de ses forces militaires devenait de jour en jour plus complète, plus effrayante, et le temps n'était plus où il lui suffisait de frapper la terre pour en faire sortir des soldats.

En supposant qu'il parvînt à lever les jeunes conscrits que le Sénat lui livrait, de quelle utilité pouvaient-ils être dans les premiers moments! Il fallait au moins trois ou quatre mois pour les réunir, les habiller, les armer, leur apprendre à manier le fusil, et pendant ces trois ou quatre mois sa querelle devait être définitivement vidée, son sort devait être fixé. Il n'avait même plus la faculté, dont il avait pendant longtemps tiré un si grand parti, de jeter les conscrits dans des cadres formés avec des officiers tirés de ses vieux corps, et dont la vigueur et l'expérience suffisaient pour enlever les jeunes courages. La retraite de Moscou et la retraite de Saxe avaient épuisé cette réserve si précieuse; ceux qui n'avaient pas péri dans les neiges de la Russie ou sur les champs de bataille de la Saxe, restaient enfermés dans des places fortes, ou bien ils étaient prisonniers de l'autre côté du Rhin.

Dans cette situation, Napoléon comprit, pour la première fois peut-être, la possibilité du retour de la maison de Bourbon, et je tiens pour certain que cette pensée s'est présentée à son esprit comme une conséquence nécessaire de la situation des affaires, bien avant qu'il fût entré dans les résolutions des cabinets étrangers. Il en parla d'abord dans l'hypothèse de sa mort. « Croyez bien », dit-il un jour à M. de La Valette, et il le dit pareillement à M. Molé, « que si je viens à être tué, ma succession à pré« sent ne sera pas dévolue au Roi de Rome. Au point où « les choses sont arrivées, il n'y a qu'un Bourbon qui me « puisse succéder. »

Comme s'il eût voulu, en quelque sorte, préparer la restauration de cette famille, qu'il avait tant poursuivie, il se décida, dans le commencement de décembre, à consentir avec Ferdinand un arrangement dont les conditions furent rédigées à Valençay entre M. de Laforest et le duc de San-Carlos. Par ce traité, il reconnaissait Ferdinand VII et ses successeurs, dans l'ordre de succession espagnole, roi d'Espagne et des Indes; il reconnaissait encore l'intégrité de l'Espagne, telle qu'elle existait avant la guerre. Ferdinand, de son côté, s'engageait à faire évacuer le territoire espagnol, notamment Mahon et Ceuta, par les Anglais. Toutes les autres conditions étaient, dans la circonstance donnée, d'une importance très secondaire. Toutefois, ce traité ne devait être ratifié par le roi qu'après avoir été communiqué à la régence d'Espagne, et en effet, le duc de San-Carlos se mit aussitôt en route pour Madrid, avec mission apparente de le soumettre à cette régence. Mais il a été depuis impossible de douter que Ferdinand ne lui eût donné des instructions particulières pour s'entendre avant tout avec les agents anglais, et de convenir avec eux de ce qui serait le plus utile à la cause commune.

Dans le même moment, l'évêque de Plaisance avait été envoyé à Fontainebleau pour entamer avec le Pape une négociation dont la première condition était la restitution d'une partie de ses États. Sa Sainteté répondit qu'elle était décidée à ne traiter qu'à Rome, et que rien à cet égard ne pouvait faire changer sa résolution; elle ajouta qu'elle avait défendu aux cardinaux de lui parler d'aucune affaire. Cette tentative fut donc pour le moment sans aucun résultat.

CHAPITRE VI

Ouverture de la session du Corps législatif. — Précautions prises dans la crainte de manifestations hostiles. — Cri séditieux poussé, au passage du cortège impérial, par M. de Bassompierre. — Arrestation de ce dernier et sa mise en liberté, grâce à l'intercession de M. Pasquier. — Adresse adulatrice du Sénat en réponse au discours du Trône. — Caractère très différent du projet d'adresse élaboré au Corps législatif; garanties demandées au nom des droits de la nation contre les dangers du pouvoir absolu. — Colère de l'Empereur. — Réunion, chez le ministre, du conseil de police. — Considérations de M. Pasquier sur la nécessité d'entendre ce langage. — Opinion conforme et motivée de M. Réal. — Acceptation par M. de Rovigo de transmettre cet avis à l'Empereur. — Décision contraire de Napoléon. — Saisie chez l'imprimeur de toute l'édition du rapport. — Ajournement du Corps législatif. — Attitude de M. Molé en cette circonstance. — Paroles amères adressées par Napoléon au Corps législatif, à la réception du 1er janvier 1814. — Ordre de quitter Paris signifié à M. Lainé, rapporteur, et aux autres membres de la commission législative. — Décret autorisant la perception des impôts. — Envoi en province de commissaires extraordinaires investis de pouvoirs exceptionnels. — Entretien de l'Empereur et de M. Pasquier à propos de la situation publique. — Sur la proposition de ce dernier, décret de mise en activité de la garde nationale de Paris et nomination du maréchal Moncey comme major général de cette garde.

L'ouverture du Corps législatif avait été reculée du 2 décembre au 19, apparemment dans l'espoir qu'un commencement de négociation aurait eu lieu à cette époque et rendrait moins difficile l'attitude de l'Empereur. Dans l'intervalle, un nouveau décret fut rendu pour arracher à la nation encore un sacrifice : cent soixante mille hommes de garde nationale, organisés en cohortes, étaient destinés à la défense des places de guerre et au maintien du bon ordre dans les villes qui n'appartenaient pas à cette catégorie. Bien que ces cent soixante mille hommes ne dussent pas entrer précisément dans les cadres de l'armée, ils devaient marcher à l'ennemi dans l'hypothèse, devenue probable, de l'invasion du territoire. Il faut donc les ajouter aux onze cent quarante mille déjà appelés depuis le mois de janvier, ce qui donne l'effrayant total de treize cent mille hommes dans le courant d'une année.

Chacun était dans l'attente des paroles que l'Empereur allait prononcer en ouvrant la session du Corps législatif; Napoléon lui-même n'était pas sans quelque souci sur la manière dont la journée se passerait. Il fallait, pour se rendre au palais du Corps législatif, traverser lentement et en grande cérémonie un assez long espace; il craignait également le silence de la foule et les cris qui pouvaient se faire entendre. Il avait fait deux ou trois promenades à cheval dans les quartiers les plus populeux de la ville, et, malgré quelques acclamations qui lui avaient été ménagées dans le faubourg Saint-Antoine, il avait été peu satisfait de cette épreuve. Il résolut de prendre le chemin le plus court et qui paraissait en même temps le plus facile à garder et à surveiller. Au lieu de suivre les quais, comme il avait coutume de le faire, son cortège s'achemina par le jardin des Tuileries, la place Louis XV et le pont de Louis XVI, alors appelés la place et le pont de la Concorde. Fort heureusement, j'étais passé à cheval une heure auparavant, et mes yeux avaient été frappés par une inscription tracée en gros caractères noirs sur le premier pilastre du pont : « A bas le tyran! » Je n'eus que le temps de l'envoyer effacer.

A sa sortie du palais, et lorsqu'il avait à peine fait vingt pas dans le jardin, une voix, partie d'un groupe assez considérable, s'écria : « Quoi! personne ne nous délivrera de ce scélérat! » Un gendarme en habit bourgeois, qui faisait partie de ce groupe, mit la main sur l'individu qui avait poussé le cri et le conduisit au corps de garde. Personne n'avait répondu à son appel ; il n'y avait eu aucun signe d'approbation ni de désapprobation. Cependant l'Empereur, arrivé dans la salle où l'attendaient le Sénat, le Conseil d'État et le Corps législatif, ayant pris place sur un trône, et après avoir reçu le serment du nouveau président, le duc de Massa, prononça un discours fort habilement conçu, qui produisit une grande impression. Malgré la fermeté qui y règne encore, on peut, si on le compare aux précédents, le regarder comme un commencement d'abdication. Il y a loin, en effet, du ton qui y règne à celui auquel on était accoutumé depuis tant d'années et qui ne s'était pas démenti, même à l'ouverture de la session qui suivit la retraite de Moscou. On doit remarquer que l'Espagne et les affaires avec le Pape avaient été entièrement passées sous silence, et que la querelle personnelle avec l'Angleterre était plus que jamais le terrain sur lequel on cherchait à se maintenir.

En rentrant chez moi, je m'informai en détail de ce qui s'était passé, dans la traversée du jardin. L'individu arrêté avait été amené à la préfecture de police. On lui avait fait subir un interrogatoire. Quel ne fut pas mon étonnement en apprenant qu'il s'appelait Bassompierre ! Comme de raison il niait le propos, et soutenait que le gendarme qui l'avait arrêté s'était trompé. Mais sa dénégation n'avait pas ce caractère de fermeté qui inspire la confiance, et on avait très bien jugé, sur son air, que l'erreur dont il se plaignait n'était pas réelle. Cet événement m'affligea d'autant plus que je connaissais sa famille et que surtout je voyais beaucoup l'ancien évêque d'Alais, M. de Bausset, qui en était l'ami le plus intime. Il passait, avec elle et lui, la meilleure partie de l'année dans une maison de campagne située à quatre lieues de Paris (1).

(1) Mes rapports avec M. de Bausset, depuis cardinal, avaient même un caractère d'intimité que j'aime à rappeler. Lorsqu'il fut au moment de faire paraître son *Histoire de Bossuet*, il m'en envoya tous les

Deux heures après, je vis le ministre de la police, qui me parla de cette affaire avec une grande émotion. Il me dit qu'on en avait rendu compte à l'Empereur, et qu'elle occupait beaucoup ceux qui l'entouraient. Je lui dis la dénégation de M. de Bassompierre et le priai d'observer qu'il n'y avait contre lui qu'un témoin, que ce témoin pouvait s'être trompé, alors qu'il écoutait et agissait au milieu d'une foule assez considérable. J'ajoutai que j'avais pris le nom du gendarme, et que je venais de demander des renseignements à ses chefs sur le degré de confiance qui pouvait être accordé à son rapport. Ces renseignements établirent que c'était un des meilleurs sujets du corps, de la conduite la plus exemplaire, et que toute confiance lui était due.

Le soir, j'allai trouver le duc de Rovigo, pour convenir avec lui du compte que nous rendrions, le lendemain matin, à l'Empereur. Je pris alors mon parti d'aborder franchement la question avec le duc de Rovigo : « Je ne fais « aucun doute, lui dis-je, que M. de Bassompierre ne soit « coupable ; mais que gagnera-t-on à établir cette vérité ? « A le faire fusiller, ou à le détenir en prison ? Cet « homme appartient aux premières familles de France, il « inspirera un grand intérêt. Si on ne croit pas à la vérité « de l'accusation, on sera indigné ; si on y croit, on dira « qu'il faut que les sentiments de haine soient bien répan- « dus dans le public pour que l'expression en soit sortie de « la bouche d'un homme qui, évidemment, n'avait aucun

---

cahiers, les uns après les autres, et me demanda mon avis, tout à la fois sur le mérite de l'ouvrage en lui-même, et sur les avantages ou les inconvénients de sa publication. Les hommes qui demandent de tels conseils sont toujours ceux qui en ont le moins besoin, et je n'eus à lui faire que bien peu d'observations, qu'il a presque toutes accueillies. Elles portaient principalement sur un peu de partialité qu'il montrait contre les jansénistes en faveur de leurs adversaires. J'ai conservé le billet qu'il m'écrivit en m'envoyant un des premiers exemplaires imprimés, et dans lequel il fait beaucoup trop d'honneur à la part très minime que j'avais prise à son travail.

« mauvais dessein, puisqu'il était sans armes, et qui n'a
« cédé qu'à un premier mouvement dont il n'a pas été le
« maître.

« Que gagnera personnellement l'Empereur à un acte de
« sévérité, ou, si on veut, de juste vengeance? Sa des-
« tinée tient-elle maintenant à une répression aussi peu
« importante en présence des dangers dont il est entouré?
« Tout sera décidé d'ici à trois mois, sur quelque champ de
« bataille. A quoi servira-t-il de susciter contre lui de nou-
« velles haines, de nouveaux besoins de vengeance? Que
« gagnerez-vous à en assumer une partie? »

Toutes ces observations le frappèrent. Il n'éprouvait
d'embarras que sur la manière de s'expliquer avec l'Empereur, qui devait être déjà prévenu par les rapports de la
police de son palais et de sa garde. Je lui dis que j'en faisais mon affaire et lui demandai seulement de ne me point
démentir. Il me le promit.

Le lendemain matin, je me trouvais au lever, et, lorsque
l'audience fut terminée, je suivis Napoléon dans son cabinet pour lui rendre compte de cette affaire, dont je lui
exposai les faits avec une complète exactitude, mais en
prenant soin de lui faire observer qu'il n'y avait, contre
M. de Bassompierre, que le témoignage d'un gendarme qui
pouvait, à toute rigueur, s'être trompé, en choisissant un
individu au milieu de tant d'autres. Le cri avait été poussé,
voilà tout ce qu'il y avait de certain.

Quant à M. de Bassompierre, on concevait d'autant
moins qu'il se fût porté à un acte si coupable, qu'il avait
toujours été remarqué pour son caractère fort tranquille,
n'avait jamais donné lieu à aucune plainte, et passait habituellement sa vie dans une société très raisonnable, celle
de l'ancien évêque d'Alais. Je savais que l'Empereur avait
une grande considération pour ce prélat, auteur de la Vie
de Fénelon et de celle de Bossuet, deux ouvrages dont il
faisait le plus grand cas.

« Quoi! me répondit-il, c'est un ami de l'évêque d'Alais!
« Mais alors, en effet, on ne peut comprendre une si odieuse
« folie de sa part. Eh bien! que me proposez-vous? —
« Comme il y a cependant une certaine obscurité dans les
« faits, je serais d'avis, en le mettant en liberté, de lui en-
« joindre de se retirer à soixante lieues de Paris, à Tours,
« par exemple, où il resterait en surveillance jusqu'à nou-
« vel ordre. — Eh bien! soit », me fut-il répondu.

J'allai raconter ce succès au duc de Rovigo, qui me conseilla, je lui dois cette justice, de ne pas perdre une minute
pour user d'une permission qui pourrait être révoquée d'un
moment à l'autre. M. de Bassompierre était hors de Paris
avant cinq heures du soir. L'issue de cette affaire me causa
une vive satisfaction. En empêchant une vengeance inutile,
j'ai donné, à celui dont j'avais la confiance, le meilleur
conseil qu'il pût recevoir, dans la situation où il se trouvait.

Le Sénat et le Corps législatif nommèrent des commissions pour prendre connaissance des communications
annoncées dans le discours du trône. La commission du
Sénat, composée de MM. de Talleyrand, de Fontanes, de
Saint-Marsan, de Barbé-Marbois, de Beurnonville, eut
bientôt terminé son examen, et le rapport fut fait par
M. de Fontanes. Cette pièce et l'adresse qui fut votée
ensuite, sont très dignes de remarque, surtout quand on
les rapproche des actes qui, au bout de trois mois, ont été
promulgués au nom du même corps et qui furent rédigés
par les mêmes personnes. Jamais plus forte leçon n'a été
donnée à ceux qui voudraient mettre confiance en des
obséquiosités de commande. A la fin de décembre 1813, la
flatterie s'exprime encore dans le plus beau langage, avec
les formes les plus nobles; la dernière phrase de l'adresse
est ainsi conçue : « Nous combattrons pour notre chère
« patrie entre les tombeaux de nos pères et les berceaux de
« nos enfants. Sire, obtenez la paix par un dernier effort

« digne de vous et des Français, et que votre main, tant de
« fois victorieuse, laisse échapper ses armes après avoir
« signé le repos du monde. »

Lorsque cette adresse fut présentée, le 30 décembre, déjà des corps de cavalerie légère ennemis avaient pénétré en Alsace, en Franche-Comté et en Belgique; l'un d'eux avait même momentanément occupé la ville de Colmar, et dès le 29 l'Empereur avait fait annoncer au Sénat que la neutralité du territoire suisse venait d'être violée, à Bâle et dans les environs, par les troupes coalisées. Aussi sa réponse fut-elle cette fois assez sombre : « Le Béarn, la Fran-
« che-Comté, le Brabant sont entamés, dit-il, les cris de
« cette partie de ma famille me déchirent l'âme; j'appelle
« les Français au secours des Français, j'appelle les Fran-
« çais de Paris, de la Bretagne, de la Normandie, de la
« Champagne, de la Bourgogne et des autres départements
« au secours de leurs frères. Les abandonnerons-nous dans
« leur malheur? Paix et délivrance de notre territoire, doit
« être notre cri de ralliement. A l'aspect de tout ce peuple
« en armes, l'étranger fuira ou signera la paix, sur les
« bases qu'il a lui-même proposées. Il n'est plus question
« de recouvrer les conquêtes que nous avons faites. »

La commission nommée par le Corps législatif se composait de MM. Lainé, Raynouard, Gallois, de Flaugergues, Maine de Biran; ces hommes avaient compris leurs devoirs tout autrement que ne l'avaient fait Messieurs les Sénateurs. Ils n'avaient pas cru qu'il fût permis de manquer une telle occasion de faire entendre des vérités utiles, et de demander, pour prix des nouveaux sacrifices qui allaient être exigés du pays, quelques garanties pour des intérêts continuellement froissés, pour des droits sacrés trop souvent violés. Ils avaient pensé qu'il était temps de mettre un frein au pouvoir absolu. Puisque la France était appelée à faire les plus grands, les derniers efforts, n'était-il pas juste qu'elle prît quelques précautions contre le retour des témérités qui l'avaient conduite à cette extrémité? Mais ces pensées, je le puis assurer, car je l'ai souvent entendu dire depuis à tous les membres de la commission, et notamment à M. Lainé, étaient exprimées sans aucune intention hostile, sans aucune volonté de nuire, encore moins de renverser. On voulait, au contraire, très sincèrement, dans cette commission, unir encore une fois la nation à l'Empereur.

Lorsque ce rapport fut lu en comité secret, le 29 décembre, il eut le plus grand succès, et on en proposa l'impression; c'était une manière de mettre promptement les sentiments du Corps législatif en communication avec ceux du pays; cependant, comme la pièce n'était en quelque sorte qu'un travail préparatoire, et sur lequel une adresse devait être rédigée, il y eut des personnes qui pensèrent que cette publicité anticipée aurait quelque chose d'irrégulier, qu'elle était contre l'usage et qu'on devait attendre la rédaction de l'adresse qui, seule peut-être, serait dans le cas d'être imprimée. Le débat s'étant engagé sur ce point, on renvoya au lendemain pour prendre une décision.

Le lendemain, pendant que l'Empereur recevait l'adresse du Sénat, l'impression du rapport fut votée dans le Corps législatif, à une majorité de 223 voix contre 31. On procéda ensuite à la nomination de la commission des finances, dont les travaux allaient être les plus importants, et l'assemblée, en témoignage de la satisfaction qu'elle ressentait de la manière dont les rédacteurs du rapport avaient rempli leur mission, les plaça dans cette commission; deux autres membres, bien connus pour avoir la même façon de penser, leur furent adjoints; ce furent MM. Blanquart de Bailleul et Pictet (Diodati), de Genève.

Les candidats que l'influence du gouvernement avait mis en avant pour cette commission se trouvèrent ainsi tous écartés. Quand l'Empereur fut, dans la soirée, informé de ces faits, que la séance de la veille aurait dû lui faire prévoir, sa colère ne put se contenir; il ne connaissait pas cependant le texte du rapport; la commission avait eu soin de n'en donner de copie à personne, et on n'en avait que des notions vagues et assez contradictoires. Dans son impatience d'être plus exactement informé et très résolu à ne pas laisser effectuer une publication qui serait par trop contraire à ses vues, Napoléon, à dix heures du soir, commanda à son ministre de la police d'envoyer prendre chez l'imprimeur du Corps législatif la première épreuve qui serait tirée, et de lui signifier la défense de rien distribuer jusqu'à nouvel ordre. Le ministre devait apporter cette épreuve le lendemain matin, à l'heure du lever, et il lui était enjoint de se tenir en état d'en dire son opinion. Il n'y avait pas de matière cependant sur laquelle le duc de Rovigo fût moins capable d'émettre un avis; il eut le bon esprit de le sentir, et n'hésita pas à appeler à son aide les membres de son conseil de police. Nous étions réunis chez lui, sur les onze heures; mais il nous fallut attendre jusqu'à plus de minuit cette épreuve sur laquelle il devait se former une opinion; il me chargea du soin d'en donner lecture.

Le langage dans lequel les vœux étaient exprimés cachait mal de graves reproches, car on ne réclamait apparemment la liberté, la sûreté des personnes, le respect des propriétés, le libre exercice des droits politiques, que parce qu'on en avait été injustement et trop longtemps privé. Ajoutez que les circonstances au milieu desquelles ces réclamations se produisaient étaient de nature à augmenter leur gravité. Les peuples n'ont-ils pas toujours été obligés, pour faire valoir leurs réclamations les plus justes, de saisir les moments où les princes eux-mêmes étaient forcés d'invoquer leur secours?

Je fus d'avis que, malgré le déplaisir que l'Empereur pourrait ressentir, il fallait se résigner à entendre ce langage, sans trop en montrer de mécontentement. On avait besoin de relever l'esprit national, il fallait lui demander de grands, de puissants efforts, et si on rompait en une telle circonstance avec le seul corps qui pût être considéré comme délégué par le pays, si on se privait, par une trop grande susceptibilité, de l'assistance qu'on pouvait y trouver encore, sur quoi se reposerait-on désormais? Quel moyen aurait-on d'agir sur les esprits?

Si l'Empereur accueillait avec une bienveillance apparente la supplique qui lui serait présentée, il ne lui faudrait peut-être que bien peu de paroles et une déclaration qui ne l'engagerait que dans une juste mesure, pour changer en satisfaction et même en enthousiasme, des dispositions qui étaient aujourd'hui, on ne pouvait se le dissimuler, assez peu favorables. M. Pelet et M. Anglès furent de mon avis.

Quand vint le tour de M. Réal, fort pensif jusqu'alors, et auquel le duc adressa cette interpellation : « Allons, mon« sieur Réal, vous qui êtes un homme de ressources, quel « parti prendre? — Un parti? oui, sans doute, répondit-il, « il devrait toujours y en avoir un à prendre; il en faudrait « un vigoureux; mais sur quoi voulez-vous qu'on l'appuie? « Où sont aujourd'hui les hommes qu'on pourrait employer, « pour exécuter une grande et forte mesure? Depuis dix « années, n'a-t-on pas dispersé, persécuté, anéanti presque « tous les vrais patriotes, tous ces hommes énergiques qui « avaient rendu de si grands services aux époques les plus « décisives de la Révolution? Croit-on qu'il soit possible « de les trouver à présent, de les ranimer, de les ressus« citer, et où trouverait-on leurs pareils? Il avait fallu pour « les produire des circonstances uniques; ceux-là avaient « le feu sacré; on n'a pas voulu comprendre ce qu'ils va« laient. Maintenant, voilà l'Empereur en présence d'une « assemblée qui sait prendre ses avantages, et il est plus « aisé de gagner trois grandes batailles que de faire face à « une assemblée délibérante, qui peut ranger de son côté « l'opinion publique. Entrer en lutte avec elle est une entre-

« prise au-dessus des forces du moment ; s'en passer est
« tout aussi impossible. Il faut donc, bon gré, mal gré, en
« venir à l'avis de M. Pasquier, et il faut avoir le courage
« de le dire. »

Cette allocution si naïvement révolutionnaire, mais si raisonnablement terminée, fit une vive impression sur le duc de Rovigo. « Je vois bien », dit-il après quelques phrases fort embarrassées, « qu'il n'y a pas d'autre parti à prendre, « mais le conseil n'est pas aussi commode à donner que « vous avez l'air de le supposer, Messieurs. »

Il paraît que dans une conversation de l'après-dîner, il avait déjà eu l'occasion de reconnaître que les dispositions de l'Empereur s'accordaient peu avec la manière de voir qui avait prévalu au milieu de nous. Cependant, après un moment de réflexion, il se résolut à tenter l'aventure. Seulement il fit promettre à M. Réal et à moi de nous trouver le lendemain matin de bonne heure au château. « J'entrerai », nous dit-il, « avant le lever ; je lui exposerai « vos raisons que j'adopte, et, si je le trouve trop récalci- « trant, je lui demanderai de vous entendre. » Nous fûmes exacts au rendez-vous. Il entra en effet, avant tout le monde, mais au bout de quelques minutes, nous le vîmes ressortir avec l'air fort ému. « Venez avec moi », me dit-il. Je montai dans sa voiture, et, chemin faisant, il me raconta qu'il avait laissé l'Empereur irrévocablement décidé à congédier le Corps législatif, attendu l'impossibilité d'en tirer aucun service qui fût capable de contre-balancer le mal que produirait la publication d'un tel rapport.

Il fallait donc, avant tout, s'assurer que cette publication n'aurait pas lieu, et je devais sur-le-champ envoyer saisir et enlever toute l'édition chez l'imprimeur, en ayant soin de lui signifier que, si un seul exemplaire s'en échappait, il en serait responsable. « Fort bien, répondis-je, mais pour « ceci il me faut un ordre écrit et signé. Souvenez-vous de « ce que M. Réal vous a dit hier, du danger de se heurter

« contre les assemblées délibérantes. Je ne ferai donc rien
« qui ne puisse se justifier très régulièrement, et j'entends
« mettre ma responsabilité à couvert. — Eh bien, vous
« aurez l'ordre dans un quart d'heure. » Je le reçus en
effet, et il fut exécuté.

Dans la matinée, l'Empereur tint un conseil de ministres
où fut décidé l'ajournement du Corps législatif. Cette décision, loin d'être unanime, ainsi qu'on s'est plu à le dire,
avait été fort combattue; mais l'Empereur avait pris sa
résolution à l'avance, et la délibération n'était qu'une affaire
de forme. On a prétendu sans raison que M. Molé avait
parlé avec beaucoup de chaleur en approuvant la mesure,
qu'il avait été jusqu'à proposer d'arrêter le rapporteur de
la commission, M. Lainé, et de le traduire en justice. Cette
accusation a pesé sur lui pendant longtemps; elle était
inspirée par l'envie qu'avait soulevée sa trop rapide élévation, mais j'ai la certitude qu'elle est de toute fausseté. Le
duc de Rovigo me donna le soir même les détails de la
séance, et, dans le compte qu'il m'en rendit, compte dont
la véracité ne pouvait être douteuse, M. Molé avait été un
des principaux opposants, et ni lui ni personne n'avait fait
de propositions concernant M. Lainé.

Le lendemain matin, on vit paraître une ordonnance qui
prononçait l'ajournement du Corps législatif, fondée sur ce
que la troisième série allait se trouver sans pouvoirs. Afin
de sauver un peu les apparences, la même ordonnance
statua que le ministre de l'intérieur proposerait sans délai
les mesures nécessaires pour la réunion des collèges
électoraux des trois séries qui devaient renouveler leurs
listes.

C'était une situation bien étrange que celle de ce Corps
législatif qui, aux termes de la loi fondamentale, devait
être renouvelé chaque année par cinquièmes, et dans lequel
deux cinquièmes avaient continué de siéger, bien que leur
temps fût expiré, et grâce à une prolongation de pouvoirs

qui leur avait été accordée par des sénatus-consultes. L'omnipotence du sénatus-consulte était devenue ainsi le premier élément du gouvernement impérial, et, en sa présence, toutes les objections étaient réduites au silence. L'absolu pouvoir n'a peut-être jamais imaginé une forme plus expéditive que celle-là; si l'usage en était commode, le danger n'en était que plus grand.

L'ordonnance qui achevait de séparer si complètement l'Empereur de la nation, dont le concours et la confiance ne lui avaient jamais été si nécessaires, fut insérée dans le *Moniteur*, le 1ᵉʳ janvier 1814. Le Sénat et le Corps législatif vinrent, suivant l'usage, présenter leurs félicitations. Napoléon profita de cette occasion pour adresser aux membres du Corps législatif ces phrases si souvent citées : « Qu'est-ce que c'est que le trône ? Quatre morceaux de « bois couverts de velours. » Puis, cette expression assez touchante de ses profonds chagrins : « J'avais besoin de « consolations, et vous avez voulu me déshonorer. J'atten- « dais que vous vous seriez réunis d'intention et d'efforts « pour chasser l'étranger. Vous l'avez appelé ! Oui, j'aurais « perdu deux batailles que cela n'aurait pas fait plus de « mal à la France. » Ce mal, il l'augmentait lui-même par la publicité qu'il donnait, dans sa colère, au rapport dont il avait voulu que la connaissance fût dérobée au public.

Dans la journée, le ministre de la police envoya chercher M. Lainé et les autres membres de la commission, auxquels il signifia assez brutalement l'ordre de quitter Paris sans délai. M. Lainé lui répondit avec une dignité dont il ne put s'empêcher d'être frappé, car il m'en parla le lendemain. Bientôt, au reste, la présence de cet homme important à Bordeaux fut beaucoup plus nuisible à la cause de Napoléon qu'elle n'aurait pu l'être à Paris.

La perception des impôts fut autorisée par décret. On était tellement habitué à obéir, qu'aucune plainte ne se fit entendre. Des commissaires extraordinaires, tous choisis parmi les sénateurs ou les conseillers d'État, furent envoyés en province. Leurs pouvoirs étaient immenses : ils étaient chargés d'accélérer la levée des conscriptions, l'habillement, l'équipement, l'armement des troupes, l'approvisionnement des places, la rentrée des chevaux requis pour le service de l'armée, la levée et l'organisation des gardes nationales.

Dans les pays que l'ennemi menacerait, il leur était enjoint d'ordonner des levées en masse. Ils étaient encore autorisés à ordonner toutes les mesures de haute police qu'exigeraient les circonstances et le maintien de l'ordre public, ce qui emportait le droit d'arrestation le plus étendu, et, par une conséquence naturelle, de former des commissions militaires, et de traduire devant elles ou devant les cours spéciales toute personne prévenue de favoriser l'ennemi, d'être d'intelligence avec lui, ou d'attenter à la tranquillité publique. Ces commissaires extraordinaires furent heureusement bien choisis, et il faut se hâter de dire qu'il n'en est aucun qui se soit mis dans le cas d'encourir un reproche grave sur l'usage qu'il a fait de ces pouvoirs si exorbitants. Ils ne peuvent être comparés, en effet, qu'à ceux dont la Convention avait investi ses fameux proconsuls; mais le temps, ainsi que les hommes, étaient heureusement bien changés !

Le 3 janvier, j'étais resté après l'audience du lever, ayant à parler à l'Empereur d'une affaire importante pour la ville de Paris. « Eh bien, monsieur le préfet », me dit-il, en commençant la conversation, « que dit-on dans cette
« ville? Sait-on que les armées ennemies ont décidément
« passé le Rhin? — Oui, Sire, on l'a su hier dans l'après-
« diner. — Quelle force leur suppose-t-on? — On parle de
« deux cent mille hommes. — On en est loin de compte;
« ils sont de trois à quatre cent mille, et ils ont passé
« depuis Cologne jusqu'à Bâle sur sept ou huit points

« différents. Les Suisses ont laissé violer leur territoire (1).
« A quelle résolution s'attend-on de ma part? — On ne
« doute pas que Votre Majesté ne parte incessamment pour
« se mettre à la tête de ses troupes, et ne marche à la ren-
« contre de l'ennemi. — Mes troupes! mes troupes! Est-ce
« qu'on croit que j'ai encore une armée? La presque
« totalité de ce que j'avais ramené d'Allemagne n'a-t-elle
« pas péri de cette affreuse maladie qui est venue mettre le
« comble à mes désastres? Une armée! Je serai bien heu-
« reux, si, dans trois semaines d'ici, je parviens à réunir
« trente ou quarante mille hommes. »

Puis, après un assez long silence : « Eh bien! que me voulez-vous? » Alors je lui exposai que son dernier décret sur la garde nationale n'avait pas fait mention de la ville de Paris, et que cependant je croyais indispensable de prendre sous ce rapport un parti. Paris allait vraisemblablement se trouver dégarni du peu de troupes qui en composaient ordinairement la garnison, et, dans des circonstances qui pouvaient devenir si critiques, je ne voyais pas comment il serait possible de se passer d'une force capable

(1) Ce passage au travers du territoire helvétique n'avait éprouvé, en effet, de la part des Suisses aucune résistance. Il avait été précédé et fut suivi de négociations qui ont amené la nouvelle organisation fédérative de la Suisse, telle qu'elle existe aujourd'hui. Ce fut la première grande affaire dont fut chargé M. de Capo d'Istria. Son existence au quartier russe avait été jusqu'alors peu remarquée. Voici comment il y était arrivé : Se trouvant l'un des chefs de la république des Sept-Iles, lorsqu'elle existait sous la protection russe, et ces îles ayant passé par le traité de Tilsit sous la domination française, il n'avait pas hésité à se donner entièrement au service de la Russie, avait été admis dans la diplomatie de cette puissance, et, suivant ce qui s'y pratique ordinairement, avait été attaché à un quartier général. Le premier où il se trouva employé, fut celui de l'armée qui faisait la guerre aux Turcs. Il suivit persévéramment cette carrière, et elle l'avait conduit jusqu'au quartier général de Francfort. Lorsque l'empereur Alexandre eut besoin d'un homme intelligent pour conduire les affaires de la coalition en Suisse, son choix tomba sur M. de Capo d'Istria, et le succès qu'il eut dans cette mission lui fraya bientôt la route vers le poste éminent qu'il a occupé depuis, d'une manière fort brillante, dans le cabinet du souverain auquel il s'était attaché.

de maintenir la tranquillité, au milieu d'une population qui pourrait être exposée à beaucoup de misères, et serait, par conséquent, difficile à contenir. Le moindre trouble dans sa capitale pendant qu'il serait aux prises avec l'ennemi, ne pourrait-il pas lui causer les plus cruels embarras, et ne fallait-il pas se mettre en mesure de parer à ce danger? Une prompte organisation de la garde nationale me paraissait donc indispensable.

« Fort bien, me dit-il; mais votre garde nationale doit
« s'élever de vingt à quarante mille hommes, et qui me
« répondra de l'esprit dont elle peut être animée? Si cet
« esprit est mauvais, me trouverais-je bien d'avoir laissé
« s'organiser derrière moi une pareille force? Et puis, avec
« quoi l'armera-t-on? J'ai besoin de mes fusils pour les
« conscrits qui vont m'arriver! » Je lui répondis qu'un bon choix d'officiers pouvait mettre à l'abri du péril qu'il venait de signaler et que je craignais peu, parce que, très certainement, la principale occupation des bourgeois serait de garantir leurs propriétés en maintenant la tranquillité. Quant aux fusils, il suffirait peut-être d'en accorder la quantité nécessaire pour armer chaque jour ceux qui relèveraient les postes. J'avais traité ces questions dans un rapport que je lui laissai et que je le priai de lire.

Ma démarche avait été concertée avec les ministres de la police et de l'intérieur, qui appuyèrent ma proposition et firent si bien que, dès le 8, on vit paraître un décret par lequel la garde nationale de Paris était mise en activité. L'Empereur s'en déclarait commandant en chef et se réservait de nommer tous les officiers, sur la présentation du ministre de l'intérieur. Ce décret contenait en outre tous les détails de l'organisation. Le maréchal Moncey était nommé major général, commandant en second. Les aides-majors furent le général de division Hulin, le comte Bertrand, grand maréchal, le comte de Montesquiou, grand chambellan, le comte de Montmorency. Les chefs de légion étaient aussi des hommes importants et considérés dans leurs quartiers.

Ainsi fut organisée cette garde nationale qui a rendu trois mois après de si grands services et que nous avons été si heureux de pouvoir montrer à l'étranger, comme preuve de la force qui devait encore nous faire respecter, et comme une garantie de la tranquillité qu'il était si nécessaire de maintenir.

CHAPITRE VII

Napoléon reconnaît enfin la nécessité de négocier la paix. — Instructions données à cet effet au duc de Vicence. — Réponse dilatoire de M. de Metternich et suspension de la correspondance diplomatique. — Refus motivé de la régence d'Espagne de ratifier le traité de Valençay. — Refus du Pape de traiter pour la restitution totale de ses États. — Amertumes et dédains subis de tous côtés par l'Empereur; accession du roi de Naples Murat à la ligue générale contre son beau-frère. — Comparaison entre la défection de Murat et celle de Bernadotte. — Napoléon n'a plus rien à attendre que d'une lutte suprême. — Soins infatigables qu'il apporte à l'organisation de ses faibles ressources. — Formation de régiments composés d'ouvriers sans travail. — Préoccupation de l'Empereur sur le retour possible des Bourbons. — Ses paroles à M. Pasquier à cet égard, confirmées par les instructions données à M. le duc de Vicence. — Institution, le 28 janvier, du conseil de Régence; sa composition. — Situation bizarre de M. de Talleyrand. — Nomination du roi Joseph comme lieutenant général. — Noble et touchante allocution de Napoléon, la veille de son départ pour son quartier général, aux officiers de la garde nationale de Paris. — L'Empereur engage la lutte avec soixante mille hommes de troupes, à peine, contre les six cent mille soldats de la coalition. — Génie militaire déployé par Napoléon pendant cette extraordinaire campagne. — Pressentiments d'une catastrophe inévitable. — Exposé des combinaisons possibles et des intérêts divers des souverains coalisés. — Situation effacée, même à ce moment, du parti royaliste. — Nullité d'action parmi les partisans des Bourbons : l'abbé Louis et le duc de Dalberg. — Le plan de conduite de M. de Talleyrand. — Insuccès de Napoléon au commencement de la campagne. — Bataille de la Rothière. — Organisation de Paris en un vaste atelier d'armement, d'équipement, et en un camp d'instruction pour les conscrits. — Réunion, enfin consentie par les alliés, d'un congrès à Châtillon.

L'Empereur, convaincu enfin de la nécessité de la paix, voulait par-dessus tout arriver au moins à un commencement de négociation. Il en avait besoin, surtout pour écarter de lui le reproche, trop longtemps mérité, d'une téméraire obstination. Il se décida donc, malgré l'activité des mouvements opérés par les armées coalisées, malgré le passage du Rhin effectué sur tant de points différents, et qui dénotait les intentions d'envahissement les moins douteuses, malgré le silence qui était gardé avec lui depuis la lettre du 10 décembre, écrite par le prince de Metternich, il se décida, dis-je, dans les derniers jours de janvier, à faire partir pour Lunéville M. le duc de Vicence.

Aussitôt arrivé dans cette ville, le duc écrivit, le 6 janvier, à M. de Metternich, une lettre dans laquelle il se plaignait de tant de retards qui semblaient inexplicables; il ajoutait que l'Empereur son maître, dans l'intention de donner la plus forte preuve de la sincérité de ses vœux pour le rétablissement de la paix générale, l'avait envoyé lui, son ministre des relations extérieures, muni de pleins pouvoirs, et qu'il se hâtait d'en prévenir le prince, attendant aux avant-postes français les passeports nécessaires pour se rendre au quartier général des souverains.

M. de Metternich, que cette lettre trouva à Fribourg, répondit, le 8, que les retards dont se plaignait M. le duc de Vicence tenaient à la nécessité de communiquer à tous les alliés la réponse du 2 décembre; que, sur cette communication, la cour de Londres venait de faire partir pour le continent le secrétaire d'État ministre des affaires étrangères; que l'empereur de Russie se trouvant momentanément éloigné, et lord Castlereagh étant attendu d'un moment à l'autre, Leurs Majestés l'empereur d'Autriche et le roi de Prusse le chargeaient de prévenir Son Excellence qu'elle recevrait le plus tôt possible une réponse à sa proposition de venir au quartier général des souverains alliés. Là se termina encore une fois la correspondance diplomatique. Elle ne reprit que pour amener les conférences de Châtillon, qui ne commencèrent que le 5 février.

Dans cet intervalle le duc de San-Carlos avait porté à Madrid le traité conclu à Valençay. La régence s'était refusée, sans nulle hésitation, à le ratifier, se fondant d'abord sur un décret rendu par les Cortès, portant qu'il n'y aurait avec la France ni négociation, ni traité, ni trêve, tant que le roi ne jouirait pas d'une liberté entière; et ensuite sur les engagements contractés avec l'Angleterre, par un traité conclu dès le mois de janvier 1809 et renfermant pour l'Espagne l'engagement de ne signer aucun traité avec la France sans le consentement de l'Angleterre. De ce côté tout était donc rompu, et l'Empereur éprouvait, à son tour, les dédains et les refus qu'il avait si souvent fait endurer aux autres.

Vers le milieu de janvier, il renvoya à Fontainebleau M. l'évêque de Plaisance, avec un nouveau projet de traité, dans lequel il restituait au Saint-Père la totalité de ses États, sans exiger de lui aucune rétrocession. Le Pape refusa cependant de l'accepter. Il donna pour motif de ce refus que la restitution de son territoire était un acte de justice et ne pouvait devenir la matière d'un traité; que d'ailleurs tout ce qu'il ferait loin de ses États paraîtrait l'effet de la violence et serait un scandale pour le monde chrétien. Il ajouta que tout ce qu'il demandait était de retourner à Rome le plus tôt possible, qu'il n'avait besoin de rien, que la Providence le conduirait.

Enfin, pour comble d'amertume, l'Empereur apprit qu'un armistice avait été conclu entre les Autrichiens, les Anglais et le roi de Naples Murat. Bientôt un traité de paix et même d'alliance intervint entre ce souverain et l'Autriche, qui, pour prix de son accession à la ligue contre son beau-frère, contre celui qui l'avait placé sur le trône, n'hésita pas à lui garantir, ainsi qu'à ses héritiers et à ses successeurs, la jouissance libre et paisible, à titre de souveraineté, de tout ce qu'il possédait en Italie. Lui s'obligea à concourir de tous ses moyens à la poursuite de la présente guerre, dans le but de rétablir l'équilibre entre les puissances et d'assurer un véritable état de paix en Europe, et particulièrement en Italie. Son contingent dans la ligue fut fixé à trente mille hommes, l'Autriche s'engageant à en tenir cent cinquante mille sous les armes, dont soixante mille en Italie (1). Que la défection de Murat soit allée jusqu'à tourner ses armes contre l'auteur de sa fortune, contre celui de qui lui venaient toutes ses grandeurs, voilà ce qu'on ne devait pas supposer. Encore moins devait-on croire qu'il y serait poussé par sa femme.

Chez tous les membres de cette étrange famille des Bonaparte, l'ambition a constamment dominé tous les sentiments, toutes les affections. Il aurait au moins fallu qu'elle ne les aveuglât pas aussi complètement sur leur propre situation. Il était insensé de croire qu'un établissement aussi fragile, à l'extrémité de l'Italie, serait en état de se maintenir en face de la Sicile appartenant encore à l'ancienne dynastie, quand la puissante main qui l'avait fondé ne serait plus là pour le maintenir.

Il est probable que l'exemple de Bernadotte, roi de Suède, a puissamment contribué à la détermination de Murat; mais il y avait entre eux cette grande différence, que le premier avait été appelé au trône par le choix libre des Suédois, et que le second avait été imposé aux Napolitains. Enfin on doit supposer que ni Murat ni sa femme n'ont prévu la chute complète de leur frère. Ils savaient les propositions de Francfort, et ils ont pu croire que le parti qu'ils prenaient aurait seulement pour conséquence de le forcer à accepter ces propositions, à se contenter d'être Empereur des Français, avec le Rhin, les Alpes et les Pyrénées pour limites de son empire. Quoi qu'il en puisse être, l'histoire dira qu'ils ont, plus que personne, contribué, dans ce dernier moment, à la ruine entière de Napoléon.

(1) Ce traité fut modifié depuis, dans plusieurs de ses conditions que les Anglais trouvèrent trop favorables à Murat, et ils ne consentirent à y accéder qu'au moyen de cette modification qui restreignait beaucoup les vues ambitieuses qu'il avait évidemment conçues pour l'agrandissement de son royaume, dans lequel il comptait faire entrer la plus grande partie des États du Pape.

Si Murat, en effet, eût amené ses forces au secours de celles que commandait le prince Eugène, dans la haute Italie, non seulement il n'était pas impossible qu'ainsi réunis, ils parvinssent à la défendre, mais ils pouvaient même arriver à menacer encore une fois les États héréditaires de l'Autriche ; le chemin en était bien connu dans cette direction. Au lieu de cela les troupes napolitaines, au nombre de trente mille hommes, qui marchaient depuis le commencement de décembre dans la direction de Florence et d'Ancône, se tournèrent tout d'un coup contre ceux que jusqu'alors elles avaient eu l'air de vouloir secourir. Un des principaux généraux qui les conduisaient s'empara d'Ancône, et força la garnison française à se renfermer dans la citadelle ; un autre prit possession, au nom de son maître, d'une partie des États romains, et obligea le général français à se réfugier dans le château Saint-Ange ; un troisième s'empara de Florence, et les troupes françaises qui occupaient la Toscane n'eurent d'autre ressource que de se jeter dans Livourne. A la fin du mois de janvier, l'avant-garde napolitaine était arrivée sur les bords du Pô, d'où elle appelait hautement les peuples d'Italie à « abandonner leur oppresseur pour se joindre au roi de Naples et à ses alliés ».

Il était évident que le prince Eugène, ayant devant lui soixante mille Autrichiens, et menacé d'une diversion aussi puissante sur ses derrières, n'avait plus moyen de tenir sur aucune des lignes militaires qui jusqu'alors avaient couvert le royaume d'Italie du côté de l'Allemagne. Il dut donc commencer son mouvement de retraite, dans lequel il eut encore l'honneur de livrer quelques beaux combats. Du moment où cette nouvelle coalition fut connue, il fut certain que l'Italie était perdue.

Napoléon, attaqué ainsi du côté où il avait dû le moins s'y attendre, et repoussé dans toutes ses tentatives pacifiques, ne devait plus attendre son salut que des combats qu'il allait livrer. Les coalisés paraissaient résolus à ne lui laisser aucun répit. Il s'en fallait bien que ses préparatifs fussent terminés, et ses ressources étaient bien faibles; il fut infatigable dans les soins qu'il se donna pour les accroître et les organiser; il ne négligea rien et imagina de tirer parti même de la stagnation dont se trouvaient frappées les manufactures jusqu'alors les plus florissantes. Il décréta, le 15 janvier, la formation de régiments composés de volontaires pris parmi les ouvriers qui se trouvaient sans ouvrage dans les manufactures de Paris, Rouen, Amiens, Alençon, Caen, Lille, Reims, Saint-Quentin, Louviers, Elbeuf et autres villes possédant des fabriques dans les 1re, 2e, 14e et 16e divisions militaires. Ces volontaires devaient souscrire l'engagement de servir jusqu'à ce que l'ennemi fût chassé du territoire français, et, à compter du jour de leur départ, leurs femmes et leurs enfants recevraient du gouvernement un secours qui leur serait distribué par les chefs des manufactures auxquelles ils appartenaient.

Toujours, au milieu de ces soins absorbants, son esprit était hanté par la pensée que le retour de la maison de Bourbon était possible. Je ne suis pas éloigné de croire que son orgueil était flatté de ne pouvoir être remplacé que par cette antique dynastie. Il fallait que cette préoccupation fût bien forte, car à deux reprises il m'en parla; jamais jusqu'alors il n'en avait ouvert la bouche. « Vous « êtes encore trop jeune pour avoir réellement connu la « maison de Bourbon; à peine étiez-vous dans le monde « lorsque la Révolution a commencé. » Je lui répondis que j'étais déjà, depuis trois ans, conseiller au Parlement de Paris; qu'ainsi j'avais vu non seulement les lits de justice, mais encore les nombreuses séances dans lesquelles les princes, à cette époque, avaient siégé avec les ducs et pairs. Il m'interrogea une seconde fois sur l'attitude de ces princes pendant les discussions, sur l'influence qu'ils avaient dans l'assemblée. « Celui qu'on appelait Monsieur

« passait, me dit-il, pour avoir de l'esprit; parlait-il quel-
« quefois? » Je lui dis qu'autant qu'il pouvait m'en souvenir,
il avait parlé deux fois fort brièvement, mais en très bons
termes. Il est hors de doute que ses conversations sur ce
sujet allaient, avec ses intimes, bien autrement loin qu'avec
moi. Celui de tous avec lequel il s'est ouvert le plus complètement a été certainement le duc de Vicence, et il a dû
trouver chez celui-là des prévisions conformes aux siennes,
car je tiens de M. de Rayneval, qui l'a suivi à Lunéville et
à Châtillon, voyageant dans la même voiture, que ses premières paroles en se mettant en route furent celles-ci :
« Nous allons remplir une tâche bien difficile et surtout
« fort inutile, car, croyez-moi, quoi que nous fassions, l'ère
« des Napoléon touche à sa fin, et celle des Bourbons
« recommence. »

M. le duc de Vicence a, de plus, fait connaître au public,
en 1820, l'extrait d'une instruction qui lui fut adressée de
Paris, le 19 janvier, relativement aux points dont il ne
devait jamais se départir dans le cours des négociations
qu'il était chargé de suivre. Le document ne laisse aucun
doute sur la pensée de l'Empereur. « La chose sur laquelle
« l'Empereur insiste le plus, est-il dit dans ces instructions,
« est la nécessité que la France conserve ses limites natu-
« relles. C'est là une condition *sine qua non*. Toutes les
« puissances, même l'Angleterre, ont reconnu ces limites. »
Puis, après un développement fort juste et très bien libellé
des motifs qui commandent de ne rien abandonner en
deçà, on trouve cette phrase : « La France réduite à ses
« anciennes limites est inséparable du rétablissement de la
« maison des Bourbons. » Un peu plus bas on lit : « Si
« donc les alliés voulaient changer les bases proposées et
« acceptées, les limites naturelles, Sa Majesté ne voit que
« trois partis : ou combattre et vaincre, ou combattre et
« mourir glorieusement, ou enfin, si la nation ne le soute-
« nait pas, abdiquer. » Il faut convenir que toutes les

chances de l'avenir sont merveilleusement prévues et même prédites dans ce peu de lignes, et elles montrent que Napoléon ne se faisait plus d'illusions sur rien.

Le moment approchait où il devenait indispensable qu'il vînt se mettre à la tête de la très petite armée qu'il était parvenu à rassembler. Il lui fallut songer à prendre les dernières mesures pour assurer, en son absence, l'autorité de son gouvernement, pour le mettre en état de déjouer les complots. L'homme qui lui inspirait le plus de méfiance était M. de Talleyrand. Ses soupçons se trouvèrent fortifiés par le refus qu'il venait de faire des pleins pouvoirs qui lui avaient été offerts pour les négociations, dont on espérait toujours l'ouverture (1). L'Empereur avait dit à ce sujet : « Celui qui me refuse ses services aujourd'hui est néces« sairement mon ennemi. » Et il avait été fort tenté d'envoyer cet ennemi expier son imprudent refus sous les verrous du donjon de Vincennes. M. de Talleyrand fut préservé de ce danger par les conseils qui furent donnés à Napoléon par M. de Cambacérès, le duc de Vicence et même le duc de Rovigo.

Échappé à ce péril, M. de Talleyrand entra, bientôt après, comme grand dignitaire, dans le conseil de régence, qui fut composé des princes français, des grands dignitaires, des ministres du cabinet, des ministres d'État et de l'ancien grand juge, président du Corps législatif. Ce passage si subit de la situation la plus périlleuse à un poste qui semblait indiquer une si grande confiance n'est pas une des choses les moins étonnantes dans cette vie remplie de

(1) Mais comment se peut-il, dira-t-on, que Napoléon ait eu sérieusement l'intention d'employer M. de Talleyrand en une occasion aussi importante, et où il avait besoin d'un négociateur qui lui fût entièrement dévoué? Cela s'explique d'abord par la confiance en ses talents dont il avait eu si longtemps l'habitude, ensuite par un violent désir de l'éloigner de la capitale, et aussi par la pensée que le rôle qu'il se trouverait ainsi forcé de jouer l'engagerait de nouveau, en dépit de lui-même, dans la cause de la dynastie impériale.

faits bizarres et contradictoires. Chose plus extraordinaire encore, le matin même du jour où l'organisation du conseil de régence fut décidée, Napoléon avait fait à M. de Talleyrand, dans son cabinet, en présence de tous ses ministres, une scène semblable à celle que déjà il lui avait fait subir à son retour d'Espagne. L'imperturbable courtisan avait supporté cette seconde incartade avec un sang-froid égal à celui dont il avait fait preuve lors de la première; mais il s'était cru obligé d'adresser à l'Empereur, en rentrant chez lui, une lettre dans laquelle il le priait, dans les termes les plus convenables, de donner quelque attention à la situation qu'il lui faisait et qui ne semblait guère compatible avec la place que son titre de grand électeur l'appelait à tenir dans le conseil de régence. Cette lettre, jointe aux démarches des personnes que j'ai citées, a contribué probablement à détourner l'orage et à le maintenir dans le rang et dans les prérogatives auxquels il s'était cru lui-même obligé de renoncer.

Le décret qui instituait le conseil de régence et déclarait Marie-Louise régente fut publié le 28 janvier. Il était de tous points conforme à celui qui avait été rendu dans le commencement de l'année précédente; mais, ce même jour aussi, nous en vîmes paraître un autre, par lequel Napoléon nommait le roi Joseph son lieutenant général. Ce choix produisit un effet assez fâcheux. Ce souverain détrôné, qui avait si faiblement, si malhabilement défendu sa couronne, semblait un bien faible appui dans des circonstances aussi graves. Il avait, depuis sa rentrée en France, disparu à tous les yeux, et à peine se souvenait-on qu'il existât. Le titre de roi déchu n'était pas fait pour augmenter son prestige. Nous avions encore un autre roi sans couronne : c'était le roi de Westphalie, Jérôme. Bien que membre du conseil de régence, personne n'en a entendu parler, jusqu'au jour où il s'est trouvé à Blois pour y jouer un fort triste rôle.

Le 23 janvier, c'était un dimanche, les officiers des douze légions de la garde nationale de Paris remplissaient la salle des Maréchaux pour être présentés à l'Empereur, à son retour de la messe. Il s'arrêta au milieu d'eux, et là, ayant l'Impératrice à ses côtés, prenant son fils dans ses bras, il le présenta à cette troupe nombreuse et brillante. Il leur dit qu'il laissait entre leurs mains le dépôt de tout ce qu'il avait de plus cher au monde, et que, pendant qu'il allait combattre en soldat, pour chasser l'ennemi du territoire français, il comptait sur le zèle et sur le dévouement de tous les braves gens, de tous les bons citoyens, de tous les pères de famille auxquels il parlait, pour mettre à l'abri de tout péril cet inestimable dépôt, pour lui faire, s'il le fallait, un rempart de leurs corps. Cette allocution, dont je suis bien sûr de rendre le sens, fut prononcée du ton le plus pénétrant, avec une expression noble et touchante. Aussi produisit-elle un grand effet. Je vis couler des larmes sur un très grand nombre de visages. Tous jurèrent par acclamation de se montrer dignes de la confiance qui leur était accordée, et tous dans ce moment, je n'oserais faire d'exception, le jurèrent avec sincérité. Ce souverain puissant aux prises avec l'adversité, ce soldat glorieux se raidissant contre les coups de la fortune, devait remuer puissamment les âmes, alors qu'il s'adressait aux plus chères affections du cœur humain, qu'il se plaçait sous leur protection. Aussi puis-je dire avec vérité que, malgré tant d'inquiétudes dans toutes les classes, la capitale ne fut point insensible au récit de cette scène, et qu'elle en ressentit une émotion plus profonde qu'on n'avait eu lieu de l'espérer.

Le surlendemain, Napoléon était parti pour Châlons-sur-Marne, où était son quartier général, à quarante lieues de Paris; cela seul suffit pour donner une idée des progrès que l'ennemi avait déjà faits. Depuis le commencement de janvier, en effet, pendant que des forces imposantes composées de troupes russes, prussiennes, suédoises, s'étaient établies dans les départements de la Belgique, menaçant les provinces du Nord, le reste des forces coalisées, Prussiens et Russes, l'armée autrichienne tout entière, avaient pénétré à la fois par la Franche-Comté, l'Alsace et la Lorraine.

Le 16, Nancy avait été occupé par les Russes ; le 17, les Autrichiens s'étaient emparés de Langres, une des plus fortes positions défensives de ce côté, une de celles qui auraient dû offrir le plus de résistance, si on avait eu quelques troupes à y envoyer. Le 19, les Autrichiens avaient encore pris Dijon. Toul était tombé le 20 au pouvoir des Russes, et le 21, Chalon-sur-Saône avait été occupé par le général autrichien comte Bubna. Le même jour, l'armée russe, franchissant la Meuse, était venue s'établir sur la Marne, à Saint-Dizier et à Joinville. Enfin les Autrichiens étaient entrés le 25 à Bar-sur-Aube, à quarante-sept lieues de Paris.

L'ensemble de ces forces, en partant de la frontière du Nord jusqu'à celle de la Franche-Comté, s'élevait à cinq cent soixante-douze mille hommes, sans parler des réserves qui s'assemblaient de l'autre côté du Rhin, et qui ont été évaluées à deux cent trente-cinq mille hommes. Napoléon ne pouvait réunir autour de lui plus de soixante mille hommes, et je doute même qu'il les ait jamais eus complètement sous la main. Voilà avec quelle disproportion de forces il lui fallait soutenir une lutte décisive.

Je ne me hasarderai pas à tracer le récit de cette campagne, plus que je ne l'ai fait des précédentes, mais je dois dire au moins qu'elle restera dans l'histoire comme un monument admirable et précieux de ce que la science et l'habileté des combinaisons militaires offrent de ressources pour résister, avec une poignée de braves, aux efforts combinés des plus grandes masses. Les juges impartiaux y verront toujours un des beaux titres de gloire de cette armée française, dont les faibles débris ont suffi pour arrêter, pendant plus de deux mois, la marche des plus formidables colonnes, pour les réduire à un tel état d'hésitation que, dix fois repoussées, on les a vues au moment de commencer leur retraite et de laisser échapper la victoire.

Napoléon, je l'ai entendu dire à de bons connaisseurs, ne s'est jamais montré plus grand capitaine depuis ses premières guerres d'Italie, et, si son génie avait semblé atteint de quelque décadence, pendant la dernière campagne de Saxe, on doit convenir qu'il a, dans cette dernière épreuve, recouvré tout son éclat et toute son énergie.

Dès l'instant que l'Empereur fut sorti de sa capitale, apparurent les dangers qu'on prévoyait, dans un avenir plus ou moins éloigné; une catastrophe fut jugée inévitable, même par les hommes les plus disposés à la confiance; mais qui pouvait dire quelles seraient ses conséquences? Quelles combinaisons pouvaient sortir d'une coalition, où les intérêts étaient si différents? Quelle serait l'influence dominante? Si l'Angleterre parvenait à s'en emparer, on pouvait croire que l'entière destruction de Napoléon et le plus complet abaissement de la France lui sembleraient seuls suffisants pour se venger des dangers que lui avait fait courir, dans une lutte de vingt années, sa rivale naturelle. Du côté de la Prusse, on devait s'attendre à rencontrer une haine implacable et un ardent désir de réparer les pertes de tout genre qu'elle avait souffertes. Mais l'Autriche ne se souviendrait-elle pas des liens qu'elle avait contractés avec Napoléon? Elle n'avait aucune offense récente à venger. Ne trouverait-elle pas quelque avantage à soutenir une dynastie qui, pendant longtemps au moins, ne pourrait se passer de son appui, qui serait obligée par conséquent de l'acheter à tout prix? Ses premières démarches à Francfort n'autorisaient elles pas à juger favorablement ses intentions secrètes?

Jeté en première ligne au milieu de ce redoutable conflit, l'empereur Alexandre avait à la vérité de grands affronts personnels à venger, et l'incendie de Moscou pouvait inspirer, aux soldats qui marchaient à sa suite, un violent désir de faire subir en France quelque chose de semblable au sacrifice que la patrie russe s'était imposé; mais seul aussi, entre tous ces souverains, Alexandre n'avait aucun intérêt réel qui fût en contradiction avec ceux de la France. Quand la querelle serait vidée entre lui et Napoléon, d'homme à homme, en quelque sorte, on ne voyait ni dans le présent, ni dans l'avenir, pourquoi il pourrait désirer l'affaiblissement excessif d'une puissance avec laquelle il n'avait aucun point de contact, et qui pouvait, un jour, devenir une alliée très utile. De ce côté, on était donc fondé à entrevoir des combinaisons toutes différentes, et pour quiconque songeait aux intérêts de la maison de Bourbon, en ne les séparant pas de ceux de la France, c'était là principalement qu'il fallait leur chercher un appui. Mais le nombre en était encore bien petit, je le puis assurer, de ceux qui, à cette époque, s'occupaient sérieusement et surtout activement du sort de la famille royale.

Sans doute une partie de l'ancienne et surtout de la haute noblesse, qui, au retour de l'émigration, s'était cantonnée dans le faubourg Saint-Germain, où elle vivait en quelque sorte à part au milieu de Paris, tournait ses regards vers d'anciens maîtres demeurés l'objet de regrets, d'espérances, que rien n'avait découragés. Dans les départements de l'Ouest, bien des gentilshommes, habitant les débris de leurs anciens manoirs seigneuriaux, nourrissaient les mêmes sentiments. Il n'y avait guère de ville de province qui ne renfermât une petite société animée d'un semblable esprit; mais tous n'avaient à offrir que des vœux impuissants pour le succès de la cause à laquelle ils étaient dévoués. Je n'exagère rien en disant que, même à Paris, hors des salons que je désignais tout à l'heure, on aurait eu de la peine à trouver quelques personnes sachant où demeurait le Roi en Angleterre et qui fussent informées que la Reine, sa femme, était morte et enterrée à Westminster. Ce que j'avance ici ne se trouvera pas en contradiction avec les faits qui se sont passés un peu plus tard à Bordeaux. Ils ont tenu à des causes toutes particulières que j'aurai soin de faire connaître.

Ce très court exposé pourra blesser, je le sais, ceux qui veulent attribuer la Restauration à la persévérance de leurs efforts ou à la grande influence qu'ils ont exercée. Mais je crois qu'il y a quelque avantage à montrer la puissance attachée aux anciens droits, à faire toucher du doigt qu'il est des circonstances où les principes seuls peuvent sortir de l'oubli le plus profond et apparaître, tout d'un coup, comme une ressource à laquelle les nations sont heureuses de s'attacher. Napoléon l'avait bien senti, ainsi que j'en ai plus haut donné la preuve (1). Cependant il existait un petit nombre d'hommes capables d'envisager toutes les chances de l'avenir; leur position leur permettait de choisir entre ces solutions diverses, et de favoriser celles qui leur sembleraient préférables pour le bien public. A la tête de ces

(1) Si ma manière d'envisager cette question inspirait peu de confiance à quelques personnes, je les prierais de lire les relations publiées par ceux mêmes qui se sont crus obligés de faire valoir leurs mérites et leurs bons offices. Elles pourront ainsi juger, en parfaite connaissance de cause, et de l'étendue des moyens, et de la valeur des résultats qui ont été obtenus. Il existe entre autres, un petit volume intitulé : *Journal d'un Français depuis le 9 mars jusqu'au 15 avril 1814*. M. de Gain-Montaignac, qui en est l'auteur et le principal acteur, était aussi avant que personne dans la confidence et les secrets de la réunion bourbonnienne qui existait et s'agitait dans la capitale. Il s'est fort résolument hasardé pour aller à la découverte et porter aux alliés l'expression des vœux de son parti; mais, en bonne foi, au delà de ces vœux, que leur a-t-il pu offrir? Était-il en son pouvoir de leur faire espérer seulement une assistance qui eût la moindre apparence d'efficacité? J'ai dû m'expliquer à l'avance sur ce point assez délicat, autrement on aurait pu s'étonner en voyant le peu de place que je donnerai dans le récit qui va suivre à ceux qui, depuis, se sont cru de si grands droits à la reconnaissance du prince.

hommes on doit placer M. de Talleyrand, et, parmi les mécontents qui s'abritaient sous son aile, le duc de Dalberg et M. l'abbé Louis : ce dernier, ardent jusqu'à l'imprudence, ambitieux, irrité de n'avoir pas vu ses talents en finances appréciés par l'Empereur autant qu'il s'en était un moment flatté ; le duc de Dalberg, intriguant jusqu'au point de devenir conspirateur au besoin, sans aucun principe sur quelque matière que ce fût, libéral, hautain et cauteleux tout à la fois, profondément corrompu, comme le sont les oisifs blasés que l'ennui et la satiété ont démoralisés. Tous deux étaient éminemment propres à encourager chez M. de Talleyrand la violente haine qui le travaillait depuis quelque temps ; tous deux ne cessaient de lui mettre sous les yeux les dangers dont il était menacé, si jamais Napoléon se retrouvait en situation de donner un libre cours à ses ressentiments. A cet égard ils n'avaient pas de peine à le convaincre ; mais ils en avaient beaucoup plus, lorsqu'il s'agissait de le pousser à une résolution quelconque.

Éprouvé par une vie déjà longue et dont la plus grande partie s'était écoulée au milieu des vicissitudes de la Révolution, M. de Talleyrand savait combien les retours de fortune sont fréquents, surtout à la guerre. Ses habitudes, ses connaissances diplomatiques, le tenaient de plus en grande méfiance sur les coalitions. Il connaissait la prudente circonspection de l'Autriche, ne tenait pas sa franche coopération comme assurée, et se disait qu'elle pouvait très bien, au dernier moment, pour peu qu'elle y trouvât son avantage, se complaire à sauver d'une ruine totale celui qu'elle aurait conduit jusqu'au bord du précipice. Tout observer, s'appliquer à tout savoir, travailler, sans trop se compromettre, à aggraver les embarras qui pourraient naître d'un moment à l'autre, et se tenir prêt à porter le dernier coup, s'il s'en présentait une occasion bien assurée, tel fut dès lors le plan de conduite qu'il se traça, et que nous allons lui voir suivre avec autant de circonspection que de persévérance.

Le début de la campagne ne fut pas heureux pour Napoléon. A peine arrivé à Châlons, il avait commencé son mouvement, et une manœuvre hardie avait d'abord fait retomber Saint-Dizier en son pouvoir; mais bientôt après il lui avait fallu acheter, au prix des plus rudes combats, et d'une perte d'hommes assez considérable, la reprise de la petite ville et du château de Brienne. Dans cet engagement, il avait couru des dangers personnels assez grands, et la manière dont il s'y était exposé pouvait faire croire qu'il n'aurait pas été fâché d'y trouver la mort.

Trois jours après, il accepta témérairement une bataille rangée avec une armée d'au moins cent dix à cent vingt mille hommes. Elle se composait de Russes, de Prussiens, d'Autrichiens, de Bavarois et de Wurtembergeois. Il n'avait que quarante mille hommes à lui opposer. Il aurait dû être écrasé, mais il fit des prodiges, et ses troupes se conduisirent avec une fermeté admirable. On a cru aussi que les Autrichiens avaient évité de s'engager autant qu'ils auraient pu le faire. Il n'en fut pas moins obligé de céder le terrain, heureux de pouvoir reculer sans déroute, et sans être entamé. Sa retraite dut s'opérer sur la ville de Troyes, qu'il lui fallut bientôt abandonner pour courir sur la Marne, où une armée prussienne pouvait menacer sa capitale. Les alliés entrèrent à Troyes presque aussitôt après son départ. L'effet moral que produisit dans Paris la nouvelle de cette bataille perdue (elle est connue sous le nom de la Rothière) et de l'entrée des ennemis dans la ville de Troyes, fut très profond et acheva d'ôter toute confiance. Il fut aisé de s'en apercevoir au refroidissement du zèle dans les classes mêmes où, jusqu'alors, on en avait le plus rencontré. Ainsi la capitale était devenue un vaste atelier et presque le seul où il fût encore possible de faire établir tout ce qui était nécessaire pour l'entretien de l'armée et pour l'armement, l'équipement et l'habillement des nouvelles levées qui étaient, de toutes parts, dirigées sur ce point central.

Dans l'état de souffrance où se trouvaient le commerce et l'industrie, cette circonstance était un grand soulagement pour la classe nombreuse des ouvriers, et cependant on ne trouvait que très peu d'empressement dans celle des entrepreneurs; presque aucun ne s'offrait, et il fallut distribuer, entre tous les cordonniers et les tailleurs de la ville, le nombre de souliers et d'habits que chacun d'eux serait tenu de fournir. Ce soin, qui me regardait, comme ayant plus de moyens de connaître les facultés de chacun, était d'autant plus pénible que le résultat n'était pas toujours satisfaisant, et que les fournitures, quand elles ne manquaient pas, se trouvaient fort souvent de très mauvaise qualité.

C'était pitié de voir ces bandes de conscrits qui arrivaient chaque jour, et qu'on alignait sur les places, sur les promenades publiques. Pouvait-on espérer qu'ils seraient en état de tenir tête aux soldats aguerris, endurcis à toutes les fatigues, dont l'approche était annoncée? Dans une telle situation, la seule espérance à laquelle il fût possible de s'attacher était toujours celle de la paix; elle reposait tout entière sur le congrès que les alliés avaient enfin consenti à ouvrir à Châtillon, où on savait que M. le duc de Vicence s'était rendu. Là se trouvaient réunis les plénipotentiaires de Russie, de Prusse, d'Autriche et d'Angleterre. Cette dernière puissance à elle seule en avait trois : lord Aberdeen, lord Cathcart et sir Charles Stewart. M. le comte de Stadion figurait pour l'Autriche, le comte de Razoumovsky pour la Russie, le baron de Humboldt pour la Prusse. Ce n'étaient pas cependant ces diplomates si autorisés qui devaient trancher les difficultés. Non loin de Châtillon se tenait une autre réunion dans laquelle tout se préparait et d'où partaient les instructions auxquelles on devait se conformer.

Lord Castlereagh était arrivé et marchait à la suite du

quartier général des souverains, ainsi que leurs ministres de confiance, pour l'Autriche, M. de Metternich, pour la Russie, M. de Nesselrode, pour la Prusse, M. de Hardenberg. Là était le véritable débat, là se discutait le fond des choses, là les véritables intentions se manifestaient. Lord Castlereagh, en passant par Amsterdam, y avait installé le prince d'Orange comme roi de Hollande. A peu près dans le même temps, Monsieur, frère du roi Louis XVIII, venant d'Angleterre, était débarqué aux environs de la Haye; de là il s'était acheminé vers les frontières de l'est de la France, se rapprochant le plus possible du quartier général des souverains coalisés. Ces deux circonstances réunies (la seconde à la vérité était peu connue) auraient pu faire supposer que le gouvernement anglais était assez disposé à soutenir la restauration des Bourbons. Il a été cependant bien prouvé depuis que ses idées n'étaient nullement fixées à cet égard, et qu'il se réservait de prendre conseil des événements.

CHAPITRE VIII

Ouverture du Congrès le 5 février. — Instructions conciliantes et pleins pouvoirs donnés au duc de Vicence. — Les deux premières conférences. — Les plénipotentiaires alliés posent comme base la rentrée de la France dans ses limites d'avant la Révolution. — Réponse pleine de mesure de M. le duc de Vicence. — Interruption soudaine des conférences : sous l'inspiration du général Pozzo di Borgo, la Russie propose à ses alliés la restauration des Bourbons. — Opposition des ministres d'Autriche, d'Angleterre et de Prusse à cette proposition : texte des conclusions contraires qu'ils adressent à la Russie. — Le général Pozzo réfute ces conclusions au nom de l'empereur Alexandre. — Anéantissement de tout espoir de pacification. — Accentuation des conditions rigoureuses contre la France notifiées à M. le duc de Vicence, qui en réfère à son souverain. — Succession de faits militaires à l'avantage de l'Empereur : destruction presque complète d'un corps russe et prussien ; la grande armée combinée est refoulée sur la rive gauche de la Seine. Espérances de Napoléon dans la victoire définitive. — Sa correspondance avec le duc de Vicence. — Il juge déshonorantes les propositions des alliés. — Anxiété au quartier général des souverains coalisés et offre d'un armistice faite par eux le 23 février. — Obstination de la Russie, sous l'inspiration du général Pozzo, à poser des conditions inacceptables. — Motifs qui ne permettaient pas à Napoléon de subir de telles exigences. — Première démarche faite en Champagne par quelques royalistes, entraînés par le chevalier de Gouault. — Indignation contre ces royalistes dans les provinces envahies. — Exaltation de l'esprit national en présence de l'étranger. — Acclamations presque unanimes de la ville de Troyes à l'entrée de l'Empereur. — Condamnation à mort du chevalier de Gouault.

Ce fut le 5 février que le congrès de Châtillon s'ouvrit, bien peu de jours après la bataille de la Rothière. Le lendemain de cette bataille, l'Empereur, ne pouvant se dissimuler à quel point sa situation était critique, avait écrit la lettre suivante au duc de Vicence. On y voit combien il désirait alors que les négociations eussent une prompte issue :

« Monsieur le duc de Vicence, je me rends à Troyes, j'y
« serai demain. J'ai donné l'ordre à M. de La Besnardière
« de vous rejoindre.

« Les troupes ennemies se comportent partout horrible-
« ment. Tous les habitants se réfugient dans les bois. On
« ne trouve plus de paysans dans les villages. L'ennemi
« mange tout, prend tous les chevaux, tous les bestiaux,
« tous les effets d'habillement, toutes les guenilles des
« paysans. Ils battent tout le monde, hommes et femmes,
« et commettent un grand nombre de viols. Ce tableau que
« je viens de voir par mes yeux doit facilement vous faire
« comprendre combien je désire promptement tirer mes
« peuples de cet état de misère et de souffrance, qui est
« véritablement horrible. Cela doit aussi donner fort à pen-
« ser aux ennemis, car le Français n'est pas patient. Il est
« naturellement brave, et je m'attends à les voir s'organiser
« d'eux-mêmes en bandes. Vous devez faire un tableau
« très énergique de ces excès. Des bourgs de deux mille
« âmes, comme Brienne, n'ont plus personne.

« Sur ce, etc.

« Piney, le 2 février 1814. »

Cinq jours après cette lettre, Napoléon envoya à son
plénipotentiaire des pouvoirs illimités, que M. de Bassano
joignit à une lettre dans laquelle se trouvaient ces mots :
« Sa Majesté me charge de vous faire connaître en propres
« termes qu'Elle vous donne carte blanche pour conduire
« les négociations à une heureuse fin, sauver la capitale, et
« éviter une bataille; c'est le dernier espoir de la nation. »
Napoléon se flattait toujours que les ouvertures de Francfort serviraient de base aux négociations; c'était une
illusion à laquelle il lui fallut bientôt renoncer. Les alliés
sentaient trop à quel point les avantages de leur position
s'étaient accrus depuis trois mois, et leurs prétentions ne

pouvaient se renfermer dans des termes aussi modérés.

Dans la première conférence, leurs plénipotentiaires eurent soin de déclarer qu'ils étaient chargés de stipuler non seulement pour les cours qui les avaient envoyés, mais aussi pour toutes les puissances de l'Europe, engagées avec elles dans la présente guerre. Ils mirent en avant une déclaration de la Grande-Bretagne, ayant pour but d'écarter toute discussion sur le code maritime, du moment où elle s'engagerait dans un sens contraire aux usages observés jusqu'alors. Ils annoncèrent même qu'ils regarderaient toute insistance de la France sur ce sujet comme contraire à l'objet de la réunion, et comme tendant à empêcher le rétablissement de la paix.

Le duc de Vicence fit une réponse conçue en des termes qui permirent de la prendre pour une acceptation. Tout, dans cette première séance, semblait donc annoncer l'intention de marcher vite et d'arriver à une conclusion. Lorsque le plénipotentiaire russe, M. de Razoumovsky, fit connaître qu'il n'avait pas encore l'expédition signée de ses instructions, M. le duc de Vicence proposa de passer outre; mais les autres plénipotentiaires, ayant fait observer que les instructions de M. de Razoumovsky arriveraient probablement dans le jour, la conférence fut ajournée au lendemain. Il y avait déjà dans cet incident quelque chose de très significatif, et on pouvait le regarder comme un symptôme peu favorable des intentions de la Russie.

La seconde conférence eut lieu le 7. Dans celle-là, les plénipotentiaires alliés articulèrent la demande positive que « la France consentît à rentrer dans les limites qu'elle avait « avant la Révolution, sauf des arrangements d'une conve- « nance réciproque sur des portions de territoire au delà « des limites de part et d'autre, sauf des restitutions que « l'Angleterre était prête à faire, pour l'intérêt général de « l'Europe, contre les rétrocessions demandées. La France « devait, en conséquence, abandonner toute influence

« directe hors de ses limites futures, et renoncer à tous les
« titres qui ressortaient des apports de la souveraineté et
« du protectorat sur l'Italie, l'Allemagne ou la Suisse. »

La teneur d'une telle proposition devait donner lieu, en apparence, aux débats les plus vifs et aux pourparlers les plus délicats; le duc de Vicence se trouvant rejeté si loin de la base sur laquelle il avait espéré s'établir. Cependant sa volonté était tellement arrêtée de négocier et de terminer à tout prix, qu'il se borna, dans le premier moment, à demander quelques heures pour préparer sa réponse. La séance fut donc suspendue pour être reprise à sept heures du soir. Il apporta une déclaration dont voici la substance :

Il renouvelait d'abord l'engagement pris par sa Cour de faire, pour la paix, les plus grands sacrifices. Quelque éloignée que fût la demande faite en ce jour, au nom des puissances alliées, des bases proposées par elles à Francfort, bases fondées sur ce que les alliés avaient appelé eux-mêmes les limites naturelles de la France, malgré ce prodigieux changement et nonobstant les objections dont il était susceptible, il n'hésiterait pas cependant à s'expliquer de la manière la plus nette sur cette demande.

Mais toutes les questions étaient tellement liées et subordonnées entre elles, qu'on ne pouvait prendre de parti sur aucune avant de les connaître toutes. Il ne pouvait aussi être indifférent à celui à qui on demandait d'énormes sacrifices, de savoir au profit de qui il les consentirait, et quel emploi on en voulait faire; si, enfin, on pouvait, en s'y résignant, espérer de mettre un terme aux maux de la guerre. Un projet qui développerait les vues des alliés dans leur ensemble pourrait donc seul remplir le but qu'on se devait proposer. M. le duc de Vicence demandait avec insistance que les plénipotentiaires des cours alliées voulussent bien s'expliquer clairement sur les points qu'il venait d'indiquer.

On ne pouvait certainement se tenir dans une mesure qui fît mieux comprendre le désir de s'entendre, et, hormis d'accepter purement et simplement, il était difficile d'aller plus loin, et de s'avancer plus franchement. Les plénipotentiaires alliés déclarèrent qu'ils prenaient la réponse *ad referendum;* mais quel ne fut pas l'étonnement du duc de Vicence lorsqu'il reçut, le 9, une lettre de ces plénipotentiaires qui l'informait que l'empereur de Russie ayant jugé à propos de se concerter avec les souverains ses alliés, sur l'objet des conférences de Châtillon, Sa Majesté avait donné l'ordre à son plénipotentiaire de déclarer qu'Elle désirait que les conférences fussent suspendues jusqu'à ce qu'Elle lui eût fait parvenir des instructions ultérieures! M. le plénipotentiaire français était donc informé que les conférences devaient être interrompues, et qu'on s'empresserait de le prévenir du moment où il serait possible d'en reprendre le cours. En vain le duc de Vicence répondit par une note, dans laquelle il s'efforçait de faire sentir l'inconvenance d'un pareil procédé; le parti était pris, il ne fut pas possible de le faire changer.

Le duc de Vicence, qui avait gardé l'habitude de correspondre confidentiellement avec M. de Metternich, s'était adressé à lui, dans cette journée du 9, pour lui faire part de l'intention où il était de demander aux plénipotentiaires alliés si la France, en consentant à rentrer dans ses anciennes limites, obtiendrait immédiatement un armistice; que si, par un tel sacrifice, un armistice pouvait être sur-le-champ obtenu, il était prêt à le faire, et même, dans cette supposition, à remettre à l'instant une partie des places que la France devait perdre.

Comment expliquer la résolution qui avait si brusquement suspendu les conférences? Elle était née dans l'esprit de l'empereur Alexandre, et lui avait été inspirée par le général Pozzo. Les succès remportés au début de la campagne par les armées coalisées offraient enfin une occasion admirable pour détruire un ennemi avec lequel la paix ne serait jamais qu'une trêve insidieuse. Pour achever sa ruine, disait le général Pozzo, il faut mettre à sa place une famille à laquelle d'anciennes traditions puissent donner une autorité et des droits incontestables. La maison de Bourbon offrait seule cet avantage ; quoique oubliée, l'éclat de sa restauration lui donnerait un nouveau lustre et raviverait des souvenirs non entièrement effacés. En mettant cette idée en avant, le général servait également sa vieille haine et ses anciennes affections. Il était, il faut le reconnaître, fidèle à la cause qu'il avait défendue dans l'Assemblée législative de 1792.

Alexandre se laissa facilement entraîner par la séduction de ces raisonnements. Le projet de replacer les Bourbons sur le trône de France, du moment qu'il lui était présenté comme ayant des chances de succès, ne pouvait manquer de sourire à son imagination. Il trouvait ainsi la double satisfaction d'abattre un rival, avec lequel toute réconciliation sincère lui paraissait impossible, et d'attacher son nom au rétablissement de la plus ancienne des maisons régnantes, alors que tous les souverains, ceux mêmes qui étaient liés avec elle par les liens du sang les plus étroits, semblaient avoir abandonné sa cause. En ordonnant à son plénipotentiaire de faire suspendre les conférences, l'empereur de Russie avait donc agi dans le but d'obtenir de ses alliés qu'on ne traitât plus avec Napoléon et qu'on attendît le cours des événements ; puis il avait provoqué une grave délibération sur la question de savoir s'il n'était pas opportun de favoriser le retour des Bourbons. Le cabinet d'Autriche avait rédigé un mémoire que produisait M. de Metternich, et qui tendait à un but diamétralement opposé. Effrayé de la grandeur de l'entreprise dans laquelle on s'était engagé, trouvant la ligne d'opération mal assurée, inquiet du mouvement hostile de la population sur les derrières de l'armée, ce cabinet pensait qu'il fallait saisir l'occasion qui se présentait de faire le plus promptement possible une paix favorable. Dès lors il y avait plutôt lieu de ralentir que d'accélérer les opérations militaires.

Ces deux manières de voir si différentes se trouvèrent soumises en même temps à la délibération des quatre ministres principaux qui suivaient le quartier général. Le résultat de leur conférence fut loin de répondre aux vues de l'empereur Alexandre. Les ministres d'Autriche, d'Angleterre et de Prusse soutinrent qu'il serait contre les règles de la prudence et d'une saine politique, de hasarder un résultat certain et fort avantageux, pour courir après un but qui ne serait que très difficilement atteint. On était assuré d'obtenir de Napoléon une paix à peu près telle qu'on pouvait la désirer. Si on le poussait à la dernière extrémité, si on voulait imposer la maison de Bourbon à la France, alors qu'il s'élevait si peu de voix en sa faveur, lorsque la presque totalité du pays n'avait pas seulement l'air de se souvenir qu'elle existât, on courait le risque de faire naître une résistance, qu'à l'heure présente on n'avait aucune raison de craindre. Que si Napoléon acceptait les propositions qui lui étaient faites, ou s'il n'y demandait que des modifications acceptables, il ne serait ni juste, ni raisonnable, ni conséquent avec ce qu'on avait déjà fait, de refuser de s'entendre avec lui. Il n'y avait même pas de raison pour repousser un armistice. M. de Metternich n'avait pas manqué de faire connaître l'ouverture qui lui avait été faite à cet égard par le duc de Vicence, et les conditions offertes pour l'obtenir. Il ne paraît pas que cet avis, nettement émis par les trois ministres, ait été fortement combattu par M. de Nesselrode, qui l'aurait volontiers adopté, s'il avait été libre de n'écouter que son inclination personnelle.

L'empereur Alexandre, en cette occasion, ne s'entendait donc, à vrai dire, qu'avec M. de Pozzo. Lord Castlereagh et M. de Hardenberg, pour donner plus de poids à leur opinion, rédigèrent, chacun de son côté, des notes destinées à être mises sous les yeux de l'empereur Alexandre. Enfin, sous le titre de conclusion, M. de Hardenberg, qui en fut chargé, résuma les raisons qui avaient prévalu dans la conférence. Une circonstance particulière m'a mis dans le cas de voir cette pièce en original, ainsi que la note rédigée par lord Castlereagh; je puis donc garantir l'exactitude des faits que je viens de rapporter.

La lettre de M. de Hardenberg, qui accompagnait le résumé, est en date du 13, et déjà il avait connaissance des premiers revers essuyés par Blücher sur la Marne; il n'avait pas négligé de s'en servir pour renforcer ses arguments. Toujours il revenait sur l'impossibilité d'abandonner des avantages certains pour courir après d'autres avantages tout à fait problématiques. Il serait beau, disait-il, et fort glorieux de rétablir la maison de Bourbon sur son trône, mais l'empereur Alexandre pouvait-il donc vouloir sacrifier le sang de ses braves soldats pour un objet qui n'était pas essentiel? Puis, fallait-il avoir tant de confiance dans la fortune, et quelque grandes qu'eussent été les victoires obtenues, en fallait-il moins craindre les revers? N'était-on pas toujours exposé à de grands dangers?

L'Autriche avait posé la question avec une rare sagacité; il était impossible que la Prusse se hasardât, pour un essai tout à fait problématique. Alexandre, à qui elle devait tant, ne voudrait sûrement pas compromettre les immenses services qu'il lui avait rendus, en courant vers un nouveau but dont la vaine poursuite pourrait tout remettre en question. Dans son impatience de voir les négociations avec Napoléon marcher d'un pas rapide, M. de Hardenberg, s'arrêtant à la supposition que l'armistice aurait lieu, suggérait l'idée que la ville de Paris fût neutralisée, que les souverains s'y rendissent tous avec un détachement de leur garde; ainsi rapprochés, on s'entendrait avec plus de facilité; une fois dans la capitale, on pourrait mieux juger l'esprit de la nation ; il fallait bien reconnaître qu'elle n'avait pas jusqu'alors manifesté ses vœux pour l'ancienne dynastie.

Il est vraisemblable que cette idée de neutraliser Paris était mise en avant pour flatter le désir qu'on supposait à l'empereur Alexandre de ne pas retourner dans ses États sans être à son tour entré dans la capitale de celui qui avait pénétré à main armée jusque dans la sienne. Voici maintenant quel était le texte presque littéral de la note, sous le titre de *conclusion* :

1° Le plénipotentiaire russe de Châtillon recevra l'ordre de continuer les négociations ;

2° Le ministre des affaires étrangères d'Autriche sera autorisé à répondre au duc de Vicence que les plénipotentiaires alliés sont prêts à écouter et à admettre des pourparlers d'armistice, fondés sur les bases indiquées par le négociateur français, savoir : qu'il sera donné aux alliés des sûretés militaires pour une paix assise sur le principe que la France est prête à rentrer dans ses limites telles qu'elles existaient avant 1792 ;

3° Que les plénipotentiaires de Châtillon recevraient l'ordre de négocier et de conclure un armistice sur les bases suivantes : suspension d'armes, pour le terme de quinze jours, avec dénonciation de trois jours, remise immédiate des forteresses de Luxembourg, de Berg-op-Zoom, Anvers, Mayence et Mantoue ; Huningue et Besançon données en dépôt. Les corps formant la garnison de ces places mis en cantonnement de dépôt. Admission, comme bases de la paix, des limites de la France telles qu'elles étaient avant 1792.

Ce qu'il y avait de plus remarquable dans la note particulière de lord Castlereagh, était le soin qu'il prenait d'établir que toutes les convenances seraient violées si l'Angleterre refusait de traiter avec Napoléon, lorsque tant de pas avaient déjà été faits, de son consentement, avec sa participation, pour l'ouverture des négociations. Ainsi l'Angleterre, qui avait si longtemps, si persévéramment refusé de reconnaître Napoléon comme empereur des Français, se trouvait être la puissance qui tenait le plus à agir avec lui, comme elle l'aurait fait avec le souverain dont les droits auraient été le plus incontestablement reconnus ; elle marchait donc dans les voies de l'Autriche.

Il est facile de se faire une idée de la contrariété que ressentit l'empereur Alexandre, lorsque ce résultat de la délibération des quatre ministres fut placé sous ses yeux. Quand le général de Pozzo se présenta chez lui : « Eh bien, « vous le voyez, dit-il, en lui donnant les pièces à lire, tout « est fini ; ils vont conclure un armistice et cet homme sera « encore une fois le maître. » M. de Pozzo répondit que tout ne lui semblait pas décidé ; que sans doute on ne pouvait pas se flatter d'empêcher les négociations de continuer, mais qu'on pouvait très bien s'opposer à l'armistice et que, si Sa Majesté le repoussait avec fermeté, il ne serait certainement pas conclu.

Le général de Pozzo demanda en même temps à Alexandre de vouloir bien lui accorder jusqu'au lendemain matin pour rédiger une réfutation du mémoire de l'Autriche, ainsi que de la note particulière de M. de Hardenberg. Le lendemain, en effet, l'une et l'autre pièce étaient sous les yeux de l'empereur. J'ai lu les minutes : la réfutation roulait principalement sur les inconvénients et les dangers d'un armistice ; cette mesure tournerait entièrement à l'avantage de Napoléon, au détriment des alliés, qui ne pouvaient avec certitude arriver à une paix dont les conditions fussent vraiment assurées, qu'en poussant les opérations militaires avec la dernière activité et sans donner à l'ennemi aucune relâche. Quant à ce qui concernait la maison de Bourbon, sans doute on ne devait pas songer à l'imposer à la France, si celle-ci ne la réclamait pas ; mais, sans rien préjuger à cet égard, était-il possible de connaître les véritables sentiments du pays, tant que celui qui y dominait depuis tant d'années paraîtrait encore en position de défendre son pouvoir, tant qu'on pourrait croire que les alliés agissaient avec lui comme avec le seul souverain possible? N'était-il pas évident qu'on devait attendre beaucoup de la marche des événements? que de leur développement seul pouvait résulter une appréciation exacte des véritables dispositions du peuple français? On pouvait donc, si on le jugeait à propos, continuer de négocier avec Napoléon; mais il fallait au moins que ce fût en tenant ferme sur les conditions qui avaient déjà été signifiées à son plénipotentiaire et en ne souffrant pas qu'il y fût apporté la moindre modification. Quant à l'armistice, il était tout à fait inadmissible. Le ton assuré de cette réfutation était sans doute de nature à produire une vive impression sur les alliés de l'empereur Alexandre.

Dans la réponse particulière à M. de Hardenberg, l'empereur ne se gênait pas pour manifester son mécontentement, pour le faire tomber plus sensiblement sur celui des alliés qui avait eu le plus grand besoin de lui et qui devait se croire plus particulièrement obligé à le ménager. Voici les phrases qui m'ont paru surtout remarquables dans cette pièce : « Il m'est impossible de ne pas voir dans ce qui
« vient de m'être adressé une démarche concertée évidem-
« ment pour contrarier le désir que j'ai d'arriver à la paix
« par la destruction des armées qui obéissent à Napoléon,
« et aussi d'anéantir son existence politique. Jusqu'ici,
« monsieur, je croyais vous avoir vu dans les mêmes sen-
« timents. Vous savez, mieux que personne, si j'ai jamais
« voulu hasarder le salut de la Prusse pour des avantages
« tout à fait problématiques. Je n'ai jamais cessé de pour-
« suivre des projets utiles à son agrandissement et je ne
« cesserai de le faire à l'avenir, malgré toutes les contra-
« riétés que j'éprouve. J'aurais désiré que les intentions du
« roi me fussent communiquées plus confidentiellement,

« sans prendre la forme d'une démarche combinée et des-
« tinée à me faire adopter les vues des autres. Je persis-
« terai dans les miennes sans en dévier, parce que c'est
« par elles que, jusqu'à présent, j'ai pu faire le bien de mes
« alliés. Je me réglerai de manière à ne justifier aucune
« des suppositions exagérées qu'on met en avant pour
« entraver la marche sur laquelle je me flatte que la Russie
« et la Prusse resteront toujours d'accord; leur union entre-
« tiendra celle des autres. »

J'ai vu le billet écrit au crayon par Alexandre en renvoyant le projet à celui qui l'avait rédigé. Il était ainsi conçu : « Je l'adopte en entier et n'y fais que de très légères corrections. » La lettre fut donc expédiée et envoyée sur-le-champ, ainsi que la réplique au Mémoire et à la Conclusion commune.

Le lendemain, M. de Hardenberg se hâta d'adresser une réponse; il se plaignait d'avoir été mal compris, se mettait aux pieds de l'empereur et déclarait qu'il était prêt à se retirer des affaires si sa présence pouvait devenir une seule minute un obstacle à l'union la plus intime des couronnes de Russie et de Prusse, union que son maître ne sacrifie-rait jamais à quelque considération que ce pût être. Une fois la Prusse ainsi ramenée, l'Autriche et l'Angleterre devaient se trouver heureuses d'adopter le terme moyen qui leur était proposé, celui de continuer les négociations, mais sans conclusion d'armistice.

Ainsi s'évanouit l'espérance d'une négociation sincère-ment conduite vers la pacification, que Napoléon n'aurait sans doute obtenue qu'au prix de sacrifices énormes, mais dans lesquels on ne se serait pas, du moins, proposé sa ruine absolue. L'idée d'un armistice étant définitivement écartée, on s'occupa de rédiger les conditions dont les bases avaient été présentées, le 7, au congrès. En affectant d'accentuer et non d'atténuer les rigueurs contre la France, on voulut surtout indiquer l'emploi qui serait fait des ces-sions exigées. Il fut formellement stipulé que l'empereur des Français reconnaissait le droit des puissances alliées de déterminer, d'après les traités existant entre elles, les limites et les rapports, tant des pays cédés par la France, que de leurs États respectifs, cela sans que la France pût y intervenir en aucune façon. Ainsi libellé, le projet d'un traité préliminaire entre les puissances alliées et la France fut envoyé aux plénipotentiaires de Châtillon. Le 17, ils informèrent le duc de Vicence que rien ne s'opposait plus à ce que les conférences fussent reprises; en effet, dès le jour même, il y en eut une où ils firent connaître que le ministre des affaires étrangères d'Autriche ayant porté à la connaissance des cours alliées l'ouverture qui lui avait été adressée le 9 par M. le duc de Vicence, au sujet d'un armistice, celles-ci avaient autorisé leurs plénipotentiaires à déclarer qu'elles estimaient qu'un traité préliminaire qui serait fondé sur le même principe que l'armistice, et qui aurait pour suite immédiate la cessation des hostilités sur terre et sur mer, atteindrait mieux et plus convenablement le but qu'on se proposait généralement.

Il était impossible de mettre les plénipotentiaires français dans une situation plus pénible. Le duc de Vicence, qui était toujours en présence des dangers d'une rupture, se contenta, dans cette séance, de présenter quelques observations sur les points les plus importants, notamment sur ceux qui étaient relatifs à la situation de la Saxe, et aux droits que le roi de Westphalie et le vice-roi d'Italie pouvaient avoir, le premier à une indemnité, le second à la possession du royaume d'Italie, quand Napoléon y aurait renoncé.

Les plénipotentiaires alliés répondirent qu'ils s'en tenaient pour le moment à leur projet, et M. de Vicence finit par dire que la pièce dont il venait d'entendre la lecture était trop importante pour qu'il fût possible d'y faire une réponse immédiate, et il se réserva de proposer aux plénipotentiaires des cours alliées une conférence ultérieure. Puis il se hâta d'expédier un courrier à Napoléon, pour lui faire connaître ces conditions rigoureuses et prendre ses ordres définitifs.

On a reproché à M. de Caulaincourt de n'avoir pas usé de ses pouvoirs pour souscrire, sans hésitation, le 17 février, le projet de traité qui lui était offert, et qu'il crut devoir mettre sous les yeux de l'Empereur. Il a répondu que, connaissant le caractère de celui qu'il représentait, il n'avait pas dû s'exposer à un refus de ratification qui était probable, et eût rendu la situation encore plus critique.

Cependant, des événements d'une grande importance étaient survenus, et avaient décidé Napoléon à restreindre les pouvoirs précédemment donnés à son négociateur. A la suite de manœuvres et de combats livrés avec la plus grande habileté, il avait, du 10 au 14, transporté son armée des bords de la Seine sur ceux de la Marne, et, tombant à l'improviste sur le corps russe et prussien qui côtoyait cette rivière, il l'avait à peu près détruit; puis, revenant avec une incroyable promptitude sur la grande armée combinée, en deux combats, non moins brillants que les précédents, il l'avait refoulée de la rive droite de la Seine sur la rive gauche. Il était d'autant moins disposé à subir les dures conditions qu'on voulait lui imposer à Châtillon, qu'il se flattait d'avoir repris sur les alliés l'ascendant de la victoire, qu'il croyait toucher au moment où une seule bataille gagnée trancherait, en sa faveur, la grande question du maintien de la France dans ses frontières naturelles. C'est alors qu'il dit : « Les alliés ne savent pas que je suis à présent plus près de Munich et de Vienne qu'ils ne le sont « de Paris. »

Je ne puis assurer qu'il ait prononcé ces paroles, je puis du moins garantir l'authenticité des pièces suivantes, adressées à M. de Caulaincourt les 17 et 19 février et le 2 mars. Celle du 17, déjà publiée par M. Fain, est si nécessaire pour l'intelligence de la situation que je crois devoir la rapporter ici.

« Monsieur le duc de Vicence, je vous ai donné carte blanche

« pour sauver Paris, et éviter une bataille qui était la der-
« nière espérance de la nation. La bataille a eu lieu, la
« Providence a béni nos armes. J'ai fait trente à quarante
« mille prisonniers; j'ai pris deux cents pièces de canon,
« un grand nombre de généraux, et détruit plusieurs armées
« sans presque coup férir. J'ai entamé hier l'armée du
« prince de Schwarzenberg, que j'espère détruire avant
« qu'elle ait repassé mes frontières.

« Votre attitude doit être la même : vous devez tout
« faire pour la paix; mais mon intention est que vous ne
« signiez rien sans mon ordre, parce que seul je connais
« ma position. En général, je ne désire qu'une paix solide
« et honorable, et elle ne peut être telle que sur les bases
« proposées à Francfort.

« Si les alliés eussent accepté vos propositions le 9, il n'y
« aurait pas eu de bataille; je n'aurais pas couru les chances
« de la fortune dans un moment où le moindre insuccès
« perdait la France, enfin je n'aurais pas connu le secret
« de leur faiblesse; il est juste qu'en retour j'aie les avan-
« tages des chances qui ont tourné pour moi. Je veux la
« paix; mais ce n'en serait pas une que celle qui impose-
« rait à la France des conditions plus humiliantes que les
« bases de Francfort. Ma position est certainement plus
« avantageuse qu'à l'époque où les alliés étaient à Franc-
« fort : ils pouvaient me braver, je n'avais obtenu aucun
« avantage sur eux, et ils étaient loin de mon territoire.
« Aujourd'hui, c'est bien différent : j'ai eu d'immenses
« avantages sur eux, et des avantages tels qu'une carrière
« militaire de vingt années et de quelque illustration n'en
« présente pas de pareils.

« Je suis prêt à cesser les hostilités et à laisser les enne-
« mis rentrer tranquillement chez eux, s'ils signent les
« préliminaires basés sur les propositions de Francfort.

« La mauvaise foi de l'ennemi et la violation des enga-
« gements les plus sacrés mettent seules des délais entre

« nous; car nous sommes si près, que si l'ennemi vous
« laisse correspondre avec moi directement, en vingt-quatre
« heures on peut avoir réponse aux dépêches. D'ailleurs,
« je vais me rapprocher davantage.

« Sur ce, je prie Dieu qu'il vous ait en sa sainte et digne
« garde.

« Nangis, 17 février 1814.

« *P. S.* — Comment arrive-t-il qu'aujourd'hui 18 je n'ai
« de dépêches de vous que du 14? Nous ne sommes cepen-
« dant éloignés de vous que de quinze lieues. »

Le 19, il avait reçu le courrier expédié par le duc de
Vicence, voici sa première réponse :

« Monsieur le duc de Vicence, j'ai ordonné l'arrestation
« des courriers anglais. Je suis si ému de l'infâme proposi-
« tion que vous m'envoyez, que je me crois déshonoré, rien
« que de m'être mis dans le cas qu'on vous l'ait proposée.
« Je vous ferai connaître de Troyes ou de Châtillon mes
« intentions, mais je crois que j'aurais mieux aimé perdre
« Paris que de voir faire de telles propositions au peuple
« français. Vous parlez toujours des Bourbons; je préfére-
« rais voir les Bourbons en France avec des conditions rai-
« sonnables, aux infâmes propositions que vous m'envoyez!
« Je vous réitère l'ordre de déclarer au protocole que les
« limites naturelles ne donnent à la France que le même
« pouvoir qu'avait Louis XVI.

« Sur ce...

« Château de Surville, 19 février 1814. »

Le 2 mars, ayant reçu une nouvelle lettre du duc de
Vicence, voici comment il y répondit :

« Monsieur le duc de Vicence, je reçois votre lettre
« du 27. Vous trouverez ci-joint l'esquisse de la déclara-

« tion que vous devez faire. Vous pouvez l'adoucir, en
« changer les termes, mais conservez le fond.

« Sur ce...

« La Ferté-sous-Jouarre, 2 mars 1814. »

« Le soussigné a reçu de son gouvernement l'ordre de
« déclarer que la note qui a été remise par les plénipoten-
« tiaires des alliés, n'étant pas une proposition, mais une
« capitulation, et contenant des choses contre la dignité
« et l'honneur de la France, ne pouvait pas servir de base
« à la négociation ; que la vraie base de toute discussion
« était dans les propositions remises à Francfort par M. de
« Metternich, lord Aberdeen, M. de Nesselrode, et au nom
« du chancelier de Hardenberg, et qui, par l'acceptation
« de la France, se trouvent avoir la force d'une affaire con-
« clue. Le soussigné a reçu ordre de joindre ici copie de
« ces propositions. Il est toutefois chargé de renouveler la
« déclaration que, dans aucun cas, la France ne renoncera
« à ses limites naturelles, comprises, comme l'ont très
« bien établi le prince de Metternich, le comte de Nessel-
« rode et lord Aberdeen, entre le Rhin, l'Océan, les Alpes
« et les Pyrénées, les alliés convenant que la France doit
« conserver le rang qu'elle avait parmi les puissances avant
« la Révolution ; les accroissements qu'elle a obtenus depuis
« sont beaucoup moins que l'équivalent de ce que la Russie,
« l'Autriche et la Prusse ont acquis par le partage de la
« Pologne, la sécularisation des évêchés d'Allemagne et la
« réunion de Venise à l'Autriche, et les acquisitions faites
« par l'Angleterre de l'île de Malte, d'une portion des colo-
« nies hollandaises et de toute l'immense presqu'île de
« l'Inde.

« L'Angleterre ne fait à la France aucune cession en lui
« donnant Pondichéry et les comptoirs des Indes, sans lui
« donner l'île de France et la Réunion. Sans elles, la France

« ne retirerait aucun avantage de ces comptoirs, et elle
« y renoncerait. L'Angleterre conservant la possession des
« Saintes, celle de la Guadeloupe serait onéreuse pour la
« France. L'Angleterre garde Tabago. Ainsi, au lieu de ces
« restitutions que l'Angleterre a annoncé avec tant d'éclat
« vouloir faire à la paix générale, elle devait dire qu'elle
« ne restituera que la Martinique, petite ile d'une impor-
« tance secondaire pour la France, surtout depuis que le
« sucre est devenu pour elle une production indigène. Ce
« ne sont pas là les restitutions qu'elle a faites à la paix
« d'Amiens.

« Toutes les puissances d'Europe devant être indépen-
« dantes, toutes, savoir : l'Espagne, la Suède, le Dane-
« mark, la Bavière, la Saxe, le Wurtemberg, la Suisse, etc.,
« doivent être représentées au Congrès, à moins que ces
« puissances ne préfèrent, pour éviter des délais, donner
« leurs pleins pouvoirs aux ministres d'Autriche, de Russie,
« de Prusse ou d'Angleterre. Mais la France ne saurait
« reconnaître l'espèce de suprématie qui résulterait de
« toute autre manière de procéder, au profit des quatre
« puissances alliées sur les autres puissances de l'Europe,
« et qui exclurait la France du système européen. Ce ne
« serait donc que comme leurs délégués que les plénipo-
« tentiaires des quatre puissances pourraient représenter
« des puissances indépendantes, ce qui est conforme au
« principe des bases de Francfort, auquel la France a
« adhéré : qu'aucune puissance ne s'arrogera de suprématie
« directe ou indirecte sur les autres.

« Personne ne veut plus la paix que la France, puisque
« personne, par la réunion de toutes les puissances contre
« elle, n'en a plus besoin. Mais le soussigné est chargé de
« déclarer que, quels que soient les maux qui pèsent sur
« la nation française et l'urgence des circonstances, rien
« ne la portera à faire quelque chose qui dégrade son
« caractère national et puisse la faire déchoir du rang

« qu'elle a occupé dans le monde depuis tant de siècles.

« Lorsque l'Europe, après avoir vu les bases de Franc-
« fort, d'abord énoncées dans la note des ministres des
« puissances alliées, puis dans la déclaration que les cours
« alliées ont publiée à Francfort, enfin dans les procla-
« mations du prince de Schwarzenberg, et de plus accep-
« tées par la France, connaîtra la capitulation déshono-
« rante que les plénipotentiaires ont ensuite offerte à la
« nation française, elle jugera que ce n'est pas pour établir
« l'équilibre européen et donner une paix solide au monde
« que les puissances se sont coalisées, mais pour désho-
« norer ou détruire une nation de trente millions d'habi-
« tants. »

Les deux dernières pièces qu'on vient de lire sont datées du 2 mars, elles anticipent sur la marche des événements; je les ai données pour mieux faire connaître les dispositions de l'Empereur après ses derniers succès. Il se hâta d'envoyer contre-ordre au prince Eugène, vice-roi d'Italie, auquel il avait, après la bataille de la Rothière, envoyé l'ordre d'évacuer le royaume d'Italie et de rentrer au plus vite en France, en laissant seulement quelques garnisons dans les places les plus fortes. Cette résolution, à laquelle il renonçait si facilement, était cependant d'une haute prudence, et le seul reproche qu'il aurait dû s'adresser était de ne pas l'avoir prise plus tôt. Si l'armée d'Italie était rentrée par le mont Cenis et que, se portant sur Lyon, elle eût donné au corps laissé sous les ordres du maréchal Augereau une supériorité marquée sur les troupes ennemies qui manœuvraient entre le Rhône et la Seine, les avantages qui en seraient résultés auraient pu devenir décisifs; la grande armée autrichienne se serait vue menacée sur ses derrières et aurait dû commencer son mouvement de retraite. N'était-il pas trop tard quand Napoléon prescrivit au vice-roi, dans le commencement de février, de quitter l'Italie? On ne peut en douter; ce qui n'empêche pas qu'il n'ait commis une grande faute en révoquant cet ordre trois semaines plus tard. Rien ne peint mieux la disposition de son esprit que la phrase suivante, qui se trouvait dans la lettre par laquelle il faisait part à son fils adoptif de ses nouvelles intentions et de ses brillantes espérances : « J'ai retrouvé et remis mes bottes de la « campagne d'Italie. »

On était loin de partager cette confiance autour de lui, surtout dans la capitale. On voyait clairement qu'avec le nombre d'ennemis qu'il avait sur les bras, le danger qu'il écartait d'un côté devenait à l'instant même plus pressant sur d'autres. Comment se dissimuler qu'avec un peu plus de résolution, la grande armée des alliés aurait pu aisément culbuter les faibles corps qu'elle avait devant elle et marcher sur Paris? Malgré le peu d'activité déployée par ses chefs, les généraux français avaient été réduits à venir prendre une position tellement rapprochée de la capitale que le grand parc d'artillerie s'était établi dans les jardins du village de Bercy, touchant le faubourg Saint-Antoine. A la vérité, on assurait qu'un malentendu dans l'exécution des ordres avait seul causé ce pas rétrograde; le parc, en effet, avait été presque aussitôt reporté en avant, mais l'alarme n'en fut pas moins extrêmement vive; l'impression ressentie n'était pas de nature à s'effacer promptement; bientôt d'ailleurs elle se trouva justifiée par de nouveaux incidents fort inquiétants. Pendant que l'Empereur, revenu sur les bords de la Seine, était occupé à pousser devant lui la grande armée combinée, dont les chefs, évidemment résolus à lui refuser la bataille décisive qui était l'objet de tous ses vœux, reculaient jusque derrière l'Aube, on apprenait l'arrivée sur Laon d'un nouveau corps d'armée russe et prussien qui, parti de Bruxelles dans les premiers jours de février, accourait pour donner la main à celui qui avait été récemment battu sur les bords de la Marne. Suivant toutes les apparences, l'Empereur serait bientôt obligé de revenir sur ses pas pour faire tête à ce danger, auquel n'étaient point en état de résister deux faibles corps composés de dix ou douze mille hommes au plus, qu'il avait laissés sous le commandement des maréchaux Marmont et Mortier.

Ainsi le plan de campagne des coalisés se développait clairement; menaçant la capitale de deux côtés et forçant Napoléon à se porter tantôt sur l'un, tantôt sur l'autre, ses troupes seraient bientôt épuisées par des marches et contre-marches continuelles. Ce plan n'avait rien de brillant; il atteste la crainte qu'inspirait toujours à l'Europe soulevée la présence de celui qui l'avait si souvent vaincue.

Un armistice fut offert à Napoléon le 23 février, sous les murs de Troyes, au moment où il faisait ses dispositions pour rentrer dans cette ville. La proposition en fut, dit-on, conseillée dans un nouveau mémoire de M. de Metternich, reprenant les idées qu'il avait émises quinze jours auparavant. Alexandre ne leur était pas, cette fois, plus favorable que la première, mais les circonstances, devenues plus graves, ne permettaient pas de sa part un refus absolu.

Napoléon n'avait garde de repousser une telle ouverture; des commissaires furent donc nommés de part et d'autre, la ville de Lusigny fut désignée pour leur réunion. M. de Flahault représentait la France; nul plus que lui ne désirait la paix et n'était convaincu que pour l'obtenir il fallait accepter de gros sacrifices. Les conférences n'amenèrent aucun résultat; elles ne ralentirent pas un seul moment les opérations de la campagne. Il est cependant certain qu'à l'instant où cette tentative de rapprochement eut lieu, les anxiétés étaient grandes au quartier général des souverains alliés. Le parti autrichien, toujours fort agissant, tirait une grande force de l'impression produite par les derniers succès de Napoléon; tous les rapports du généralissime prince de Schwarzenberg tendaient à présenter la situation militaire comme mauvaise, même comme très inquiétante. Il y eut donc encore à cette époque une hésitation dans les conseils de la coalition; il est permis de supposer que Napoléon en a eu connaissance, que cette circonstance a été pour beaucoup dans les ordres qu'il expédia bientôt après à Châtillon.

La très molle coopération de la grande armée autrichienne dans une lutte où elle eût pu, dès le commencement, porter des coups décisifs, et dont elle n'a pas sans intention retardé le dénouement, montre que ses dispositions étaient, au fond, assez conciliantes; l'Angleterre se croyait obligée de seconder les vues de l'Autriche; si elles furent déjouées, ce fut uniquement par la fermeté des résolutions de l'empereur de Russie, conseillé par le général de Pozzo. Il était devenu, par sa haine pour Napoléon, l'ennemi le plus acharné de la grandeur de la France. Ce fut lui qui réfuta le nouveau mémoire de M. de Metternich, ainsi que l'exposé de la situation militaire présenté par le prince de Schwarzenberg.

La délibération qui suivit eut pour résultat, après quelques débats assez vifs, d'arrêter le plan de campagne que j'ai indiqué et d'envoyer aux plénipotentiaires de Châtillon l'ordre de tenir obstinément aux bases qui avaient été arrêtées le 17 février. Peut-on reprocher à Napoléon de ne pas s'y être résigné? Ceux qui les lui offraient pouvaient-ils s'attendre à les lui voir accepter? Je demeure convaincu qu'en les lui présentant, les plus avisés avaient la conviction qu'il n'y pouvait souscrire et ne les mettaient en avant que pour obtenir un refus. Ils n'ont jamais voulu que la ruine absolue de Napoléon, dont l'existence leur semblait incompatible avec une paix solide en Europe.

Qui peut douter que telle ait été la pensée du général de Pozzo? Admettons que Napoléon se fût résigné à ces conditions, qu'en exécution du traité, il eût fait rentrer dans les frontières de l'ancienne France tous les prisonniers qu'il avait laissés en Allemagne, toutes les troupes qui se trouvaient en Italie, dans les places fortes depuis Dantzig jusqu'à Anvers. Réunissant ces forces à celles dont il était entouré, à celles que commandaient Soult et Suchet sur la frontière, il se serait trouvé au moins une armée de quatre à cinq cent mille hommes, qui eût été la meilleure de l'Europe. Croit-on qu'avec son habileté consommée, il eût été difficile de recouvrer la Belgique et les provinces rhénanes? Elles avaient pris les habitudes françaises, étaient entrées avec la France dans une communauté d'intérêts qui les auraient vite décidées à lui rouvrir leurs portes. Ce résultat était évident et a dû être entrevu par les hommes d'État de la coalition.

Pour retrouver ces chances heureuses, Napoléon pouvait-il accepter des conditions dont l'effet moral portait une atteinte considérable à son prestige? Était-il possible que celui auquel la république avait remis la France allant jusqu'aux rives du Rhin; qui, depuis, avait envahi l'Italie et posé sur sa tête la couronne de fer, réuni à son empire la moitié de l'Allemagne, pût consentir à voir la France plus faible qu'elle ne l'était avant la Révolution? Que répondre à ceux qui lui auraient demandé compte du sang de trois millions de Français inutilement versé sur les champs de bataille?

La situation qu'on prétendait lui imposer n'aurait pas été tenable; je ne puis m'empêcher de penser qu'il a eu raison de ne pas la subir. Quand on est monté si haut, il vaut mieux cent fois se laisser précipiter que de consentir à descendre aussi bas. La lettre au duc de Vicence était, à mon sens, belle et noble; il y avait une véritable grandeur dans ces paroles : « Vous me parlez toujours des Bourbons. »

Le 19 février, il traçait ces lignes; le 24, en rentrant dans la capitale de la Champagne, il faisait un exemple cruel et inutile sur un habitant, le chevalier de Gouault. Ce malheureux, lors de l'arrivée des étrangers, avait eu l'imprudence de manifester ses vœux pour la maison de Bourbon ; rejetant la cocarde tricolore, reprenant la croix de Saint-Louis, il avait entrepris, assisté d'un de ses amis, le marquis de Vidranges, la rédaction et la promulgation d'une adresse, pour demander aux souverains alliés le rétablissement de cette maison sur le trône de France ; ils étaient à grand'peine parvenus à réunir une vingtaine de signatures, ce qui ne les avait pas empêchés de la présenter à l'empereur Alexandre. Celui-ci, prudemment, ne leur avait donné aucun encouragement et avait même eu la générosité de les avertir qu'ils couraient risque de se compromettre. « Nous ne venons point, avait-il dit, pour donner « un roi à la France ; c'est à elle à savoir ce qu'elle veut. » Leur démarche, la première de ce genre, faite dans les villes occupées par l'ennemi, n'en avait pas moins causé une sensation d'autant plus grande qu'elle contrastait hautement avec les sentiments que les malheurs de la guerre avaient ravivés. La présence de l'étranger, loin d'éteindre l'esprit national, l'avait au contraire exalté ; les vexations inséparables d'une invasion opérée par une armée composée de tant de nations diverses, les pillages, les violences exercées par les troupes et par les Cosaques avaient exaspéré les habitants des campagnes. Dans beaucoup de cantons, ils n'hésitaient pas à abandonner leurs villages pour se réfugier dans les bois, où ils attaquaient les détachements, massacraient les traînards ; de jour en jour, la guerre prenait un caractère plus odieux, elle devenait vraiment nationale. C'était un des dangers que la coalition redoutait le plus, et avec raison ; c'était aussi un de ceux dont M. de Metternich s'était montré le plus frappé.

Enfin, il est certain que la vigueur déployée par Napoléon dans une défense si périlleuse lui avait ramené, par l'admiration, beaucoup d'esprits. Les provinces où il avait recouvré le plus de partisans étaient précisément celles qui souffraient le plus de cette guerre que ses folles témérités avaient attirée sur le sol de France. Ainsi s'expliquent les acclamations presque unanimes dont il fut salué, le 24, dans la ville de Troyes ; il fut accueilli comme un libérateur; les habitants prodiguèrent à ses troupes tous les secours possibles.

Dans ces dispositions, il n'est pas étonnant que beaucoup de voix accusatrices se soient fait entendre contre les malheureux royalistes osant solliciter le retour des Bourbons. On ignorait qu'outre cette démarche ils eussent envoyé une députation à Monsieur, comte d'Artois, dont l'arrivée en Suisse était connue. Heureusement pour le marquis de Vidranges, cette mission lui avait été confiée; il se trouva ainsi hors de péril. Quant au chevalier de Gouault, qui n'avait pas eu la prudence de s'éloigner, il fut arrêté, jugé et condamné à mort par une commission militaire. Ce fut la seule victime, aucun autre signataire de l'adresse n'ayant été inquiété.

CHAPITRE IX

Arrivée de Monsieur à Vesoul et du duc d'Angoulême à Saint-Jean de Luz, où il publie un manifeste. — Hostilité du Midi contre Napoléon. — Le parti royaliste de Paris envoie M. de Vitrolles en mission auprès des alliés. — Prudente réserve de M. de Talleyrand en cette circonstance. — Les Autrichiens reçoivent froidement l'émissaire royaliste; l'empereur Alexandre s'engage beaucoup plus. — Napoléon, vainqueur de Blucher à Craonne, échoue devant Laon; il revient alors sur l'Aube et sur la Seine, au-devant de la grande armée coalisée. — Signature du traité de Chaumont. — A Châtillon, le duc de Vicence dispute le terrain pied à pied; il présente un contre-projet de traité; les plénipotentiaires alliés le repoussent et rompent les négociations. — Napoléon se décide trop tard à faire des concessions. — Alexandre incline de plus en plus vers les Bourbons. — L'Empereur, craignant de voir le Pape tomber aux mains des alliés, se détermine à le renvoyer en Italie. — Il prend la même résolution à l'égard des princes d'Espagne et leur rend la liberté. — Les Anglais pénètrent dans nos départements du Midi. — M. Lynch, maire de Bordeaux, et M. de La Rochejaquelein livrent la ville au duc d'Angoulême et au maréchal Beresford.

Pendant que Monsieur arrivait à Vesoul, le duc d'Angoulême était entré en France, à la suite de l'armée anglaise, et avait, dès le 11, publié à Saint-Jean de Luz une proclamation. Il invitait les Français à secouer le joug d'un gouvernement qui avait appelé sur eux tant de désastres, à venir se placer sous l'autorité de leur antique dynastie.

Cette pièce, répandue dans le Midi, ne laissa pas que d'y produire une assez vive impression, surtout à Toulouse et à Bordeaux. Dans ces deux villes, plus qu'ailleurs, régnaient des sentiments hostiles contre Napoléon. A Toulouse, l'ancienne noblesse, celle qui se composait de familles parlementaires, avait conservé d'autant plus d'influence qu'aucun dédommagement n'était venu consoler cette vieille capitale du Languedoc des pertes que la Révolution lui avait fait subir. L'industrie manufacturière y avait fait peu de progrès, les produits du sol, à cause de la guerre d'Espagne et du blocus rigoureux que les Anglais maintenaient devant Bordeaux, étaient sans débouchés. Le haut commerce de Bordeaux avait non seulement fait des pertes énormes en capitaux, mais il s'était vu interdire toutes les spéculations dont il avait l'habitude et était réduit à laisser pourrir ses bâtiments dans le port. Les propriétaires des vignobles n'étaient pas beaucoup plus heureux, toute exportation de leurs produits, hors ce qui s'échappait par licence, se trouvant interdite.

Tous ces mécontentements avaient leurs interprètes, qui se ralliaient dans Paris autour de M. de Talleyrand.

La grande affaire était de savoir ce qui se passait au congrès de Châtillon. Les communications étaient aussi difficiles que dangereuses; il fallait traverser les deux armées. Comment trouver un agent assez intelligent et sûr pour se reposer sur lui du soin de dire toût ce qu'on voulait faire savoir? Le duc de Dalberg trouva, pour remplir une si délicate mission, M. de Vitrolles, ancien émigré, avec lequel il était depuis deux ou trois ans en relation d'affaires pécuniaires.

M. de Vitrolles était revenu de l'émigration après son mariage avec une bâtarde de la duchesse de Bouillon; depuis, il avait frappé à toutes les portes; il lui avait fallu se contenter d'une très médiocre place d'inspecteur des établissements consacrés à la multiplication des mérinos. C'est là qu'il avait eu l'occasion de connaître le duc de Dalberg. Il avait peu à perdre et beaucoup à gagner. Quand vint l'instant de le faire partir, M. de Talleyrand, qui l'avait d'abord agréé un peu légèrement, ne voulut plus faire le nécessaire pour l'accréditer à Châtillon; j'ai entendu M. de Vitrolles le raconter un ou deux mois après la Restauration.

Il partit donc, n'étant réellement accrédité que par le duc

de Dalberg, qui l'adressa à M. de Nesselrode et à M. de Stadion surtout, avec recommandation d'éviter M. de Metternich et de ne s'ouvrir de rien avec lui. Le moyen de se faire reconnaître était d'abord un cachet appartenant au duc de Dalberg et que, dans ses nombreux séjours à Vienne, il avait eu souvent occasion de montrer à M. de Stadion, plus une lettre dans laquelle se trouvaient écrits en encre sympathique deux noms de femmes qui devaient lui rappeler des liaisons connues du duc de Dalberg seul, enfin les renseignements secrets dont M. de Vitrolles était porteur, qui devaient prouver à quel point il était initié dans les complots des ennemis de Napoléon.

Fort aventureux par caractère, le duc de Dalberg s'était probablement, dans ses instructions particulières, plus avancé en faveur de la maison de Bourbon qu'il ne convenait à M. de Talleyrand de le faire. En cela il n'avait pas manqué de perspicacité; il avait prévu, comme Napoléon lui-même, le seul dénouement qui fût possible, du moment qu'on voulait la fin du régime impérial.

Le départ de M. de Vitrolles eut lieu le 6 mars; il arriva sans encombre à Châtillon, se présenta sur-le-champ chez M. de Stadion, qui lui montra les meilleures dispositions, lui donna les renseignements qui pouvaient lui être utiles, mais ne lui dissimula pas que rien ne se ferait par sa cour sans l'intervention de M. de Metternich, que c'était folie de vouloir se cacher de lui.

L'arrivée de M. de Vitrolles à Châtillon eut cela d'important qu'elle ne laissa aucun doute sur ce fait que, dans Paris, il y avait des hommes sérieux qui paraissaient décidés à contribuer de tout leur pouvoir à la chute de l'Empereur. En voyant à leur tête le nom de M. de Talleyrand, on dut aussi les croire plus nombreux et plus puissants qu'ils ne l'étaient en réalité. Comment supposer qu'un homme habile risquât de compromettre une existence comme la sienne sans avoir derrière lui un parti fort considérable? Je ne fais donc aucun doute que bien qu'il ait été d'abord accueilli très froidement, excepté par M. de Stadion, M. de Vitrolles n'ait beaucoup contribué à affermir les résolutions des membres du Congrès dont le but secret était la ruine de Napoléon.

M. de Stadion envoya M. de Vitrolles au quartier général des souverains; là il rencontra l'opposition très nette de l'Autriche. M. de Metternich déclara que si Napoléon se résignait aux conditions qui lui étaient proposées, la paix se conclurait certainement avec lui. Il fut plus heureux auprès de l'empereur Alexandre qu'il trouva moyen d'aborder, secondé, paraît-il, par M. de Nesselrode; il lui exposa, tel est du moins son récit, que le seul moyen d'en finir avec Napoléon était d'adopter enfin une cause française qui pût rallier les esprits en leur offrant une solution honorable. Si les alliés avaient rencontré tant d'obstacles depuis leur entrée en France, s'ils avaient déjà perdu près de quarante mille hommes, c'était faute d'avoir suivi la seule marche qui pût autoriser le pays à se déclarer en leur faveur. Il en était encore temps, on ne devait pas hésiter à prendre un parti qui lèverait toutes les difficultés. « Qu'on ose donc, « dit-il, proclamer la maison de Bourbon, puis qu'on marche « immédiatement sur Paris, tout sera bientôt terminé. »

L'empereur Alexandre, suivant M. de Vitrolles, fut tellement frappé de cette manière de poser la question, qu'il lui donna peu après l'assurance que la résolution qu'il proposait était prise, que son conseil serait suivi, ajoutant même, en terminant la conversation, ces remarquables paroles : « Si nous venions d'ailleurs à échouer sous les « murs de Paris, la retraite ne serait pas plus difficile par « la Flandre que par l'Alsace et la Lorraine. »

Ce qui pourrait cependant faire naître des doutes sur l'importance que ce prince attachait à la mission de M. de Vitrolles, c'est qu'il ne le mit point en rapport avec le général de Pozzo, qui possédait dès cette époque toute sa confiance et était en correspondance avec Monsieur, alors installé à Vesoul. Peut-être aussi l'empereur Alexandre, en gardant ce secret avec son conseiller le plus intime, voulut-il éviter de lui fournir un nouvel argument pour une cause en faveur de laquelle il jugeait plus nécessaire de le retenir que de l'exciter. Ce que M. de Pozzo a dû déployer de zèle et de persévérance pour faire triompher cette cause se peut difficilement comprendre au milieu des vicissitudes d'une campagne, dans les alternatives de succès et de revers qui modifiaient sans cesse les dispositions des puissances coalisées.

N'ayant pu contraindre l'armée ennemie à livrer la bataille décisive, objet de ses espérances, Napoléon, dans les derniers jours de février, avait dû revenir en toute hâte sur le corps d'armée prussien qu'il avait battu si rudement quinze jours auparavant. Le général Blucher, qui conduisait ce corps, n'avait pas hésité à s'engager une seconde fois dans la vallée de la Marne, et cherchait à opérer sa jonction avec l'armée russe, qui arrivait par la route de Laon. Il avait poussé jusqu'à Meaux les deux maréchaux français qui étaient restés en observation devant lui, mais avec des forces très inférieures aux siennes. Alors, l'armée combinée, abandonnant les positions qu'elle occupait derrière l'Aube, était tombée sur les corps affaiblis qu'elle avait devant elle, les avait culbutés et, après deux sanglants combats, n'avait pas tardé à se représenter sous les murs de Troyes.

L'Empereur, après avoir vu échapper Blucher de ses mains, par la faute du général qui ne sut pas tenir pendant deux fois vingt-quatre heures dans Soissons, et après un succès assez brillant à Craonne, vint échouer dans une attaque sur la ville de Laon, où s'étaient retirés et retranchés les corps d'armée russe et prussien. On lui a beaucoup reproché la témérité de cette attaque. Je ne puis m'empêcher de remarquer que, dans une situation aussi désespérée, les témérités étaient excusables.

Après cet échec, il lui fallut manœuvrer pour reprendre des positions en vue de recouvrer la ville de Reims que ses ennemis avaient occupée pendant sa pointe sur Laon; puis il se hâta de revenir sur l'Aube et sur la Seine, pour arrêter les progrès que la grande armée coalisée faisait sur la route de Paris. Déjà elle était parvenue jusqu'à la hauteur de Nogent et de Provins.

Pendant que ces mouvements militaires s'accomplissaient, d'autres événements non moins graves avaient lieu. D'après les instructions arrivées aux plénipotentiaires alliés, réunis à Châtillon, ceux-ci ne pouvaient manquer d'insister chaque jour davantage sur les conditions qu'ils avaient offertes le 17 février; ils demandaient au moins une réponse catégorique; ils allèrent jusqu'à déclarer, le 28, que tout retard serait considéré comme devant amener la rupture des négociations.

Le duc de Vicence, de son côté, voulant surtout éviter une rupture définitive, avait usé, pour gagner du temps, de tous les moyens dilatoires que pouvaient lui fournir la langue et les usages diplomatiques. Il établissait avec toute raison que la demande pure et simple de l'acceptation des conditions dictées était exorbitante; la France, en effet, n'était-elle pas fondée à insister sur l'usage qu'on entendait faire des provinces dont la cession lui était demandée? A qui profiterait cette cession? La Belgique, par exemple, irait-elle à la Hollande, à la Prusse, ou retournerait-elle à ses anciens maîtres, les empereurs d'Autriche? D'autre part il écrivait tous les jours à Napoléon pour obtenir la permission de présenter un contre-projet, modifiant les bases de Francfort et apportant des adoucissements aux propositions du 17. « Sans cette condescendance, tout est « fini, disait-il; la négociation sera rompue; et que Votre « Majesté ne croie pas la renouer comme on a pu le faire « en d'autres occasions. »

C'était le 6 mars qu'il écrivait ces paroles; elles étaient

d'autant plus fondées qu'un nouveau traité d'alliance offensive et défensive contre la France venait d'être conclu entre la Prusse, l'Autriche, l'Angleterre et la Russie. Ce traité a tenu une grande place dans l'histoire politique des années suivantes; il est connu sous le nom de traité de Chaumont; peut-être avait-il été provoqué par une démarche de Napoléon auprès de son beau-père; sa publicité avait servi d'argument à ceux qui voulaient forcer l'Autriche à resserrer les nœuds de la coalition. Ainsi qu'il arrive presque toujours aux faibles caractères, l'empereur François n'avait su se défendre du soupçon qu'en contractant des engagements plus étroits. Par la convention du 1ᵉʳ mars, les quatre puissances s'engageaient, dans le cas où la France refuserait d'accepter les conditions proposées, à consacrer tous leurs moyens à la poursuite de la guerre et à les employer dans un parfait concert, afin de procurer la paix générale. Les trois puissances continentales devaient tenir constamment en campagne, chacune une armée de cent cinquante mille hommes au complet; l'Angleterre fournirait un subside annuel de cent cinquante millions de francs; aucune négociation séparée ne pourrait avoir lieu avec l'ennemi commun. Ce traité était offensif, si l'Empereur refusait les conditions offertes, et restait défensif, après qu'il les aurait acceptées. Cette stipulation était de la plus haute importance; on sait les conséquences qu'elle a eues treize mois plus tard. Il n'était plus permis de conserver la moindre espérance d'une division prochaine entre les coalisés; cette division était cependant la chance de salut sur laquelle Napoléon avait toujours compté.

Jamais peut-être négociateur ne s'est trouvé dans une plus difficile situation que le duc de Vicence. Quand Torcy fut envoyé en Hollande par Louis XIV, ses déplaisirs, les rudesses qu'il eut à essuyer, étaient au moins couverts des voiles de l'incognito et, du côté de son maître, la confiance et l'abandon étaient entiers; mais à Châtillon, M. de Vicence n'osant faire un pas sans craindre d'être désavoué, devait tenir tête à des coalisés qui, chaque jour, concertaient entre eux les nouveaux embarras qu'ils jugeraient à propos de lui susciter; recevant le contre-coup de tous les événements militaires qui se passaient à vingt lieues de lui, il ne savait quelle conduite suivre. Dans les premiers moments, il avait cru avec raison pouvoir compter sur la bonne volonté de l'Autriche et sur le concours secret de M. de Metternich; sa correspondance confidentielle avec ce dernier a été publiée par M. Fain, elle en fait foi. Cette confiance que Napoléon partageait n'était pas aussi dénuée de fondement qu'on le pourrait croire. L'empereur François, jusqu'au dernier moment, a souhaité un arrangement qui pût maintenir la couronne de France sur la tête de sa fille; l'Angleterre, de son côté, était trop étroitement unie avec l'Autriche pour refuser à son souverain une satisfaction désirée. Voilà comment s'explique le langage de lord Castlereagh, lorsqu'il disait, dans les premiers jours de mars, qu'il était impossible que l'Angleterre, du moment où elle avait consenti à négocier avec Napoléon, ne traitât pas définitivement avec lui, s'il souscrivait aux propositions qui lui étaient faites; mais j'ai dit d'autre part les sentiments de l'empereur Alexandre forçant la Prusse à marcher d'accord avec lui.

C'est au milieu de ces passions, de ces intérêts si différents, que le plénipotentiaire français devait chercher sa route. Dans une conférence, le 15 mars, il lut un projet de traité destiné à remplacer celui du 17 février :

L'Empereur renonçait à tous ses droits de souveraineté sur les provinces Illyriennes, sur les territoires au delà des Alpes, l'île d'Elbe exceptée, et sur les départements français de la rive droite du Rhin. Il renonçait, en faveur du prince Eugène, à la couronne d'Italie, dont l'Adige devait former la limite du côté de l'Autriche. Il reconnaissait l'indépendance de la Hollande, sous la souveraineté d'un prince de la maison d'Orange, même avec accroissement de territoire. Il reconnaissait pareillement l'indépendance des États d'Allemagne, unis par un lien fédératif; celle de la Suisse, sous la garantie de toutes les hautes puissances; celle de l'Italie et de chacun des princes entre lesquels elle se trouvait ou devait être divisée; enfin l'indépendance et l'intégrité de l'Espagne, sous la domination de Ferdinand VII.

Le Pape et le roi de Saxe devaient rentrer dans la possession de leurs États; la princesse Élisa et le prince de Neufchâtel conservaient les principautés de Lucques et de Neufchâtel; le grand-duché de Berg retournait au grand-duc de ce nom, et les villes de Brême, Hambourg et Lubeck, Dantzig et Raguse étaient déclarées libres. L'île de Malte restait aux Anglais; les îles Ioniennes passaient en toute propriété au royaume d'Italie. Quant aux restitutions de colonies que l'Angleterre devait faire à la France, on pourrait, moyennant un équivalent convenable, s'entendre sur la cession de celles que l'Angleterre avait témoigné le désir de conserver, à l'exception des Saintes, qui dépendaient nécessairement de la Guadeloupe.

Enfin, on proposait l'ouverture d'un congrès spécial pour régler le sort des provinces auxquelles la France renonçait et les indemnités à donner aux rois et princes dépossédés.

Les plénipotentiaires coalisés, après avoir écouté la lecture de cette pièce, déclarèrent qu'elle était d'une trop haute importance pour qu'ils pussent y répondre séance tenante et prévinrent le négociateur français qu'ils se réservaient de lui indiquer une séance ultérieure. Elle eut lieu le 18; ils y apportèrent une longue note dans laquelle, après s'être appliqués à démontrer la modération des principes et des vues suivant lesquels les cours alliées s'étaient constamment dirigées, ils établissaient que le contre-projet présenté par le duc de Vicence ne s'éloignait pas seulement des bases proposées le 17, mais qu'il était contraire à leur esprit. Comme cette contradiction si peu attendue manifestait l'intention de traîner en longueur des négociations qui deviendraient inutiles et compromettantes, ils se voyaient forcés de déclarer, au nom de leurs souverains respectifs, que les puissances alliées, fidèles à leurs principes et en conformité de leurs déclarations antérieures, regardaient les négociations entamées à Châtillon comme terminées par le gouvernement français. Ils avaient cependant l'ordre d'ajouter que ces mêmes puissances, indissolublement unies pour le grand but, espéraient l'atteindre, avec l'aide de Dieu, en ne faisant plus la guerre à la France ; qu'elles regardaient les justes limites de cet empire comme une des premières conditions de l'équilibre européen.

Le duc de Vicence apporta une contre-note à la conférence du lendemain 19 mars, qui fut la dernière. Il s'efforça de montrer que la rupture des négociations ne pouvait être imputée à la France, puisqu'on rejetait ses propositions, sans même en entreprendre la discussion, comme tous les usages le commandaient. Les projets présentés de part et d'autre ne devaient être considérés que comme des points de départ pour arriver au but qu'on se proposait réciproquement d'atteindre. Il déclarait donc que « quant à lui il « ne pouvait regarder encore sa mission de paix comme « terminée ; qu'il devait attendre les ordres de sa cour, et « qu'il était toujours disposé à continuer la négociation ou « à la reprendre de la manière et sous la forme qui pour- « raient amener le plus promptement possible la cessation « des hostilités ».

Tandis que M. de Vicence s'épuisait ainsi en efforts pour éviter la rupture des conférences, il obéissait à sa profonde conviction que la conclusion d'une paix quelconque pouvait seule sauver la couronne de celui dont il était le représentant ; car il ne pouvait encore avoir reçu une lettre que l'Empereur lui avait écrite de Reims, en date du 17, ainsi conçue : « Monsieur le duc de Vicence, j'ai reçu vos lettres « du 13. Je charge le duc de Bassano d'y répondre avec « détail. Je vous donne directement l'autorisation de faire « les concessions qui seraient indispensables pour main- « tenir l'activité des négociations et arriver enfin à con- « naître l'ultimatum des alliés ; bien entendu que le traité « aurait pour résultat l'évacuation de notre territoire et le « renvoi de part et d'autre de tous les prisonniers. Cette « lettre n'est à autre fin, etc. »

Ce peu de lignes, si différentes de celles que j'ai rapportées à la date du 19 février et du 2 mars, prouve la pénible impression qu'avait produite sur son esprit le peu de succès de son expédition au delà de l'Aisne. On y voit clairement que les illusions causées par ses précédents succès sont à peu de chose près dissipées; mais il était trop tard.

A l'époque de la dissolution du congrès de Châtillon, les pensées favorables à la maison de Bourbon prirent une nouvelle consistance dans l'esprit de l'empereur Alexandre. Lord Castlereagh les partagea ; ce fut sur ses avis, qu'il fit passer à M. le comte d'Artois, qu'il quitta Vesoul et s'avança jusqu'à Nancy. J'ai vu une lettre de ce prince se plaignant de la situation qui lui était faite, et demandant au général de Pozzo d'intervenir avec énergie en sa faveur. Au moment où lui parvenaient les bonnes paroles de lord Castlereagh, M. de Vitrolles apportait le récit de la rupture du Congrès et l'assurance des résolutions favorables de l'empereur Alexandre. Je tiens de lui-même que Monsieur s'attendait si peu à ces heureuses nouvelles qu'il fut, au premier instant, très difficile de les lui faire accepter. Bientôt les événements qui se passèrent à Bordeaux augmentèrent les espérances des amis de la maison de Bourbon.

A mesure que les alliés avancent, que le cercle qui

entoure Napoléon se rétrécit, que les périls augmentent, on sent que la main puissante qui avait tout changé en Europe est paralysée; l'œuvre s'écroule. Napoléon le sent mieux que personne. Voyant toutes ses tentatives pour amener le Pape à une négociation constamment repoussées, craignant d'un autre côté qu'il ne vint à être enlevé de Fontainebleau par quelque parti ennemi, il se détermina enfin à le faire partir pour l'Italie. Des voitures arrivèrent donc à Fontainebleau au moment où on s'y attendait le moins. Pie VII y fut placé avec sa suite; on le dirigea aussitôt sur Limours, d'où il s'achemina sur Savone, puis, contrairement aux ordres donnés par l'Empereur, il prit directement la route de ses États, que les troupes françaises avaient complètement évacués. Tel fut le dénouement de cette série d'actes, tous plus tristes, plus regrettables les uns que les autres, dans lesquels Napoléon s'était donné à la fois, envers le Souverain Pontife, les torts de l'injustice et ceux de l'ingratitude.

Il en fut de même pour les princes d'Espagne. Voyant que la mission du duc de San Carlos à Madrid avait été sans résultat, que le gouvernement d'Espagne se refusait obstinément à reconnaitre le traité dont la signature avait été extorquée à Ferdinand, l'Empereur pensa qu'il y aurait encore quelque avantage à laisser partir ce prince; que son retour au milieu de ses sujets, faisant dans leur esprit une heureuse diversion, les rendrait peut-être moins ardents à poursuivre la guerre et à seconder l'invasion des Anglais dans le midi de la France. Les captifs de Valençay reçurent leurs passeports le 7 mars; ils partirent le 13; mais, en passant à Perpignan, l'oncle et le frère du roi y furent de nouveau retenus; on pensait apparemment qu'ils pourraient encore servir d'otages en cas de besoin. Le roi arriva donc seul le 22 à Figuières, première place espagnole sur la frontière.

Des événements plus graves se passaient dans le Midi.

Après l'échec du maréchal Soult aux environs d'Orthez, l'armée française, battant en retraite, avait ouvert à l'armée anglaise l'entrée des départements situés depuis Toulouse jusqu'à Bayonne, entre la Garonne et les Pyrénées. Ce fut alors que le duc d'Angoulême obtint du duc de Wellington son assistance formelle pour un projet que lui avaient suggéré les amis qu'il avait dans la ville de Bordeaux.

Le retour de M. Lainé et les détails qu'il avait apportés sur le renvoi du Corps législatif avaient puissamment contribué à susciter des sentiments hostiles contre le gouvernement impérial. Le barreau, composé d'hommes de talent, vivait dans une assez grande intimité avec le haut commerce ; il en résulta bientôt une sorte de coalition active et puissante (1).

Il faut ajouter que la ville de Bordeaux, attendu son voisinage de la Vendée, était en relations fréquentes avec les royalistes de cette contrée. A leur tête était M. de La Rochejaquelein, le frère aîné du glorieux chef vendéen. Dès que le comité royaliste eut connaissance des premiers succès du duc de Wellington et de sa marche vers l'Adour, il ne douta pas que, si le duc d'Angoulême se présentait, soutenu par un corps assez considérable de troupes anglaises, la ville de Bordeaux ne fût très disposée à lui ouvrir ses portes. Il paraît que déjà leurs intelligences étaient assez bien établies avec le maire, M. Lynch. Il fut dès lors résolu entre eux de faire parvenir cette assurance au prince ; M. de La Rochejaquelein se chargea de la mission. La difficulté n'était pas de persuader le prince,

---

(1) Outre M. Lainé, il faut en effet compter parmi les avocats qui ont eu une grande influence sur le mouvement bordelais à cette époque, M. Bavey, M. Martignac, plusieurs encore. Parmi les négociants, M. Gauthier, bien que fort jeune, fut un de ceux qui prirent la part la plus active ; sa coopération fut d'autant plus honorable qu'elle n'avait pas l'ambition pour mobile. Il n'a, après le succès, reçu aucune faveur. Peu de gens à Paris se doutaient de ce qu'il avait fait en 1814, lorsqu'il arriva, en 1823, à la Chambre des députés.

mais d'inspirer confiance au quartier général anglais, sur lequel il fut immédiatement dirigé par lui. Le premier accueil n'y fut pas très favorable pour l'envoyé royaliste ; les moins bonnes nouvelles qui arrivèrent sur les conférences de Châtillon changèrent les dispositions du général anglais ; le maréchal Beresford, l'un des lieutenants de Wellington, reçut l'ordre de se porter de Mont-de-Marsan sur Bordeaux, avec une colonne de dix à douze mille hommes, à laquelle se joindrait le duc d'Angoulême.

La colonne se mit immédiatement en marche et ne rencontra aucun obstacle. Le prince avait fait prendre les devants à M. de La Rochejaquelein, qui rentra dans Bordeaux le 10 mars, annonçant sa prochaine arrivée et assurant que, bien qu'assisté par des troupes anglaises, il prendrait possession de la ville au nom de Louis XVIII et y relèverait le drapeau blanc. Au premier moment cette nouvelle jeta quelque incertitude dans les esprits, mais l'hésitation fut bientôt dissipée ; des députés partirent le soir même, avec mission de porter au prince les vœux et les hommages des habitants de Bordeaux, de certifier en même temps au maréchal Beresford qu'il y pouvait entrer comme dans une ville alliée et amie.

Le drapeau blanc fut élevé sur le clocher de la cathédrale et le duc d'Angoulême fit son entrée le 12, au milieu des cris de « Vive le Roi ! vive le duc d'Angoulême ! » Toute la jeunesse était à cheval et avait accompagné le maire, qui se transporta jusqu'à une certaine distance pour offrir au prince et au général anglais les clefs de la ville, en adressant toutefois à celui-ci les paroles suivantes : « Si vous
« venez comme vainqueur, vous pouvez, général, vous
« emparer de ces clefs, sans qu'il soit besoin que je vous les
« donne ; mais si vous venez comme allié de notre auguste
« souverain Louis XVIII, je vous les offre. Vous serez
« bientôt témoin des preuves d'amour qui se manifesteront
« de toutes parts en faveur de notre Roi. »

Le général répéta les assurances qu'il avait déjà fait donner, ajoutant qu'il croyait entrer dans une ville alliée et soumise à Louis XVIII. Dès ce moment les acclamations furent universelles ; il ne se manifesta pas l'ombre d'une opposition. Le peu de soldats qui se trouvaient dans la ville l'avaient évacuée la veille, et le commissaire extraordinaire, M. le sénateur Cornudet, était reparti avec eux. Le maître des requêtes Portal, qui lui avait été adjoint dans ses fonctions, s'était cru obligé de l'accompagner ; il était cependant Bordelais et partageait les sentiments de ses concitoyens ; mais, se trouvant revêtu par Napoléon d'une fonction spéciale et de confiance, il n'avait pas pensé qu'il lui fût possible, sans couleur de trahison, de prendre un parti si contraire au but pour lequel il avait été envoyé.

CHAPITRE X

Impression produite à Paris par la nouvelle de la reddition de Bordeaux. — Entretien de M. Pasquier avec M. de Saint-Marsan. — Fréquentes visites du préfet de police chez M. de La Valette; il y rencontre M. de Bourrienne qui lui offre son concours au cas où les alliés pénétreraient dans Paris. — La machine infernale du Palais-Royal. — Curieux exemple de l'obéissance aveugle de Savary aux ordres de l'Empereur. — M. Pasquier, éclairé par M. de La Valette, fait prévenir les princes français du danger qu'ils courent. — Conduite étrange du duc de Rovigo; ses confidences à M. Pasquier. — Il ne songe qu'à empêcher le retour des Bourbons. — Sa colère lorsqu'il apprend la fuite de MM. de Polignac. — Tiédeur du conseil de régence. — Découragement du roi Joseph; il attribue à l'Empereur la perte de l'Espagne. — Le conseil est appelé à se prononcer sur les propositions de paix des alliés, datées du 17 février, et sur l'opportunité d'un armement général des faubourgs; M. Pasquier combat ce projet. — L'approvisionnement de Paris présente des difficultés sans cesse grandissantes. — Les convois de blessés menacent la ville du typhus. — Triste état de l'armée française. — Le découragement se fait jour surtout chez les officiers. — Nouveau plan de Napoléon; il veut couper la base des opérations de l'armée ennemie. — Bataille d'Arcis-sur-Aube. — L'Empereur repoussé marche sur Vitry et Saint-Dizier en découvrant la capitale. — Conseils de guerre des alliés à Pougy et à Sommepuis. — Ils se décident à marcher sur Paris tout en faisant croire à Napoléon qu'ils lui font tête.

Le retour d'une grande ville de France sous l'autorité de l'ancienne dynastie s'accomplit avec une facilité qui devait appeler les plus sérieuses réflexions, et qui causa un grand étonnement aux hommes dont le dévouement au régime impérial n'avait jamais admis la possibilité d'une défection.

La nouvelle arriva dans la nuit du samedi au dimanche. Lorsque je me présentai, suivant l'usage, aux Tuileries, pour faire ma cour à l'Impératrice, je me souviens d'avoir, en entrant, trouvé M. Boulay de la Meurthe, au milieu d'un groupe de sénateurs et de conseillers d'État, déclarant que le bruit répandu ne pouvait avoir aucun fondement. Il ne manqua pas de me prendre à témoin de la fausseté de la nouvelle; mais je me bornai à répondre que je ne savais rien. Peu de personnes furent trompées par cette réponse; plusieurs me dirent en me serrant la main : « Allons, il « faut en prendre son parti, voilà que tout finit, mais « comment s'arrangera le dénouement ? » M. Molé, si confiant d'ordinaire, laissait voir ses inquiétudes. Je ne saurais surtout oublier une conversation que j'eus avec un homme d'un vrai mérite, l'un de ceux dont l'Empereur faisait le plus de cas, et dont il avait encore le fils aîné auprès de lui en qualité d'officier d'ordonnance. C'était M. de Saint-Marsan, le dernier ambassadeur à Berlin. Rappelant toutes les fautes, toutes les folies qui s'étaient succédé depuis deux années : « Il l'a voulu absolument », me dit-il en finissant, « car je connais bien l'Europe; elle était en grand « train de patience et de résignation, et il a fallu pour la « soulever qu'il s'obstinât à la pousser jusque dans ses der« niers retranchements. Mais que sortira-t-il de tout cela ? « Dieu seul le peut savoir ! »

M. de Saint-Marsan, l'un des derniers Piémontais qui fussent restés fidèles à la maison de Savoie, et l'un de ceux qui s'étaient donnés le plus tard à l'Empereur, avait fini cependant par prendre pour lui de l'attachement, et il ne pouvait s'empêcher de regarder sa chute avec cette sorte de tristesse mélancolique qui saisit toutes les âmes élevées à la vue d'un grand monument qui s'écroule.

Mes relations avec M. de La Valette étaient devenues plus intimes. Tous les jours je me rendais à sept heures du matin chez lui; je le voyais ouvrant les paquets et lisant les lettres que lui apportaient les estafettes. Nous suivions ensuite sur la carte jusqu'aux moindres mouvements des troupes belligérantes. Je lui en avais donné une que la préfecture de police avait fait lever pour le service de l'approvisionnement de la capitale, présentant avec exactitude jusqu'aux plus petits détails du cours de la Seine, de la Marne et de leurs affluents. Rien ne m'était donc caché et je ne pouvais me faire d'illusion sur rien. Une seule chose me gênait chez M. de La Valette, c'était d'y rencontrer quelquefois à la même heure M. de Bourrienne. Il le connaissait depuis longtemps, il l'avait eu pour camarade auprès de l'Empereur, dans la campagne d'Égypte. C'est par M. de Bourrienne que M. de Talleyrand était tenu au courant de tous les détails de la situation militaire, et que le duc de Rovigo, j'en ai la certitude, avait été averti du départ de M. de Vitrolles pour Châtillon. Un jour, nous étions sortis ensemble à pied de chez M. de La Valette, les nouvelles étaient mauvaises. « Voyez-vous, monsieur Pas« quier », me dit-il, « les étrangers, quoi que fasse l'Empe« reur, entreront dans Paris. Vous vous devez à cette ville, « dont vous ne sortirez sûrement pas; eh bien, dites-moi « un mot, j'y resterai aussi, et je vous serai d'une grande « utilité. J'ai beaucoup connu en Allemagne les principaux « généraux prussiens, et je vous servirai d'intermédiaire « pour tout ce que vous aurez à traiter avec eux, de quelque « nature que ce soit. » Je le remerciai de sa bonne volonté, mais en ajoutant que je vivais au jour le jour, et attendais le conseil des événements pour juger de la meilleure manière d'accomplir les devoirs que m'imposait une position dont je ne me dissimulais ni la difficulté ni même les dangers.

Puisque j'ai prononcé le nom du duc de Rovigo, c'est le lieu de rapporter une anecdote qui prouve la passive obéissance de l'ancien commandant de la gendarmerie d'élite. Des filous avaient imaginé, pour voler l'argent étalé sur une des tables de jeu au Palais-Royal, de jeter sous cette table une petite machine infernale dont l'explosion était produite par la détente d'un ressort. Cette machine ayant produit son effet, la table avait été renversée, les lumières éteintes, le vol s'était effectué avec succès, et quelques personnes avaient été blessées. La police ayant dû rechercher les auteurs du délit, s'était emparée, comme pièce de conviction, des débris de la machine, dans lesquels il avait été facile de reconnaître un ouvrage d'horlogerie assez habilement construit (1). Malgré beaucoup de perquisitions et d'investigations, rien n'avait été découvert, et les débris étaient restés entre les mains du chef de bureau qui avait ces sortes d'affaires dans ses attributions. Un jour, dans la matinée, c'était vers la fin de février, le duc de Rovigo me dit : « On a sans doute gardé chez vous les débris de cette « petite machine infernale du Palais-Royal, je voudrais les « revoir; faites-moi le plaisir de me les envoyer. — Rien « de plus aisé, lui répondis-je, vous les aurez dans une « demi-heure. » Je l'oubliai et ne m'en souvins qu'en sortant de table. J'avais M. de La Valette à dîner; je lui contai mon oubli que j'allais réparer. Il m'arrêta, et me conduisant dans l'embrasure d'une fenêtre : « Si j'étais vous, me « dit-il, je n'en ferais rien. — Et pourquoi? — Parce que le « duc de Rovigo n'a pu vous faire cette demande qu'à de « mauvaises fins. Vous verrez qu'à l'aide de ce modèle il « fera peut-être construire de semblables machines qui ser- « viront à de mauvais coups. — Mais que voulez-vous qu'il « en fasse? — Ignorez-vous donc, me répondit-il, en parlant « encore plus bas, que les princes de la maison de Bourbon « ont mis le pied sur le territoire de France; et s'ils avancent « dans l'intérieur, ne serait-ce pas, pour s'en défaire, un

---

(1) Les Anglais, lors des préparatifs de la descente à Boulogne, avaient employé ce moyen fort en grand, et leurs plongeurs étaient venus plusieurs fois attacher sous les bâtiments de la flottille des appareils construits d'après ce système et destinés à les faire sauter en l'air. Les résultats n'avaient point répondu à leur attente, mais l'idée, comme on voit, n'avait pas été perdue pour ces êtres malfaisants dont l'esprit est constamment aux aguets de tous les moyens propres à servir leurs brigandages.

« moyen facile que celui de placer sous leur table, sous leur
« lit, une semblable machine chargée seulement un peu
« plus fortement? »

M. de La Valette avait eu certainement, par les correspondances qui passaient secrètement sous ses yeux, quelque connaissance de desseins conçus dans cet esprit, car une semblable idée ne lui serait pas venue d'elle-même. Je le remerciai de l'avis, dont je profitai. Le lendemain, lorsque je revis le duc de Rovigo, il me rappela sa demande et se plaignit de mon oubli. « Il a été volontaire, « lui répondis-je nettement; vous n'avez nul besoin de ces « débris; qu'en voulez-vous faire? Ils doivent être déposés « où ils sont; ce sont des pièces qui appartiennent à la « justice et qui peuvent lui être nécessaires. » Une vive rougeur lui montant alors au visage : « Mais cependant, « reprit-il, je comptais m'en servir pour faire fabriquer « dans le même système un certain nombre de machines « que j'aurais envoyées au quartier général et qui pour-« raient y être fort utiles pour faire sauter promptement « de petits ponts. — Quoi! lui répondis-je, vous me donnez « sérieusement un pareil motif? S'il s'agissait de faire « fabriquer une machine de guerre quelconque dont on « puisse se servir avec honneur, n'avez-vous pas l'atelier « du dépôt de l'artillerie, où on en sait un peu plus long « que ceux dont vous voulez imiter la coupable industrie? » Son embarras alors redoubla visiblement. « Eh bien! qu'il « n'en soit plus question, puisque vous êtes si obstiné, me « dit-il en finissant, parlons d'autre chose. »

Un quart d'heure après, comme je sortais de chez lui, il courut après moi, et, me rattrapant dans la dernière pièce de son appartement, me prononça littéralement les paroles suivantes : « Surtout, monsieur Pasquier, ne parlez à « personne de ce qui s'est passé ce matin entre nous. » Puis, portant la main à son front : « Ah! il faut convenir que l'Empereur est quelquefois bien difficile à servir. » Je devais croire que l'affaire en resterait là; mais cinq ou six jours après, un horloger de la rue du Temple me déclara que deux individus étaient venus le trouver et lui avaient demandé de leur fabriquer un mouvement d'horlogerie qui pût, en l'appliquant à une détente quelconque d'arme à feu, la faire partir à un instant calculé d'avance, comme cela se pratique pour les réveils. Il avait d'abord accepté la proposition, puis la réflexion lui était venue qu'il allait peut-être se compromettre en servant de coupables desseins. Je louai beaucoup son scrupule, lui enjoignis de ne rien faire, et l'engageai, lorsque les personnes qui avaient commandé cet ouvrage se représenteraient chez lui, à leur déclarer qu'il avait pris le parti d'informer le préfet de police et qu'il en avait reçu la défense formelle d'y satisfaire. Cela fut exécuté ainsi que je l'avais prescrit; mais cette persévérance dans un projet odieux me fit penser que je ne devais pas m'en tenir là et que la conscience me commandait d'employer, pour le rendre vain, tous les moyens dont je pouvais disposer, quelque incertains qu'ils fussent.

J'étais lié avec Mme de Vintimille, qui l'était elle-même avec l'abbé de Montesquiou, chargé des pouvoirs de Louis XVIII en France; il n'a jamais existé une personne plus discrète et d'un commerce plus sûr que Mme de Vintimille. Je m'adressai donc à elle avec confiance, et la chargeai de faire connaître à l'abbé de Montesquiou combien il était nécessaire d'avertir les Princes qui pouvaient avoir pénétré en France, des précautions qu'ils devaient prendre. La rapidité avec laquelle les événements ont marché a bientôt retiré à cet avis toute son importance. Telle est la première relation directe et personnelle que j'aie eue à cette époque, dans l'intérêt de la maison de Bourbon, avec un homme dont le dévouement à leur cause fut notoire. Je n'ai besoin ni d'en excuser ni d'en faire valoir les motifs.

La conduite du duc de Rovigo est étrange : il regardait la perte de Napoléon comme assurée; vingt fois il m'a dit, comme M. de Bourrienne, qu'il ne serait pas en son pouvoir d'empêcher les étrangers d'entrer à Paris, que tout l'édifice impérial s'écroulerait de lui-même. Alors, suivant toutes les apparences, je pourrais rester dans la capitale; il faudrait bien y laisser quelqu'un qui fût en état d'y maintenir un peu d'ordre et qui pût empêcher que de trop grands malheurs n'arrivassent, au moment où les ennemis s'en empareraient : je me trouverais ainsi en position de juger du meilleur parti à prendre. Il m'enviait cette situation et me l'avouait naïvement. A cette époque encore il était entraîné par un zèle aveugle, en dépit de sa raison et de la perspicacité naturelle dont il était doué. Il avait un besoin d'agir qui ne lui laissait pas toujours le temps de la réflexion, et lui faisait employer des moyens d'une moralité douteuse. Empêcher le retour des Bourbons était sa préoccupation constante. Il avait reçu avis d'un prochain débarquement du duc de Berry en Normandie; je le vis dans une agitation extraordinaire et il ne lui fut pas possible de me dissimuler longtemps le sujet de son inquiétude. Il me raconta, avec une satisfaction non dissimulée, qu'il se croyait sûr, grâce à toutes les précautions prises, que le prince, s'il mettait le pied sur la côte, tomberait entre ses mains. « J'aime à croire, lui répondis-je, que ce « triste succès vous échappera; vous pourriez en être fort « embarrassé, et vous serez, je l'espère, encore plus heu- « reux que vous ne vous en flattez. » — Mon espérance s'est en effet réalisée, et quand le duc de Berry a paru en Normandie, il n'avait plus rien à craindre du ministre de la police impériale.

Dans une autre circonstance, son manque de sang-froid fut évident pour nous. Voyant les troupes alliées s'avancer pour la seconde fois vers Paris, du côté de Provins, il résolut de faire évacuer sur le château de Saumur tous les prisonniers d'État qu'il tenait enfermés à Vincennes. J'ignore s'il avait reçu à cet égard des ordres de l'Empereur. Jusqu'alors MM. de Polignac, pour lesquels il avait toujours eu des égards particuliers (il leur était allié par sa femme), avaient eu la permission de garder prison dans une maison de santé où ils jouissaient d'une assez grande liberté. Il jugea à propos de les comprendre dans ce transfèrement général; mais ayant été avertis à temps par je ne sais quelle voie, ils n'hésitèrent pas à prendre la fuite; cela leur était facile, attendu le peu de sévérité avec laquelle ils étaient gardés. Leur évasion eut lieu un quart d'heure avant le moment où on vint pour les enlever. Lorsque le duc de Rovigo en eut connaissance, sa colère alla jusqu'au délire. Il craignait que l'Empereur ne le soupçonnât d'avoir favorisé cette fuite. Tous les agents de police furent mis en mouvement pour les rattraper; il semblait qu'on ne dût plus être occupé d'autre chose. Je crus, au bout de deux jours, lui devoir représenter qu'il était temps de se calmer sur un événement auquel personne ne pensait déjà plus et qui n'avait qu'une bien petite importance au milieu de tous ceux dont nous étions préoccupés. Je fus fort mal reçu et fort peu écouté. Bientôt cependant il lui fallut en prendre son parti, car il fut évident que MM. de Polignac ne seraient pas atteints.

Ce zèle si peu éclairé et si inopportun faisait contraste avec presque tout ce qui l'entourait. Il n'y avait pas jusqu'au conseil de régence dont la tiédeur ne se manifestât dans presque toutes les occasions. Le premier personnage dans ce conseil, celui qui devait en être considéré comme le chef, le roi Joseph enfin, était peut-être celui qui, dans son intimité, montrait le plus de découragement. Il était venu habiter un pavillon aux Tuileries; je le voyais quelquefois aux audiences le matin après son lever; je n'ai eu avec lui que deux ou trois entretiens particuliers, mais dans lesquels il n'a jamais su dissimuler son peu de confiance et surtout le mécontentement qu'il avait de son frère. Revenant toujours sur son royaume perdu : « Je « serais encore à Madrid si l'Empereur avait bien voulu « me débarrasser de ses troupes, de ses généraux, de ses « maréchaux. On m'aimait beaucoup dans la Péninsule et « on aurait été heureux de m'y conserver, si ma cause « avait pu être séparée de celle de mon frère. » C'était pousser l'illusion un peu loin.

Le conseil de régence eut, à ma connaissance, à se prononcer sur trois questions importantes. Je parlerai plus tard de la dernière. La première fut relative aux propositions faites par les alliés à Châtillon, le 17 février. L'Empereur jugea à propos de les lui adresser et de lui demander son avis. Le conseil pensa unanimement qu'il fallait les accepter. Cette consultation n'était pas sérieuse, car Napoléon n'avait pas fait attendre sa réponse, et sa correspondance avec le duc de Vicence ne permet pas de croire qu'il ait hésité un instant.

La seconde question pouvait amener une discussion plus réelle et par conséquent plus importante. Il s'agissait de savoir si, la capitale étant menacée de très près par les troupes ennemies, il ne serait pas à propos d'armer les faubourgs en distribuant des piques à tous les hommes de bonne volonté, à tous ceux surtout qui se trouvaient sans ouvrage et à qui on accorderait en même temps une petite solde. Le duc de Rovigo demanda mon avis. Je combattis ce projet et lui envoyai mes objections par écrit, elles étaient nombreuses. Je montrais principalement qu'on allait mettre les armes à la main à une masse qu'il serait impossible de conduire, dont personne ne pouvait répondre, qui pourrait aussi bien se tourner contre le gouvernement que combattre pour lui. Le duc de Rovigo communiqua mon mémoire à plusieurs membres du conseil et, le jour de la discussion, il en fit valoir de son mieux les raisons. Après un assez long débat, la mesure fut rejetée et on convint d'écrire à l'Empereur que les inconvénients d'un tel armement surpasseraient de beaucoup les avantages. Il est impossible de dire ce que serait devenue la ville de Paris si, au moment de son investissement, la populace s'était trouvée en force pour y faire la loi. Je crois donc avoir rendu en cette circonstance un bon service à mon pays.

Chaque jour, à chaque heure, je rencontrais de nouvelles et plus grandes difficultés; sans cesse l'armée demandait de nouveaux secours à la capitale. Paris se trouvant placé au centre du demi-cercle dans lequel avaient lieu toutes les marches et contremarches, le rayon qui menait de ce centre au point où devaient se faire sentir les besoins était souvent la plus courte de toutes les voies et on n'hésitait pas à s'en servir. Mais il ne suffisait pas de fabriquer, il fallait encore transporter, et venaient alors les réquisitions de chevaux et de voitures, toujours très dangereuses dans un lieu où il est si important de maintenir la facilité des arrivages. Un jour, M. Maret, directeur des vivres, imagina de mettre en réquisition pour les diriger avec des chargements sur la route de Meaux, toutes les charrettes qui se trouvaient sur les halles. Il me fallut courir au plus vite chez le ministre de l'administration de la guerre, auquel j'annonçai que, si ces charrettes n'étaient pas promptement renvoyées et si un pareil ordre se renouvelait, il fallait s'attendre à voir les approvisionnements de la capitale manquer avant huit jours, parce que les gens de la campagne ne se hasarderaient certainement plus à y envoyer leurs chevaux ou leurs voitures. M. Daru prit sur-le-champ toutes les mesures nécessaires pour parer à cet inconvénient, et il me fut facile de juger en cette occasion que sa confiance n'était pas beaucoup plus grande que la mienne. Dans un homme de son caractère, le symptôme était grave.

Mais ce qui me donnait de plus sérieuses inquiétudes

comme administrateur de la ville, c'était l'arrivée des blessés et des malades. Beaucoup étaient atteints du typhus. On leur consacra d'abord un fort vaste hôpital, celui de la Pitié. Sans mettre le public dans la confidence du mal dont ils étaient frappés, on eut soin de les tenir dans un isolement absolu. Mais cet hôpital fut bientôt rempli et alors il fallut recourir à d'autres précautions; on ne pouvait en prendre de trop rigoureuses, car si la contagion était venue à se répandre dans la population si pressée de la capitale, il n'était donné à personne de calculer l'étendue des ravages qu'elle y pourrait causer. On se décida donc à détourner les convois de malades, avant qu'ils eussent atteint les portes de la ville, et à les diriger par les routes extérieures sur les établissements qui existaient déjà ou qu'on se hâta de former, le long du cours inférieur de la Seine jusqu'à Rouen. Plusieurs de ces convois furent embarqués sur la rivière. Malgré les précautions les plus minutieuses, malgré la surveillance la plus active et la plus éclairée, il n'y eut pas moyen d'empêcher un commencement d'infection. Il n'eut lieu toutefois d'une manière très caractérisée qu'à l'Hôtel-Dieu, et ne se propagea pas au dehors.

J'ai laissé Napoléon, après la prise de Reims, méditant de nouvelles opérations sur l'Aube et sur la Seine; mais avant de les commencer, il avait cru devoir donner deux ou trois jours de repos à son armée, et avait employé ce temps à la passer en revue. Le spectacle qu'il eut alors sous les yeux dut l'attrister : sa dernière course au delà de l'Aisne avait épuisé tous les corps et quelques-uns étaient réduits de moitié. La perte en officiers surtout avait été énorme, et, parmi les survivants, plusieurs de ses meilleurs généraux se trouvaient littéralement hors de combat. Il s'était vu obligé de les renvoyer à Paris pour soigner leurs blessures ou leur santé; de ce nombre était le général de Nansouty, qui lui avait jusque-là rendu les plus grands services, à la tête de la cavalerie, et auquel il devait principalement le succès de la journée de Craonne (1).

Le nombre des soldats dont se composaient les différents corps ne s'élevait pas à plus de quarante mille, et il ne pouvait pas en laisser moins de douze à quatorze mille aux ducs de Raguse et de Trévise, qui allaient rester chargés du soin de tenir tête aux corps russes et prussiens, dont la réunion s'était opérée sous les murs de Laon. Tous les renforts qu'il avait reçus depuis le commencement de la campagne n'avaient donc pas suffi pour remplir le vide causé en deux mois par les maladies et les combats; ajoutez que parmi ce qui survivait, tout ce qui n'était pas vieux soldat, tout ce que le temps et l'habitude n'avaient pas endurci aux plus pénibles travaux, se trouvait dans un état d'épuisement qu'on ne pouvait envisager sans une profonde douleur. Il était évident que la lutte, telle qu'elle était engagée, ne pouvait plus se soutenir longtemps par les mêmes moyens. Voilà comment s'explique le nouveau plan que Napoléon paraît avoir conçu dès ce moment. Cette fois sa marche fut dirigée de manière à se porter le plus promptement possible, non plus sur le centre de la ligne de l'ennemi, avec espérance de la couper en deux, ainsi qu'il l'avait tenté en revenant de Champaubert, mais bien sur l'extrémité et en arrière de cette ligne, de façon à la tourner entièrement. Pour atteindre ce but, il alla, en passant par

(1) J'avais vu le général de Nansouty aussitôt après son arrivée à Paris, où il n'était parvenu qu'après avoir échappé miraculeusement aux Cosaques, qui l'avaient enveloppé dans les environs de Soissons, et auxquels il avait, en se jetant de sa personne dans un bois, abandonné jusqu'au cheval qu'il montait. Le tableau qu'il me traça de la situation physique et morale de l'armée ne pouvait que faire présager les plus tristes événements, et dans un avenir fort prochain. Il y avait au reste cela de remarquable que le découragement se rencontrait surtout dans les officiers et dans les plus élevés en grade. M. de Nansouty était attaqué d'une fièvre qui, pour peu qu'elle eût été négligée encore pendant quelques jours, l'aurait nécessairement emporté, et en dernier résultat, les fatigues excessives de cette campagne l'avaient mis dans un état dont il n'a jamais pu se relever et qui l'a conduit au tombeau en moins d'une année.

Château-Thierry et la Fère-Champenoise, droit sur Arcis-sur-Aube. S'il parvenait à occuper cette ville, il devait lui être facile de se jeter ensuite, en suivant le cours de l'Aube, sur la route qui formait la base des opérations de la grande armée ennemie. Il avait depuis plusieurs jours envoyé des ordres à Paris pour appeler à lui un renfort de neuf mille hommes, et il en avait expédié d'autres aux généraux qui commandaient à Verdun et à Metz, pour que le premier eût à diriger de forts partis sur les derrières de l'ennemi dans le but de s'emparer de ses bagages, et pour que le second se hâtât d'extraire des places de la 3ᵉ division militaire dix ou douze mille hommes environ qui viendraient au plus tôt le rejoindre par la route de Châlons. Son mouvement commença en partant de Reims le 17 mars, mais au même moment il se trouva que l'armée combinée, sous les ordres du prince de Schwarzenberg, s'ébranlait de son côté et s'avançait, en abandonnant la position de Provins, dans une direction qui devait bientôt mettre les combattants en présence; la ville d'Arcis-sur-Aube se rencontrait sur sa route comme sur celle de l'Empereur. Celui-ci y arriva le premier et se trouva ainsi maître du passage de l'Aube; mais à peine ses têtes de colonnes se montraient-elles sur la rive gauche que déjà paraissaient les ennemis. Son armée ne s'élevait pas dans ce moment à plus de dix mille hommes, malgré quelques renforts déjà arrivés de Paris, et il ne pouvait faire que le lendemain ou le surlendemain sa jonction avec les troupes commandées par les maréchaux Macdonald et Oudinot, qui avaient suivi, par une ligne intermédiaire, le mouvement de l'armée combinée qu'ils avaient été chargés de contenir depuis trois semaines.

Une si grande infériorité de forces n'empêcha pas Napoléon d'engager le 20 un combat dans lequel l'avantage lui resta et qui le laissa maître du débouché dans la grande plaine qui s'ouvrait entre lui et la ville de Troyes. Ce succès lui persuada que l'ennemi allait se mettre en retraite, et, comptant sur le désordre qui accompagnerait cette retraite, il voulut le 21 au matin commencer ce qu'il regardait comme une poursuite; mais, pendant la nuit, toutes les troupes coalisées qui étaient en arrière avaient eu le temps d'arriver, et, à son grand étonnement, à peine engagé dans la plaine, il aperçut à peu de distance des masses énormes qui ne pouvaient pas être évaluées à moins de cent mille hommes. Il lui fallut à son tour songer à la retraite, mais elle devait s'opérer par un seul point, devant des forces qui étaient cinq fois plus nombreuses que les siennes et qui attaquaient avec une grande vivacité. Jamais peut-être aucune opération ne fut plus difficile à exécuter que celle-là. Malgré leur épuisement et leur petit nombre, la contenance des soldats français fut admirable. L'action dura une grande partie de la journée. Macdonald et Oudinot arrivèrent à temps pour y prendre part. Enfin la retraite s'effectua avant la fin du jour par le pont d'Arcis et par un autre pont jeté à peu de distance, sans qu'aucun corps eût été enfoncé; mais la perte fut considérable : elle s'éleva, tant en morts qu'en prisonniers, ceux-ci en petite quantité, à plus de quatre mille hommes; cette perte était énorme pour une armée déjà si affaiblie.

Napoléon, dans cette journée, comme dans celle de Brienne, alla encore au-devant du danger, en homme qui veut se faire tuer; mais les balles, les obus et les boulets dont il fut enveloppé, qui le couvrirent de terre à plusieurs reprises, l'épargnèrent toujours. Il avait certainement engagé l'action avec témérité, et malgré les reconnaissances faites par plusieurs de ses généraux, qui avaient pressenti le danger. Sa résolution ne se peut même expliquer que par la connaissance qu'il avait du faible caractère du généralissime qui lui était opposé. Encore fut-il heureux que le maréchal Ney, qui commandait son avant-garde, n'eût pas partagé son assurance, car s'il avait, au commencement de la journée, hasardé ses troupes dans l'attaque, autant qu'il en avait reçu l'ordre, s'il les avait déployées au lieu de les tenir en masse, tout était perdu. L'armée accablée par le nombre, acculée sur l'Aube en combattant, aurait été inévitablement écrasée, et le maréchal Macdonald ne serait arrivé sur la rive droite que pour être témoin du désastre. Mais une fois cela accordé, on ne sait ce dont il faut s'étonner davantage, ou de l'incroyable vigueur dont Napoléon a fait preuve dans cette journée, ainsi que tous les siens, en disputant le terrain pied à pied, ou de la malhabileté d'un ennemi qui, avec une telle supériorité de forces, n'a pas su l'accabler dans une position aussi critique. Quel parti prendrait-il le lendemain? Il n'y en avait pas un qui ne fût excessivement périlleux; il se résolut à celui qui était le plus conforme au projet qu'il avait conçu en partant de Reims et se dirigea sur Vitry. Sa marche sur cette ville ne fut point inquiétée. La petite ville de Vitry était occupée par un général prussien qui résista aux sommations qui lui furent faites. Il fallut donc la tourner et passer la Marne à gué.

Ce fut alors seulement que le nouveau plan de l'Empereur se dévoila entièrement aux yeux de ses généraux. Il donna l'ordre de se porter sur Saint-Dizier, se décidant ainsi à découvrir entièrement sa capitale et à manœuvrer fort au loin sur les derrières de l'ennemi. Il voyait clairement qu'avec d'aussi faibles effectifs il ne pouvait tenir tête aux masses concentrées de l'armée ennemie; il fallait l'entraîner dans des marches où elle serait forcée de se diviser. Le parti était sans doute hasardeux, mais il présentait encore des chances de succès; il permettait de rallier assez facilement les dix ou douze mille hommes de la 3ᵉ division militaire qui devenaient d'autant plus nécessaires que, malgré sa réunion avec les maréchaux Oudinot et Macdonald, Napoléon n'entraînait pas à sa suite plus de vingt-cinq à trente mille combattants; et de plus il rendait possible d'intercepter les communications entre la grande armée des alliés et les réserves qui devaient la soutenir. Il n'avait besoin pour cela que de jeter de Saint-Dizier, par Joinville, un corps de cavalerie sur Chaumont; il savait que cette armée avait laissé assez loin derrière elle ses plus gros bagages, sa grosse artillerie et ses principaux approvisionnements en munitions de guerre. Enfin il pouvait s'appuyer à son choix sur Metz ou sur Strasbourg, et ayant une fois pris cette base d'opération, il pouvait se renforcer des garnisons de l'Alsace et de la Lorraine; il donnait presque la main à l'armée que le maréchal Augereau commandait aux environs de Lyon, et, si celle d'Italie repassait à temps les Alpes et arrivait jusqu'à lui, il pouvait encore se trouver à la tête d'une force très respectable, surtout lorsqu'elle serait ainsi entièrement placée sur les derrières de l'ennemi.

Mais cet ennemi que ferait-il? le suivrait-il dans cette nouvelle direction? S'épuiserait-il en efforts pour l'atteindre? C'était là ce que Napoléon désirait et espérait; il craignait peu cette poursuite et avec raison : l'avantage de se mouvoir en petit nombre et dans son propre pays lui devant donner une grande supériorité de marche sur une armée combinée dont les résolutions seraient toujours lentes, qui serait mal instruite de ses projets, qui s'avancerait en tâtonnant. A la vérité, il abandonnait sa capitale, mais les deux maréchaux qu'il avait laissés sur la Marne en présence de l'armée russe et prussienne ne seraient-ils donc pas en état d'en défendre les approches? Ils n'avaient pas dans le moment plus de douze à quinze mille hommes sous leurs ordres, mais désormais tous les renforts qui se formaient à Paris, et dont une partie était déjà en marche, viendraient les joindre ; ils se trouveraient donc avant peu à la tête de plus de vingt mille hommes. Ce n'était pas d'ailleurs une chose si facile que de s'emparer d'une ville comme Paris, dans laquelle se trouvaient, outre la garde nationale forte de vingt-cinq mille hommes, les dépôts d'un bon nombre de régiments qui recevaient chaque jour des recrues. Il y avait de plus un noyau de garde impériale qu'on ne pouvait pas estimer à moins de trois ou quatre mille hommes; le corps de la gendarmerie, bons soldats, infanterie et cavalerie; enfin une population de sept cent mille âmes, dans laquelle se rencontraient beaucoup d'anciens soldats et d'officiers retraités. Entrer dans Paris devait paraître une entreprise téméraire, dans le cas où la grande armée coalisée serait forcée de rétrograder, et surtout si on envisageait les conséquences d'un échec, alors que la retraite ne serait assurée par l'occupation d'aucune ville de guerre. Il est en effet bien important de remarquer qu'à cette époque aucune place forte tenant garnison française depuis le Rhin jusqu'aux murs de la capitale n'avait ouvert ses portes.

Tels étaient les motifs qui ont décidé Napoléon. Sa conduite ultérieure a prouvé qu'il n'avait pas fait entrer dans ses prévisions le cas où son éloignement ouvrirait à l'ennemi les portes de sa capitale. Tout allait dépendre de la résolution des chefs de l'armée combinée qu'il laissait sur les bords de l'Aube; c'est là que son sort s'est décidé. Les alliés furent informés de sa marche sur Saint-Dizier par les dépêches interceptées d'un courrier expédié de son quartier général au maréchal Macdonald. Cette découverte donna lieu à un conseil de guerre qui se tint à Pougy, dans le logement de l'empereur de Russie. On résolut de continuer le mouvement sur Châlons, de se réunir le plus tôt possible à l'armée russe et prussienne, qu'on devait rencontrer de ce côté, et d'opérer ensuite conjointement avec elle sur les derrières et le flanc de Napoléon. Malgré cette décision, le généralissime prince de Schwarzenberg, qui inclinait à suivre l'armée française sur Saint-Dizier, hésitait à donner les ordres nécessaires. Cette hésitation fut bientôt connue au quartier général russe; un nouveau conseil se réunit à Sommepuis, le 24 au matin. Ce fut encore le général de Pozzo qui, poursuivant avec passion le but qu'il voulait atteindre, démontra la nécessité d'une nouvelle délibération; c'est lui qui contribua le plus à la résolution qui fut prise. Appuyé par plusieurs généraux russes et entre autres par le général Diebitch, qui remplissait, je crois, les fonctions de major général dans l'armée russe, il parvint à convaincre son maître que l'occasion était admirable pour marcher sur Paris et pour s'emparer de cette ville. Sa conquête enlèverait non seulement à Napoléon ses plus grandes ressources, mais donnerait encore à l'opinion publique une occasion d'éclater; sa chute était certaine.

L'empereur Alexandre n'hésita pas à faire connaître au prince généralissime que sa résolution était irrévocablement prise de marcher sur Paris avec les armées réunies, et qu'il se faisait fort du consentement de ses alliés. Le roi de Prusse se trouvait à quelque distance en arrière, l'empereur d'Autriche était encore à Chaumont. Le prince de Schwarzenberg accéda d'autant plus facilement à cette résolution qu'il venait d'apprendre que le maréchal Blucher, à la tête des Prussiens et des Russes, avait déjà vigoureusement poussé devant lui les maréchaux Marmont et Mortier, qu'il occupait Reims, Château-Thierry, et était au moment d'entrer à Châlons.

Il n'y eut plus dès lors d'incertitude, tout fut disposé pour opérer la complète réunion des forces coalisées et les porter sur la capitale de la France. On prit en même temps les précautions nécessaires pour dérober cette marche à Napoléon et pour qu'il se crût au contraire suivi par la grande armée. Un gros corps de cavalerie, soutenu d'un peu d'infanterie, et pouvant aisément être pris pour l'avant-garde de cette armée, fut mis à sa poursuite; au même moment une nuée de troupes légères fut jetée sur ses flancs de manière à intercepter ses communications avec le pays qu'il laissait derrière lui. C'est ainsi que furent enlevés courriers et ordonnances qui ne purent gagner le quartier général et qu'il fut pendant plusieurs jours sans nouvelles de Paris. Rien ne s'opposait à sa marche, elle fut rapide. Dès le 24, il avait passé Saint-Dizier; le soir de ce jour son quartier général était établi à Doulevent; ce même jour les opérations des alliés sur Paris avaient commencé, elles durèrent jusques et y compris le 30. Il ne fallut donc pas plus de sept jours pour les rendre maîtres de la capitale.

CHAPITRE XI

La nouvelle des combats d'Arcis-sur-Aube parvient à Paris. — Les communications avec l'armée impériale sont interceptées. — Mortier et Marmont, battus à la Fère-Champenoise, découvrent la capitale. — Une dépêche très compromettante du prince royal de Suède au général Maison tombe aux mains des alliés. — Le lieutenant général Joseph s'apprête à défendre Paris. — On met en question le séjour de l'Impératrice dans la capitale; consulté à ce sujet par le duc de Rovigo, M. Pasquier signale les inconvénients que présenterait le départ de la souveraine. — Après un long débat, le lieutenant général produit une lettre de l'Empereur qui enjoint à Marie-Louise de sortir de Paris. — Vive discussion entre MM. Pasquier et de Talleyrand sur l'opportunité de cette mesure. — Propos significatif tenu peu après par M. de Talleyrand sur M. Pasquier. — Mauvaise impression produite par la fuite de l'Impératrice. — Napoléon découvre la ruse des alliés; il hésite sur le choix d'un plan de campagne; une lettre de M. de La Valette fait cesser ses incertitudes; il marche au secours de Paris. — Dernière tentative du duc de Vicence pour reprendre les négociations. — M. de Wessenberg, fait prisonnier, est envoyé par l'Empereur auprès de son beau-père, avec un message confidentiel. — Les alliés attaquent Paris. — Physionomie de la ville durant la bataille. — Joseph, éclairé tardivement sur les véritables forces des coalisés, donne aux deux maréchaux l'autorisation de capituler et va rejoindre l'Impératrice à Rambouillet. — Sur son ordre, tous les ministres s'y rendent pareillement. — M. de Rovigo confie sa correspondance avec l'Empereur à M. Pasquier. — Celui-ci reçoit la visite de Mme de Rémusat et de M. de Talleyrand, qui cherche un moyen de rester dans Paris. — Stratagème qu'il emploie pour arriver à ses fins.

Les deux combats d'Arcis-sur-Aube ne furent d'abord que très imparfaitement connus; aucun bulletin officiel n'en a jamais été publié. Le 21, on avait lu dans le *Moniteur* un court résumé des nouvelles reçues par l'Impératrice. Le 24, dans la matinée, on fut informé assez vaguement des combats du 20 et du 21. On sut même qu'à la suite de celui du 21, l'Empereur avait pris la direction de Vitry, mais y avait-il été forcé? était-ce une détermination de son choix? Pour moi, je ne pouvais douter que la journée du 21 ne nous eût été fort contraire, et le mouvement sur Vitry me semblait au moins très hasardé. C'était aussi l'opinion de M. de La Valette.

Le soir, je rencontrai l'archevêque de Malines, qui me tint un tout autre langage. « Quelle grande nouvelle! me « dit-il; les ennemis ont enfin fait la faute que je prévoyais « depuis longtemps »; — il avait de grandes prétentions à juger les manœuvres militaires; — « ils ont laissé passer « l'Empereur sur leurs derrières, et, avant trois semaines, « vous les verrez dans une dislocation complète et obligés « de repasser le Rhin en fuyant. Heureux ceux qui pour- « ront regagner l'autre rive! » Le pensait-il sérieusement? J'incline à le croire; mais il pouvait aussi avoir à cœur de réparer, auprès d'un homme appartenant au gouvernement, l'éclat d'une scène qu'il avait eue peu de jours auparavant chez le ministre de la police avec le général Sébastiani, venu de l'armée passer vingt-quatre heures à Paris, et auquel il avait voulu persuader que tout était perdu. Sa conversation avec moi n'en est pas moins fort piquante, surtout lorsqu'on la rapproche de ce qu'il a écrit bientôt après et de l'assurance avec laquelle il s'est vanté d'avoir tout prévu avec la dernière précision.

Nous ne fûmes pas longtemps sans nous apercevoir que toutes les communications avec l'armée de l'Empereur étaient interceptées, rien n'arrivant plus, et aucune réponse n'étant faite aux dépêches. Les estafettes qu'on avait expédiées dans les journées du 25, du 26 et du 27 ne laissèrent aucun doute sur la résolution qu'avaient prise les ennemis, sur la réunion de tous leurs corps, et sur la direction dans laquelle ils s'avançaient; c'était évidemment celle de Paris. Ajoutez que le succès qu'ils avaient obtenu le 25, dans les environs de la Fère-Champenoise, sur les maréchaux Mortier et Marmont, ainsi que sur les divisions que conduisaient à leur secours les généraux Pacthod et Amey, ne permettait plus de conserver aucun espoir de les arrêter dans leur marche. Dans cette fatale journée, nous avions perdu neuf mille hommes, tués, blessés ou prisonniers, plus de soixante bouches à feu et une immense quantité de caissons ; c'était le plus grand succès que les alliés eussent encore obtenu depuis le commencement de la campagne. Ils l'avaient dû à la supériorité du nombre et à l'absence absolue d'ordres venus du quartier général de Napoléon. C'est ainsi que les deux maréchaux ne recevant rien, sachant seulement que l'Empereur se dirigeait sur Vitry et supposant qu'il poussait devant lui ou entraînait à sa suite la grande armée ennemie, avaient cru devoir marcher pour le joindre ; ce malheureux mouvement les jeta au milieu des masses coalisées dans le moment même où elles venaient d'opérer leur réunion, et ils furent écrasés.

Cependant la valeur française avait encore en cette occasion brillé de tout son éclat, et avait plus que jamais conquis l'admiration de ses vainqueurs eux-mêmes. Ils se sont plu à le dire et à le répéter en maintes occasions. Le grand-duc Constantin surtout ne cachait pas son admiration. Mais ce qui était beaucoup pour la gloire n'était rien pour le succès, ni même pour notre salut. Les deux maréchaux, après quelques combats très sanglants, furent obligés de quitter la route qui se dirige sur Paris par Meaux, et de prendre celle qui les amenait du côté de Charenton. Ainsi, nous n'étions plus couverts du côté de Meaux que par un très faible corps sous les ordres du général Compans, avec qui les maréchaux avaient inutilement tenté de se réunir, et ce corps était hors d'état de retarder pendant quelques heures seulement les progrès de l'ennemi qui s'avançait.

Cette marche de l'ennemi par la route de Meaux eut une conséquence fort grave pour l'un des membres de la coalition. Un courrier expédié au prince de Neufchâtel par le général Maison, qui commandait à Lille, fut intercepté et conduit au quartier général des alliés. On trouva dans la dépêche dont il était porteur des détails très circonstanciés sur des ouvertures que le prince royal de Suède avait fait parvenir très récemment à ce général; il s'était servi, pour établir cette communication, de quelques officiers que ses troupes avaient fait prisonniers et qu'il avait relâchés. Mécontent de l'inaction dans laquelle on le retenait en Belgique, voyant s'évanouir en fumée les espérances qu'il avait conçues pour son propre compte relativement au trône de France, et ne pouvant supporter l'idée du retour de la maison de Bourbon, il prenait le parti d'exhorter tous les Français à se réunir pour repousser un tel affront, et donnait clairement à entendre qu'on pouvait, dans ce cas, compter sur son secours et sur l'appui de toutes les forces dont il disposait. Je ne puis douter de ce fait, car j'ai tenu la pièce entre mes mains. On peut aisément se figurer l'impression qu'elle produisit sur l'esprit de l'empereur Alexandre. La confiance si absolue du prince royal de Suède dans le général Maison, s'expliquerait difficilement en une si grave occasion, si on ne savait que celui-ci avait été pendant longtemps son aide de camp, et lui devait presque tout son avancement.

Dans une situation devenant d'heure en heure plus critique, le lieutenant général Joseph et le conseil de régence durent s'efforcer de réunir tous les éléments de résistance. Les troupes si peu nombreuses dont on pouvait disposer étaient placées sous le commandement du maréchal Moncey, qui avait pour chef d'état-major un officier du génie nommé Allent, homme de mérite, que la faiblesse de sa santé avait forcé de quitter le service actif, et qui, depuis plusieurs années, était entré au Conseil d'État en qualité de maître des requêtes.

Sans les pertes subies dans les derniers combats, les deux maréchaux qui opéraient leur retraite sur Paris auraient pu ramener des forces suffisantes pour en disputer les approches ; mais ils allaient arriver affaiblis de près de moitié, et surtout ils étaient suivis de si près, que le temps leur devait manquer pour faire les dispositions les plus indispensables.

Un article inséré au *Moniteur* du 28 disait : « Nouvelles « de l'armée. Doulevent, le 25 mars. — Le quartier général « de l'Empereur est ici ; l'armée française occupe Chau- « mont, Brienne ; elle est en communication avec Troyes, « et des patrouilles vont jusqu'à Langres. De tous côtés on « ramène des prisonniers ; la santé de Sa Majesté est très « bonne. » Le rapprochement de la date du 25 au 28 prouvait que la dépêche n'avait pu arriver qu'en faisant un long détour. Chaumont était en outre à plus de cinquante lieues de Paris, Doulevent à peu près à la même distance. Il était donc évident que l'Empereur manœuvrait dans une direction opposée à la capitale ; qu'il ignorait les opérations que l'ennemi dirigeait de ce côté ou qu'il n'en tenait aucun compte. Il ne fallait plus dès lors compter sur son assistance, et il fallait se suffire à soi-même. Réduit à cette dure nécessité, le roi Joseph, en sa qualité de lieutenant général, donna l'ordre de faire sortir de la ville tout ce qui se trouvait disponible en troupes de ligne, et de les placer dans Saint-Denis, dans Vincennes, et d'occuper les ponts de Charenton, de Saint-Maur et de Neuilly. La défense des barrières fut confiée aux légions de la garde nationale ; douze grand'gardes, une pour chaque légion, furent aussi placées en arrière de l'enceinte.

Ces dispositions prises, il fallait décider la question du séjour de l'Impératrice dans la capitale ; la délibération eut lieu le 28. Le duc de Rovigo me demanda mon avis, comme il le faisait depuis quelque temps dans toutes les affaires qui intéressaient la ville de Paris ; je ne fis aucune difficulté de lui répondre que le départ de l'Impératrice produirait une impression déplorable, que déjà on ne devait pas compter de la part des habitants de Paris sur un grand fonds d'énergie ; mais que cette mesure détruirait le peu qu'ils en avaient encore, qu'elle les aliénerait, par la raison qu'en les privant de la seule protection qui pût leur faire espérer quelque ménagement de la part de l'ennemi, elle ne laisserait aucun doute sur le peu de cas qu'on faisait d'eux, de leur sûreté, de leurs propriétés. J'ajoutai que, même en faisant abstraction des intérêts de la ville, il fallait considérer que, si on était dans le cas d'ouvrir une négociation dans laquelle seraient débattus ceux de l'Empire tout entier, on rencontrerait quelques facilités de plus, alors qu'on parlerait et agirait au nom de l'Impératrice, pour laquelle il était impossible que les alliés, et surtout l'empereur d'Autriche, ne conservassent pas beaucoup d'égards. Le duc de Rovigo parut partager mon opinion ; il emporta avec lui la note que je lui avais remise et la fit lire, avant l'ouverture du conseil, à plusieurs de ceux qui allaient y siéger. La discussion fut longue, et le parti de demeurer avait certainement la majorité. Il fut surtout défendu par l'ancien grand juge, le duc de Massa, qui avait séance en qualité de président du Corps législatif, et qui parla avec une chaleur qu'on aurait difficilement attendue de lui. Il alla jusqu'à faire à Marie-Louise une allocution très touchante sur ce qui lui était commandé par ses devoirs d'épouse, de mère et d'Impératrice ; mais il s'adressait à une personne peu disposée à l'écouter et qui avait une grande impatience de s'éloigner. M. de Talleyrand évita de se prononcer et n'exprima son opinion que par un abaissement de tête qui disait tout ce qu'on voulait, mais qui paraissait signifier principalement qu'on devait s'attendre à tout et se soumettre aux plus tristes nécessités.

Lorsque le lieutenant général Joseph fut bien assuré de l'issue qu'allait avoir la délibération, il y coupa court en produisant une lettre de l'Empereur qui, voulant assurer avant tout la liberté de sa femme et de son fils, enjoignait de les faire sortir de Paris à la moindre apparence de danger et de les envoyer sur la Loire, où ils seraient suivis par les ministres, et où se transporterait le siège du gouvernement (1). L'archichancelier fit connaître qu'il avait des instructions de même nature, et il paraît que l'Impératrice avait reçu aussi une lettre conçue dans le même esprit. Tout cela avait été écrit par l'Empereur au moment où il commençait son mouvement de Reims sur Arcis. Le départ fut donc une chose convenue et arrêtée. La résolution fut prise le 27. Le soir de ce jour je rencontrai chez M. de Rémusat, M. de Talleyrand; il n'y avait d'étrangers que lui et moi, et la conversation tomba naturellement sur le prochain départ de l'Impératrice. Je dis ce que j'en pensais et à quel point je le regardais comme devant avoir de fâcheuses conséquences pour la cause de l'Empereur. M. de Talleyrand savait déjà que telle était mon opinion; il était de ceux qui avaient lu la note que j'avais remise au duc de Rovigo. Il soutint l'opinion contraire et affirma que rien n'importait plus à Napoléon, que de ne pas laisser tomber sa femme et son fils entre les mains de ses ennemis. Je répondis que tout dépendait de l'importance qu'on attachait à la plus ou moins prompte reddition de la capitale et aux négociations dont cet événement pourrait être l'occasion. La discussion fut extrêmement vive.

M'étant retiré le premier, je reçus le lendemain matin une invitation de Mme de Rémusat à passer immédiatement chez elle. « Je n'ai pas voulu », me dit-elle aussitôt qu'elle me vit, « vous laisser ignorer ce que M. de Tal-
« leyrand a dit hier au moment où vous êtes sorti; voici

---

(1) Je n'ai pas vu cette lettre et je ne suis pas sûr que les expressions en fussent aussi précises que je viens de le dire. Je sais que, depuis, le duc de Bassano a assuré le contraire et a prétendu qu'il y était dit seulement que, « si par suite des événements de la guerre les
« communications venaient à être interceptées, on ne devait pas
« perdre de vue que la personne de l'Impératrice et celle de son fils
« ne devaient jamais être exposées ».

« ses propres paroles : *Je n'aurais jamais cru que M. Pasquier*
« *fût aussi ennemi de la maison de Bourbon; il a donné le con-*
« *seil qui pouvait lui être le plus contraire.* — Eh bien ! répli-
« quai-je, dites-lui de ma part, ma cousine, que je ne suis
« pas, tant s'en faut, un ennemi de la maison de Bourbon ;
« qu'il me serait sans doute aussi facile qu'à lui de me ral-
« lier à elle ; que je suis même un des hommes de France
« à qui son retour pourrait convenir le mieux, et pour
« mille raisons ; mais en même temps, je suis un homme
« d'honneur, et toutes les fois que gens en ayant le droit
« me demanderont un conseil, je le leur donnerai en
« conscience. » Si j'avais eu besoin d'acquérir quelques
lumières sur les intentions de M. de Talleyrand, ceci
m'aurait suffi. Mais je savais déjà à quoi m'en tenir, et je
vis seulement un peu plus clairement que le moment
approchait où il croirait pouvoir jeter le masque, et que la
prise de Paris était, sans aucun doute, l'occasion qu'il
attendait.

Les nouvelles qui arrivaient étaient de moment en
moment plus effrayantes. La journée du 28 se passa en
préparatifs pour le départ de l'Impératrice, fixé au lendemain 29 ; elle-même l'annonça aux personnes destinées à
l'accompagner. Il avait été résolu que l'archichancelier
Cambacérès partirait en même temps qu'elle comme étant
plus particulièrement chargé de diriger sa conduite. Les
équipages qui devaient transporter sa suite, ses bagages et
ce qui restait encore du trésor de la couronne, formaient
un convoi très considérable dont la marche devait être
assez lente. Il fut escorté par quinze cents hommes d'infanterie de la garde et trois cents de cavalerie, sans compter
les mille hommes de cavalerie de toutes armes qui se
trouvaient à Versailles et qui la suivirent jusqu'à Rambouillet. Ce gros détachement affaiblit encore d'une manière
assez sensible le peu de forces dont on pouvait disposer
pour la défense de Paris. La vue des préparatifs de départ

et celle de tous les fourgons dont la cour des Tuileries fut remplie, dès la matinée du 29, produisirent la pénible impression à laquelle on avait dû s'attendre; il y eut beaucoup de murmures, surtout dans la garde nationale. Elle voyait clairement le peu de foi qui devait être ajouté aux paroles de l'Empereur, lorsqu'il avait paru, la veille de son départ, se confier si parfaitement à elle du soin de protéger et de garantir la sûreté de sa femme et de son fils. Ce fut apparemment pour atténuer cette impression et pour parer aux inconvénients qui pouvaient en résulter, que le prince Joseph jugea à propos de faire paraître une proclamation dans laquelle il disait aux Parisiens : « Je ne vous quitterai pas. » Cette assurance était une faible consolation; je crois que personne n'a été tenté de s'y fier.

Le départ de l'Impératrice eut donc lieu le 29, à neuf heures du matin, et le *Moniteur* publia en même temps, qu'à la date du 26 l'Empereur avait battu à Saint-Dizier le général Winzingerode, avait fait deux mille prisonniers, avait pris des canons et beaucoup de voitures de bagages. Cette nouvelle annonçait un mouvement rétrograde, et en effet, Napoléon croyant avoir trouvé une belle occasion de tomber sur une partie importante de l'armée ennemie, était revenu sur ses pas, et c'est ainsi qu'avait eu lieu le combat du 26. Le résultat de cette affaire fut de lui montrer que ce qu'il avait pris pour un corps d'armée régulièrement composé n'était qu'un fort rideau de cavalerie destiné à lui dérober la connaissance de ce qui se passait entre lui et la capitale. Il ne devait plus ignorer le parti qu'avaient pris les armées coalisées; il voulut avant de prendre une décision attendre le résultat des reconnaissances qu'il avait envoyées dans la direction de Vitry. Quand il n'y eut plus de doute possible, son hésitation fut grande. Les alliés, en marchant sur Paris, l'avaient laissé maître de tous ses mouvements. Rien ne pouvait plus l'empêcher de rallier ses garnisons et de fermer toutes les routes de retraite à l'ennemi. En se résignant à lui abandonner sa capitale pendant quelques jours, il gagnerait aisément le temps nécessaire pour appeler et concentrer autour de lui toutes ses forces. L'armée de Suchet, dont une partie était en route sur Lyon, pouvait arriver assez vite à son secours; réunie à celle d'Augereau et à celle d'Italie, elle formerait à ses côtés une masse de troupes aguerries. Le pays dans lequel il aurait à se mouvoir lui était dévoué, à toutes les époques il lui avait été favorable, et l'esprit militaire qui y dominait venait d'être ranimé par les pillages et les vexations que le passage des armées ennemies avait fait nécessairement endurer à ses habitants. Dans la Bourgogne, dans la Lorraine, dans l'Alsace, dans la Franche-Comté, dans le Lyonnais, on entendait partout retentir le cri de guerre, et les paysans ne demandaient que des chefs et des armes pour courir à l'ennemi et organiser une guerre de partisans, que favorisait la nature du terrain.

La lutte qu'il venait de soutenir en Champagne était loin de présenter des conditions aussi favorables. Comment se fait-il qu'il ait renoncé à un plan de campagne si naturellement indiqué? Il avait probablement déjà appris la défaite qu'avait fait subir au maréchal Augereau, sur les bords de la Saône, l'armée autrichienne qui avait franchi le Jura. Il était aussi, suivant toutes apparences, informé de la résolution adoptée par ce maréchal d'abandonner la ville de Lyon et de se retirer sur Valence, c'est-à-dire sur le Dauphiné. Cette fausse manœuvre dut déranger les combinaisons de l'Empereur. La prise, ou plutôt la défection de la ville de Bordeaux, l'avait de plus décidé à diriger sur cette ville le détachement de l'armée de Suchet qui avait d'abord été destiné pour Lyon. A-t-il été effrayé des conséquences de la prise de sa capitale? Toutes les grandes résolutions, toutes les révolutions étaient parties de Paris; jamais les provinces n'avaient su résister à l'entraînement de son exemple. Quel parti prendrait cette ville, une fois occupée par l'ennemi? Que n'en obtiendrait-il pas en lui promettant, en lui garantissant sûreté pour les personnes et respect pour les propriétés? Le besoin de sauver tant de richesses qui s'y trouvaient entassées ne dominerait-il pas bientôt sur tous les autres sentiments, et la plus éclatante, la plus dangereuse de toutes les défections ne viendrait-elle pas alors s'ajouter à celle dont la ville de Bordeaux s'était déjà rendue coupable? Si les Bourbons avaient des partisans quelque part, pouvait-on douter qu'ils ne se rencontrassent à Paris en plus grand nombre que partout ailleurs? Telles étaient sans doute les puissantes considérations qui se balançaient dans son esprit, lorsque le 28, dans l'après-midi, étant revenu à Doulevent, il y reçut par un émissaire de M. de La Valette les premières nouvelles directes de Paris qui lui fussent parvenues depuis dix jours. Le billet était ainsi conçu : « Les partisans de l'étranger, « encouragés par ce qui se passe à Bordeaux, lèvent la « tête. La présence de Napoléon est nécessaire s'il veut « empêcher que sa capitale ne soit livrée à l'ennemi; il n'y « a pas un moment à perdre. »

Toutes les incertitudes de l'Empereur cessèrent et les ordres furent aussitôt donnés pour un mouvement qui commença le lendemain 29, et qui devait, par des marches accélérées, amener l'armée au secours de la capitale. La réunion de toutes les forces ennemies s'étant opérée dans la vallée de la Marne, la route par Troyes était redevenue libre, et on en eut bientôt la certitude par l'arrivée de courriers et d'estafettes qui avaient été longtemps retenus à Montereau et qui venaient enfin de percer par cette route. L'Empereur, tourmenté par tout ce que les courriers lui avaient appris, se décida, dès le second jour de marche, à prendre les devants. Il était donc arrivé de sa personne à Fontainebleau le 30, dans l'après-midi. Il avait cru devoir hasarder une dernière démarche pour renouer des négociations dont la rupture lui apparaissait enfin dans toutes ses conséquences. Le 24, il avait été rejoint à Saint-Dizier par M. le duc de Vicence, que la dissolution du congrès de Châtillon ramenait auprès de lui, et qui, depuis le 20, battait la campagne pour gagner son quartier général. Avec M. de Vicence revenaient nécessairement les conseils pacifiques, et, dès le 25, il s'était fait autoriser à écrire à M. de Metternich pour le prévenir qu'arrivé dans la nuit auprès de l'Empereur il avait sur-le-champ reçu ses derniers ordres pour la conclusion de la paix, et avait été investi de tous les pouvoirs nécessaires pour la négocier et la signer avec les ministres des cours alliées, cette voie pouvant mieux que toute autre en assurer le prompt rétablissement. Il était donc prêt à se rendre au quartier général des souverains et attendait aux avant-postes la réponse de Son Excellence. La démarche était très suffisamment motivée par une dernière lettre du prince de Metternich au duc de Vicence, en date du 18. On y lisait ces mots : « Monsieur le « duc, les affaires tournent bien mal. Le jour où *on* sera « tout à fait décidé pour la paix avec les sacrifices indis- « pensables, *venez pour la faire,* mais non pour être l'inter- « prète de projets inadmissibles. Les questions sont trop « fortement placées pour qu'il soit possible d'écrire des « romans sans de grands dangers pour l'empereur Napo- « léon. » Puis, après quelques développements de cette idée, la lettre était ainsi terminée : « Vous devez connaître « nos vues, nos principes, nos vœux. Les premières sont « tout européennes, et par conséquent toutes françaises; « les seconds portent à avoir l'Autriche comme intéressée « au bonheur de la France ; *les troisièmes sont en faveur d'une* « *dynastie si intimement liée à la sienne.* Pour mettre un terme « aux dangers qui menacent la France, il dépend encore « de votre maître de faire la paix. Le fait ne dépendra « peut-être plus de lui sous peu. Le trône de Louis XIV, « avec les ajoutés de Louis XV, offre d'assez belles chances « pour ne devoir pas être mis sur une seule carte. Je ferai

« tout ce que je pourrai pour retenir lord Castlereagh
« quelques jours. Ce ministre parti, on ne fera plus la
« paix. » Rien ne saurait mieux que cette pièce prouver
que l'Autriche voulait toujours laisser une porte ouverte
aux négociations, et qu'elle a été menée fort au delà du
but qu'elle se proposait.

Quatre jours après, une nouvelle occasion se présenta de
mettre à profit cette disposition, et elle fut encore avidement saisie. Au moment où le quartier général allait quitter Saint-Dizier pour se porter sur Troyes, dans la journée du 29, on y amena huit ou dix individus dont les voitures avaient été enlevées sur la route de Nancy à Langres par les coureurs de la cavalerie légère commandée par M. de Piré. Ils revenaient de Nancy, où ils avaient été envoyés auprès de Monsieur, comte d'Artois. On a su depuis que M. de Vitrolles se trouvait parmi eux ; mais il eut l'adresse d'échapper en se faisant passer pour un homme de service. Le principal entre ces personnages était M. de Wessenberg, ambassadeur d'Autriche en Angleterre ; il arrivait de Londres et venait joindre son maître. Napoléon n'hésita pas à tirer parti de cet incident pour s'adresser directement à son beau-père. M. de Wessenberg fut traité avec les plus grands égards, la liberté lui fut rendue, ainsi qu'à tous ses compagnons, et il repartit immédiatement, chargé d'un message confidentiel pour l'empereur d'Autriche, qu'on croyait à peu de distance ; mais, par une dernière fatalité, la pointe si malencontreuse qui venait d'être tentée sur Chaumont en avait fait partir ce souverain, et, dans la crainte de tomber entre les mains des coureurs français, il avait poussé tout d'une traite jusqu'à Dijon ; il se trouvait ainsi hors du cercle des opérations et même des correspondances rapides ; M. de Metternich l'avait accompagné. Les démarches tentées auprès de l'un et de l'autre devinrent donc complètement inutiles.

Les maréchaux Marmont et Mortier arrivèrent le 29 à

Charenton, vers midi; on leur a reproché, mais suivant moi sans fondement, attendu l'état de fatigue où devaient se trouver leurs soldats, d'avoir perdu plusieurs heures avant de venir occuper les routes de Bondy et du Bourget, par lesquelles l'ennemi arrivait; car dans cette soirée du 29, le quartier général de l'empereur de Russie se trouvait déjà établi à Bondy. Toute la nuit fut employée de part et d'autre aux préparatifs de l'action décisive qui devait avoir lieu le lendemain et dont le récit se trouve tracé avec une admirable fidélité dans l'ouvrage de M. de Koch. Les généraux français n'avaient pas eu le temps d'arriver jusqu'aux positions qu'il leur eût été le plus utile d'occuper.

Les alliés agissaient avec cent cinquante mille hommes au moins, nous n'avions à leur opposer que dix-huit mille hommes, infanterie de toutes armes, dont quatre mille conscrits et six mille hommes de la garde nationale. On peut ajouter cinq mille hommes environ de cavalerie, mais la nature du champ de bataille les rendait presque entièrement inutiles.

L'action s'engagea le 30, à six heures du matin. L'ennemi savait qu'il avait tout à gagner à la précipiter; il voulait que la question fût décidée avant l'arrivée de Napoléon, dont il avait appris la marche rétrograde et rapide; les dispositions prises à la hâte furent donc assez défectueuses. Je m'étais couché la veille fort tard, et je fus réveillé en sursaut par le bruit du canon, auquel se joignait celui de la fusillade. Cette circonstance me fit croire le champ de bataille beaucoup plus rapproché qu'il ne l'était en effet, et je ne fis, dans le premier moment, aucun doute qu'on ne se battit aux barrières mêmes. On en était cependant encore fort loin. Les devoirs de ma place ne me permettaient pas de quitter l'hôtel de la préfecture de police; je devais toujours me tenir prêt à envoyer les ordres que pourrait réclamer la sûreté intérieure de la capitale. Cette obligation me fut infiniment pénible.

La matinée se passa au milieu du fracas de l'artillerie, des nouvelles contradictoires qui arrivaient à tout moment, et, il faut le dire, au milieu d'une étonnante tranquillité dans l'intérieur de la ville. La partie centrale surtout était dans un calme silencieux, d'autant plus profond que tous ceux qui l'avaient pu s'étaient portés sur les boulevards et dans les quartiers les plus rapprochés du théâtre des événements. Quelle que fût d'ailleurs la diversité des vœux et des espérances, le sentiment de l'honneur national les faisait taire à l'approche de l'ennemi; le retentissement des armes et l'imminence du danger avaient inspiré la plus noble ardeur à tous ceux que le devoir conduisait ou fixait à un poste quelconque, si périlleux qu'il pût être. Ainsi, la garde nationale, dont Napoléon s'était tant méfié et qu'il avait armée avec un regret si manifeste, non seulement répondait à l'appel de ses chefs, mais allait même au-devant, et son ardeur avait plutôt besoin d'être contenue que d'être excitée. Les jeunes gens de l'École polytechnique, transformés en artilleurs, rivalisaient d'adresse, de zèle et de courage avec les plus vieux soldats de l'arme à laquelle ils étaient associés, et cette journée, dans un temps moins fertile en prodiges guerriers, aurait suffi pour illustrer un grand nombre de ceux qui furent appelés à y prendre part. Elle eut au moins ce résultat que l'ennemi, même victorieux, apprit à respecter une population qui était capable d'un dévouement aussi énergique, et comprit tout ce qui lui était dû d'égards et de ménagements. La ville de Paris se montra dans ces douloureuses circonstances la digne capitale de cette France qui, depuis vingt ans, faisait trembler l'Europe. Il est donc très permis de croire que si elle n'avait pas été réduite à un si petit nombre de défenseurs, et surtout si celui dont la présence valait à elle seule une armée fût arrivé à temps pour diriger la défense, le résultat aurait pu être très différent.

Le combat le plus acharné eut lieu entre le plateau de Romainville et la butte de Chaumont. Le maréchal Marmont, qui commandait sur ces hauteurs, s'y défendit héroïquement et fit subir aux Russes une perte très considérable. Son artillerie foudroya à plusieurs reprises les colonnes qui sortaient de Pantin pour gravir de ce côté sur le flanc de sa position, et on ne peut estimer à moins de quatre à cinq mille hommes le nombre des soldats ennemis qui restèrent sur le champ de bataille. Mais enfin, quelque vigoureuse que fût sa résistance, il était attaqué de trop de côtés et avec trop d'acharnement pour ne pas devoir reculer. Il allait donc perdant continuellement du terrain, et la butte de Chaumont, le village et les hauteurs de Belleville, pris et repris plus d'une fois, étant restés définitivement au pouvoir des Russes, il se trouva vers le milieu du jour presque acculé aux barrières. Le maréchal Mortier n'avait pas été plus heureux dans la plaine qui est située entre Montmartre et le canal de l'Ourcq ; le village d'Aubervilliers ayant été emporté, ceux de la Villette et de la Chapelle avaient été également occupés par l'ennemi. Du côté du faubourg Saint-Antoine, une colonne russe et prussienne ayant tourné de loin toutes les positions occupées par le maréchal Marmont, s'était jetée dans la plaine entre Vincennes et la barrière du Trône, qui pouvait ainsi être emportée à tout moment.

D'heure en heure la situation s'aggravait et on allait bientôt se battre à l'entrée des rues, derrière les palissades élevées au devant des barrières. Déjà même quelques boulets, passant au-dessus des murailles, étaient arrivés sur les boulevards intérieurs ; il en était tombé dans le jardin de l'hôtel de Gontaut, au coin de la rue Louis-le-Grand.

La direction suprême appartenait, dans cette journée, à un homme en qui la prudence surpassait de beaucoup la résolution. Le lieutenant général Joseph s'était, dès le matin, transporté sur les hauteurs de Montmartre. Il avait toujours voulu se persuader que nous n'étions attaqués que par une partie de la grande armée des alliés. A mesure que la matinée s'avançait, les rapports qui lui étaient adressés de tous les points durent cependant affaiblir sa confiance ; elle fut entièrement détruite entre onze heures et midi. Le capitaine Peyre, ingénieur dans le corps des pompiers, s'étant avancé dans la plaine du côté de Saint-Denis, avait été fait prisonnier, on l'avait conduit devant l'empereur Alexandre ; ce prince lui avait rendu la liberté, mais en le chargeant de faire connaître aux Parisiens qu'il était à la tête de toutes les forces coalisées. Il lui avait remis plusieurs exemplaires d'une proclamation faite au nom du généralissime prince de Schwarzenberg, annonçant d'abord les plus vigoureuses opérations, puis s'efforçant de séparer la cause de Napoléon de celle de la France. Le capitaine Peyre, rentré dans Paris, fut sur-le-champ conduit devant Joseph, auquel il remit les proclamations et fit dans le plus grand détail le récit de tout ce qu'il avait vu, de tout ce qu'il avait entendu. Toutes les incertitudes cessèrent quand le major de la garde nationale Allent fit son rapport. Cet officier fort expérimenté avait déjà été envoyé plusieurs fois à la découverte ; un rapide examen lui avait fait particulièrement connaître la pénible situation du maréchal Marmont. Il observait attentivement avec sa lunette du côté de Saint-Denis, lorsqu'il aperçut une forte colonne ennemie qui partait de cette petite ville et dont une portion se dirigeait par la plaine sur Montmartre, tandis que l'autre suivait le chemin de la Révolte, avec l'intention évidente de gagner la route du bois de Boulogne et de s'emparer des hauteurs de l'Étoile et de Chaillot. Il n'y avait de ce côté aucune force capable de s'opposer à l'exécution d'un tel projet. M. Allent en fit voir à Joseph les conséquences et lui fit remarquer en même temps que, pour donner à ses opérations un tel développement, il fallait que l'ennemi eût à sa disposition des forces considérables.

Le lieutenant général eut bientôt pris son parti. Rien ne lui convenait moins que la nécessité de rejoindre son frère, et, pour peu qu'il eût attendu, il ne lui serait resté d'autre voie de retraite que celle qui l'aurait ramené au devant de lui. Il lui convenait au contraire de suivre les pas de l'Impératrice et de diriger la Régente. Il n'hésita pas à adresser aux maréchaux Marmont et Mortier l'autorisation de capituler pour l'armée et pour la capitale, et envoya au grand juge, M. Molé, l'ordre de signifier aux grands dignitaires, à tous les ministres, à tous les conseillers d'État, à tous les grands fonctionnaires, de partir sur-le-champ pour Blois. Le préfet de la Seine et le préfet de police seuls ne reçurent point cette injonction. Il avait été convenu qu'ils resteraient pour maintenir le bon ordre et atténuer, autant que possible, les calamités dont la ville était menacée. Ces dispositions une fois prises, Joseph, se croyant apparemment quitte des engagements contenus dans sa proclamation de la veille, descendit au plus vite de la hauteur de Montmartre, monta à cheval avec une suite peu nombreuse, et gagna par la plus courte voie la porte du bois de Boulogne qui n'était point encore occupée par la colonne ennemie. Il courut sans s'arrêter, et arriva peu d'heures après à Rambouillet, où il rejoignit l'Impératrice.

Cependant l'autorisation qu'il avait envoyée aux deux maréchaux pour capituler ne pouvait avoir des résultats aussi prompts qu'il l'avait sans doute supposé. On se battait sur trop de points et la ligne était trop prolongée pour qu'il fût aisé de se concerter. Les maréchaux ne voulaient céder qu'à la dernière extrémité. L'action continua encore pendant plusieurs heures, avec une grande vivacité, surtout dans la direction de Montmartre. Il était cinq heures du soir quand cette dernière position fut emportée par les Russes. A la vérité, la suspension d'armes était déjà convenue, et M. de Langeron a été à peu près convaincu d'avoir feint de ne pas la connaître, pour achever l'opération qu'il avait commencée et en recueillir l'honneur. Cette action, peu estimable en toute situation, l'est encore moins de la part d'un Français émigré qui combattait dans les rangs de l'étranger. Ce fut à la défense des positions environnant Montmartre, notamment à celle de la barrière de Clichy, que la garde nationale se signala davantage ; elle déploya un courage qui allait jusqu'à la témérité, car on eut beaucoup de peine à lui persuader de se mettre à couvert dans les maisons, alors même qu'il le fallait pour nuire davantage à l'ennemi ; il lui semblait que c'était se cacher et avoir l'apparence de la peur. Après la prise de Montmartre, le feu cessa entièrement des deux côtés.

J'avais su le départ du lieutenant général Joseph et celui des ministres par le duc de Rovigo, qui m'avait envoyé chercher en toute hâte sur les deux heures. « Je pars avec « tous les ministres, me dit-il ; vous restez et êtes ainsi le « maitre de faire ce que bon vous semblera. » Il me conta alors tout ce que j'ignorais encore et me dit qu'on devait être occupé à capituler. Mais il avait un service à me demander, qu'il m'expliqua aussitôt, en me montrant un gros portefeuille qu'il venait de fermer. « Il faut, me dit-il, que « vous me gardiez cela ; c'est ce que j'ai de plus précieux « au monde ; toute ma correspondance avec l'Empereur, « depuis que je suis auprès de lui, est là dedans. Là se « trouvent l'explication et la justification de ma conduite sur « toutes choses. » Je lui représentai que j'étais le dernier homme auquel il dût remettre un tel dépôt, et en effet, en supposant qu'on me laissât à la préfecture de police, ne serais-je pas plus observé, plus surveillé que qui que ce fût ? Peut-être tous mes papiers, tous ceux de la préfecture seraient-ils visités, emportés par des commissaires étrangers ; enfin je ne pouvais répondre de rien. J'avais bien une maison particulière, mais elle serait sûrement prise pour logement par quelque officier ennemi, parce qu'elle se trouvait vide ; on n'y pouvait donc rien cacher sans la plus souveraine imprudence. Pourquoi n'emportait-il pas avec lui une chose à laquelle il devait tant tenir, et qu'est-ce qui l'empêchait de mettre ce portefeuille dans sa voiture ? « Qui

« sait, me répondit-il, si je ne serai pas enlevé par des
« Cosaques avant d'avoir pu gagner Versailles, et par-dessus
« tout, il ne faut pas que cela puisse tomber dans les mains
« de l'ennemi. Acceptez-le donc, ajouta-t-il, et à la moindre
« crainte qu'on ne vous le prenne, vous vous en débarras-
« serez en le brûlant; sur ce point, je vous demande votre
« parole d'honneur. — Soit, lui dis-je, mais il est fort à
« croire que tout sera brûlé avant demain matin. » On porta
en conséquence le portefeuille chez moi.

Revenu à l'hôtel de la préfecture, j'eus à m'occuper des
soins sans nombre qui tombaient à ma charge, et qui, fort
heureusement, m'empêchèrent de mesurer dans toute son
étendue la tâche qui allait m'être imposée, et d'envisager
les travaux, les soucis, les inquiétudes, les tourments de
tout genre que j'allais avoir à porter pendant les quinze
jours qui devaient suivre. Comme il me fallait, avant tout,
être bien informé de ce qui se passait entre nos troupes et
celles de l'ennemi, j'envoyai des messagers intelligents
auprès du maréchal Marmont. Je donnai l'ordre qu'on allât
le joindre jusque sur le champ de bataille, si cela était
nécessaire, et qu'on le suppliât de me tenir au courant de
tout ce qu'il pourrait stipuler; il devait en sentir l'importance dans l'intérêt de la ville de Paris, dont la sûreté
m'était confiée. J'envoyai en même temps chez le maréchal
Moncey pour savoir de lui ce qu'on devait attendre de la
garde nationale et des dispositions qui avaient été prises à
son égard. Il partait lorsque mon messager arriva, et me
fit dire seulement que je pouvais m'entendre avec le major
général Allent, qui restait.

J'attendis jusqu'à près de sept heures la réponse du
maréchal Marmont; il était fort difficile d'approcher de lui.
On peut juger combien fut grande mon anxiété pendant
cet intervalle de temps; je l'employai à prendre toutes les
précautions que la prudence commandait, à voir les principaux agents de la préfecture, surtout ceux du service

extérieur, à leur prescrire la plus excessive circonspection dans leurs actes, dans leur langage. Celui de ces agents qui m'inquiétait le plus était l'inspecteur général Veyrat; je le savais haï du peuple, et capable de toutes les trahisons; je lui enjoignis d'attendre mes ordres sur les moindres choses, et par conséquent de ne pas quitter l'hôtel.

Au moment où j'étais occupé à prescrire les mesures les plus urgentes, je reçus une visite fort bizarre : M. de Talleyrand arriva chez moi, sur les six heures du soir, accompagné ou plutôt conduit par Mme de Rémusat, car ce fut elle qui porta la parole. « Vous savez, mon cousin, me
« dit-elle, que M. de Talleyrand a ordre de partir et de
« rejoindre l'Impératrice. N'est-ce pas un grand malheur?
« Il ne restera donc personne pour traiter avec l'étranger,
« personne dont le nom soit de quelque poids auprès de
« lui? Vous devez sentir cet inconvénient mieux que tout
« autre, vous qui allez porter le fardeau d'une grande res-
« ponsabilité. Vous le voyez, M. de Talleyrand est dans le
« plus grand embarras, car comment ne pas obéir, et d'un
« autre côté, quel malheur s'il faut absolument qu'il s'en
« aille! » — Je lui répondis que je comprenais tout cela à merveille, mais que je ne voyais pas ce que je pouvais faire. — « Cependant il vient vous demander conseil. » — M. de Talleyrand balbutia alors quelques phrases entortillées qui n'étaient qu'une répétition de ce que venait de dire Mme de Rémusat, et, enfin, ayant repris la parole, elle arriva, après beaucoup de circonlocutions, à me proposer d'envoyer à la barrière, par laquelle il devait sortir, quelques hommes à ma dévotion, qui ameuteraient le peuple à son passage et diraient qu'il ne fallait pas souffrir que la ville fût ainsi abandonnée par ceux qui avaient le plus à perdre et par conséquent le plus d'intérêt à la protéger; on le forcerait enfin à rebrousser chemin. Je répondis que, dans une situation où mon premier devoir était de tenir le peuple tranquille, je ne risquerais certainement pas une démarche qui pour-

rait commencer à l'émouvoir. « Mais, ajoutai-je, vous avez
« un moyen bien plus simple d'arriver à votre but, et celui-
« là est sans danger. M. de Rémusat a un commandement
« dans la garde nationale, et est sûrement préposé à la
« garde de quelque barrière. Que M. de Talleyrand se pré-
« sente à celle-là pour sortir, et que M. de Rémusat fasse
« avec ses gardes nationaux ce que vous me demandez de
« faire faire par le peuple. »

L'idée était fort naturelle, et je crois qu'elle leur était déjà venue; mais on aurait mieux aimé faire peser sur moi la responsabilité de la manœuvre. Voyant qu'il n'y avait pas moyen de me décider, on se résolut à suivre mon conseil et les choses se passèrent ainsi que je l'avais indiqué. M. de Talleyrand, une heure après, se présenta à la barrière des Champs-Élysées, où se trouvait M. de Rémusat avec sa compagnie, et il fut très poliment invité à retourner chez lui, ce qu'il exécuta sans se faire prier. On a de la peine à comprendre qu'un esprit aussi avisé ait pu croire qu'une ruse aussi grossière le mettrait à l'abri du moindre danger, et que l'Empereur, dans le cas où il reprendrait son pouvoir, serait dupe d'une pareille excuse, de la part d'un homme contre lequel il avait déjà tant de griefs. Il faut bien cependant que M. de Talleyrand se soit fait à cet égard quelque illusion; cela prouve au moins que son parti n'était pas encore irrévocablement pris, et surtout qu'il n'avait pas une confiance absolue dans celui que prendraient les coalisés. Peut-être craignait-il que l'empereur Alexandre, une fois maître de Paris, et cédant à l'influence autrichienne, ne vînt à imposer sa volonté et n'exigeât des ménagements vis-à-vis d'un vaincu. Dans ce cas, le vieux diplomate se serait probablement mis en avant pour conduire et assurer la négociation; son séjour dans la capitale lui aurait alors donné le moyen, en se rendant fort utile, de regagner les bonnes grâces de Napoléon et de revenir à la tête des affaires.

CHAPITRE XII

Le maréchal Marmont communique à M. Pasquier les articles de la capitulation. — Il l'invite à se rendre auprès de l'empereur Alexandre, à la tête de la municipalité, pour faire sa soumission. — Le général Dejean, aide de camp de l'Empereur, arrive auprès de Mortier. — Le général Girardin, envoyé par Berthier, vient prendre des renseignements au ministère de la guerre. — On l'a accusé faussement, plus tard, d'avoir voulu faire sauter la poudrière de Grenelle. — Manque de sang-froid de M. de Chabrol. — M. Pasquier prend les dispositions nécessaires pour assurer l'approvisionnement de la ville. — Avant de confier le portefeuille de M. de Rovigo à un chef de division, il en vérifie le contenu et y trouve de curieuses lettres de Napoléon relatives aux assiduités de Joseph auprès de Marie-Louise. — Il part au milieu de la nuit, à la tête du corps municipal, pour Bondy. — La députation éprouve beaucoup de peine à se faire ouvrir la barrière. — Affreux spectacle du champ de bataille. — Douloureuse impression éprouvée par M. Pasquier en trouvant Alexandre logé dans le château qu'avait occupé autrefois son grand-père. — En attendant le réveil de l'empereur, M. de Nesselrode communique à M. Pasquier la proclamation du prince de Schwarzenberg. — C'était, en fait, l'œuvre de Pozzo di Borgo, qui amena adroitement le généralissime autrichien à y apposer sa signature. — M. de Nesselrode présente la députation à l'empereur de Russie; celui-ci s'emporte contre Napoléon et sépare nettement sa cause de celle de la France. — Il accorde à M. Pasquier l'autorisation de maintenir la garde nationale sous les armes. — Revenu à Paris sous l'escorte des Cosaques, le préfet de police adresse une proclamation à la population parisienne et exhorte les officiers de la gendarmerie à veiller au maintien de l'ordre. — M. de Vicence fait de vains efforts pour obtenir une entrevue de l'empereur Alexandre. — M. Pasquier brûle le portefeuille du duc de Rovigo.

Il était sept heures du soir, lorsque je reçus du maréchal Marmont l'avis que la capitulation était à peu près convenue et l'invitation de me rendre à son hôtel, au faubourg Poissonnière. J'y trouvai le maréchal avec un officier russe, un officier autrichien et un officier prussien, stipulant au nom des alliés. Ils étaient occupés à mettre par écrit ce qui avait été convenu verbalement à la Villette, entre les deux maréchaux et les généraux en chef des alliés. Les articles dont le maréchal me donna connaissance ne concernaient que l'armée. Elle devait avoir évacué la ville le 31 mars, c'est-à-dire le lendemain, à sept heures du matin. Les hostilités ne pouvaient recommencer que deux heures après. Puis, venaient les conventions d'usage pour les arsenaux, les ateliers, les magasins militaires, les hôpitaux et les blessés; quant aux intérêts civils, c'est-à-dire à ceux de la ville de Paris, il en était à peine question. La ville était recommandée à la générosité des puissances alliées; il était seulement dit que la garde, nationale ou urbaine, était totalement à part des troupes de ligne; qu'elle serait désarmée ou licenciée, selon les dispositions des puissances.

Je demandai et obtins avec beaucoup de peine que la gendarmerie municipale fût admise à partager le sort de la garde nationale. Le maréchal me dit, au reste, qu'il était, d'après les usages de la guerre, indispensable que le corps municipal se transportât dans la nuit à Bondy pour faire sa soumission à l'empereur Alexandre, que je serais à la tête de cette députation, qu'ainsi je pourrais traiter avec lui de tout ce qui serait de l'intérêt de la ville de Paris, qu'il ne mettait pas en doute que je ne fusse favorablement écouté. Il me chargea de prévenir le préfet de la Seine de la nécessité de cette démarche, pour laquelle nous devions nous tenir prêts, ainsi que le corps municipal; il supposait que notre départ pourrait avoir lieu vers onze heures du soir. Ce délai était motivé par l'obligation d'attendre que la capitulation fût ratifiée, et il fallait, pour l'accomplissement de cette formalité, aller jusqu'à Bondy, où se trouvait le quartier général des coalisés.

Pendant mon court séjour chez le maréchal Marmont, j'appris que, de bonne heure dans l'après-dîner, le général

Dejean, aide de camp de l'Empereur, était arrivé auprès du maréchal Mortier, et lui avait apporté l'ordre de tout tenter pour retarder un engagement; il devait donner avis au prince de Schwarzenberg des ouvertures que Napoléon venait de faire à l'empereur d'Autriche, et qui ne pouvaient manquer d'amener la paix. Le moment n'était pas favorable, après une bataille perdue. Cependant le maréchal n'avait pas hésité à envoyer un parlementaire au généralissime. Celui-ci avait répondu que l'empereur Napoléon était sans doute mal informé, que son souverain tenait à la coalition par des liens sacrés et indissolubles qui ne lui permettaient pas de traiter séparément de la paix; puis il avait, pour appuyer cette réponse, remis au parlementaire un exemplaire de sa proclamation, celle que déjà l'empereur Alexandre avait remise e matin au capitaine Peyre. L'arrivée du général Dejean prouve que si Napoléon eût fait la même diligence, ce qui était très possible, il serait arrivé de sa personne avant que la bataille fût achevée, et nul ne peut dire quelles eussent été les conséquences de son apparition.

Un autre officier général envoyé par le prince de Neufchâtel, le comte Girardin, arriva un instant après le général Dejean. Il venait seulement pour prendre des renseignements auprès du ministre de la guerre et savoir ce qui se passait. On assura dans les jours suivants qu'il avait apporté l'ordre de faire sauter le magasin à poudre qui était situé dans la plaine de Grenelle, et dont l'explosion aurait pu être funeste à la capitale. Cette allégation trouva une certaine créance; on avait intérêt à ne rien négliger pour détacher entièrement les Parisiens de la cause de Napoléon. Un major d'artillerie, qui était chargé de la garde de ce magasin, contribua beaucoup à l'accréditer : il affirma qu'à neuf heures du soir un colonel, arrivé à la grille Saint-Dominique, l'avait fait appeler, lui avait demandé si le magasin était évacué, et, sur sa réponse négative, lui avait ordonné de le faire sauter sur-le-champ, ce dont il avait eu l'air de se charger, afin qu'un autre ne reçût pas la commission qu'il s'était bien gardé d'exécuter. Les écrivains passionnés n'ont pas manqué de reproduire ce récit, entre autres M. de Beauchamp, dans son *Histoire de 1814*. Eh bien, tout ayant été soigneusement examiné et approfondi, il a été démontré que le prétendu ordre n'avait pas été donné, et que le récit avait été inventé par un homme qui avait cherché à se faire valoir. Ce qui le prouve invinciblement, c'est qu'on n'a bientôt plus entendu parler de lui, et si le fait eût été vrai, il n'aurait pas manqué de s'en prévaloir pendant longtemps. D'ailleurs Napoléon, dans la journée du 29, ne croyait pas encore que la ville pût être prise; il se flattait d'arriver à temps pour la défendre. Il n'a donc pas dû prescrire une telle mesure dont l'ordre, dans tous les cas, aurait bien valu la peine d'être écrit, et que personne n'aurait consenti à porter ni à recevoir verbalement.

En sortant de chez le maréchal Marmont, je me rendis chez le préfet de la Seine, à l'hôtel de ville, afin de le mettre au courant de ce que j'avais appris. Là, tout était dans une grande confusion. M. de Chabrol, homme fort honnête, bon administrateur, n'était pas à sa place dans une situation aussi troublée, aussi dangereuse; non qu'il manquât de courage, il aurait su se faire tuer honorablement, mais il n'avait pas de sang-froid. Une partie des membres du conseil municipal s'étaient réunis spontanément autour de lui; je l'engageai à convoquer les autres sur-le-champ et à faire avertir M. Allent qu'il devrait nous accompagner à Bondy. Je lui fis remarquer que le lendemain on aurait beaucoup de rations de toute espèce à fournir, et, sur mon conseil, il fit appeler les chefs de son administration qui correspondaient avec les manutentionnaires des hôpitaux, des prisons et autres services, afin qu'ils se missent en mesure de répondre aux réquisitions qui seraient faites, en pain, viande, vin et eau-de-vie.

Rentré chez moi, j'eus à m'occuper aussi de soins analogues ; je fis commander aux boulangers d'augmenter leur cuisson, et prévins les administrateurs de l'octroi que des réquisitions seraient probablement adressées à l'Entrepôt des vins, qui se trouvait sous leur direction. Beaucoup de gens de campagne étaient déjà accourus dans la ville, fuyant devant les colonnes ennemies, avec leurs effets, leurs chevaux et leurs bestiaux. Je chargeai les commissaires de police de s'entendre avec les maires pour leur trouver des asiles. Enfin, avant de retourner à la préfecture de la Seine, je songeai au dépôt que le duc de Rovigo m'avait confié ; je ne pouvais le laisser dans mon appartement, car qui pourrait dire si je reviendrais de Bondy préfet de police, et le premier soin de celui qu'on enverrait à ma place, serait certainement de mettre la main sur tous les papiers. J'appelai donc un chef de division en qui j'avais beaucoup de confiance, et le priai de garder jusqu'à mon retour un portefeuille dont je conserverais la clef. Comme il fallait cependant qu'il en connût l'importance, je ne lui dissimulai pas ce qui s'y trouvait renfermé et lui recommandai de le placer, autant que possible, à l'abri de tous les regards. Il n'accepta cette responsabilité qu'avec assez de peine, et en me faisant promettre de l'en débarrasser le lendemain matin. Toutefois, avant de lui remettre le portefeuille, j'avais cru devoir l'ouvrir, pour juger par moi-même si le duc de Rovigo m'avait dit vrai sur son contenu, et s'il n'y avait pas autre chose que la correspondance indiquée. En faisant cette vérification qui me prouva sa sincérité, mes regards tombèrent naturellement sur les pièces qui se trouvaient en dessus de toutes les liasses, et c'étaient les dernières de la correspondance, celles qui avaient été écrites par Napoléon en partant de Reims. Quel ne fut pas mon étonnement de voir qu'elles roulaient en grande partie sur des soupçons qu'il avait conçus relativement à l'impératrice Marie-Louise ou plutôt à son frère Joseph, qu'il accusait d'avoir fait auprès d'elle les tentatives les plus odieuses! Le duc de Rovigo était fortement tancé de n'avoir donné aucun avis à cet égard, et la plus exacte surveillance dans l'intérieur du château lui était recommandée pour l'avenir. J'ai cru pendant longtemps que cette accusation de Napoléon contre son frère provenait de l'égarement d'un esprit que des contrariétés sans nombre disposaient, dans ce moment, à accueillir tous les genres de soupçons; mais j'ai su depuis de M. de Saint-Aignan qui, attendu sa liaison fort intime avec la duchesse de Montebello, a dû être sur ce sujet fort bien instruit, que le soupçon n'était que trop fondé, et que l'Impératrice, à cette époque, avait été très importunée, et avait eu beaucoup à se plaindre des empressements de son beau-frère.

A onze heures du soir, j'étais à l'hôtel de ville; on n'y avait encore rien reçu du maréchal Marmont. Le corps municipal était réuni dans la grande salle; c'est un fait digne de remarque que dans cette crise, aucune voix ne s'élevait encore contre celui qui l'avait amenée. Dans ce conseil municipal qui devait si promptement prendre le parti le plus net, on n'entendait pas un murmure. On était comme atterré sous le poids des nécessités qu'il fallait subir. Nous attendîmes très longtemps l'ordre de partir. On a su depuis que ce retard avait tenu à ce que l'officier étranger qui apportait le premier de Bondy la ratification, avait été tué aux approches de Paris, pour n'avoir pas répondu assez vite à un « qui vive? » Ne le voyant pas reparaître, on avait pris le parti d'en envoyer un second, qui arriva enfin sain et sauf. Mais pendant ce temps les heures s'étaient écoulées, et il était plus d'une heure du matin lorsque nous partîmes de l'hôtel de ville.

Désirant avoir un compagnon de route avec qui il me fût permis de parler librement, j'avais pris dans ma voiture M. de Lamoignon, homme d'esprit, membre fort éclairé

du conseil municipal, et l'une de mes plus anciennes connaissances. J'étais sûr d'être toujours d'accord avec lui dans les douloureuses circonstances où nous étions placés. Notre cortège était long et allait par conséquent fort lentement. Arrivés à la barrière de Pantin, la tête de notre colonne fut arrêtée par le poste qui la gardait et qui refusa de nous laisser sortir. Cette difficulté se prolongeant, je pris le parti de mettre pied à terre et d'aller moi-même essayer de la lever. Le poste était encore occupé par des grenadiers de la garde impériale. L'officier qui les commandait me dit que la consigne la plus rigoureuse avait été donnée de ne laisser sortir personne. Je lui représentai qu'elle ne pouvait s'appliquer au corps municipal allant s'acquitter du rigoureux devoir qui lui était imposé. « Mon-
« sieur le préfet, me répondit-il, je vous reconnais, je vous
« ai vu plus d'une fois quand j'étais de garde au palais.
« Ainsi donc, il n'est plus possible d'en douter, Paris est
« abandonné à l'ennemi! Notre capitale est prise, et voilà
« le résultat de vingt années de combats, de tant de ba-
« tailles, de victoires auxquelles j'ai assisté; car je suis
« dans les rangs depuis 92! » — En achevant ces paroles il porta la main à son visage pour cacher les larmes qui s'échappaient de ses yeux et qu'il ne put me dissimuler. Cette douleur patriotique d'un vieux guerrier, — sa moustache était grisonnante, — me fit une impression que je ne saurais rendre. Je lui serrai la main avec une émotion aussi profonde que la sienne. « Il faut bien céder, dit-il; allons, vous aller passer. » Et il fit ouvrir la barrière. Je n'ai jamais revu ce brave homme; j'ai souvent regretté de n'avoir pas demandé son nom. Quand nous rentrâmes le matin, il avait été relevé avec les siens, et avait rejoint l'armée qui évacuait Paris.

Nous avancions péniblement sur la route de Bondy, étonnés et remués par le spectacle qui frappait nos yeux. Quel contraste brutal avec tout ce qui, depuis quinze ans, avait ébloui nos imaginations : victoires, gloire, puissance, tout cela disparu! La nuit nous enveloppait encore; de nombreux feux de bivouac couronnaient les hauteurs de Montmartre, de Belleville, de Chaumont, de Romainville; la plaine de Saint-Denis en était couverte, et on apercevait jusqu'à l'extrémité de l'horizon, dans la direction de la route qui mène à la barrière de l'Étoile, la ligne de ces feux qui enveloppaient la capitale, et dont la lueur pénétrait très avant dans ses faubourgs, attestant la présence de la redoutable armée qui devait y entrer le lendemain. A tout moment nous rencontrions des piquets de cavalerie faisant la ronde, et nous passions au milieu de faisceaux d'armes; à leurs pieds des soldats endormis. En approchant de Pantin, le spectacle devint affreux; c'était le point où la mêlée avait été le plus sanglante. Là se trouvaient étalées, dans toutes leurs horreurs, les suites d'une bataille; c'était là que les Russes, foudroyés par l'artillerie française, avaient perdu trois ou quatre mille hommes. Aucun cadavre n'était encore relevé, hommes et chevaux gisaient mêlés, et cet entassement frappait pour la première fois mes yeux. Mon compagnon, M. de Lamoignon, échappé au carnage de Quiberon, où il avait reçu une horrible blessure, avait le droit d'en être moins étonné, et cependant il était fort ému.

Passé Pantin, notre marche fut un peu plus prompte; entre Pantin et Paris, nous avions été continuellement retardés. Ici, c'était une patrouille de Cosaques à laquelle il fallait faire reconnaître le laissez-passer que portait une ordonnance russe dont nous étions précédés, et qui était notre seule sauvegarde. Nous n'avions pas d'escorte, ayant été obligés de laisser à la barrière les gendarmes qui nous avaient accompagnés jusque-là. Ailleurs, la route était embarrassée par des charrettes, des caissons brisés qu'il fallait ou tourner ou déranger. Nous mîmes ainsi près de quatre heures à faire un trajet de moins de trois lieues.

Pendant ces quatre heures, nous eûmes le temps, M. de Lamoignon et moi, d'échanger nos pensées. Il était du nombre de ceux qui faisaient des vœux pour l'ancienne dynastie, et se trouvait naturellement lié avec les hommes disposés à la servir. Quelles étaient ses chances? Tout allait dépendre du parti que prendraient les souverains alliés. En dehors d'eux, que pouvait-on tenter pour les princes de la maison de Bourbon, dans un pays qui ne les connaissait presque plus, lorsqu'il était si fort à craindre que l'armée leur demeurât hostile? Nous sentions cependant que leur retour serait encore le dénouement le plus désirable, car la politique leur commanderait de n'offenser aucun parti, de ne froisser aucun intérêt : rien ne conduirait plus certainement que leur rappel à cette pacification générale, dont le besoin était si généralement senti. L'exemple de ce qui venait de se passer à Bordeaux s'offrait aussi comme un puissant encouragement.

Quand nous arrivâmes à Bondy, le jour commençait à poindre. En entrant dans le château où logeait l'empereur Alexandre, des impressions toutes personnelles vinrent s'ajouter à celles qui m'agitaient depuis ma sortie de la ville. Ce château avait été occupé par mon grand-père maternel, dans le temps de ma première enfance; je l'avais rarement visité depuis, mais il avait laissé dans ma mémoire ces souvenirs qui s'attachent si puissamment à tous les faits qui ont frappé notre esprit au début de la vie; j'y étais ramené par un des plus grands événements qui se fussent passés depuis le commencement de la monarchie! J'apportais la soumission de la ville de Paris à un souverain dont les États, un siècle auparavant, étaient à peine connus de nos pères, et qui, descendu des confins de l'Asie, traînant la Germanie tout entière à sa suite, arrivait pour imposer sa loi à la France de Clovis, de Charlemagne, de Henri IV, de Louis XIV et de Napoléon! Et c'était nous qui avions été le chercher jusque dans ses régions glacées, qui avions, à la lueur de sa capitale et de ses villes embrasées, attiré sur nos pas lui et ses Tartares! Pierre le Grand avait-il pu faire un tel rêve, alors que, au cours de son voyage dans les pays civilisés, dont il venait étudier les institutions, les arts et les mœurs, il visitait dans le palais des Tuileries, entourait de ses respects, et soulevait dans ses bras, en 1717, l'enfant-Roi dont il était l'hôte!

On nous fit entrer dans un salon au rez-de-chaussée, occupé par quelques officiers de garde; ils nous dirent que l'empereur était couché, mais qu'il se lèverait sûrement de bonne heure, et probablement même aussitôt qu'il serait informé de notre arrivée. Au bout d'une demi-heure, nous vîmes entrer un officier général qui se présenta de l'air le plus courtois, parlant bien français, mais avec un accent italien. C'était le général de Pozzo di Borgo. Il s'efforça de lier conversation avec nous; mais, malgré son extrême civilité, personne n'était en humeur de soutenir un entretien inutile.

Un quart d'heure après parut un autre personnage; c'était M. de Nesselrode. Sans être en possession du titre de ministre, il se trouvait cependant à la tête du cabinet russe pour les affaires étrangères, et avait une grande part dans la confiance de son maître. Comme il avait été pendant longtemps premier secrétaire de l'ambassade russe à Paris, nous nous étions souvent rencontrés chez M. de Bassano, et nos rapports de société avaient toujours été fort obligeants. Nous éprouvâmes une véritable satisfaction à nous retrouver, heureux, chacun de notre côté, d'avoir à qui parler. Il me tira à part aussitôt, et ses premières paroles furent pour me demander si je connaissais la proclamation du prince de Schwarzenberg. Je lui répondis que j'en connaissais le sens, mais que je n'en avais pas lu le texte. Il me le donna aussitôt. Cette pièce si importante et qui est imprimée partout, avait pour but, je l'ai déjà dit, de séparer la cause de Napoléon de celle de la capitale de la

France. On y trouvait ces mots caractéristiques : « Les « souverains alliés cherchent de bonne foi *une autorité* « *salutaire en France* qui puisse cimenter l'union de toutes « les nations et de tous les gouvernements avec elle. C'est « à la ville de Paris qu'il appartient, dans les circonstances « actuelles, d'accélérer la paix du monde. Son vœu est « attendu avec l'intérêt que doit inspirer un si immense « résultat. Qu'elle se prononce et, dès ce moment, l'armée « qui est devant ses murs devient le soutien de ses déci- « sions. Parisiens, vous connaissez la situation de votre « patrie, la conduite de Bordeaux, l'occupation amicale « de Lyon, les maux attirés sur la France, et les disposi- « tions véritables de vos concitoyens... » Puis venait l'assurance qu'on aurait pour la population tous les égards, tous les ménagements possibles; le tout était terminé par les paroles suivantes : « C'est dans ces sentiments « que l'Europe en armes devant vos murs s'adresse « à vous. Hâtez-vous de répondre à la confiance qu'elle « met dans votre amour pour la patrie et dans votre « sagesse.. »

On ne pouvait dire plus clairement : « Rejetez Napoléon, et tout ce que vous mettrez à sa place nous conviendra. » Mais comment une déclaration si formelle avait-elle pu sortir de la plume du généralissime autrichien, lorsque, si récemment encore, le chef du cabinet, le confident le plus intime des pensées de l'empereur François, écrivait au duc de Vicence : « Vous devez connaître nos vœux, nos prin- « cipes et nos vues... ceux-ci sont en faveur d'une dynas- « tie si intimement liée à la nôtre. »

La proclamation n'était point l'ouvrage du prince de Schwarzenberg, elle lui avait été en quelque sorte surprise par le général de Pozzo di Borgo, qui en avait eu la première idée dans un petit village où le quartier général des souverains s'était arrêté avant d'arriver à Coulommiers ; il en avait fait adopter le soir la rédaction à son empereur, et le lendemain matin celui-ci l'avait proposée (1) au roi de Prusse, qui y avait donné son assentiment, et au prince de Schwarzenberg, qui n'avait osé refuser le sien. Fort de toutes ces approbations, le général de Pozzo, en entrant à Coulommiers, n'avait eu rien de plus pressé que d'y chercher une imprimerie; il s'était hâté d'y faire composer la pièce, et d'en ordonner le tirage à un assez grand nombre d'exemplaires. Mais le prince de Schwarzenberg avait déjà pris les devants avec l'empereur de Russie, et quand il fallut faire figurer sa signature à côté des autres, l'imprimeur déclara qu'un officier autrichien lui avait enjoint de ne pas le faire sans de nouveaux ordres. Pozzo ne s'était pas laissé déconcerter par cet obstacle, et, prenant aussitôt le galop, il avait rejoint son empereur à la sortie de Meaux, sur la grande route. Le généralissime marchait à ses côtés; Alexandre n'eut pas de peine à comprendre la gravité de l'obstacle dont on venait lui rendre compte, et il n'hésita pas, pour le lever, à prodiguer au prince de Schwarzenberg des cajoleries auxquelles celui-ci ne sut pas résister. Son consentement fut donné de nouveau, et aussitôt reporté à Coulommiers. C'est ainsi que la proclamation avait été mise en état de paraître et d'être distribuée avec cette indispensable signature.

Le prince de Schwarzenberg était un galant homme, de fort bon caractère, mais d'un esprit médiocre et de talents militaires plus médiocres encore. On l'avait nommé généralissime des armées coalisées par égard pour l'Autriche et

(1) J'ai tenu dans mes mains et lu la minute de cette pièce d'une si grande importance historique. Elle était chargée de plusieurs corrections, au crayon et faites de la main de l'empereur Alexandre; celle-ci entre autres, à la suite de la phrase ainsi conçue : « Parisiens, vous connaissez la situation de votre patrie, la conduite de Bordeaux, l'occupation amicale de Lyon, etc. » M. de Pozzo, toujours pressé d'atteindre son but, avait mis : « Cherchez dans l'autorité légitime. » L'empereur, plus circonspect, avait effacé ces mots, et les avait remplacés par ceux-ci qui sont demeurés : « Vous trouverez dans ces exemples. »

afin de la lier le plus possible à la cause commune. Le fardeau était tellement lourd qu'il n'y avait pas à craindre qu'il l'exerçât d'une façon trop jalouse; l'inaction était, de sa part, ce qu'on avait le plus à redouter. Il était toujours sous la direction immédiate de son maître et de M. de Metternich. Dans cette occasion, il se trouvait pour la première fois livré à lui-même, et il ne fut pas très difficile à un esprit aussi délié que celui du général de Pozzo, et à un prince aussi séduisant qu'Alexandre, de s'en emparer, au moins pour quelques heures. On peut mettre le succès qu'obtint en cette occasion l'habileté de M. de Pozzo au nombre des plus grands services qui aient été rendus à la maison de Bourbon, si même il ne doit pas être regardé comme le plus décisif.

Pendant que je lisais attentivement la pièce que M. de Nesselrode venait de me remettre, il cherchait à voir dans mes yeux l'impression qu'elle me faisait, et, la lecture finie, il se hâta de me demander ce que j'en pensais. « Je suis fort « heureux, lui répondis-je, des témoignages d'intérêt qu'elle « contient pour la ville de Paris. Il est bien nécessaire, en « effet, qu'elle soit ménagée, si on ne veut pas amener des « malheurs dont l'âme généreuse de l'empereur Alexandre « serait contristée. — A cet égard, reprit-il, vous pouvez « être tranquille, et il ne dépendra que des Parisiens de « voir cette bienveillance s'accroître et devenir la plus éclatante « des protections. L'empereur, au reste, vous donnera « bientôt lui-même toutes les assurances que vous pouvez « désirer. Aussitôt qu'il sera levé, je prendrai ses ordres « pour introduire les députations; je lui dirai que vous êtes « à la tête, et il sera certainement fort aise d'avoir à s'expliquer « devant une personne digne de confiance. Ne vous « gênez pas dans vos réponses et dans vos demandes. Dites « tout ce que vous croirez utile; mais je vous préviens « qu'il a l'oreille un peu dure et qu'il faut parler haut pour « en être entendu. » Il me pria de lui présenter le préfet de la Seine et les principaux membres de la députation. Nous attendîmes encore assez longtemps après qu'il nous eut quittés. Pendant cet intervalle, le salon se remplit peu à peu de tous les grands officiers de l'empereur Alexandre et des principaux chefs de l'armée coalisée. Ils s'efforcèrent de lier conversation avec nous de la manière la plus obligeante, affectant de parler avec de grands éloges et même avec admiration de la belle résistance des troupes françaises, surtout dans les derniers combats qui avaient eu lieu à la Fère-Champenoise.

Il était six heures environ lorsque nous fûmes introduits chez l'empereur Alexandre, dans l'appartement qu'il occupait au premier étage. Après une présentation dans laquelle M. de Nesselrode, à l'aide des indications que je lui avais données, fit connaître nominativement à l'empereur tous les membres de la députation et leurs qualités, Sa Majesté prit la parole et se mit à paraphraser la proclamation du généralissime. Il ne fut pas plus formel que lui dans l'indication de ce qui pouvait être mis à la place de ce qu'on voulait renverser, mais il fut infiniment plus clair et plus positif dans l'expression de sa haine implacable contre Napoléon. « Je n'ai, dit-il, qu'un ennemi en France et cet
« ennemi c'est l'homme qui m'a trompé de la manière la
« plus indigne, qui a abusé de ma confiance, qui a trahi
« avec moi tous les serments, qui a porté dans mes États
« la guerre la plus inique, la plus odieuse. Toute réconci-
« liation entre lui et moi est désormais impossible; mais,
« je le répète, je n'ai en France que cet ennemi. Tous les
« Français, hors lui, sont bien vus de moi. J'estime la
« France et les Français, et je souhaite qu'ils me mettent
« dans le cas de leur faire du bien. J'honore le courage et
« la gloire de tous les braves contre lesquels je combats
« depuis deux ans, et que j'ai appris à estimer dans toutes
« les positions où ils se sont trouvés. Je serai toujours
« prêt à leur rendre la justice et les honneurs qui leur sont

« dus. Dites donc, messieurs, aux Parisiens, que je n'entre
« pas dans leurs murs en ennemi, et qu'il ne tient qu'à eux
« de m'avoir pour ami; mais dites aussi que j'ai un ennemi
« unique en France, et qu'avec celui-là je suis irréconci-
« liable. »

Cette idée fut reproduite de vingt manières et toujours avec la plus extrême véhémence, et en traversant la chambre d'un bout à l'autre. Nous restions tous dans le plus profond silence. Quand il crut s'être suffisamment fait comprendre de tous, il s'adressa directement à moi et me demanda si j'avais quelque chose à réclamer dans l'intérêt de la ville et du bon ordre. Je lui dis que la capitulation exceptait bien la garde nationale de tout ce qui avait été stipulé pour les troupes de ligne, mais qu'elle laissait à décider si cette garde resterait armée et si elle continuerait à faire son service, ce que je regardais comme indispensable. « Vous le croyez nécessaire, me répondit-il, eh
« bien! je l'accorde. C'est une grande marque de confiance
« que je donne aux Parisiens, j'espère qu'ils s'en rendront
« dignes. » Puis, se rappelant qu'on lui avait présenté le major général de cette garde, M. Allent, il alla à lui et lui dit : « Vous en répondez, n'est-ce pas, monsieur, de la
« garde nationale? — Oui, si on ne lui demande rien de
« contraire à son honneur et à ses serments », répliqua M. Allent, d'un ton plein de dépit. La déclamation contre Napoléon l'avait blessé. Heureusement il ne parla pas très haut, et l'empereur, grâce à la dureté de son oreille, n'entendit guère que le « oui ».

Je hasardai alors pour la gendarmerie de Paris, dont je m'efforçai de faire sentir aussi l'utilité, la même demande que pour la garde nationale; mais c'était un corps soldé, tout à fait militaire, et la question était plus délicate. Alexandre décida de la régler plus tard, en permettant toutefois qu'on usât provisoirement de cette troupe. Ce point étant ainsi fixé, je rappelai que la proclamation du généralissime promettait qu'aucun logement militaire ne pèserait sur la capitale, et je me permis de dire à quel point il était nécessaire que cet engagement fût exactement tenu, en ce qui concernait les soldats. Comment répondre en effet de ce qui se passerait au milieu d'une population de plus de sept cent mille âmes, si on ne se mettait pas à l'abri des rixes journalières qui ne pourraient manquer de naître entre la classe populaire et les soldats, qu'on mettrait en logement chez elle ? La promesse fut aussitôt renouvelée avec une grande netteté.

L'empereur demanda combien la ville et les faubourgs renfermaient de casernes. Il fut étonné de l'énumération qui lui en fut faite par le préfet de la Seine et par moi. Nous observâmes que, de plus, il y en avait de fort rapprochées et qu'on pouvait regarder comme tenant à la ville, celles de Saint-Denis et de Courbevoie. Cette dernière explication étant donnée, l'empereur ajouta fort gracieusement et de lui-même la promesse de faire respecter les propriétés publiques et d'empêcher tout ce qui pourrait avoir le moindre caractère de spoliation ; puis il nous congédia, en ajoutant que les ordres allaient être donnés pour le mouvement des troupes qui, aux termes de la capitulation, devaient entrer à sept heures du matin. Je lui représentai alors qu'en supposant qu'elles occupassent quelques barrières à cette heure, il était fort à désirer qu'elles n'avançassent pas dans la ville avant dix ou onze heures. Il voyait devant lui les seuls fonctionnaires publics qui pussent donner les ordres nécessaires pour préparer leur réception. Nous avions été forcés de quitter nos postes pendant presque toute la nuit, nous ne pouvions pas rentrer avant huit ou neuf heures, et il fallait nous donner le temps de prendre quelques précautions indispensables, ne fût-ce que celles de publier une proclamation et d'informer la garde nationale qu'elle était conservée et qu'elle devait s'employer à maintenir le bon ordre.

En descendant l'escalier, M. de Nesselrode me prévint qu'un aide de camp de l'empereur allait monter dans ma voiture et entrerait avec moi dans Paris pour préparer les logements de Sa Majesté. Je dus donc prier M. de Lamoignon de chercher place dans une autre voiture, et M. de Wolkonski entra dans la mienne, qui prit les devants et se trouva aussitôt environnée par une escorte de Cosaques réguliers de la garde. Nous étions à peine à deux cents pas du village de Bondy, lorsque j'aperçus sur la route M. le duc de Vicence; il était à pied, et m'ayant reconnu, il se précipita à la portière de ma voiture, espérant sans doute apprendre de moi ce qui venait de se passer et surtout ce qui venait de se dire, car les moindres paroles d'Alexandre étaient dans ce moment d'un poids immense. Je sus bientôt après qu'il était là déjà depuis quelque temps et n'avait pu pénétrer dans le village, malgré tout ce qu'il avait tenté pour faire parvenir à l'empereur Alexandre la nouvelle de son arrivée. J'aurais bien désiré échanger quelques paroles avec lui, mais les Cosaques de l'escorte, avertis probablement par un signe de M. de Wolkonski, ne permirent pas à mon cocher de s'arrêter et le forcèrent à marcher beaucoup plus vite. Le trajet du retour fut donc très rapide. La conversation, comme on peut le penser, ne fut pas très animée entre mon compagnon de voyage et moi; il était cependant d'une extrême civilité et avait les meilleures manières.

La route était débarrassée des obstacles qui plus d'une fois avaient, en venant, arrêté notre marche. Il avait fallu la rendre libre pour le passage des nombreuses colonnes qui se formaient déjà au bruit d'une musique guerrière, et au milieu desquelles nous marchâmes depuis Pantin jusqu'à Paris. Les troupes dont se composaient ces colonnes avaient toutes à leur bonnet une branche verte et au bras une écharpe blanche. Cette particularité m'ayant frappé, mon compagnon de voyage m'apprit que la branche verte avait été adoptée pour se conformer à l'usage des troupes autrichiennes, qui la prenaient toujours lorsqu'elles entraient en campagne. Quant à l'écharpe blanche, elle avait été prise avant la bataille de la Rothière, pour que tant de corps de nations différentes pussent se reconnaître dans la mêlée. Il était près de huit heures lorsque nous franchîmes la barrière, que déjà les troupes étrangères occupaient, mais qu'elles n'avaient pas dépassée. Je trouvai, à peu de distance, le peloton de gendarmerie que nous avions laissé à notre passage; il se rangea d'un côté de ma voiture, les Cosaques prirent l'autre côté. Je traversai ainsi une grande partie de la ville pour arriver à la préfecture de police.

Cette première apparition dans l'intérieur de la capitale d'une troupe étrangère fit un grand effet, et je lisais dans les yeux de presque tous ceux qui nous voyaient passer une douloureuse stupéfaction. Beaucoup croyaient que je revenais prisonnier, et en tiraient les plus funestes augures. En quittant Bondy, j'étais convenu avec M. Allent qu'à son retour il donnerait à la garde nationale les ordres nécessaires pour qu'elle eût à continuer son service et à assurer, par de nombreuses patrouilles, la tranquillité de la ville. J'appelai le commandant et les principaux officiers de la gendarmerie, et leur fis connaitre que leur corps était conservé jusqu'à nouvel ordre dans ses fonctions, et que j'espérais obtenir bientôt à cet égard une résolution définitive. Ils étaient en général bien disposés pour moi et très désireux de se rendre utiles; mais cependant leur esprit militaire (ils avaient tous servi et bien servi) leur faisait envisager avec déplaisir l'obligation de rester ainsi séparés de l'armée; il y en avait plusieurs dont le dévouement à Napoléon était très profond. Je leur parlai de mon mieux et m'efforçai de leur faire comprendre qu'il y avait, dans les circonstances où nous nous trouvions, peu de services plus grands à rendre à leur pays et même à l'Empereur, que de veiller à la conservation de la capitale et de la préserver des malheurs dont elle pouvait être menacée. Ils finirent par me le promettre tous, mais quelques-uns d'assez mauvaise grâce.

J'étais occupé à rédiger la proclamation au peuple de Paris, lorsqu'on m'annonça le duc de Vicence. Il venait me demander les renseignements qu'il n'avait pu obtenir sur la route et que je lui donnai en toute franchise; mais auparavant je lui avais demandé la permission d'achever ce que j'écrivais, en lui faisant connaître le degré d'importance que j'y attachais. Quand j'eus fini, il me témoigna le désir de connaître ma rédaction; je m'y prêtai volontiers et fis même droit à ses observations, en changeant quelques mots. Il me dit ensuite que Napoléon était arrivé la veille au soir à trois lieues de la capitale, entre la Cour-de-France et Villejuif. Là il avait rencontré la tête d'une colonne de cavalerie que commandait le général Belliard et avait appris de lui la capitulation. Son premier mouvement avait été de continuer sa route et d'entrer dans Paris; mais qu'y pouvait-il faire ? Y retenir les troupes qui avaient capitulé et qui s'étaient engagées à en sortir ? C'était violer toutes les lois de la guerre.

D'un autre côté, l'armée qui venait à sa suite ne pouvait être rendue sous les murs de la capitale avant le 2 avril; il avait donc été obligé de retourner sur ses pas et avait pris le parti de regagner Fontainebleau. Il avait alors envoyé M. le duc de Vicence auprès de l'empereur Alexandre, en le chargeant de négocier à tout prix, s'il en était encore temps. Voilà comment je l'avais trouvé à l'entrée de Bondy; il m'avoua qu'il n'avait pas été plus heureux après mon départ qu'auparavant, et avait rencontré la même impossibilité de pénétrer jusqu'à l'empereur. Il se flattait cependant d'en obtenir une audience aussitôt après son entrée dans la ville. Comme j'insistais sur les formelles déclarations qu'il nous avait fait entendre de son inimitié contre Napoléon : « Je crois le bien connaître, me

« répliqua-t-il ; il est blessé sans doute et gravement, mais
« il a de la générosité et de la modération ; ce dernier et si
« grand succès qu'il vient d'obtenir me servira peut-être à
« lui faire mieux et plus facilement comprendre qu'il ne
« serait pas sage de livrer aux hasards des événements la
« gloire incontestable qui lui est acquise aujourd'hui. Il a
« devant lui un grand exemple, celui de son rival, je le lui
« mettrai sous les yeux, je serais fort trompé si je ne lui
« faisais pas impression. — J'ai peur, lui répondis-je, que
« vous ne vous flattiez ; mais il faut de la confiance pour
« agir et pour réussir, je ne veux donc pas ébranler la
« vôtre. »

Le chef de division auquel j'avais remis le portefeuille du duc de Rovigo s'était hâté de me le rapporter aussitôt après mon retour de Bondy. La vue des Cosaques arrivant avec moi et restés dans la cour de l'hôtel lui avait inspiré la ferme résolution de ne pas rester chargé de ce dépôt; qu'en faire donc ? Il était difficile de prévoir ce qui se passerait dans l'espace de deux fois vingt-quatre heures. Le peu que j'avais vu de la correspondance contenue dans ce portefeuille avait beaucoup ajouté à ce que je pensais déjà des graves conséquences que sa mise au jour pouvait avoir, la quantité de personnes et d'intérêts qu'elle compromettait nécessairement. Après quelques moments d'hésitation, je me décidai à tout jeter au feu ; la destruction en fut achevée en cinq minutes.

Quand le duc de Rovigo est venu me demander, trois semaines après, ce qu'il avait confié à ma loyauté, il n'a pu s'empêcher de reconnaître que j'avais agi prudemment. Mais il a ajouté que cette perte était pour lui un malheur irréparable, que là se trouvait la justification de toute sa vie politique. J'ai détruit sans doute des pièces précieuses pour l'histoire ; mais, en pensant à l'usage qui aurait pu en être fait, en songeant au parti qu'il eût été si facile d'en tirer pour satisfaire beaucoup de haines et de ressentiments, je puis me dire que j'ai rendu, bien que ce soit sans y avoir précisément songé, un fort grand service à bon nombre de mes contemporains. Si j'avais été guidé par une préoccupation personnelle, j'aurais pensé que, dans le cas où on prendrait tel parti qui me brouillerait irrémissiblement avec Napoléon et qui m'exposerait, s'il restait vainqueur, à ses plus rudes vengeances, il serait prudent de garder entre mes mains un gage dont la restitution pourrait n'être pas payée trop cher par la garantie de ma tranquillité. Un tel abus de confiance effaroucha ma délicatesse, et je restai fidèle à la promesse que j'avais faite au duc de Rovigo.

CHAPITRE XIII

Entrée des souverains alliés à Paris. — Manifestations royalistes. — Sentiments de la population. — Entrevue de M. de Nesselrode avec M. de Talleyrand. — Les souverains tiennent conseil chez ce dernier. — M. de Talleyrand se prononce pour les Bourbons; les princes coalisés déclarent qu'ils ne traiteront plus avec Napoléon ni avec aucun membre de sa famille. — Entretien de M. Pasquier et de M. de Nesselrode. — La joie trop bruyante des royalistes fait craindre une collision entre eux et le reste de la population; ils s'attaquent à la colonne Vendôme. — Difficultés que présente la distribution des vivres aux troupes d'occupation. — Réception bienveillante ménagée par l'empereur Alexandre à M. Pasquier. — L'antichambre de M. de Talleyrand. — Alexandre refuse définitivement de traiter avec Napoléon. — Un groupe de royalistes, parmi lesquels M. de Chateaubriand et M. Ferrand, supplie les souverains de rendre la France aux Bourbons. — Une déclaration de l'empereur de Russie rassure les officiers qui se cachaient dans Paris. — Dure réplique de M. de Vicence à l'abbé de Pradt. — Franche explication entre lui et M. Pasquier. — Le Sénat s'assemble le 1ᵉʳ avril, sous la présidence de M. de Talleyrand. — Organisation d'un gouvernement provisoire. — Manifeste lancé par la municipalité. — M. Pasquier refuse d'y apposer sa signature. — Apparition du pamphlet de M. de Chateaubriand, *Bonaparte et les Bourbons*. — La gendarmerie de Paris murmure. — Les Cosaques pillent les environs de la capitale. — Entente entre M. Pasquier et le général de Sacken relativement à l'administration de la ville. — Mise en liberté des détenus politiques.

L'empereur Alexandre arriva à dix heures, avec le roi de Prusse, aux portes de Paris; entre onze heures et midi, commença sur le boulevard, de la porte Saint-Denis, l'interminable défilé de troupes de toutes armes qui précédaient ou suivaient les deux souverains.

Une masse énorme de population s'était portée, dès le matin, sur tous les points où les étrangers devaient passer. Le faubourg Saint-Denis et les boulevards en étaient couverts; cette foule était silencieuse, morne, et attendait les événements avec beaucoup d'anxiété.

L'air noble d'Alexandre, ses manières affables et obligeantes, le soin qu'il prenait de recommander sans cesse à tout ce qui l'entourait de ne froisser personne, causèrent une favorable impression; à mesure qu'il avança sur le boulevard, il fut salué de quelques acclamations. Au même moment, un rassemblement s'était formé sur la place Louis XV : il était composé d'un petit nombre de jeunes royalistes, portant les noms les plus estimés de la noblesse française; ils n'hésitèrent pas à prendre la cocarde blanche. Quelques dames qui se trouvaient aux fenêtres de la place et de la rue Royale encouragèrent ce mouvement par leurs acclamations, et se hâtèrent d'offrir des rubans blancs à qui en voulait mettre à son chapeau. Ils se portèrent sur le boulevard de la Madeleine, et marchèrent au-devant des souverains. Leur groupe ne laissa pas que de grossir en avançant. Ils rencontrèrent l'empereur Alexandre et le roi de Prusse vers le boulevard des Italiens; là commencèrent à se faire entendre avec assez d'intensité les cris de : *Vivent les Bourbons! Vivent les souverains! Vive l'empereur Alexandre!* Parmi les femmes aux fenêtres, beaucoup agitaient des mouchoirs blancs, et répondaient à ces cris qui accompagnèrent les souverains jusqu'aux Champs-Élysées, où ils restèrent longtemps à voir défiler leurs troupes.

Au milieu de ces manifestations, la grande majorité restait silencieuse; si elle ne pensa pas à couvrir de ses protestations des clameurs qui lui semblaient au moins indiscrètes, cela doit être principalement attribué à la vue de l'écharpe blanche que portaient au bras les militaires étrangers; on n'en connaissait pas le véritable motif, on supposait que les alliés se prononçaient ouvertement pour le parti dont cette couleur était l'emblème.

M. de Nesselrode, à peine arrivé, était allé chez M. de Talleyrand; c'était le résultat le plus certain de la mission de M. de Vitrolles; elle avait aplani les voies, et une courte conversation a dû suffire pour établir entre M. de Nesselrode et M. de Talleyrand la plus parfaite intelligence. Ce dernier, une fois assuré des intentions de l'empereur Alexandre en faveur de la maison de Bourbon, n'hésita pas à promettre son concours, celui de tous ses amis, et se fit fort de déterminer un mouvement qui enlèverait la question; mais comme il fallait tout concerter entre l'empereur et lui, il fut arrêté que ce souverain habiterait son hôtel; cette décision, à elle seule, a eu les conséquences les plus grandes.

Le défilé des troupes étant achevé, Alexandre se rendit chez M. de Talleyrand vers cinq heures du soir. Le roi de Prusse suivit peu d'instants après. D'après le compte rendu de M. de Nesselrode, il fut convenu entre eux qu'un conseil se tiendrait aussitôt pour aviser à la marche qu'il convenait de suivre, et pour arrêter les premières dispositions qu'il était à propos de prendre. Ce conseil eut lieu en effet immédiatement; il se composait, outre les deux souverains, du prince de Schwarzenberg, du prince de Lichtenstein, qui en plusieurs circonstances avait été chargé par l'empereur d'Autriche de missions de la plus haute confiance, de M. de Nesselrode et du général de Pozzo di Borgo; M. de Talleyrand et le duc de Dalberg y furent aussi admis de prime abord. M. l'abbé de Pradt, archevêque de Malines, et le baron Louis, qui se trouvaient chez M. de Talleyrand, y furent appelés au bout de quelque temps.

M. de Pradt, dans son écrit intitulé : *Récit historique sur la restauration de la royauté en France le 31 mars 1814*, a raconté assez exactement ce qui s'était passé dans ce conseil; quelques détails sont seuls contestables. L'empereur Alexandre indiqua lui-même l'objet de la délibération. Il y avait trois partis à prendre : faire la paix avec Napoléon, en prenant contre lui toutes les sûretés possibles, établir une régence, ou enfin rappeler la maison de Bourbon. Il ne cacha pas son inclination pour ce dernier parti, mais il y joignit l'exposé scrupuleux des objections possibles. Avant tout, il ne devait être adopté qu'autant qu'on pourrait se flatter d'un assentiment général dans le pays. Pouvait-on se dissimuler que jusqu'alors cette condition non-seulement n'était pas accomplie, mais que les apparences ne lui étaient pas favorables? Il s'était très bien rendu compte que les acclamations royalistes qui s'étaient fait entendre le matin sur son passage, avaient commencé fort tard, et qu'elles ne partaient pas de la masse populaire; c'étaient cependant les premières qui eussent frappé son oreille depuis son entrée en France; dans toutes les contrées qu'il avait traversées il avait vu fort généralement une population très prononcée en sens tout contraire; mais ce qui l'intéressait par-dessus tout, c'était l'armée. Parviendrait-on à la détacher d'un chef sous lequel elle venait encore de combattre avec tant d'héroïsme, et à qui elle n'avait cessé de donner les marques du dévouement le plus absolu? Lui ferait-on surtout accepter des princes contre lesquels, depuis vingt ans, elle avait constamment été entretenue dans des sentiments de haine?

La préoccupation d'Alexandre n'avait rien dont on dût s'étonner. Depuis longtemps la France, aux yeux de l'empereur, était représentée par l'armée; vaincue, mutilée, elle était grande encore, les imaginations restaient frappées par quinze ans d'une gloire sans pareille, accrue par l'héroïque résistance que, depuis deux mois, elle opposait aux efforts combinés de l'Europe tout entière. La pensée de donner à la France un souverain que l'armée n'accepterait pas, ou seulement qui lui répugnerait, s'offrait dès lors avec des difficultés dont il était impossible de n'être pas effrayé.

Était-il donc si difficile de faire comprendre à la France comme à l'armée, qu'ils n'obtiendraient jamais le repos dont ils avaient tant besoin, aussi longtemps qu'il leur faudrait servir d'instrument à l'insatiable ambition de Napoléon? M. de Talleyrand pouvait mieux que personne donner les renseignements dont on avait besoin; l'empereur termina en lui demandant son avis.

M. de Talleyrand n'hésita pas à se prononcer pour les Bourbons; il déclara que Napoléon n'avait plus d'autre puissance en France que celle qui appartient à l'ordre légal, au gouvernement établi; que quant à l'armée, c'était à sa propre gloire, bien plus qu'à lui, qu'elle était fidèle. Il en était de même des provinces que les alliés avaient traversées; c'était contre les charges et les misères de l'invasion qu'elles étaient révoltées, sans aucun sentiment d'attachement sérieux ou solide pour celui qui avait attiré sur elles un si écrasant fardeau. Qui pouvait oser se déclarer contre Napoléon lorsque, malgré sa défaite, on voyait les puissances étrangères toujours prêtes à traiter avec lui et ne mettant jamais en doute ses droits à la souveraineté? Il aurait fallu une résolution extraordinaire pour oser affronter les terribles vengeances auxquelles un homme de son tempérament ne manquerait pas de se livrer, le jour où il pourrait les exercer sans contrainte. Cependant, on avait l'exemple de Bordeaux; dans une foule de villes, on attendait une occasion pour laisser éclater des sentiments longtemps comprimés; il en serait de même à Paris, pourvu toutefois qu'on ne voulût rien brusquer, rien emporter par la force et la menace, pourvu surtout qu'on eût le soin de ménager les amours-propres et les intérêts, qu'on sût employer les hommes qui ont une véritable influence.

Alors on demanda à M. de Talleyrand d'entrer dans quelques détails sur les moyens dont il comptait se servir pour opérer cette révolution. Il répondit qu'il se servirait des corps constitués, du Sénat lui-même, qu'il était sûr d'en obtenir toutes les déclarations, tous les actes qui seraient nécessaires. Nulle assurance ne devait produire plus d'effet; elle fut confirmée par le duc de Dalberg, par

M. Louis et par M. de Pradt. Fort de ces assurances, Alexandre interpella alors le roi de Prusse et le prince de Schwarzenberg; il leur demanda s'ils ne pensaient pas comme lui qu'il n'y avait pas à hésiter; qu'il fallait sur-le-champ publier une nouvelle proclamation dans laquelle on exprimerait la ferme volonté de ne jamais traiter avec Napoléon. Le roi de Prusse hésita quelque peu, mais finit par donner son assentiment, et le généralissime, déjà lié ou à peu près par la proclamation qu'il avait revêtue de sa signature, donna le sien sans difficulté. L'Angleterre n'était pas représentée dans ce conseil, et le prince de Metternich, seul dépositaire des intentions secrètes de l'empereur d'Autriche, ne s'y trouvait pas; il avait suivi son maître à Dijon. Ainsi, tout dépendait de l'empereur Alexandre; seul il décidait, à lui seul appartient la restauration de la maison de Bourbon; M. de Pradt a raison quand il dit qu'elle est sortie de ce conseil.

Au moment de rédiger la proclamation nouvelle, M. de Talleyrand fit sentir la nécessité de déclarer formellement que les souverains ne traiteraient pas plus avec un membre de la famille de Napoléon qu'avec lui-même. Cette observation fut accueillie avec facilité; dans les affaires, quand un certain point est gagné, personne ne sait plus discuter le reste. Ainsi, le prince de Schwarzenberg et le prince de Lichtenstein consentirent formellement à exclure du trône de France le fils de l'archiduchesse Marie-Louise. Très certainement, ils n'avaient aucune autorisation de leur souverain pour prendre un tel engagement. Le conseil fut terminé par une solennelle allocution de l'empereur Alexandre, sur l'intention qu'il avait d'écouter consciencieusement tout ce qui pourrait faire connaître les vues de la nation, et sur l'engagement qu'il prenait que ce vœu, du moment où Napoléon et sa famille auraient été mis de côté, serait soutenu par toutes les forces alliées.

M. de Nesselrode m'avait écrit un billet que je reçus

avant cinq heures, pour m'engager à venir le plus promptement possible à l'hôtel de M. de Talleyrand, où l'empereur allait arriver et où on aurait besoin de s'entendre avec moi. Le grand nombre d'ordres que j'avais à donner ne m'avait pas permis de partir sur-le-champ, et j'arrivai au moment où la séance était levée.

J'entrai à l'entresol, que s'était réservé le prince de Talleyrand; M. Louis descendait; il me dit ce qui venait d'être conclu, me demanda si je ne voulais pas y donner les mains, si je refuserais de m'engager, ainsi qu'il venait de le faire, dans une cause dont le succès pouvait seul procurer le salut de la France et lui rendre bonheur et repos. Il n'y avait pas d'autorité moins propre à m'entraîner que celle de M. Louis; sans lui refuser de l'esprit et de la valeur, je faisais peu de cas de son jugement; il me fallait pour me décider d'autres autorités que la sienne, ma réponse fut donc évasive. « Je comprends, répliqua-t-il, « que le parti est aventureux, qu'on y veuille réfléchir « avant de le prendre; mais voilà M. de Nesselrode, je « vous laisse avec lui, ses paroles vous feront sans doute « plus d'impression que les miennes. »

En effet, je passai près d'une heure avec lui. Il entra dans les plus grands détails sur ce qui s'était dit et fait au conseil, il insista principalement sur l'inébranlable résolution qui était prise par le Czar et ses alliés, de ne jamais traiter avec Napoléon ni avec sa famille. Cette résolution, si elle n'avait pas pour résultat de séparer sur-le-champ Napoléon de la France, ou plutôt de décider la France à abandonner sa cause, nous jetait dans une continuité de guerres et de désastres dont le terme ne pouvait plus se prévoir. N'était-ce donc pas le moment de faire un effort pour éviter un si grand malheur? Le véritable patriotisme ne commandait-il pas, au risque de tous les dangers personnels, de prendre le seul parti qui fût capable d'amener le salut du pays?

J'avais déjà beaucoup réfléchi à la situation si grave qui allait m'être faite; je ne me dissimulais ni les dangers ni les tristesses d'une résolution irrévocable. Dès ce moment, je résolus d'user de tous les moyens qui étaient en mon pouvoir pour faciliter la Restauration, en faisant triompher la cause de la maison de Bourbon. Je ne cachai pas à M. de Nesselrode les difficultés de l'entreprise, la nécessité de tout faire pour persuader au peuple qu'on ne prétendait rien lui imposer, qu'il devait agir librement, obéissant à son sentiment propre, en dehors de toute pression étrangère. Le juste sentiment de la fierté nationale devait être particulièrement ménagé, surtout pour tout ce qui touchait à l'armée. Il y avait à Paris une foule de militaires malades, il importait de les rassurer. Je savais que beaucoup d'entre eux voulaient se faire transporter hors de la ville. « Je vous réponds à l'avance, me dit sans hési-
« ter M. de Nesselrode, que l'empereur acceptera tout ce
« que vous lui proposerez à l'égard de ces militaires.
« Soyez d'ailleurs certain que du moment où vos inten-
« tions lui seront bien connues, vous aurez toute sa con-
« fiance; il vous en donnera, au reste, l'assurance lui-
« même, car il faut que vous le voyiez dans la soirée. »

Je témoignai le désir de lire le texte de la déclaration qui avait été arrêtée au conseil, étant en position de connaitre ce qui pouvait produire un bon ou un mauvais effet sur les habitants de Paris; l'épreuve arriva une heure après à la préfecture de police, je changeai quelques mots. Cette déclaration avait certainement été préparée à l'avance par M. de Talleyrand ou M. de Pozzo, car il eût été impossible, dans un conseil aussi court, de faire, au courant de la plume, une rédaction dans laquelle tous les points essentiels étaient si parfaitement touchés dans une si juste mesure. Ainsi, le vœu de la nation française étant sous-entendu, on ne craignait pas d'avancer que, si les conditions de la paix devaient stipuler les plus fortes garanties lorsqu'il s'agissait d'enchaîner l'ambition de Bonaparte, elles devaient être beaucoup plus douces lorsque, par son retour à un gouvernement sage, la France donnerait elle-même les gages certains d'un repos après lequel tout le monde aspirait.

Les souverains alliés proclamaient qu'ils ne traiteraient plus avec Napoléon, ni avec aucun membre de sa famille; qu'ils respecteraient l'intégrité de l'ancienne France, telle qu'elle existait sous ses rois légitimes. Ils pourraient même faire plus, parce qu'ils professaient toujours le principe que, pour le bonheur de l'Europe, il fallait que la France restât grande et forte. Le plus grand reproche qu'on ait été dans le cas d'adresser à M. de Talleyrand est de n'avoir pas su tirer un meilleur parti de cette importante concession. Enfin, les souverains s'engageaient à reconnaître et à garantir la constitution que la nation française se donnerait; ils invitaient le Sénat à désigner un gouvernement provisoire qui fût en état de pourvoir aux besoins de l'administration et de préparer la constitution qui conviendrait le mieux au peuple français.

M. de Nesselrode voulait me retenir, assurant que l'empereur, qui était entré dans son cabinet pour donner quelques ordres, pourrait me recevoir avant une demi-heure; mais je lui représentai que ma présence était trop nécessaire dans mon administration pour que je pusse, surtout à ce moment de la journée, demeurer absent plus longtemps. Il fut convenu que je reviendrais le soir, M. de Talleyrand m'ayant dit qu'à neuf heures il réunirait chez lui le petit nombre de personnes avec lesquelles il voulait délibérer.

De retour à la préfecture, j'appris avec détail tout ce qui s'était passé dans la ville depuis l'entrée des alliés. Hors la partie de la ville comprise entre le boulevard des Italiens, la place Louis XV et la rue de Richelieu jusqu'à la hauteur du Palais-Royal, dans laquelle les premières acclamations royalistes s'étaient fait entendre, partout ailleurs la consternation était grande. Sur plusieurs points, notamment dans le quartier de l'hôtel de ville et vers le faubourg Saint-Antoine, une assez vive opposition s'était plusieurs fois manifestée. Elle avait été contenue heureusement par les nombreuses patrouilles de la garde nationale, qui commença dans ce jour le service si actif, si intelligent qu'elle a soutenu avec une admirable persévérance tant que la crise a duré. Il était sensible que le moindre événement pouvait amener une explosion, non pas sans doute contre les troupes alliées, dont la force était trop imposante pour qu'on osât la braver, mais contre les hommes qui se mettaient en avant pour la maison de Bourbon et dont la joie bruyante et la bonne intelligence avec les étrangers étaient considérées par un fort grand nombre de citoyens comme une insulte à la douleur publique, comme un abandon de la cause nationale. Or, rien dans la situation des affaires n'aurait été plus funeste qu'un mouvement de cette nature. Tous les soins de l'administration devaient donc être dirigés de manière à écarter ce danger; la tâche, je puis l'assurer, n'a pas été petite entre tant de sentiments également passionnés. Je dois cette justice à tous ceux qui m'étaient alors subordonnés, que je trouvai en eux autant de bonne volonté que de zèle. J'étais assez heureux pour leur avoir inspiré, pendant les trois années que je venais de passer à leur tête, beaucoup de confiance; j'en recueillis les fruits en cette occasion. Ainsi, lorsque j'assemblai les commissaires de police et les officiers de paix pour leur donner mes instructions, tous me dirent qu'ils avaient pris leur parti de s'en rapporter aveuglément à moi, bien convaincus que je les dirigerais le mieux possible et suivant que les circonstances l'exigeraient pour le plus grand bien de la ville.

En examinant les rapports qui me furent remis des scènes de la journée dans les différents quartiers, je ne pus m'empêcher d'en remarquer une qui pouvait avoir de graves conséquences; elle avait commencé dès cinq heures du soir à la place Vendôme. Un certain nombre de royalistes, réunis au pied de la colonne que surmontait la statue de Napoléon, avaient imaginé que ce serait une action décisive que de l'en faire descendre ; ils s'étaient mis en conséquence à pousser des vociférations qui annonçaient leur projet. L'un d'eux était même monté au haut de la colonne, frappant la statue de coups impuissants. La nuit avait mis fin à cette tentative, mais elle en faisait craindre d'autres du même genre. Les amis de Napoléon devaient être indignés de l'insulte qui lui était faite ; il était impossible d'ailleurs que l'esprit national et l'esprit militaire ne fussent pas révoltés au plus haut degré, de voir porter atteinte au monument qui consacrait avec le plus d'éclat la gloire des armées françaises.

Le grand embarras de cette journée fut la distribution des vivres à une quantité de troupes aussi considérable que celle qui était entrée dans la ville. Elle avait souffert des retards qui, sans les ordres rigoureux donnés par les souverains pour maintenir la plus exacte discipline, auraient pu avoir de très fâcheuses conséquences. Ainsi, les troupes russes ne reçurent qu'à sept heures du soir leur première distribution de pain. J'écrivis au préfet de la Seine, car ce soin regardait son administration. Je fis venir ceux de ses chefs de bureau qui en étaient spécialement chargés, je ne négligeai rien pour stimuler leur zèle. Ce qui nous embarrassait le plus, c'était la nourriture d'une si nombreuse cavalerie ; les magasins de fourrage étaient très rares à Paris ; cependant nous étions bien informés qu'il serait plus facile de faire supporter aux Cosaques une abstinence personnelle de deux jours que de leur faire prendre patience sur un retard de trois heures dans la délivrance des rations pour leurs chevaux. Il fut convenu qu'on ferait un appel aux principaux fournisseurs qui se trouvaient à Paris, et qu'on les réunirait chez moi le lendemain.

Je retournai entre neuf et dix heures à l'hôtel de M. de Talleyrand et fus sur-le-champ introduit chez l'empereur Alexandre. Son accueil fut des plus obligeants, il me répéta avec beaucoup de détails tout ce que son ministre m'avait dit le matin. Il me dit que j'avais sa confiance, qu'il avait donné au général dont il faisait choix pour commander Paris l'ordre de s'entendre sur toutes choses avec moi, que c'était un brave et loyal homme dont je serais content. En effet, le général de Sacken méritait cet éloge. Il termina par ces paroles : « S'il se fait, au reste, quelque chose qui « vous blesse, ou si vous croyez qu'une mesure quelconque « soit utile à prendre, adressez-vous directement à moi. « Écrivez-moi par une ordonnance, si vous ne pouvez « pas venir, et vous aurez ma réponse au bout d'une demi-« heure. » J'ai usé plus d'une fois de cette permission, et toujours avec succès.

En sortant de cette audience, je descendis chez M. de Talleyrand; déjà ses antichambres et son premier cabinet étaient remplis d'une foule d'individus, dont plusieurs sans doute conduits par un zèle très pur, mais parmi lesquels il était facile de distinguer des hommes pressés. Je remarquai avec M. de Bourrienne, M. Laborie, l'air fort à son aise; bientôt il se trouva installé dans le secrétariat du gouvernement provisoire. Je prévis dès lors qu'il en résulterait mal pour qui mettrait en lui sa confiance. En entrant dans le cabinet j'y trouvai avec le prince de Talleyrand, le duc de Dalberg, M. Louis et M. de Jaucourt. On discutait la meilleure manière de mettre le Sénat en mouvement. Il fut convenu de faire avertir le plus de sénateurs qu'on pourrait et de les convoquer au Luxembourg pour le lendemain trois heures. Je sus que M. de Caulaincourt avait, dans l'après-midi, obtenu de l'empereur Alexandre l'audience sur laquelle il comptait, mais dont le résultat avait trompé ses espérances; il avait recueilli la déclaration la plus formelle que toute négociation qui aurait pour but de conserver la couronne à son maître était désormais inutile et même impossible.

La journée du 1er avril allait nous montrer si le Sénat répondrait à l'espérance qu'on faisait reposer sur lui. S'il venait à la tromper, notre position serait critique, car nous nous trouverions seuls, sans aucun appui légal dans le pays. Cette occasion est sans nul doute, de toute la vie de M. de Talleyrand, celle où il a le mieux manœuvré, car on sait comment et avec quelle promptitude tout ce qu'il voulait, tout ce qui lui était nécessaire, a été obtenu, réglé et exécuté. Le soir, j'allais me retirer lorsque nous apprîmes qu'une députation venait de demander à être introduite chez le Czar; elle était envoyée par une assemblée de royalistes qui s'étaient réunis chez M. de Mortfontaine. Les jeunes gens qui avaient arboré les premiers, dans la matinée, les cocardes blanches, en avaient formé le noyau; M. de Sémallé s'était fait reconnaître comme porteur de pouvoirs délivrés par M. le comte d'Artois; M. de Chateaubriand et M. Ferrand y avaient assisté; l'un et l'autre faisaient partie de la députation. Elle apportait une adresse dans laquelle Napoléon était traité de *monstre étranger à la patrie;* les souverains étaient suppliés de rendre à la France la présence de son Roi. L'empereur leur fit répondre par M. de Nesselrode que jamais ni lui ni ses alliés ne traiteraient avec Napoléon et que la déclaration la plus solennelle allait être publiée sur cette question. C'est une singularité remarquable que cette première assemblée royaliste tenue publiquement chez un homme qui avait épousé la fille du régicide Le Peletier de Saint-Fargeau.

Rentré chez moi fort avant dans la nuit, après tout ce que j'avais vu et entendu, j'avais matière à de bien sérieuses réflexions; heureusement, en de telles circonstances, le mouvement des affaires, le sentiment du devoir, des responsabilités acceptées, soutiennent les hommes.

Assailli par une foule de demandes auxquelles il fallait donner solution, ou répondre par des ordres, je n'avais le temps de m'arrêter sur rien; à peine me fut-il permis de reposer une ou deux heures.

Le lendemain je me trouvai encore plus obsédé; les inquiétudes commençaient à être vives sur les approvisionnements. Depuis trois jours rien n'arrivait au marché, on supposait généralement, au dehors, que les barrières devaient être fermées. Les gens de campagne n'osaient donc approcher de la ville; ceux qui en couraient le hasard n'y étaient déterminés que par le besoin de chercher un asile contre les violences du soldat étranger qui, cantonné dans les villages, se trouvant plus loin des regards de ses chefs, se livrait déjà à beaucoup d'excès. D'autre part, il ne manquait pas de gens à l'intérieur de la ville qui pensaient à profiter d'un moment de calme dont la durée ne serait peut-être pas longue pour se mettre en sûreté avec ce qu'ils avaient de plus précieux. La position des militaires était délicate, un grand nombre d'officiers de tous grades, blessés, malades, avaient été forcés de quitter l'armée et de s'établir dans la capitale. N'ayant pu profiter du peu de temps que la capitulation avait accordé aux troupes pour évacuer la ville, ils craignaient que les étrangers ne les déclarassent prisonniers; et comme le ministre de la guerre était parti avec tous les autres ministres, emmenant les principaux chefs de son administration, il ne restait que moi à qui ils pussent s'adresser pour savoir comment ils pourraient, ou se cacher, ou se faire transporter avec sécurité au dehors.

Rien n'était encore réglé; j'ignorais l'étendue des pouvoirs qui me seraient donnés pour assurer la libre circulation. J'allai chez M. de Talleyrand en conférer avec M. de Nesselrode; sur ma demande on convint que je délivrerais, comme à l'ordinaire, tous les passeports que je jugerais nécessaires; mais afin de les faire respecter par toutes les autorités militaires étrangères, on décida qu'ils seraient visés par le gouverneur commandant la place, le général de Sacken, et qu'un officier de son état-major serait établi à la préfecture de police et donnerait en son nom tous les visa. On décida encore que j'étais autorisé à annoncer, au nom du prince de Schwarzenberg, par un avis imprimé que je ferais répandre le plus loin possible, que toutes les barrières étaient ouvertes comme de coutume. Grâce à ces mesures, rendues publiques avec grande célérité, les courriers et voitures publiques purent partir le soir même ; cela était d'une grande importance pour rassurer la France sur ce qui se passait dans la capitale.

Restait la question des militaires blessés ou malades. Je représentai à M. de Nesselrode que rien ne serait plus propre à décider la confiance que le Czar tenait à conquérir, qu'un acte de générosité qui les rassurerait complètement. Il monta prendre les ordres de son souverain ; en redescendant il me pria d'écrire moi-même la déclararation que je demandais et que l'empereur signerait à l'instant. C'est celle qu'on trouve au *Moniteur* du 2 avril, dans laquelle Alexandre, en son nom et en celui de ses alliés, déclare que : « Les militaires de tous grades qui « sont en ce moment à Paris, soit par suite des événements, « soit par le besoin de soigner leur santé altérée par de « grandes fatigues ou d'honorables blessures, n'ont aucun « besoin de se cacher, qu'ils sont libres, parfaitement « libres, comme tous les autres citoyens français ; ils sont « appelés à concourir aux mesures qui doivent décider la « grande question qui va se juger, pour le bonheur de la « France et du monde entier. » Cette déclaration produisit un excellent effet ; elle ramena le calme dans les esprits. Pour moi, la satisfaction que j'en ressentis fut douce, au milieu de mes soucis.

En sortant du cabinet de M. de Talleyrand, j'avais rencontré le duc de Vicence ; il vint à moi, me tira dans l'embrasure d'une fenêtre et me dit avec beaucoup de chaleur qu'il m'en voulait mortellement pour avoir usé la veille avec lui d'une dissimulation qu'il ne méritait pas. « Un « mot d'explication, lui dis-je, vous délivrera de cette mau« vaise pensée; mais ce n'est pas ici le lieu, nous nous « retrouverons. » Cela dit, comme il traversait l'appartement, l'abbé de Pradt l'aborda, la tête haute, en lui jetant ces mots : « Monsieur le duc, allez dire à votre maître que « les rentes qui étaient le 29 à 45 francs, sont aujour« d'hui à 63. — Oui, répliqua M. de Vicence, et j'ajou« terai que celui que j'ai toujours vu le plus empressé « parmi ses flatteurs est aujourd'hui le premier à l'insulter. « Il n'y a rien là qui ne soit dans l'ordre. » Vingt personnes au moins étaient présentes.

J'eus fort peu de temps après, avec le duc de Vicence, l'explication promise. « Je conçois à merveille, me dit« il au premier mot, le parti que vous avez pris; je « ne le condamne en aucune façon; mais vous deviez « me connaître assez pour vous en ouvrir librement avec « moi, quand je vous ai vu le 31, à dix heures du matin; « vous avez mis, au contraire, un grand soin à ce que je « n'en pusse concevoir aucun soupçon. — A tout cela, « lui répliquai-je, un seul mot suffit : Les premières ouver« tures m'ont été faites à six heures du soir par M. de Nes« selrode. — Ah! que vous me faites de bien, me dit-il en « me serrant la main; il m'était si pénible de penser qu'un « galant homme, dans une telle occasion, s'était méfié de « moi! » Tout fut ainsi terminé entre nous, ou plutôt il est resté de cette circonstance, de quelques autres encore, de tout ce que nous avons su l'un de l'autre dans ces temps si difficiles, une estime réciproque qui a constamment subsisté, quoique nos positions nous aient mis rarement dans le cas de nous voir. Il m'en a donné une preuve à laquelle j'étais loin de m'attendre, lorsque, treize ans après, il m'a nommé tuteur subrogé de ses enfants. Il y avait alors deux ou trois ans que nous ne nous étions rencontrés.

Le 1ᵉʳ avril, le Sénat fut assemblé, à trois heures, sous la présidence de M. de Talleyrand. Il ouvrit la séance, se borna à faire remarquer que la nature seule de cette délibération disait assez que la plus grande liberté devait y régner, que « chacun pouvait laisser prendre un généreux « essor aux sentiments dont son âme était remplie, à sa « volonté de sauver son pays, à sa résolution d'accourir au « secours d'un peuple délaissé ».

Le Sénat répondit immédiatement à cette invitation et arrêta la formation d'un gouvernement provisoire dont il nomma les membres, sur-le-champ, dans l'ordre suivant : M. de Talleyrand, le comte de Beurnonville, le comte de Jaucourt, le duc de Dalberg et l'abbé de Montesquiou, désigné comme ancien membre de l'Assemblée constituante, mais très généralement connu pour avoir été longtemps l'homme de confiance du Roi banni. Cela fait, M. de Talleyrand ne manqua pas d'annoncer que le premier soin dont le gouvernement provisoire aurait à s'occuper serait de rédiger un projet de constitution. On arrêta que la nomination du gouvernement provisoire serait notifiée au peuple français par une adresse. Il fallait que cette adresse exprimât les motifs de la résolution qu'on avait prise. Le Sénat, en la décidant, accordait nécessairement l'autorisation de faire le procès du gouvernement de Napoléon. Il adopta ensuite, sous forme d'énonciation de principes, une série d'articles où se trouvait la garantie des principaux intérêts nés de la Révolution. Cela fait, on s'ajourna à neuf heures du soir, pour entendre la lecture du procès-verbal qui fut signé par tous les membres présents, au nombre de soixante-trois (1). Beaucoup de séna-

---

(1) On remarqua parmi ceux qui se présentèrent pour signer le procès-verbal, M. de Pastoret, qui n'avait pas jugé à propos de paraître à la séance du matin ; il était cependant secrétaire du Sénat, et M. de Talleyrand avait mis un grand soin à le faire avertir. Mais les événe-

teurs en arrivant à la séance ne se doutaient certainement pas du chemin qu'ils allaient faire; la nomination d'un gouvernement provisoire, presque impossible à refuser, entraîna tout le reste.

Le corps municipal s'étant réuni spontanément à l'hôtel de ville, arrêta à l'unanimité la proclamation la plus énergique, dont la conclusion était que ses membres « abju-« raient toute obéissance envers l'usurpateur pour retourner « à leur maître légitime ». La première idée en était venue le matin, au retour de Bondy, sans que j'en fusse informé, à l'un de mes oncles, membre du conseil, M. Gauthier; il avait été la communiquer à son collègue et ami intime M. Bellart. Celui-ci l'avait vivement approuvée; sur-le-champ il avait procédé à sa rédaction, qui contenait les plus dures invectives contre Napoléon; on peut en juger par cette seule phrase. « A lui, nous devons la haine de tous « les peuples, sans l'avoir méritée, puisque comme eux « nous fûmes les malheureuses victimes bien plus que les « tristes instruments de sa rage. » Ce fut un grand événement que la publicité donnée à un tel acte, émanant du corps qui semblait le plus en droit d'exprimer l'opinion de la ville de Paris. M. de Chabrol, en sa qualité de préfet du département, était dans des rapports intimes avec le conseil municipal, dont il faisait en quelque sorte partie. On ne put donc manquer de demander son adhésion. Il hésita pendant vingt-quatre heures à la donner.

J'étais dans une position toute différente, n'ayant point de relations habituelles avec le conseil général, et ne participant à aucun de ses actes. Cependant, on aurait voulu ma signature, et M. Bellart fut chargé de me sonder. Il vint chez moi de fort bonne heure le lendemain matin. Je le compris au premier mot et lui répondis que je ne pouvais faire ce qu'il désirait; je ne le pouvais, ni dans

ments marchaient vite, et la distance du matin au soir lui avait suffi, ainsi qu'à bien d'autres, pour s'armer de résolution.

l'intérêt général, ni d'après mes sentiments particuliers. Je devais éviter de blesser beaucoup d'hommes que je travaillais à ramener. Je ne lui dissimulai pas que le ton injurieux de la proclamation me répugnait complètement. Je pouvais bien prendre parti contre Napoléon quand je croyais en cela rendre un grand service à mon pays; j'acceptais sans hésiter tous les hasards de cette résolution, quelque périlleuse qu'elle pût être dans une situation comme la mienne, car j'étais de ceux auxquels il pardonnerait le moins; mais je ne pouvais oublier que trois jours auparavant je le servais encore, qu'il m'avait donné une grande marque de confiance en me mettant dans le poste que j'occupais; je croirais donc me manquer à moi-même si j'injuriais celui avec lequel j'étais si récemment dans de telles relations. « Votre position, ajoutai-je, monsieur Bel-
« lart, est fort différente, vous ne lui avez tenu par aucun
« lien, je crois qu'il vous a désobligé, offensé même. Il est
« donc assez simple que vous donniez cours à vos senti-
« ments. » Il n'insista pas davantage. Quoique d'un caractère passionné, il avait de la droiture dans le cœur; je suis sûr qu'il comprit mes motifs; je suppose qu'il les fit comprendre à ses collègues, car nulle autre démarche ne fut tentée auprès de moi.

Les royalistes exaltés qui s'assemblaient chez M. de Mortfontaine ne manquèrent pas de remarquer l'absence de mon nom au bas d'une pièce dont le contenu les comblait de joie; leurs défiances à mon égard commencèrent aussitôt. Je signale ce début d'une malveillance qui a eu d'assez graves conséquences et qui devait, par la nature des choses, aller toujours croissant.

A ce moment parut le pamphlet intitulé *Bonaparte et les Bourbons*, dont M. de Chateaubriand était l'auteur, et auquel il donna la date du 30 mars. Je doute qu'il ait jamais existé, dans aucune langue, une diatribe aussi sanglante, aussi violente, aussi excessive. Les royalistes l'accueillirent avec transport; j'en ai vu qui, longtemps après, restaient convaincus que rien n'avait autant contribué que cette pièce à détrôner Napoléon. Je puis affirmer qu'elle a au contraire causé les plus grands embarras aux hommes qui dirigeaient réellement les affaires; qu'elle fut au moment de causer une explosion dans le parti militaire qu'on avait tant d'intérêt à ménager, dont les étrangers attendaient l'adhésion comme la seule base possible d'un arrangement solide; j'ajoute que les sentiments d'indignation qu'elle a semés dans l'âme de tant d'hommes, qui se trouvèrent injuriés dans la personne de celui qui avait été si longtemps leur chef, que ces sentiments, dis-je, n'ont point été étrangers à la catastrophe du 20 mars de l'année suivante.

Le prince de Schwarzenberg m'envoya, au moment où je m'y attendais le moins, l'ordre de licencier la gendarmerie. Elle lui avait été représentée comme fort dangereuse, à cause de son attachement pour Napoléon. J'écrivis au prince pour lui faire sentir les inconvénients de la mesure qu'il avait adoptée. Le chef de l'état-major de la garde nationale, M. Allent, me seconda puissamment dans cette occasion; il se rendit chez le généralissime, lui remontra que la garde nationale ne pouvait assurer la tranquillité publique, dont elle répondait, sans le secours de cette gendarmerie qui renfermait la seule cavalerie dont on pût disposer. Ses représentations jointes aux miennes l'emportèrent; nous gardâmes notre gendarmerie. Le capitaine de la compagnie qui était logée à la caserne des Minimes, m'avait prié de le venir visiter parce qu'il y avait beaucoup de murmures dans sa troupe où se trouvaient les hommes les plus dévoués à l'Empereur. J'y allai le matin; la compagnie était réunie sous les armes pour me recevoir; je pris la parole, je leur dis que la ville de Paris comptait sur leur zèle, leur dévouement à maintenir le bon ordre; je fus interrompu par des cris : « A l'Empereur! « nous voulons rejoindre l'Empereur! » En même temps, une douzaine des plus furieux s'élancèrent pour venir jusqu'à moi. Les officiers m'entourèrent. Le calme étant un peu rétabli, je déclarai que la ville ne prétendait pas les garder de force, que ceux qui voulaient renoncer aux avantages de son service, étaient libres de le faire. J'ordonnai en même temps au capitaine de dresser la liste de ceux qui voulaient se retirer, de leur reprendre leurs armes qui appartenaient à la ville, de m'envoyer leurs noms, pour que des passeports leur fussent expédiés sur-le-champ, mais avec avertissement de sortir des barrières avant six heures du soir. Quatre ou cinq seulement prirent ce parti; depuis, il n'y a pas eu dans le corps le plus léger mouvement, ni le moindre acte d'insubordination.

Ce fut heureux, car jamais le bon ordre n'avait été plus difficile à maintenir. Les sujets de rixe devenaient à tout moment plus fréquents. Ils étaient principalement causés par la vue des Cosaques qui rentraient continuellement dans la ville apportant le fruit de leur pillage au dehors; ils avaient établi sur le Pont-Neuf une sorte de marché où ils venaient vendre les objets volés aux gens de la campagne. Ceux-ci les suivaient au plus près possible, arrivaient sur leurs pas et, comme de raison, étaient soutenus par le peuple lorsqu'ils essayaient de reprendre leurs chevaux, leurs ânes, leurs couvertures ou leurs manteaux. On comprend ce qu'un tel spectacle devait jeter d'irritation dans les esprits. Pour en faire cesser la cause, il fallut en venir à donner des sauvegardes pour les villages et les habitations les plus menacées. Ces sauvegardes se délivraient par le général de Sacken, gouverneur de la place. Bientôt l'affluence des demandeurs s'accrut chez lui à un tel point qu'on ne savait plus à qui entendre; il se voyait en même temps assailli par une nuée d'individus, tous plus zélés les uns que les autres, tous remplis de bonnes intentions, empressés surtout à donner des conseils. Il les écoutait; il en résulta bientôt de gros abus. Des commissaires furent nommés pour surveiller les jeux publics; d'autres pour censurer les journaux qui ne pouvaient plus paraître sans leur consentement; pour surveiller les spectacles, etc. Ces agents improvisés, membres pour la plupart de la réunion Mortfontaine, manquaient de mesure.

J'allai trouver le général de Sacken pour lui montrer les graves dangers d'un pareil désordre; je lui dis que je m'adressais à lui avant de recourir à l'empereur, ainsi que j'y étais autorisé; mais que je ne pouvais garder la responsabilité, s'il laissait ainsi paralyser mon administration. Il comprit très bien mes griefs, s'excusa d'y avoir donné lieu sur les importunités dont il avait été accablé. On lui avait évidemment surpris beaucoup de signatures; le remède au reste était simple, il me l'offrit lui-même : c'était d'annuler en masse tout ce qu'il avait fait en matière d'administration générale. C'était bien pour le passé, mais il fallait pourvoir à l'avenir; lui-même encore trancha la difficulté. « Mettez, me dit-il, à côté de moi, un homme dont vous « soyez sûr; je ne signerai rien sans son examen préalable, « je vous en donne ma parole. » Il fut ainsi fait; je choisis un maître des requêtes nommé Janet, qui avait été de la consulte française à Rome. Je savais sa grande habitude des affaires et son infatigable activité. Il accepta, s'installa auprès du général; à partir de ce moment, il ne s'est élevé aucune difficulté entre nous.

Un nouveau grief s'ajouta à ceux que les royalistes de la réunion Mortfontaine avaient contre moi; il était difficile, en effet, qu'ils ne me trouvassent pas habituellement sur leur chemin; la nécessité de maintenir le bon ordre m'obligeait de les arrêter dans quelques-unes de leurs entreprises, bien qu'elles eussent un bon côté et résultassent de sentiments fort naturels. Ainsi, dès le premier jour, ils s'étaient présentés aux prisons, à l'effet d'en ouvrir les portes aux individus qu'ils jugeaient n'y être détenus que pour faits politiques. Une telle mesure, même à l'égard de ceux à qui il pouvait être juste de l'appliquer, ne devait avoir lieu que par injonction d'une autorité supérieure. M. de Nesselrode, avant l'installation du gouvernement provisoire, eut soin de me signifier à ce sujet un ordre de l'empereur Alexandre; j'y obtempérai même avec empressement. M. de Polignac, rentré à Paris, avec les étrangers, s'était beaucoup mêlé de cette affaire, c'était simple, même louable de sa part. Ce fut ainsi que le sieur Perlet, dont j'ai raconté l'arrestation, fut mis en liberté, et aussi ce malheureux Desol de Grisolles, toujours détenu à Bicêtre. Venait ensuite la destruction des emblèmes impériaux; sur la place Vendôme, les violences avaient recommencé; un certain nombre de jeunes gens, à la tête desquels se trouvait M. Sosthène de La Rochefoucauld, crurent pouvoir à eux seuls renverser la statue. Ils étaient parvenus à attacher à son cou une corde qu'ils tiraient d'en bas; ils parvinrent à la mettre un peu de côté, mais sans pouvoir l'arracher. M. de Maubreuil ne craignit pas de se promener sur le boulevard ayant attaché la croix de la Légion d'honneur à la queue de son cheval. A la vérité, il y eut à cette occasion une telle émotion vers la rue Saint-Denis, que s'il n'eût pas fait prompte retraite, il aurait fort bien pu être assommé.

Ces manifestations me donnèrent beaucoup de soucis et d'embarras jusqu'au jour où le gouvernement provisoire rendit, le 4 avril, un arrêté par lequel il ordonnait que tous les emblèmes, chiffres et armoiries qui avaient caractérisé le gouvernement de Bonaparte seraient supprimés, que cette suppression serait exclusivement opérée par les personnes déléguées à cet effet, sans que le zèle individuel d'aucun particulier pût y recourir ou les prévenir.

CHAPITRE XIV

Le général Dessolle est nommé commandant de la garde nationale. — Le Sénat prononce la déchéance de Napoléon. — Le *Triomphe de Trajan* à l'Opéra. — L'empereur Alexandre donne audience au Sénat. — Sa popularité grandit de jour en jour. — Adresse du gouvernement provisoire à l'armée. — Formation du ministère. — M. Pasquier refuse le portefeuille de la police. — La direction des postes est donnée à M. de Bourrienne. — Les adhésions affluent. — Renvoi des conscrits dans leurs foyers. — Napoléon se décide à livrer bataille sous Paris. — On songe à le faire assassiner; M. Pasquier prévient M. de Bassano. — Alexandre comprend qu'il est indispensable de gagner l'adhésion de l'armée. — Il jette les yeux sur Marmont. — Mécontentement de celui-ci contre Napoléon. — Le gouvernement provisoire lui dépêche M. de Montessuy. — Marmont accueille favorablement les propositions que celui-ci lui transmet. — Jugement porté sur lui. — Le duc de Vicence engage Napoléon à abdiquer en faveur de son fils. — État d'esprit des officiers et de l'armée. — Les maréchaux arrachent à l'Empereur la signature de son acte d'abdication. — Marmont les accompagne à Paris.

Le premier usage que le nouveau gouvernement fit de son pouvoir fut de nommer le commandant de la garde nationale; son choix ne pouvait mieux tomber que sur le général Dessolle, qu'une très honorable réputation et un caractère plein d'aménité rendaient tout à fait propre à exercer cette délicate fonction. Son acceptation produisit un fort grand effet; c'était le premier officier général de distinction qui n'eût pas craint de se donner à l'ordre de choses nouveau, car le général de Beurnonville, qui était entré dans le gouvernement provisoire, ne comptait plus depuis longtemps dans l'armée active.

Le général de Nansouty envoya aussi son adhésion dans la même journée; elle était d'autant plus digne d'être remarquée qu'elle n'était point inspirée par le besoin, ni le désir d'exercer aucun emploi; il ne craignit pas d'exprimer hautement, dans cet envoi, sa véritable intention, celle de se soumettre à la maison de Bourbon. Il était, on doit s'en souvenir, du nombre des militaires que le besoin de réparer leur santé avait ramenés dans la capitale.

Le 2 avril, à neuf heures du soir, le Sénat rendit un décret prononçant la déchéance de l'empereur Napoléon. Le dispositif ne fut rédigé que le lendemain; l'exposé des motifs était un véritable acte d'accusation. En fait, Napoléon n'était pas seulement déchu du trône, mais le droit d'hérédité était aboli dans sa famille, et le peuple français ainsi que l'armée étaient déliés de tout serment de fidélité envers sa descendance comme envers lui.

Le hasard seul empêcha que le soir l'incident le plus bizarre et le plus inopportun se produisit. Ce jour-là, M. de Talleyrand donnait à dîner au Czar et à ses principaux officiers. Tous les membres du gouvernement provisoire étaient invités. Au moment de m'y rendre, on vint m'informer que le spectacle qui devait être donné à l'Opéra était changé, sur l'ordre d'un aide de camp de l'empereur de Russie; qu'on devait représenter le *Triomphe de Trajan*. Cela me parut au moins singulier, mais mon étonnement fut encore plus grand lorsque j'entendis pendant le dîner l'empereur annoncer son projet d'aller le soir à l'Opéra avec le roi de Prusse. Je me hâtai de faire demander par un valet de chambre à M. de Talleyrand, qui était assis à ses côtés, s'il savait qu'on représentait par ordre le *Triomphe de Trajan*. Cet avis donna lieu aussitôt entre lui et l'empereur Alexandre à un colloque, à la suite duquel on envoya chercher M. de Rémusat, qui avait la direction de tous les grands théâtres, et qui, malgré l'heure avancée, parvint à faire remplacer le *Triomphe de Trajan* par la *Vestale*. Il eût été par trop singulier de voir les souverains réunis à l'Opéra pour entendre chanter les hymnes composés en l'honneur de Napoléon, au temps de sa plus grande gloire, au moment où ils poursuivaient sa déchéance, prononcée le jour même dans le palais du Luxembourg. La situation du roi de Prusse eût été particulièrement embarrassante pendant la scène où Trajan est représenté accordant à une grande dame la grâce de son mari et jetant au feu la lettre qui le mettait en un si grand péril (1). Le fait était que quelques jeunes gens de l'état-major d'Alexandre, ayant un grand désir de voir cet opéra, avaient trouvé simple d'user du nom de leur maître pour se procurer un plaisir dont ils n'avaient pas prévu les conséquences.

Le dimanche 3, le Sénat obtint une audience de l'empereur Alexandre, auquel il remit officiellement le décret rendu la veille.

« Je suis l'ami du peuple français, lui répondit le Czar;
« ce que vous venez de faire redouble encore ce sentiment.
« Il est juste, il est sage de donner à la France des institu-
« tions fortes et libérales qui soient en rapport avec les
« lumières actuelles. Mes alliés et moi nous ne venons que
« pour protéger la liberté de vos décisions. » Puis il ajouta, du ton le plus affectueux : « Pour preuve de cette alliance
« durable que je veux contracter avec votre nation, je lui
« rends tous les prisonniers français qui se trouvent dans
« mes États; le Gouvernement provisoire m'en avait fait
« la demande, je l'accorde au Sénat, d'après les résolu-
« tions qu'il a prises aujourd'hui. »

L'empereur Alexandre devenait très populaire. On voyait que tout émanait de lui, que tout roulait sur lui. Son allié le roi de Prusse passait inaperçu; on le voyait peu, il évitait de se montrer en public, y portait toujours un air de timidité qui ne pouvait lui donner un grand relief. Alexandre, au contraire, ne manquait pas une occasion de se produire, parcourant à cheval la ville dans tous les sens, visi-

(1) Il n'était ignoré de personne que cette scène s'était passée à Berlin et que la grande dame était la princesse de Hatzfeldt.

tant avec soin tous les établissements publics. Dans les premiers moments, ces courses, qu'il faisait presque toujours sans escorte et sans que la police fût avertie, m'inquiétaient beaucoup. Qui nous garantissait contre quelque tentative criminelle? Quel aurait été le sort de Paris livré à la vengeance furieuse de ses soldats? Je le fis donc, mais en vain, supplier de permettre que quelques précautions fussent prises et de me faire prévenir chaque jour de la route qu'il comptait suivre. Il cherchait dans toutes ses courses l'occasion de faire ce qui pouvait le rendre le plus agréable à toutes les classes; ainsi, sur l'avis que je lui avais donné que les chevaux de sa cavalerie, qui étaient bivouaqués dans les Champs-Élysées, détruisaient les plantations, il alla, de sa personne, constater le dégât, donna les ordres nécessaires pour le faire cesser, même pour le réparer autant qu'il était possible; on lui dut ainsi la conservation de cette magnifique promenade qui, sans lui, allait être dépouillée de son plus bel ornement. Quand il visita le Musée, il s'aperçut que plusieurs piédestaux étaient vides; ayant su que c'était le résultat des précautions prises par le directeur général, M. Denon, qui avait fait cacher plusieurs des plus beaux objets, il s'en montra fort offensé. « N'ai-je donc pas, dit-il, promis, dès Bondy, que « les monuments publics seraient respectés? Pense-t-on « que je veuille manquer à ma parole? » Il fallut lui répondre que la précaution avait été prise antérieurement et que tout serait remis incessamment à sa place, ce qui eut lieu en effet.

Le Gouvernement provisoire publia une adresse à l'armée; la dernière phrase peut être citée comme un modèle en ce genre. « Soldats, seriez-vous sourds à la voix de la « patrie qui vous rappelle et vous supplie? Elle vous parle « par son Sénat, par sa capitale, surtout par ses malheurs. « Vous êtes ses plus nobles enfants et ne pouvez apparte- « nir à celui qui l'a ravagée, qui l'a livrée sans armes, sans

« défense, qui a voulu rendre votre nom odieux à toutes
« les nations, qui aurait peut-être compromis votre gloire,
« si un homme qui n'est pas même Français pouvait jamais
« affaiblir l'honneur de vos armes et la générosité de nos
« soldats. Vous n'êtes plus les soldats de Napoléon; le
« Sénat, la France entière vous dégagent de vos ser
« ments. »

Napoléon *qui n'est pas même Français!* L'auteur était M. de Fontanes.

Le 9 avril, le Corps législatif, suivant l'exemple du Sénat, déclara la déchéance de Napoléon et des membres de sa famille. Les députés présents étaient au nombre de soixante-dix-neuf. La Cour de cassation donna son adhésion. Le Gouvernement provisoire nomma des ministres ou plutôt des commissaires, qui furent chargés par intérim des divers portefeuilles; cela était urgent pour mettre un peu d'ordre au milieu d'une véritable confusion.

Deux de ces commissaires étaient absents, M. Malouet pour la marine, exilé à Tours, M. Beugnot, préfet de Lille, pour l'intérieur. Ce dernier, chez qui la résolution et la force de caractère ne sont pas les qualités dominantes, fut un peu épouvanté de cette nomination; il fallut, pour qu'il se mît en route, redoubler les messages télégraphiques. On fit pour le ministère de la guerre un choix dont les conséquences ont été fâcheuses : le général Dupont était homme d'esprit, ayant joui longtemps d'une belle réputation militaire; mais sur lui pesait le souvenir de la capitulation de Baylen; il aurait fallu, pour diriger l'armée dans de telles circonstances, un homme dont la réputation fût intacte et jouissant d'une grande autorité.

M. de Talleyrand m'offrit de prendre le ministère de la police; je le refusai pour deux raisons : la première, parce que je ne voulais pas suivre plus longtemps ma carrière dans la police, j'avais au contraire impatience d'en sortir; la seconde, parce que, dans ce moment, l'importance réelle était dans la préfecture de police, qu'il ne me semblait pas régulier de cumuler avec le ministère. Je préférai donc faire nommer M. Anglès, dont je connaissais le bon caractère et l'esprit peu envahissant. C'était une faute dans mon intérêt personnel, une grande faute. Je restai dans une position secondaire, ce qui permit aux ennemis que je pouvais avoir de m'attaquer et de me nuire.

Les autres commissaires furent, pour la justice, M. Henrion de Pansey; pour les finances, M. Louis; pour les affaires étrangères, M. de Laforest.

La place de directeur général des postes était vacante, M. de La Valette ayant abandonné ses fonctions et quitté l'hôtel. Ancien aide de camp de Napoléon, son obligé particulier, ayant épousé une de ses nièces, la délicatesse de ses sentiments ne lui permettait pas de jouer aucun rôle, d'exercer aucun emploi dans un gouvernement nouveau, dirigé contre son bienfaiteur. Il m'avait annoncé à l'avance sa résolution, s'attendant bien à m'en voir prendre une contraire. Bien que suivant deux lignes de conduite si différentes, nous avons gardé les rapports les plus affectueux. M. de Talleyrand se décida à confier cette grande et importante direction à M. de Bourrienne. Quand M. de La Valette apprit ce choix, il en fut renversé et se persuada qu'il était de son devoir de faire parvenir à ceux qui gouvernaient quelques représentations sur ses inconvénients et même ses dangers. Je le vis arriver chez moi le lendemain matin de fort bonne heure. « On ne sait donc pas, me dit-il, « ce dont Bourrienne est capable? M. de Talleyrand doit « le connaître cependant, c'est comme si on avait mis le « secret des lettres au plus offrant et dernier enchérisseur!
« — Comment voulez-vous donc, lui répondis-je, que je « m'étonne de voir M. de Talleyrand placer si mal sa con-« fiance, quand, vous-même depuis trois mois, je vous ai « vu malgré mes avertissements, malgré ce que vous « saviez, vous laisser circonvenir par le même homme!

« Cependant, si vous m'y autorisez, je rendrai littéralement
« à M. de Talleyrand ce que vous venez de me dire. —
« Oui, sans doute, répliqua-t-il, je ne suis venu vous trouver
« que pour cela. — Eh bien, la commission sera faite et
« ne servira à rien, je vous le dis à l'avance. » Il en fut
comme je l'avais prévu.

Je me décidai à faire connaître officiellement au public la ligne que je comptais suivre, les résolutions que j'avais adoptées. Je tenais beaucoup à ce qu'aucune expression offensante ne se fît remarquer dans le langage que j'allais tenir ; j'y apportai le plus grand soin, fidèle en cela à la déclaration que j'avais faite à M. Bellart au sujet de la proclamation du corps municipal. Je terminai ma circulaire par ces mots : « Honoré de la confiance du gouverne-
« ment provisoire qui m'a maintenu dans mes fonctions,
« je me dois et je vous dois, de vous faire connaître mes
« sentiments, de vous tracer la ligne de vos devoirs. Heu-
« reux de voir la fin des maux de ma patrie, j'ai accepté le
« nouveau moyen de la servir ; je m'y suis dévoué tout
« entier, j'attends de mes collaborateurs qu'ils partageront
« mon dévouement. »

Le préfet de la Seine suivit mon exemple, et fit aussi sa circulaire. Alors, commença le flot des adhésions : celles de la Cour des comptes, de la Cour impériale, du Tribunal de commerce, des collèges d'avocats, même celle du corps de la gendarmerie de Paris.

Le 4, on publia un arrêté qui permettait à tous les conscrits actuellement rassemblés de retourner chez eux, et qui autorisait ceux qui n'avaient point encore été enlevés de leur domicile à n'en pas sortir. La même disposition était appliquée aux bataillons de nouvelles levées, que chaque département avait fournis à toutes les levées en masse. C'était ôter à Napoléon sa plus grande ressource pour continuer la guerre ; en même temps c'était procurer à la population le soulagement auquel elle aspirait le plus ardemment, celui qui devait le mieux assurer son prompt assentiment au nouvel ordre de choses.

Napoléon était rentré le 30 dans la nuit à Fontainebleau, après avoir expédié le duc de Vicence à Paris, avec mission de s'approcher à tout prix du Czar et d'entamer avec lui une négociation. Se faisait-il illusion sur cette ressource? Cela n'est pas impossible, car on s'attache à tout dans les moments désespérés. Avec la connaissance qu'il croyait avoir du caractère de ce prince, on conçoit qu'il ait pu difficilement se persuader que sa résolution n'était pas ébranlable. En tout cas il fallait, par ses dispositions militaires, donner quelque chance de succès à cette nouvelle tentative. Il y avait deux partis à prendre; celui que Napoléon a choisi, devait amener immédiatement sa perte. Les raisons que j'ai déjà données, qui auraient dû le décider à continuer son mouvement sur l'Est, au lieu de revenir de Saint-Dizier à Paris, subsistaient dans toute leur force, puisqu'il n'avait pas empêché la prise de Paris. Mais il finit par renoncer à ce plan. Le faut-il attribuer à une sorte de découragement qui l'avait enfin gagné à la vue des fatigues et des difficultés d'une entreprise de si longue haleine, ou à la crainte de rencontrer ce même sentiment dans les principaux officiers dont il était environné? Ils en avaient déjà laissé voir des signes manifestes.

On m'a cependant assuré que dans un conseil, qui fut tenu à Fontainebleau le 31 au matin, tous les maréchaux, hors un seul, avaient été d'avis de se reporter sur le Midi. Napoléon s'arrêta à la pensée de concentrer autour de lui tout ce qui lui restait de forces, et préféra manœuvrer autour de Paris, de manière à obliger l'ennemi à en sortir et à lui livrer bataille; le gain ou la perte trancherait la question. Sans doute, la disproportion de ses forces était grande. Il ne pouvait pas réunir plus de trente-six mille combattants : mais l'audace, l'habileté, ne triomphaientelles pas quelquefois du nombre? La nécessité de garder Paris, que les alliés s'étaient imposée en l'occupant, devait d'ailleurs les affaiblir; il faudrait une bien forte garnison pour s'assurer d'une population de sept cent mille âmes.

Ce n'est pourtant pas là l'erreur qui a décidé du sort de Napoléon; son plan étant arrêté, il fit commander aux corps d'armée qui venaient d'évacuer Paris sous les ordres des maréchaux Marmont et Mortier, de s'arrêter à Essonnes. Ces corps se trouvèrent ainsi former son avant-garde; ils étaient dans une position assez bien choisie pour donner aux troupes qui revenaient de Saint-Dizier le temps d'arriver. Elles s'avançaient en faisant les plus fortes marches possibles; mais les alliés n'étaient pas restés oisifs. Bien qu'on leur ait reproché d'avoir perdu quelques heures après leur entrée dans la capitale, ils avaient très promptement poussé de fortes avant-gardes sur les routes de Fontainebleau et d'Orléans. Les communications étaient si faciles et si rapides entre Paris et Fontainebleau, que la connaissance des dispositions que prenait Napoléon ne pouvait être dérobée longtemps à leurs généraux. Ils eurent bientôt la certitude que l'armée française, loin de battre en retraite, se disposait à prendre l'offensive; il fallait dès lors tout disposer pour un engagement général, le 1er avril, dans la soirée. Le prince de Schwarzenberg partit le lendemain pour établir son quartier général à Chevilly, entre Essonnes et Paris. Le mouvement déjà commencé des troupes de toutes armes et de toutes nations qui marchaient dans la même direction, sur des lignes parallèles, se continua sans interruption dans les trois jours suivants.

L'idée d'une bataille livrée presque sous les murs de Paris consternait les plus fermes, car si elle était perdue par les alliés, les conséquences en étaient incalculables. Qui pouvait savoir ce qui adviendrait dans une retraite précipitée, où ils seraient poursuivis l'épée dans les reins, et qu'ils croiraient peut-être assurer en faisant subir à la capitale de la France le sort qu'avait éprouvé celle de la Russie? Quant aux hommes qui avaient osé se prononcer contre Napoléon, ainsi que nous venions de le faire, il était facile d'entrevoir le sort qui leur était réservé; la fuite eût été leur seule ressource.

Le lendemain dans la matinée, me trouvant chez M. de Talleyrand, causant avec le duc de Dalberg sur les chances de la continuation de la guerre et de la bataille qui se livrerait peut-être avant quatre jours, je ne pus m'empêcher de lui dire ce que j'avais su des inquiétudes et des craintes qu'inspirait encore l'Empereur à l'état-major de l'armée coalisée : « Quand des généraux, dans une telle position,
« avec une telle supériorité de forces, ont une peur si évi-
« dente de celui qu'ils vont combattre, comment voulez-
« vous qu'on n'entrevoie pas pour eux la possibilité d'un
« grand revers? — Vous avez raison, me répliqua le duc,
« aussi va-t-on chercher d'autres sûretés que celles-là. —
« Où prétendez-vous en trouver? — Il y a déjà des mesures
« prises; on ira au-devant de la chance qu'il faut en effet
« redouter. » Alors il m'expliqua qu'un certain nombre d'individus déterminés, et conduits par un vigoureux b...,
— je prends ses propres termes, — revêtiraient des uniformes de chasseurs de la garde qu'on avait dans les magasins de l'École militaire, et que soit avant, soit pendant l'action, ils s'approcheraient de Napoléon à l'aide de ce déguisement et en délivreraient la France. Le sentiment d'indignation qui se peignit sur ma physionomie, en entendant cet odieux aveu, l'empêcha de me donner de plus amples renseignements que je tâchai en vain d'obtenir. Seulement, quand je lui demandai où on avait pu trouver des hommes capables de faire un tel coup : « Ah!
« cela n'est pas difficile, me répliqua-t-il, nous en avons
« de toutes les couleurs, des chouans, des jacobins, etc. »

Je retournai chez moi, après cette conversation, l'âme pénétrée des plus tristes réflexions, déplorant les rencontres auxquelles on est condamné dans les grandes crises politiques, dans les temps de révolution ! A peine étais-je assis, que je reçus un billet de M. de La Valette, évidemment écrit en toute hâte. « Je sais, me disait-il, « combien vous êtes incapable de tremper dans l'infâme « projet qui se médite contre la vie de l'Empereur, peut-« être même l'ignorez-vous. Je dois donc vous avertir, « bien assuré que vous ferez tout ce qui sera en votre « pouvoir pour le déjouer. » Comment avait-il été informé de ce projet? Je l'ai toujours ignoré, mais son billet me prouva qu'il fallait que les préparatifs fussent bien avancés puisqu'ils avaient transpiré. Presque au même moment, je reçus un avis semblable de l'inspecteur de police Foudras, en qui j'avais beaucoup de confiance. Comme M. de La Valette, il avait été averti. J'ai rarement été dans une position aussi pénible. Dépositaire d'un secret, mais n'en connaissant les détails qu'imparfaitement, n'ayant le nom d'aucun de ceux qui devaient agir, que pouvais-je faire pour détourner un coup qui me faisait horreur? De tous côtés, il y avait embûches, la loyauté la plus assurée pouvait être accusée de trahison.

J'étais encore à la fin de la journée dans les plus pénibles anxiétés, lorsqu'on me remit à minuit un billet, laissé dans mon antichambre par un homme de campagne. Il avait dit qu'il reviendrait, le lendemain avant midi, chercher la réponse. Je reconnus l'écriture du duc de Bassano. Il me demandait, de la part de l'Empereur, des détails sur ce qui se passait à Paris, ajoutant que ceux qui lui parvenaient paraissaient tout à fait invraisemblables. Ma résolution fut aussitôt prise de profiter de l'occasion pour donner deux avertissements : le premier, que l'Empereur devait faire garder soigneusement sa personne, l'autre, qu'il ne devait plus s'adresser à moi pour rien qui concernât son service. Je me décidai à porter le lendemain matin le billet de M. de Bassano chez M. de Talleyrand en lui disant mon intention d'y répondre. Chose extraordinaire, le duc de Dalberg se trouvait là; il approuva l'avis que je donnais et assura qu'il ne serait pas sans avantage.

Je rédigeai donc le brouillon du billet que j'allais répondre; ce fut le duc de Dalberg qui voulut que j'y insérasse la mention que des jacobins étaient au nombre de ceux qui songeaient à approcher de Napoléon avec de mauvais desseins. Voici le billet tout entier, j'en ai la minute. « Voici les faits : le Sénat, au nombre de quatre-
« vingt-deux membres, a organisé un gouvernement pro-
« visoire; le Sénat a prononcé la déchéance. Le gouverne-
« ment a fait une adresse à l'armée française. Plusieurs
« généraux se sont déjà déclarés : du nombre, les géné-
« raux Nansouty, Montelegier, Dangranville, Montbrun.
« Le maréchal Victor fait des démarches de rapproche-
« ment. Le général Dessolle est à la tête de la garde natio-
« nale. Le général Dupont est ministre de la guerre. On
« assure qu'il y a plusieurs projets d'approcher l'Empe-
« reur et que, dans le nombre des individus qui se livrent
« à cette pensée, il y a plusieurs jacobins. Les banquiers
« offrent douze millions. Le Corps législatif se réunit ce
« matin. Il sera plus prononcé encore que le Sénat. La
« garde nationale s'anime sous son nouveau chef d'une
« manière remarquable. On ne doit plus s'adresser à moi
« pour quoi que ce soit; on doit savoir le parti que j'ai
« pris. »

L'homme de la veille revint à l'heure dite et emporta ce billet, écrit et arrangé de manière à tenir le moins de place possible. J'ai su qu'il avait été remis à M. de Bassano en présence de Napoléon, qui, ayant reconnu mon écriture, s'empressa de le lire. Il fut plongé pour un moment dans une profonde rêverie, puis il dit : « Celui-là s'est bien
« pressé; on dirait qu'il a pris son habit de chasse pour
« aller plus vite. » Dans la nuit du 3 au 4, M. de Vicence était arrivé et lui avait donné sur beaucoup de points des

renseignements bien plus détaillés que les miens, mais n'avait pu encore lui apprendre la déchéance.

Ce que je viens de raconter de la confidence qui m'avait été faite par M. de Dalberg et de son consentement à l'avis que je fis parvenir à l'Empereur, donnera plus tard la clef d'une affaire qui était destinée à faire longtemps un bruit très fâcheux et sur laquelle beaucoup de personnes encore ne savent ce qu'elles doivent penser. Je veux parler de l'expédition à la tête de laquelle figura M. de Maubreuil.

Tout ce qu'on essayait dans la capitale pour amener à soi les corps et les autorités civiles, pour les engager dans le parti de la Restauration vers laquelle on marchait, réussissait; était-il donc impossible de gagner l'armée? Sa fidélité à Napoléon serait-elle toujours inébranlable? Quelques défections individuelles n'étaient rien, mais si on pouvait lui enlever un corps d'armée tout entier et former un noyau autour duquel viendraient se ranger tous ceux qui embrasseraient la même cause, c'est-à-dire celle du pays, quel pas immense n'aurait-on pas fait? C'était la préoccupation constante de l'empereur Alexandre. « L'armée, « disait-il dans son intimité, est toujours l'armée; tant que « vous ne l'aurez pas pour vous, messieurs, vous n'avez « rien; c'est elle qui représente la nation française, et si on « ne la gagne pas, que peut-on faire de solide? Elle finira « toujours par renverser tout ce qui aura été établi sans « son consentement, à plus forte raison contre son sen- « timent. »

Il y avait peu de chose à opposer à cette manière de raisonner; on chercha s'il n'y aurait pas quelque général important qu'il fût possible de séduire et qui eût assez de crédit sur les troupes pour les entraîner. Comment la pensée s'est-elle portée sur le maréchal Marmont? Cela peut paraître extraordinaire, car il devait tout à Napoléon; nul ne semblait plus que lui obligé de lui rester fidèle et dévoué. Mais il se trouvait le plus proche, par conséquent le plus facile à aborder ; si on parvenait à le décider, nul ne pouvait être plus utile puisqu'il commandait l'avant-garde. Ajoutez qu'il était mécontent et ne le dissimulait guère depuis longtemps. Pendant toute la campagne il n'avait cessé de dire qu'on le sacrifiait. Dans la vérité, il s'était toujours trouvé au poste le plus difficile, celui où le risque d'être écrasé était le plus grand. D'autre part, il avait éprouvé un échec, pendant l'attaque de Laon ; l'Empereur, à cette occasion, s'était exprimé sur son compte avec amertume ; le maréchal l'avait su et n'avait pas caché son dépit. Enfin, on le savait désireux de jouer un grand rôle et convaincu qu'il ne se pouvait rencontrer personne qui fût au-dessus de son mérite.

Déjà, pendant la nuit du 30 mars, lorsqu'il était occupé à donner les ordres nécessaires pour l'exécution de la capitulation, M. de Talleyrand était venu le trouver, s'était efforcé de lui faire entendre qu'il y avait un parti à prendre pour sauver le pays en séparant sa cause de celle de l'homme qui l'avait précipité dans cet abîme de maux. S'il faut en croire M. de Talleyrand, le nom de la maison de Bourbon aurait été prononcé dans cette conférence.

Des insinuations de même nature avaient encore été faites au maréchal dans la même nuit, par son beau-frère Perregaux et par le banquier Laffitte. Cette circonstance est digne de remarque, surtout quand on la rapproche du rôle que l'un et l'autre ont joué dans le cours de l'année suivante. Toutes ces tentatives n'avaient cependant rien produit, et le maréchal n'avait paru y faire que peu d'attention. Que risquait-on en essayant une nouvelle démarche auprès de lui ? Ce fut, je crois, le duc de Dalberg qui en donna la première idée. C'était toujours, dans le gouvernement provisoire, l'homme aux expédients. Il fallait trouver quelqu'un de sûr à lui dépêcher. M. Louis et M. Laborie indiquèrent M. de Montessuy, qui avait été son aide de camp. Il fut amené par M. Tourton, l'un des principaux officiers dans l'état-major de la garde nationale, et consentit à se charger du message. Il reçut, outre ses lettres de créance, des instructions verbales. On demandait au général de se donner avec son corps d'armée au gouvernement provisoire. Il ne ferait en cela qu'obéir au Sénat, qui l'avait délié de ses serments envers Napoléon; s'il y consentait, on lui proposait de se diriger sur la Normandie, province que la guerre n'avait point encore atteinte, qu'il conserverait intacte à la France, et où pourraient se réunir tous les militaires, toutes les troupes qui prendraient le même parti que lui. Là sans doute se trouverait bientôt formée, sous son commandement, une armée qui, en donnant au nouveau gouvernement une force réelle, le mettrait en mesure de traiter avec les alliés de la manière la plus avantageuse pour le pays. Dans le cas contraire, on entrerait nécessairement dans une série de malheurs incalculables; la guerre, en se continuant, pouvait entraîner la ruine de la France. Des prodiges de valeur seraient en vain opérés! Le dévouement au devoir, le véritable patriotisme consistaient à amener au plus tôt la fin d'une crise si épouvantable. Le maréchal en avait le pouvoir entre les mains; s'il usait de ce pouvoir, la reconnaissance nationale lui serait éternellement acquise.

Cette proposition et ce langage ayant été concertés avec l'empereur Alexandre, celui-ci s'était hâté d'en prévenir le prince de Schwarzenberg et de lui faire connaître qu'il devait seconder de toute sa puissance la démarche qui allait être tentée, et offrir, de son côté, au maréchal Marmont une convention militaire qui lui garantirait la liberté de son mouvement sur la Normandie. Le 2 au soir donc, M. de Montessuy vint prendre les dernières instructions que lui donnèrent M. de Talleyrand et M. de Nesselrode.

Afin de mieux écarter les soupçons, et comme il devait se présenter aux avant-postes français en qualité de porteur d'une lettre du prince de Schwarzenberg, on avait jugé à propos de lui faire revêtir le costume de Cosaque : il avait jusqu'à cette espèce de fouet qu'on nomme *knout*. Sa figure, fort extraordinaire sous ce déguisement, et dans une circonstance si mémorable, m'est toujours restée présente.

Tout se passa ainsi qu'il avait été convenu. Le lendemain, M. de Montessuy arriva auprès du maréchal et lui remit la lettre du prince de Schwarzenberg ; la négociation ne fut pas longue. Le maréchal Marmont déclara que l'opinion publique et la volonté nationale avaient toujours été la règle de sa conduite ; il en voyait clairement l'expression dans les actes du Sénat, se soumettait donc, seulement il mettait pour condition que, si par suite du parti qu'il prenait, Napoléon venait à tomber aux mains des alliés, sa liberté et sa sûreté seraient assurées dans un lieu qui serait choisi par eux et le gouvernement de la France. Il fut convenu que les troupes qu'il commandait quitteraient la position d'Essonnes et se retireraient par Versailles, sur un point en deçà des hostilités entre les armées de Napoléon et celles des alliés.

Le généralissime prince de Schwarzenberg lui fit connaître, dans la matinée du 4, qu'il approuvait entièrement ces arrangements. La marche des troupes devant commencer dans la nuit du 4 au 5, toutes les dispositions furent prises en conséquence de part et d'autre. Le maréchal s'était particulièrement entendu dans cette occasion avec le plus ancien des officiers généraux de son armée, le général Souham, et avec le général Bordesoulle, qui commandait la cavalerie. J'ai même lieu de croire que tous les généraux qui servaient en ce moment sous ses ordres furent mis dans le secret, à l'exception des généraux Chastel et Lucotte, qui ne tardèrent pas cependant à le pénétrer et dont les dispositions, avec juste raison, n'avaient pas été présumées favorables.

Nous reçûmes le 4, d'assez bonne heure, la nouvelle de ce

grand et décisif événement. En enlevant à Napoléon une partie si considérable de son armée, en découvrant sa position dans un des points les plus importants, il devait nécessairement déconcerter tous ses plans et le mettre presque à la merci des alliés.

M. de Koch croit et dit que la convention conclue avec le maréchal est venue d'autant plus à propos pour ceux-ci que, sur la seule apparence du mouvement que Napoléon allait tenter sur Paris, ils avaient été tellement effrayés de la nécessité d'accepter une bataille sous les murs de la capitale, que leur résolution était déjà prise, dans le conseil, de l'évacuer et de revenir prendre position à Meaux. Suivant lui, l'ordre de ce mouvement rétrograde allait être expédié au comte Barclay de Tolly lorsque le généralissime en fit suspendre l'envoi, en rendant compte de ses pourparlers avec le duc de Raguse.

M. de Koch est si généralement véridique que son erreur tient sans doute à de faux renseignements. Mais d'abord il est certain que la négociation est partie de Paris, que le prince de Schwarzenberg n'en a été que l'intermédiaire, qu'ainsi il n'a point eu d'avertissement à donner à cet égard. Je crois avoir été aussi bien placé que qui que ce soit pour connaître la vérité sur un fait de cette importance; je puis assurer que pas un indice ne l'a fait soupçonner; loin de là, les probabilités semblaient se multiplier à chaque instant pour un engagement général et prochain : nous étions trop vivement inquiets pour que rien de ce qui pouvait accélérer ou éloigner ce danger dût nous échapper.

Les rapports, d'ailleurs, étaient trop fréquents entre le gouvernement provisoire et les conseils de l'empereur Alexandre pour qu'un changement aussi capital ait eu lieu une seule minute dans ses résolutions sans que nous en fussions informés. Plusieurs actes patents et publics témoignent de sa volonté bien arrêtée de partir pour se porter en avant et arriver de sa personne sur le théâtre des opérations militaires. Il avait, dans la supposition de cette absence momentanée, nommé le général Pozzo di Borgo son représentant auprès du gouvernement provisoire, et avait accepté l'abbé de Pradt pour l'accompagner en même qualité de la part de ce gouvernement. Certainement, s'il eût dû évacuer la capitale pour se retirer sur Meaux, il n'eût pas été dans le cas de prendre semblable précaution, bien assuré que les membres du gouvernement provisoire n'avaient d'autre parti à prendre que celui de le suivre.

La nouvelle de la convention du maréchal Marmont fut pour nous un grand soulagement. Il y a des situations qu'on ne se figure jamais bien, avant de les avoir subies. Lorsque, cinq jours auparavant, je m'étais décidé à embrasser la cause des Bourbons, j'avais surtout en vue l'avantage de mettre promptement un terme aux maux de mon pays; mais toutes les chances qu'il faudrait courir pour arriver à ce résultat étaient loin de se présenter à mon esprit. Quand je touchai au moment où cent cinquante mille étrangers allaient fondre sur ce qui restait encore de tant de braves, qui pendant vingt années avaient fait l'honneur de la France, parmi lesquels il me fallait compter beaucoup de généraux et d'officiers qui m'étaient particulièrement connus, quelques-uns même intimement, mon cœur se brisait; je voyais à la fois ma perte absolue, irrémédiable, et celle de toutes les personnes qui avaient pris le même parti que moi, si Napoléon venait à triompher : s'il était vaincu, la complète destruction des derniers éléments de la gloire et de la puissance militaire de la France. Qu'on juge des sentiments qui se combattaient en moi!

Je sais tout ce qu'on a dit, tout ce qu'on a le droit de penser sur le maréchal Marmont : hélas! il est certain que je ne voudrais pas que l'acte qui lui est reproché pesât sur ma mémoire; cependant il a rendu un très grand service. Il faut se hâter de l'affirmer, trop de personnes seraient tentées d'en douter : il l'a rendu sans exiger aucune condition, sans se faire assurer le moindre avantage personnel; quelles qu'aient été ses secrètes pensées, il n'a rien demandé ni stipulé pour lui. Nous verrons bientôt son exemple suivi par les plus renommés de ses égaux et de ses rivaux. Tous enfin se donnent en moins de trois semaines au nouvel ordre de choses, à la maison de Bourbon. Pas un ne songe plus que lui à faire des conditions particulières. Qu'on compare leur conduite à celle de tant d'officiers généraux, ou commandants de place, tous portant de beaux noms, qui ont fait payer si chèrement leur soumission à Henri IV.

Pendant qu'une question capitale pour les destinées de Napoléon s'agitait entre Essonnes et Paris, le 3, Napoléon passait une grande revue de toute sa garde dans la cour du Cheval blanc à Fontainebleau. Il lui adressa une courte allocution : « Soldats, l'ennemi nous a dérobé trois « marches et s'est rendu maître de Paris, il faut l'en chasser. « D'indignes Français, des émigrés auxquels nous avions « pardonné, ont arboré la cocarde blanche et se sont joints « à nos ennemis. Les lâches! ils recevront le prix de ce « nouvel attentat. Jurons de vaincre ou de mourir et de « faire respecter cette cocarde tricolore qui, depuis vingt « ans, nous trouve dans le chemin de la gloire et de l'hon- « neur! » La garde répéta ce serment avec enthousiasme et immédiatement après s'achemina vers Essonnes. Ceux qui, au travers de la forêt, ont suivi sa marche sous les grandes futaies éclairées par les rayons de la lune, ont gardé de ce spectacle unique la plus durable impression. Le plus profond silence régnait dans les colonnes et, au recueillement dans lequel elles s'avançaient, il était facile de juger que cette admirable troupe avait la conviction qu'elle allait dans un dernier combat terminer sa glorieuse carrière. Le sort lui réservait encore d'autres épreuves.

Le duc de Vicence n'avait pas voulu quitter Paris avant d'être en état de bien faire connaître à son maître la véritable situation des affaires et sans avoir bien étudié les faits, et aussi les dispositions générales. Il rendit compte à l'Empereur, avec la plus rigoureuse précision, de tout ce qui s'était passé dans la capitale, depuis le 31 jusqu'à l'instant où il en était sorti, laissant le gouvernement provisoire installé, et alors qu'il avait été lui-même formellement chargé par l'empereur Alexandre de la réponse la plus dure, puisqu'elle invitait Napoléon à choisir pour lui et sa famille un lieu d'établissement et de retraite où sa tranquillité serait garantie. A ce prix seulement l'effusion du sang pouvait immédiatement cesser, la paix pouvait être rendue à la France et à l'Europe.

M. de Vicence ne dissimula pas que la facilité avec laquelle le Sénat s'était, dès le premier moment, prêté à tout ce qui lui avait été demandé, tenait à la conviction universellement répandue que les alliés, et surtout l'empereur Alexandre, étaient résolus à ne plus traiter avec lui. Avec la continuation de son règne, on ne pouvait donc plus se flatter d'obtenir la paix; or tout le monde la voulait à tout prix.

Le duc de Vicence ne craignit pas d'ajouter qu'il connaissait trop bien le Czar pour ne pas être convaincu que sa résolution était irrévocable, qu'il ne s'en départirait pas, à moins d'un changement absolu dans le cours des événements. Il n'y avait donc plus d'illusions à se faire, si le combat devait continuer ce ne pouvait être qu'un combat à mort. Quelles seraient les conséquences de la victoire de Napoléon, en supposant qu'un miracle la lui fît obtenir? A quel prix lui serait-il désormais permis de régner? S'il était vaincu, il aurait à se reprocher d'avoir inutilement sacrifié le reste des braves dont le courage et la loyauté tant de fois éprouvés demeuraient fidèles à sa fortune. Dans ce désastre, tout ce qui l'entourait, tout ce qui devait lui être cher, serait anéanti, sa famille entière avec lui. N'y avait-il pas moyen de sauver quelque chose du naufrage? C'est à sa personne que s'attache la haine des coalisés. Après tout ce qu'on avait su des dispositions de l'Autriche, après la dernière correspondance avec M. de Metternich, il était difficile de croire que l'empereur François dût voir sans un profond regret la ruine absolue de sa fille et de son petit-fils. Or, l'empereur Alexandre devait bien quelques ménagements à un tel allié; il se pouvait donc qu'il y eût encore des chances pour un dénouement qui conserverait le trône de France à la dynastie napoléonienne. Pour cela, il fallait se résoudre à un grand sacrifice, il fallait avoir le courage d'abdiquer. Le duc de Vicence en donna le conseil.

M. Fain a écrit, dans son *Manuscrit de 1814*, qu'il y était autorisé par quelques paroles prononcées avant son départ de Paris. Selon cet auteur, il était parvenu à se faire un peu mieux écouter de l'empereur Alexandre et en avait obtenu un commencement de retour vers les intérêts de la Régente et de son fils, intérêts qui, sous plus d'un rapport, pouvaient balancer, dans l'esprit des souverains coalisés, ceux de la maison de Bourbon.

Malgré la confiance que mérite M. Fain, je crois qu'il va trop loin. Rien ne m'autorise à penser que M. de Vicence ait eu d'autres assurances à donner à l'appui de son conseil que les présomptions que son esprit lui suggérait. L'empereur Alexandre, au contraire, avait mis une grande insistance à faire connaitre que rien de ce qui lui avait été dit par le duc de Vicence, dans l'audience qui lui avait été accordée, n'avait fait impression sur son esprit; une note avait été insérée à ce sujet dans le *Moniteur*. Les hésitations dans lesquelles on va le voir tomber ne sont point en contradiction avec ce que j'avance ici; elles s'expliquent suffisamment par la gravité de la résolution dont il lui fallut, au dernier moment, accepter la responsabilité.

Quoi qu'il en puisse être, Napoléon ne fut point ébranlé par cette première tentative du duc de Vicence; la preuve en est dans l'accélération du mouvement qu'il imprima à ses troupes, pendant la journée du 3, et dans le serment qu'il fit prêter à sa garde. Mais il devait bientôt avoir d'autres assauts à soutenir. Le 4, au lever du jour, la nouvelle de la déchéance prononcée par le Sénat était connue dans Fontainebleau; dès la veille, il avait été facile de reconnaître, à plus d'une parole échappée, les inconvénients du voisinage si rapproché de la capitale; des communications fréquentes et rapides s'étaient nécessairement établies entre les généraux qui l'entouraient et leurs familles restées à Paris; or, c'était surtout dans les rangs les plus élevés que les communications exerçaient une puissante influence. Les femmes, les parents, les amis écrivaient, demandaient, suppliaient qu'on voulût bien en finir, qu'on se décidât enfin à terminer des combats qui ne pouvaient avoir que les plus funestes résultats. Ce qu'on n'écrivait pas formellement, on le faisait clairement entendre, on trouvait des oreilles très disposées à l'écouter. Ainsi, c'était parmi les hommes que l'Empereur avait élevés le plus haut que se rencontraient non pas seulement un grand découragement, mais même une ferme volonté d'abandonner sa cause.

A très peu d'exceptions près, des sentiments fort différents se rencontraient dans les rangs inférieurs, surtout dans les jeunes généraux, dans les jeunes officiers; leur courage croissait en proportion des périls dont ils se voyaient entourés, leur fidélité s'exaltait à la vue des malheurs qui s'amoncelaient sur la tête de leur chef, de leur Empereur, de leur héros! Il en était de même parmi les soldats, dont le dévouement, bien autrement désintéressé, prenait naissance dans les plus nobles et les plus généreux sentiments.

Telle était la situation morale de l'armée, de l'état-major et du palais, lorsque arriva la nouvelle de la déchéance prononcée par le Sénat, jusque-là si doux et si soumis; l'émotion fut considérable.

D'autre part, l'idée d'une abdication volontaire n'était pas venue au duc de Vicence; seulement d'autres l'avaient conçue. S'il faut en croire M. Fain, Napoléon lui-même avait contribué à répandre, en discutant avec quelques personnes, la proposition qui lui en avait été faite.

Les moments devenaient précieux. L'ordre donné pour transférer le quartier général à Ponthierry faisait craindre un prochain engagement qui ne laisserait plus le moyen de rien tenter. Après la parade, — elle avait eu lieu à midi suivant l'usage, et dans la cour du Cheval blanc, — Napoléon, au moment où il rentrait dans son appartement pour faire ses derniers préparatifs de départ, fut suivi par les principaux personnages de son état-major qui lui demandèrent une conférence. Elle était impossible à refuser. Voici la liste de ceux qui, à ma connaissance, étaient présents, et qui ont pris part aux débats : le prince de Neufchâtel, le maréchal Ney, le duc de Dantzig, le duc de Reggio, le maréchal Macdonald, le duc de Bassano, le duc de Vicence, le grand maréchal Bertrand. Quelques personnes moins importantes s'y sont trouvées, dit-on; je crois que M. Fain a été du nombre.

La proposition d'une abdication volontaire fut faite sous la condition d'une régence qui conserverait le trône au jeune Napoléon. L'Empereur ne fut pas facile à convaincre; la discussion se prolongea longtemps. Il ne céda très certainement qu'à des instances faites sur un ton qui lui prouva qu'il n'avait rien à attendre désormais de ses plus anciens compagnons d'armes; que leur découragement avait paralysé ce qui pouvait leur rester encore de dévouement. Or, que pouvait-il faire, ou tenter seulement, n'étant plus entouré de ces vieux noms, de ces vieilles renommées qui étaient le cortège obligé de la sienne? Le maréchal Ney passe pour avoir été le plus animé dans cette scène, son langage alla même, dit-on, jusqu'à la violence. Napoléon céda enfin et rédigea en ces termes, de sa propre main,

l'acte qui lui était demandé : « Les puissances alliées ayant
« proclamé que l'Empereur Napoléon était le seul obstacle
« au rétablissement de la paix en Europe, l'Empereur
« Napoléon, fidèle à ses serments, déclare qu'il est prêt à
« descendre du trône, à quitter la France et même la vie,
« pour le bien de la patrie, inséparable des droits de son
« fils, de ceux de la régence de l'Impératrice et du main-
« tien des lois de l'Empire.

« A Fontainebleau, le 4 avril 1814. »

Le duc de Vicence, le maréchal Ney et le maréchal Macdonald furent immédiatement chargés de porter cet acte à Paris, d'aller droit à l'empereur Alexandre pour le lui remettre et pour traiter avec lui des moyens d'en assurer l'exécution.

En passant par Essonnes, ils demandèrent au duc de Raguse de les accompagner. Était-ce par ordre de l'Empereur ? était-ce, comme le prétend le maréchal Marmont, de leur propre mouvement, pour donner plus de poids au message dont ils étaient chargés ? Je ne saurais le dire. Toujours est-il que le duc de Raguse se trouva dans une très fausse position. Son arrangement avec le prince de Schwarzenberg était convenu dès la veille. Il en avait reçu la ratification le matin, tout était disposé pour le mouvement qu'il devait opérer dans la nuit sur Versailles. Son embarras fut donc grand, lorsqu'il vit arriver chez lui, entre huit et neuf heures du soir, le duc de Vicence et ses collègues, et lorsqu'ils le pressèrent de se joindre à eux ; il voulut d'abord refuser, mais le prétexte qu'il mit en avant était de peu de valeur, il se vit bientôt forcé de s'en départir. Mais alors il lui fallait partir sur-le-champ, sans avoir eu le temps de s'entendre sur sa nouvelle situation avec les généraux auxquels le commandement allait échoir en son absence, et dont les deux principaux étaient le général Souham et le général Bordesoulle. Je ne puis douter cependant, d'après une lettre qui lui fut écrite le lendemain par le général Bordesoulle, et dont j'ai été dans le cas de prendre lecture, qu'il ne leur eût laissé pour instruction d'attendre ses ordres et de ne rien faire avant son retour et celui des maréchaux avec lesquels il était forcé de s'acheminer. Il parait qu'en refusant de se joindre à eux, il s'était laissé aller à quelques aveux sur des paroles qui lui étaient venues du prince de Schwarzenberg et qui, pouvant, dit-il, amener d'importants résultats, nécessitaient sa présence à Essonnes.

Ces aveux, qui avaient semblé assez extraordinaires au duc de Vicence et aux deux maréchaux, n'avaient pas suffi pour leur faire pénétrer son secret, malgré quelques particularités étranges dans sa manière d'être, au moment de traverser le quartier général ennemi. Ils avaient néanmoins continué leur route avec lui, sans trop de méfiance. Il était entré en passant chez le prince de Schwarzenberg, avec lequel il avait causé quelques minutes. Ce temps fut employé, s'il faut l'en croire, à obtenir que sa parole lui fût rendue. Est-ce vraisemblable, alors que la nouvelle de la convention avait déjà été portée aux souverains? Toutefois, il est juste d'observer que le duc de Raguse avait pu faire valoir, auprès du prince de Schwarzenberg, la considération que la démarche des maréchaux, à laquelle il allait participer, avait pour objet de mettre directement la couronne de France sur la tête du petit-fils de l'empereur d'Autriche.

CHAPITRE XV

M. de Saint-Simon prévient le gouvernement provisoire de l'arrivée des maréchaux. — Alexandre les reçoit au milieu de la nuit. — Les envoyés de Napoléon et les membres du gouvernement provisoire font valoir tour à tour auprès de lui leurs arguments pour et contre la régence. — Le Czar les congédie sans prendre de détermination. — Il apprend le lendemain matin la défection de Marmont. — Celui-ci calme ses troupes mutinées à Versailles et les conduit à Mantes. — Les maréchaux retournent auprès de Napoléon. — Préparation de la Constitution. — Habile tactique de M. de Talleyrand. — Conseil tenu chez lui le 3 avril : M. Lebrun ne trouve rien de mieux à proposer que la Constitution de 1791 ; M. de Talleyrand remet la question au point ; il fait l'éloge du nouveau souverain.— Composition de la commission chargée par le Sénat d'étudier le projet. — Le Corps législatif adhère à la *Charte constitutionnelle.* — Principes et garanties insérés dans celle-ci. — Les sénateurs se réservent de nombreux avantages.

Quelles dispositions cette solennelle députation allait-elle trouver à Paris ? On avait su dans la matinée le succès de la négociation avec le duc de Raguse, mais nous n'avions aucun renseignement sur ce qui se passait à Fontainebleau et sur les résolutions de Napoléon.

Les membres du gouvernement provisoire s'étaient, suivant leur usage, réunis chez M. de Talleyrand entre huit et neuf heures du soir. On n'y avait été occupé que de l'événement qui devait s'accomplir dans la nuit et dont on espérait avoir des nouvelles le lendemain matin par l'arrivée des troupes du maréchal à Versailles. Cette pensée absorbant toutes les autres, la séance avait été courte ; entre dix et onze heures plusieurs des assistants s'étaient retirés. J'en faisais autant ; j'avais déjà atteint le bas de l'escalier, lorsque j'aperçus M. de Saint-Simon qui descendait de cheval avec une grande précipitation. Il me demanda s'il trouverait M. de Talleyrand, auquel il apportait une nouvelle de la plus haute importance, et m'engagea à remonter avec lui.

Entré dans le cabinet, il annonça l'arrivée prochaine des maréchaux et du duc de Vicence, qui devaient déjà être à Villejuif et qui arriveraient avant trois quarts d'heure. Il avait pris les devants, depuis Essonnes. Bien qu'il eût pressé le plus possible la course de ses chevaux, il ne pouvait se flatter d'avoir sur eux une plus longue avance. Il nous dit la mission dont ils étaient chargés; ils apportaient au Czar l'abdication de Napoléon, sous condition de la Régence, au nom de son fils. Sans M. de Saint-Simon, le gouvernement et l'empereur Alexandre auraient également été pris au dépourvu; dans ce cas, on ne saurait dire ce qui en serait résulté. Il n'était pas impossible que l'empereur se laissât arracher quelque engagement irréfléchi.

M. de Talleyrand fit aussitôt demander M. de Nesselrode, auquel il communiqua ce que nous venions d'apprendre, en le priant d'en informer son maître et de lui demander s'il lui conviendrait de recevoir les maréchaux aussitôt qu'ils se présenteraient ou s'il ne jugerait pas à propos de renvoyer toute conférence au lendemain. Peu de minutes après, M. de Nesselrode revint dire que son maître était décidé à recevoir la députation sur-le-champ, mais qu'aussitôt après l'avoir entendue, il serait bien aise de conférer avec le gouvernement provisoire sur toutes les propositions qu'elle lui aurait faites. On envoya donc chercher tous les membres qui étaient partis; tous revinrent, excepté M. l'abbé de Montesquiou. M. Dessolle était présent; M. de Talleyrand l'engagea ainsi que moi à rester. Nous nous trouvâmes ainsi assister au grand débat. Nous nous établîmes dans le premier salon de l'empereur, où se trouvaient M. de Nesselrode, M. de Pozzo et quelques officiers russes de service auprès d'Alexandre.

Il était environ minuit lorsque les plénipotentiaires de Napoléon furent introduits. Ils parurent fort étonnés de nous rencontrer. Des deux côtés l'accueil fut obligeant. Après quelques mots de conversation générale, chacun se trouva engagé dans une causerie particulière, M. de Talleyrand avec le duc de Vicence. Le hasard m'ayant rapproché du maréchal Macdonald, ce fut avec lui que j'échangeai quelques paroles. Il me dit qu'on devait s'estimer heureux des propositions qu'ils apportaient, qu'ils n'avaient obtenues qu'avec beaucoup de peine. Je lui répondis que la régence ne me paraissait offrir aucune des conditions de sécurité qu'on devait désirer pour l'avenir, ce qui ne m'empêchait pas de reconnaître qu'ils avaient rendu un grand service en amenant Napoléon à ce premier pas. J'ajoutai qu'il ne devait pas compter sur nous pour adopter la proposition dont ils étaient chargés. Au bout de fort peu de minutes la porte du cabinet d'Alexandre s'ouvrit et ils furent introduits. La conférence commença par la proposition qui leur fut faite et qu'ils déclinèrent, d'entrer directement en négociation avec le gouvernement provisoire. Ni eux ni le gouvernement ne pouvaient en effet s'accommoder d'une telle manière de procéder. Ils sortirent au bout d'une demi-heure et nous fûmes reçus à notre tour.

L'empereur Alexandre était debout, et nous, rangés en demi-cercle devant lui; il nous fit dans les meilleurs termes l'exposé le plus clair de tout ce qui venait de lui être dit pour le décider à accepter l'offre de Napoléon. Il nous en fit valoir avec soin, même avec chaleur, tous les avantages : « Elle terminait tout, elle assurait à la France un
« gouvernement qui respecterait toutes ses habitudes et
« tous les intérêts nouveaux; le gouvernement restant
« entre les mains des hommes qui depuis bien des années
« avaient eu la plus grande part aux affaires, aurait nécessairement l'habileté désirable. Au dedans, tout se trou-

« verait parfaitement assuré. Au dehors, plus de motifs
« d'inquiétude du moment où l'homme qui inspire toutes
« les méfiances serait éloigné. Les meilleurs rapports avec
« tout le monde s'établiraient sans aucune difficulté.
« Ajoutez que le très vif intérêt que l'Autriche ne pouvait
« s'empêcher de prendre à la dynastie impériale offrait
« une garantie assurée que nulle autre puissance n'essaye-
« rait de se prévaloir contre la France de la situation poli-
« tique un peu faible qui résulte quelquefois d'une mino-
« rité; enfin, et cela paraissait être à ses yeux la raison
« décisive, en entrant dans cette voie, on était sûr de
« l'assentiment de l'armée, on écartait la seule véritable
« difficulté de la situation. Plus de combats, plus d'oppo-
« sition possible, la paix était véritablement établie, à
« l'instant même et partout. »

La réplique ne pouvait être aussi serrée, ni aussi clairement déduite, précisément parce que nous avions plus de
choses à dire. M. de Talleyrand, auquel il appartenait de
prendre la parole le premier, traita les principaux points;
puis le duc de Dalberg et M. Dessolle dirent quelques
paroles. Il fut bien démontré que cette conclusion si prompte,
si rapide, dont on voulait se flatter en acceptant la régence,
ne présentait aucune solidité; qu'avec le caractère de
Napoléon, avec les ressources que lui fournirait toujours
son génie entreprenant, il n'y aurait aucun moyen de
l'empêcher, au bout d'une année, peut-être avant, de
ressaisir les rênes du gouvernement. On ne pensait pas
sans doute à le tenir en prison. Une telle mesure serait
incompatible avec la négociation directe qu'on acceptait
avec lui; si on voulait y recourir, elle soulèverait tous les
esprits en sa faveur.

Que prétendait-on faire de sa famille? Quel rôle joue-
rait-elle? Beaucoup de ses membres étaient ambitieux, turbulents. La plus grande difficulté résulterait des droits
clairement ranimés de la maison de Bourbon. Oubliée pen-

dant plusieurs années, elle avait trouvé, dans les événements récents, une vie, une force qui ne pouvaient être niées. Quoiqu'on n'eût encore prononcé le nom de cette maison dans aucun acte, personne n'ignorait cependant ce qui avait été fait pour préparer son retour. Le Sénat tout entier était rallié à cette idée; il devait au premier jour, peut-être avant deux fois vingt-quatre heures, se prononcer en sa faveur. Pouvait-on prétendre que des faits aussi patents, aussi considérables devaient être regardés comme non avenus? Une des plus grandes villes de France, Bordeaux, était rangée sous l'autorité de l'ancienne dynastie. De semblables dispositions régnaient dans plusieurs villes du Midi; dans la capitale, un grand nombre de personnes avaient laissé éclater leurs sentiments sans que la population en eût été soulevée. Que si on manquait cette occasion de ramener la maison de Bourbon, en lui faisant accepter des conditions dans lesquelles tout le monde trouverait ses avantages, nul ne pouvait répondre de ce qu'elle ferait plus tard si elle venait à triompher. Pendant combien d'années n'avait-on pas vu ses partisans agiter l'intérieur de la France et, dans plusieurs occasions, avec d'assez grandes chances de succès? Alors, cependant, ils avaient à lutter contre l'esprit républicain qui avait produit la Révolution, qui s'y était développé, et qui subsistait dans toute son énergie. Cet esprit avait été étouffé depuis par l'ascendant d'un homme de génie qui avait su ranimer à son profit les sentiments monarchiques, et qui, pour fonder l'Empire, avait mis tous ses soins à détruire, à déraciner les habitudes, les idées en opposition avec cette forme de gouvernement. Y avait-il dans l'histoire un seul exemple que le fondateur d'une race souveraine eût pu léguer à sa descendance ce qu'il n'avait pas eu le moyen de garder pour lui-même?

On avait évité, dans cette première discussion, de rappeler l'engagement qui avait été si solennellement pris par

Alexandre, *de ne traiter ni avec Napoléon, ni avec aucun membre de sa famille*. Ce fut, je crois, un ménagement habile et dont il nous sut gré.

Après nous avoir écoutés avec une grande patience, l'empereur nous congédia, en nous disant d'attendre dans l'autre pièce. Il fit rentrer les députés de Napoléon. D'après ce que j'ai su depuis, il leur répéta tout ce que nous lui avions dit, avec autant de soin et d'exactitude qu'il en avait mis à nous rendre leurs discours. Ils ne s'étaient pas attendus à cette contradiction. Ils insistèrent sur l'argument qui produisait toujours le plus d'effet sur l'esprit d'Alexandre : si on acceptait leurs propositions, ils se faisaient forts de l'assentiment universel de l'armée ; si on la rejetait, elle serait justement indignée de voir qu'on tenait si peu compte d'un si grand sacrifice de la part de celui qui était toujours l'objet de son culte. Son dévouement pour lui en acquerrait une nouvelle force, il fallait se préparer à la lutte la plus obstinée. Il ne fallait pas croire que l'armée fût aussi ébranlée qu'on le supposait ; en peu de jours on serait étonné de tout ce qui se retrouverait sous les drapeaux de Napoléon et autour de sa personne.

Ces messieurs furent congédiés de nouveau ; nous les remplaçâmes ; les choses se passèrent comme la première fois. L'empereur répéta le dernier argument des maréchaux, affectant de se montrer très frappé de la puissance de leurs raisons. Il fallut de nouveau les combattre. L'abdication devait déconcerter jusqu'aux hommes les plus exaltés, il était impossible qu'elle ne refroidît pas beaucoup les courages. Il y avait trop de bon sens dans le soldat français pour qu'il ne comprît pas que la cause de celui qui descendait lui-même à une telle extrémité était une cause irrévocablement perdue. En dernier résultat, il était évident qu'on ne se battrait plus pour Napoléon, mais bien pour son fils, pour les intérêts d'un enfant ; il n'y avait pas là de quoi enflammer beaucoup les imaginations. Il y avait de l'exagération dans le dévouement si absolu qu'on prêtait à l'armée ; dans la réalité, elle appartenait plus au pays qu'à Napoléon ; les deux causes étant séparées, elle se rangerait, à fort peu d'exceptions près, sous le drapeau qui serait celui de la patrie. La facilité avec laquelle la négociation avec le maréchal Marmont et son corps d'armée avait été conduite en était la preuve. Il importait de voir l'effet que produirait la convention ; les maréchaux l'ignoraient, car leur grande intimité avec le maréchal Marmont en témoignait (1).

Enfin, il fallut bien se servir de l'argument jusqu'alors réservé : l'empereur ne pouvait oublier que les membres du gouvernement provisoire et tous ceux qui avaient été entraînés par leur exemple et leurs conseils, ne s'étaient déterminés que sur sa parole donnée au nom de ses alliés comme au sien, sur sa foi reçue, qu'on ne traiterait plus ni avec Napoléon, *ni avec aucun membre de sa famille.* Tous ceux qui s'y étaient fiés, étaient exposés à des dangers certains ; une implacable vengeance les atteindrait tôt ou tard ; les plus sages, les plus heureux seraient ceux qui prendraient la résolution de s'expatrier, et obtiendraient de lui la permission de le suivre et d'obtenir un asile en Russie.

Le général Dessolle s'échauffa beaucoup sur ce sujet ; tout en parlant fort bien, il laissa échapper dans son improvisation quelques mots d'une éloquence un peu trop soldatesque. On crut alors que cette liberté de langage, loin de produire un mauvais effet, avait agi puissamment sur l'esprit d'Alexandre, qu'il en avait été frappé comme la preuve de la plus énergique conviction. On l'a dit, on l'a

---

(1) M. Fain a écrit dans son *Manuscrit de 1814* que les plénipotentiaires de Napoléon avaient été étonnés et consternés de voir le duc de Raguse arriver peu après eux et entrer dans le salon où ils attendaient avec les membres du gouvernement provisoire. Je puis assurer que le duc de Raguse était entré avec eux, et qu'ils ne témoignèrent aucun étonnement de se trouver avec lui.

imprimé; c'est une erreur dont la démonstration m'a été depuis complètement acquise (1).

Lorsque nous nous retirâmes, l'empereur était fort ébranlé. Il avait aussi reçu, pendant sa précédente conférence avec les maréchaux, une note que lui avait fait passer M. de Pozzo, dans laquelle se trouvaient consignés quelques avertissements et des arguments contre la régence. Son parti, suivant toutes les apparences, était donc, sinon tout à fait pris, au moins à peu de chose près arrêté, lorsqu'il nous congédia, en nous disant qu'il avait besoin de réfléchir sur tout ce qu'il venait d'entendre; qu'il était d'ailleurs nécessaire qu'il en délibérât avec le roi de Prusse; que le lendemain, à neuf heures du matin, nous apprendrions sa résolution. Il avait fait sans doute donner le même avertissement aux plénipotentiaires de Napoléon.

Il était deux heures du matin, nous avions assisté à une des scènes les plus extraordinaires dont l'histoire ait gardé le souvenir. Un souverain, arrivant des confins de l'Asie, avait fait discuter froidement l'existence d'une dynastie fondée par le plus grand homme des temps modernes, et le rappel de la plus ancienne dynastie européenne, enlevée de son trône vingt-deux ans auparavant par la plus terrible des révolutions. Il avait mis fin à la discussion en disant : « J'aurai décidé demain matin avant neuf heures. » Il est

(1) En 1818, lorsque les affaires furent terminées au congrès d'Aix-la-Chapelle, il prit fantaisie à l'empereur Alexandre de venir faire à Paris une courte visite au roi de France. Il était utile d'envoyer un officier général à la frontière avec mission de le recevoir et de lui faire rendre les honneurs. Les ministres restés à Paris, — le duc de Richelieu était demeuré à Aix-la-Chapelle, — crurent qu'ils ne pouvaient mieux faire que de choisir le général Dessolle. Notre étonnement fut donc grand lorsque nous apprîmes du duc de Richelieu que, loin d'être satisfait de ce choix, l'empereur en avait été très mécontent et avait dit formellement qu'il était étrange qu'on eût pensé à lui envoyer un homme qui avait été si grossier avec lui dans la nuit où on avait discuté dans son cabinet la question de la régence. Je crois qu'il eût trouvé convenable qu'un prince du sang fût venu le recevoir, que le déplaisir de voir qu'on n'y avait pas songé a augmenté l'humeur qu'il a témoignée contre le général Dessolle.

permis de croire que le Czar lui-même, malgré le calme qu'il affectait, sentait la gravité de la détermination qu'il allait prendre.

On a dit, et cela n'est pas impossible, que le duc de Vicence avait trouvé moyen de se ménager une nouvelle conférence avec lui, et qu'il lui avait fait une vive impression, en mettant sous ses yeux un tableau des difficultés, des dangers même qu'entraînerait à sa suite la restauration des Bourbons, qu'on lui présentait comme si simple et si facile. Ce qui devait le préoccuper surtout, c'était la nécessité de se prononcer en l'absence du plus puissant de ses alliés qui était si directement intéressé dans la question. Tant qu'il ne s'était agi que de prendre des engagements pour le renversement de Napoléon, Alexandre avait pu s'avancer sans hésitation; mais après l'abdication, il s'agit de conserver la couronne à son fils, au petit-fils de l'empereur d'Autriche, à l'enfant de sa fille chérie. On doit convenir que l'embarras devenait grand pour celui dont l'avis allait trancher la question. Il n'y avait qu'un moyen d'en sortir, c'était de soutenir que l'abdication ne serait qu'une illusion, que la régence n'offrirait qu'une continuation du gouvernement de Napoléon, jusqu'au jour où il viendrait ressaisir audacieusement la direction. Ce fut cette thèse que l'empereur Alexandre soutint auprès de ses alliés. Il n'eut pas de peine à convaincre le roi de Prusse, chez lequel il se rendit dès six heures du matin, et qui donna les mains à un refus absolu de l'abdication sous condition d'une régence.

Restait à faire connaître ce refus aux parties intéressées. Le duc de Vicence et les maréchaux, moins le duc de Raguse, s'étaient, dans leur impatience, rendus chez le Czar, assez longtemps avant l'heure fixée. Il les reçut sans retard; les choses avaient changé à leur désavantage. Il leur était difficile de se prévaloir des sentiments et des résolutions de l'armée; le mouvement convenu entre le maréchal Marmont et le prince de Schwarzenberg s'était effectué dans la nuit, malgré l'absence, malgré la recommandation du maréchal, et sans attendre ses ordres. Le général Souham, d'accord avec le général Bordesoulle, avait pris ce parti décisif, sur la connaissance, ont-ils dit, d'une démarche faite par le général Lucotte auprès de l'Empereur pour l'avertir du danger dont le menaçait la défection de son avant-garde.

Quoi qu'il en puisse être, le général Souham arriva à Versailles à la tête de ses troupes, et la nouvelle en était dès le point du jour parvenue à l'empereur Alexandre. Je tiens de M. de Pozzo qu'ayant passé la nuit dans l'un des salons qui précédaient le cabinet de l'empereur, et s'étant mis un instant à la fenêtre pour jouir du lever du soleil, il fut tiré de sa contemplation par une main posée sur son épaule. C'était l'empereur lui-même. Il venait de recevoir la nouvelle, et avait besoin de communiquer la joie qu'il en ressentait. Il la raconta donc à M. de Pozzo, ajoutant avec ce ton d'illuminé qui lui était déjà familier : « Vous « le voyez, c'est la Providence qui le veut, elle se mani- « feste, elle se déclare; plus de doute, plus d'hésitation. »

Les plénipotentiaires comprirent aussitôt qu'ils n'avaient plus rien à espérer et annoncèrent l'intention de retourner auprès de Napoléon pour l'informer du peu de succès de leur négociation et connaître ses dernières résolutions. L'empereur leur avait formellement signifié qu'une abdication pure et simple, pour toute la famille de Napoléon comme pour lui-même, était le seul moyen de suspendre les hostilités, qui seraient sans cela poussées avec la dernière activité, en profitant de tout l'avantage que devait donner l'abandon des positions précédemment occupées par le corps d'armée qui venait de déserter sa cause.

Les choses, comme on le voit, avaient marché avec une extrême rapidité, et lorsque je revins chez M. de Talleyrand à neuf heures, ainsi qu'on en était convenu, personne ne doutait que l'abdication pure et simple ne dût bientôt arriver. Au lieu de cela, une estafette dépêchée en toute hâte apportait au gouvernement le récit de ce qui s'était passé dans le corps d'armée du maréchal Marmont. Il avait levé ses cantonnements sans se douter de ce que ses chefs allaient faire de lui; il croyait même s'avancer pour une attaque sur le flanc droit de l'ennemi. En route, il lui fut difficile de ne pas reconnaître que sa marche n'était rien moins qu'agressive, qu'elle était évidemment combinée avec les mouvements que les alliés exécutaient de leur côté. Alors l'idée qu'on les employait pour une trahison s'empara de l'esprit du plus grand nombre des soldats, l'absence du général les confirma dans cette idée, dont leur loyauté et leur courage furent également révoltés. Une centaine de cavaliers polonais fit volte-face et regagna au grand galop la route de Fontainebleau. Les officiers eurent assez de peine à contenir les sentiments qui, pendant la dernière partie de la route, se manifestèrent dans tous les rangs et qui éclatèrent avec la plus grande force peu après l'arrivée à Versailles. Tous ou presque tous se mirent à crier « Vive l'Empereur ! » Ils déclarèrent qu'ils voulaient partir pour l'aller rejoindre. Les généraux interposèrent en vain leur autorité, elle fut méconnue, plusieurs furent insultés.

Le maréchal Marmont n'hésita pas à partir. Arrivé à Versailles, il se présenta sur le front de la ligne qui s'était formée dans la grande avenue, en face du château, et fit lire une proclamation qu'il avait préparée, dans laquelle, parlant aux soldats des combats qu'ils avaient soutenus, de la gloire qu'ils avaient acquise depuis trois mois, il leur adressait des remerciements au nom de la patrie, les assurait de sa reconnaissance, mais leur disait que le moment était venu où la guerre serait sans objet et sans but :
« Vous êtes, ajouta-t-il, les soldats de la patrie ; aussi c'est
« l'opinion publique que vous devez suivre, c'est elle qui

« m'a ordonné de vous arracher à des dangers désormais
« inutiles, pour conserver votre noble sang que vous
« saurez répandre encore, lorsque la voix de la patrie et de
« l'intérêt public réclamera vos efforts. De bons canton-
« nements vont vous être assurés, mes soins paternels
« vous feront oublier bientôt, je l'espère, jusqu'aux fatigues
« que vous avez éprouvées. »

Cette lecture ne calma guère les esprits. Des murmures éclatèrent ; le maréchal, sans se laisser intimider, prenant le commandement avec l'autorité d'un chef accoutumé à se faire respecter, ordonna un mouvement qui portait les troupes sur la route de Saint-Cyr. Ce mouvement commençait à s'exécuter lorsque le bruit se répandit dans les rangs qu'on allait être cerné et désarmé par les Russes ; des cris indignés se firent entendre ; le désordre fut à son comble. Quelques officiers brisèrent leur épée et arrachèrent leurs épaulettes, des soldats jetèrent leurs armes, des coups de feu furent tirés ; la masse, après s'être dispersée en plusieurs bandes, où tous les corps se trouvaient mêlés, finit par se réunir auprès de la pièce d'eau des Suisses. Là les officiers supérieurs reprenant leur autorité, calmèrent les soldats, les désabusèrent, rétablirent les cadres et les conduisirent à Saint-Cyr, puis de là à Mantes, d'où les corps furent répartis dans les cantonnements désignés.

Il est certain que si, au moment de la plus grande exaltation des esprits, un chef audacieux et dévoué à l'Empereur eût voulu saisir le commandement, la totalité des soldats et presque tous les officiers de second rang, auraient repris avec lui, à tout risque et péril, la route de Fontainebleau, fallût-il même s'ouvrir un passage l'épée à la main. Ce chef ne se trouva pas ; ainsi fut terminée une crise qui aurait pu avoir de grandes conséquences.

De tous les coups dont Napoléon fut atteint à cette époque, aucun ne lui fut plus sensible que la défection du maréchal Marmont. Lorsque la nouvelle lui en parvint au commencement du jour, il refusa assez longtemps d'y croire; lorsqu'il n'y eut plus moyen d'en douter, il en exprima sa douleur en termes à la fois touchants et amers.

Le maréchal Macdonald arriva le premier à Fontainebleau et rendit à Napoléon un compte exact de tout ce qui avait été tenté inutilement auprès des souverains alliés. Le duc de Vicence et le maréchal Ney arrivèrent ensuite; l'Empereur eut avec eux une conférence assez longue; j'ai lieu de croire que sa résistance à la proposition qu'ils apportaient fut vive et opiniâtre. Cependant ils se flattaient apparemment d'en avoir triomphé, car le maréchal Ney, qui ne s'était pas épargné dans le débat, écrivit à onze heures à M. de Talleyrand une lettre dont la conclusion était que « l'Empereur, convaincu de la position critique
« où il avait placé la France et de l'impossibilité où il se
« trouvait de la sauver lui-même, avait paru se résigner et
« consentir à l'abdication entière, sans aucune restriction.
« J'espère qu'il m'en remettra demain l'acte formel et
« authentique. Aussitôt après j'aurai l'honneur d'aller voir
« Votre Altesse. » Le maréchal finissait en disant « qu'un
« événement imprévu ayant tout à coup arrêté les négo-
« ciations dont il s'était chargé dans l'intérêt de la dynastie
« de Napoléon, il avait vu dès lors que, pour éviter à sa
« chère patrie les maux d'une guerre civile, il ne restait
« plus aux Français qu'à embrasser la cause de leurs
« anciens Rois; que, pénétré de ce sentiment, il s'était
« rendu ce soir même auprès de l'empereur Napoléon pour
« lui manifester le vœu de la nation ».

Cette lettre fut insérée dans le *Moniteur* du 7. On a attribué, et non sans raison, la promptitude avec laquelle le maréchal Ney s'est alors prononcé en faveur de la maison de Bourbon, à l'influence de sa femme. Elle était fille de Mme Auguié, qui avait été femme de chambre de la reine Marie-Antoinette; elle tenait de sa mère un grand attachement pour ses anciens maîtres.

Le numéro du *Moniteur* qui contenait la lettre du maréchal Ney annonçait aussi que la Constitution, dont la préparation avait été confiée au gouvernement provisoire et soumise à l'examen d'une commission nommée par le Sénat, venait d'être adoptée à l'unanimité. Louis-Stanislas-Xavier était rendu aux vœux des Français.

Comment se pouvait-il qu'on fût arrivé avec tant de rapidité à ce résultat?

En mettant en avant l'idée d'une constitution nouvelle, on semblait préoccupé avant tout des intérêts du pays. La restauration de la maison de Bourbon ne se présentait plus comme un but, mais comme une conséquence. Ce plan fut conçu par M. de Talleyrand, il en poursuivit l'exécution avec une habileté, une persévérance très remarquables, qui lui font grand honneur. C'est lui qui dicta la première proposition faite par le Sénat au gouvernement provisoire, de préparer une constitution. Tout est sorti de là. Dès le surlendemain, il assembla chez lui quelques hommes choisis parmi ceux qui semblaient le plus capables d'avoir un avis en semblable matière. En première ligne, son choix se porta sur M. Lebrun, duc de Plaisance, architrésorier; il était revenu à Paris depuis l'évacuation de la Hollande, où il remplissait les fonctions de gouverneur général. Il avait reçu le 30 mars, comme tous les fonctionnaires, l'ordre de quitter la capitale; il n'en avait tenu compte et, sans faire de bruit, sans que personne y prît garde, il était resté chez lui. Dès qu'il sut l'entrée des alliés et le rôle que M. de Talleyrand paraissait destiné à jouer, il n'hésita pas à aller le trouver et à se ranger sous son aile. M. de Talleyrand le pria de jeter sur le papier quelques idées, pouvant servir de base au projet de la nouvelle constitution et de texte à la discussion.

Le choix de ce rédacteur paraissait très bien entendu. Outre son mérite comme écrivain, M. Lebrun avait une vieille réputation de capacité en matière de gouvernement et d'administration; il avait été membre de l'Assemblée constituante, n'avait jamais cessé, depuis le conseil des Anciens, d'occuper une situation considérable dans les gouvernements qui s'étaient succédé. Il eut l'air d'accepter la commission de fort bonne grâce. Nous fûmes assemblés chez M. de Talleyrand pour l'entendre, le 3 avril au soir, la déchéance ayant été prononcée dans la matinée.

La réunion se trouvait composée de vingt à vingt-cinq personnes : tous les membres du gouvernement provisoire, plus le général Dessolle, M. Louis, l'abbé de Pradt et moi; pour le Sénat, autant que je puis m'en souvenir, M. de Marbois, M. Lanjuinais, M. Abrial, M. de Pastoret, M. de Fontanes, M. Fabre, M. Cornet, M. Emmery, M. de Malleville, M. Lambrecht, M. Vimar et quelques autres encore dont les noms m'échappent; enfin, comme représentant les alliés, MM. de Pozzo, de Nesselrode et, je crois, M. de Hardenberg. Tout le monde assis, rangé tant bien que mal dans une fort petite pièce de l'entresol, M. de Talleyrand, ayant placé M. Lebrun à sa droite, prit la parole avec sa bonne grâce habituelle. Il nous informa que M. le duc de Plaisance avait bien voulu se charger d'un travail préparatoire, qui, venant d'un homme aussi éclairé, aussi profondément versé que lui dans ces difficiles matières, pouvait abréger la besogne et jeter une vive lumière sur la discussion.

Nous écoutions de l'oreille la plus attentive, persuadés que nous allions, en effet, entendre les propositions les mieux étudiées; le silence était profond. M. Lebrun, tirant avec assez de peine de sa poche un fort beau volume, relié en maroquin rouge, nous dit, de ce ton goguenard et bourru tout à la fois dont il n'a jamais su se départir, les paroles que voici : « La besogne, messieurs, ne m'a pas,
« comme vous allez le voir, coûté une fort grande peine;
« je l'ai trouvée toute faite; il ne m'a pas fallu beaucoup de
« réflexion pour être assuré qu'en bien travaillant je ne

« ferais pas mieux, probablement pas aussi bien. Croyez-
« moi, tenez-vous à ceci, il n'est jamais trop tard pour
« revenir à ce qui est incontestablement bon. » En achevant
ces mots, il pose sur la table son beau volume, qui n'était
autre que la Constitution de 1791. Chacun de nous se
regardait, muet de stupéfaction : le plus embarrassé, le
plus déconfit était M. de Talleyrand; il s'efforça de tourner
quelques phrases qui, sans être trop désobligeantes pour
M. Lebrun, laissèrent voir cependant à quel point son
attente était trompée; puis, en rendant justice aux mérites
de certaines parties de la Constitution de 1791, il ne lui fut
pas difficile de montrer qu'elle ne pouvait pas s'adapter
à la situation présente, et, saisissant le point sur lequel il
était le plus sûr d'être entendu : « Par exemple, dit-il, dans
« cette Constitution il n'y a qu'un Corps législatif et une
« seule Chambre; il nous en faut deux. Nous avons un
« Sénat dont nous ne pouvons nous passer. Cela seul doit
« amener de très grandes différences dans les combinai-
« sons des pouvoirs. Ce qu'il faut décider, c'est une sorte
« de déclaration de principes, l'établissement de quelques
« bases solides sur lesquelles toutes les dispositions de
« détail pourront ensuite se coordonner. »

Tout le monde applaudit à cette manière de ramener la
question à son véritable point de vue. MM. de Marbois,
Lanjuinais, Emmery, de Pastoret, Lambrecht et l'abbé de
Montesquiou prirent part à la discussion. Je me souviens
que, comme on appuyait beaucoup sur l'importance du
Sénat, sur le besoin de lui donner le plus de relief possible,
il y eut quelques mots glissés au sujet de la dotation dont
il était en possession, des sénatoreries dont beaucoup de
sénateurs étaient investis, de la nécessité de les consolider.
Ce fut le prélude de la triste disposition qui se trouva
bientôt après insérée dans le projet de constitution et qui a
fait un si grand tort au Sénat, qui a achevé de lui ôter
toute considération.

Il m'échappa de dire à ce sujet qu'on ne parlait pas de la seule condition qui pût lui donner une existence proportionnée au rôle qu'on voulait lui faire jouer; que du moment où on plaçait deux Chambres en présence l'une de l'autre, il n'y avait, à mon sens, que les avantages de l'hérédité qui pussent donner au Sénat le moyen de contrebalancer l'influence que le corps élu devait plus particulièrement exercer sur le pays dont il était le mandataire immédiat. Mon observation fut saisie avec beaucoup de chaleur par M. Emmery, qui avait paru assez peu satisfait de l'importance qu'on avait attachée aux intérêts pécuniaires. Il me dit avant de sortir : « J'ai peur que ces gens-là n'aient
« pas le bon sens de voir que l'hérédité leur assurerait
« beaucoup plus d'avantages que ces sénatoreries qu'ils
« tiennent tant à conserver. »

Fort habilement, M. de Talleyrand eut l'air de considérer le rappel de la maison de Bourbon comme tellement inévitable, qu'il n'en parla, en finissant, que comme pour saisir une occasion naturelle de faire l'éloge du souverain qui allait monter sur le trône. « Il faut que vous songiez, mes-
« sieurs, dit-il, que l'œuvre à laquelle vous allez travailler
« sera jugée par un homme d'un esprit supérieur. Le
« prince qui doit l'accepter et lui donner la vie, qu'elle doit
« tenir de son concours, est plus en état que personne de
« la juger. A ses lumières naturelles, se joint l'expérience
« qu'un long séjour en Angleterre lui a nécessairement
« fait acquérir sur ces hautes matières dont il a, vous le
« savez, toujours été fort occupé. Vous n'avez pas oublié,
« sans doute, qu'il a manifesté dès l'Assemblée des notables
« ses opinions et ses principes. Il est donc en état de dis-
« cuter article par article, peut-être mieux qu'aucun de
« nous, tout ce qui doit entrer dans une constitution sage-
« ment modérée; il ne faut pas nous le dissimuler, nous
« aurons affaire à forte partie, nous serions mal venus si
« nous offrions à un tel prince un ouvrage faiblement

« conçu, qui ne satisferait ni sa forte raison, ni ses hautes
« lumières; il faut par conséquent faire du bon et éviter
« par-dessus tout de nous perdre dans les détails. » Il était
impossible de jeter en avant avec plus d'adresse les idées
les plus utiles à répandre sur le caractère du Roi que la
France allait recevoir. Cette première conférence suffit à
M. de Talleyrand pour donner à la constitution l'apparence
d'une œuvre sortie d'une longue délibération entre personnages dont les noms avaient une grande autorité sur
l'opinion.

Le lendemain 4, le projet fut définitivement rédigé et
porté, dès le 5, au Sénat, qui nomma une commission pour
en faire l'examen et le rapport. La composition de cette
commission mérite d'être remarquée : elle était de
sept membres : MM. Vimar, Garat, Lanjuinais, Fabre,
Cornet, Grégoire et Abrial. M. Grégoire, quoique absent
de la Convention à l'époque du jugement de Louis XVI,
avait envoyé son vote approbatif de la condamnation sans
appel au peuple; M. Garat, alors ministre de la justice,
avait été dans la prison du Temple donner lecture de la
sentence à l'auguste victime. Ces deux hommes, cependant,
se trouvaient encore parmi ceux qui, en 1814, avaient le
plus d'influence dans le Sénat; on ne saurait s'empêcher
de le croire, puisqu'ils avaient été choisis dans une occasion aussi importante. Ils adoptent sans difficulté et font
adopter un projet dont le second article *appelle librement au
trône Louis-Stanislas-Xavier de France, frère du dernier Roi,
et, après lui, les autres membres de la famille de Bourbon dans
l'ordre ancien.*

Le 6, le projet, revêtu du titre de *Charte constitutionnelle*
(ce titre appartient encore à M. de Talleyrand), fut adopté
par le Sénat, toujours à l'unanimité. Le fameux abbé
Sieyès en fait partie, son adhésion est peut-être encore plus
étonnante que celle de M. Grégoire. Ainsi fut restituée la
couronne de France à ses anciens et légitimes possesseurs.

Le lendemain 7, le Corps législatif, composé de quatre-vingt-trois membres, se hâta de donner son adhésion à la Charte constitutionnelle, qui se trouva ainsi revêtue de toutes les formes légales. Les garanties les plus importantes y étaient établies; ainsi le libre vote de l'impôt, l'institution des jurés, l'inamovibilité des juges, la liberté des cultes et de conscience, la liberté de la presse, sauf la répression légale des délits qui pourraient résulter de l'abus. Il est donc certain que les dispositions les plus importantes de la Charte de Louis XVIII ont été tirées de la constitution votée par le Sénat, bien qu'il y ait entre ces deux œuvres des différences essentielles.

La Charte du Sénat devait être soumise à l'acceptation du peuple français; elle était de fait imposée à Louis-Stanislas-Xavier, car il ne pouvait être proclamé qu'après l'avoir signée et jurée. On avait soigneusement évité de le désigner par la qualification de Louis XVII ou de Louis XVIII, ce qui l'aurait présenté comme succédant de droit à son frère ou à son neveu. Toutes ces précautions ont été écartées. Louis XVIII, et non Louis-Stanislas-Xavier, a octroyé la Charte, qui, dès lors, a été censée n'émaner que de lui. Les dispositions votées par le Sénat donnaient aux intérêts des sûretés précieuses; la noblesse ancienne reprenait ses titres, la nouvelle conservait les siens, qu'on rendait héréditaires; la dette publique était garantie, les ventes de domaines nationaux étaient irrévocablement maintenues. Aucun Français ne pouvait être recherché pour les votes ou les opinions qu'il avait émis pendant le cours de la Révolution; les militaires en activité, les officiers et soldats en retraite, les veuves et les officiers pensionnés conservaient leurs pensions et leurs grades; tout cela fut reproduit dans la Charte de Louis XVIII. Un article, celui qui concernait le Sénat, fut modifié plus tard, sous la pression de l'opinion publique révoltée.

Rien n'avait été négligé par les rédacteurs du Sénat pour assurer à ses membres toutes sortes d'avantages. La dignité de sénateur devait être inamovible, héréditaire de mâle en mâle par ordre de primogéniture, la dotation actuelle et les sénatoreries appartenaient aux sénateurs existants, les revenus en seraient partagés également entre eux et passeraient à leurs successeurs. A la mort d'un sénateur sans postérité masculine, sa dotation devait retourner au Trésor public; les sénateurs nommés à l'avenir ne pourraient y avoir part : c'était blesser à la fois la délicatesse et la raison.

M. de Talleyrand a fait preuve, dans toutes ces difficultés, de la plus grande habileté, marchant à son but sans hésitations, ne se laissant arrêter ni par les obstacles ni par les dangers. Les sept jours qui se sont écoulés depuis le 31 mars jusques et y compris le 6 avril sont, dans sa carrière, ceux qui font le plus d'honneur à sa mémoire.

CHAPITRE XVI

Abdication pure et simple de Napoléon. — Il passe en revue les restes de son armée. — L'île d'Elbe est choisie pour sa résidence. — Signature du traité de Fontainebleau. — L'acte d'abdication. — L'Empereur tente de s'empoisonner. — Les adhésions au nouvel ordre de choses se multiplient. — Napoléon, loin de s'en montrer froissé, les encourage. — Le drapeau tricolore et le drapeau blanc : le maréchal Jourdan tranche la question en faisant prendre, à Rouen, la cocarde blanche à ses troupes ; le général Dessolle en fait autant à Paris avec la garde nationale. — Heureuse impression produite par celle-ci sur les étrangers. — Échange des prisonniers. — Mise en liberté des otages. — Les boursiers des écoles de l'État sont maintenus dans leurs droits. — Les membres du clergé détenus sont relaxés. — On appelle le général Marescot aux fonctions de premier inspecteur général du génie. — Le service des correspondances est assuré. — Le Conseil d'État reprend ses fonctions. — Suppression des agents spéciaux de la police générale. — Grande misère dans les faubourgs. — M. Pasquier affecte à son soulagement les produits extraordinaires de la ferme des jeux. — Mise en surveillance du quartier Saint-Antoine. — Adhésions du général Hulin, de Cambacérès, de Merlin de Thionville. — La fête de Pâques à Paris. — Bataille de Toulouse ; ses malheureuses conséquences. — Situation délicate des administrateurs de province. — Résistance prolongée de l'auditeur Harel dans Soissons.

La Restauration était incontestablement décidée. Napoléon allait-il, comme l'avait espéré le maréchal Ney, signer immédiatement son abdication ? Alors même qu'elle s'étendrait à son fils et à tous les siens, restait à fixer les conditions qui devaient être faites pour son avenir et celui de sa famille. Il passa la journée du 6 à méditer et à rédiger les instructions qu'il voulait donner à ses plénipotentiaires et qu'il leur remit le 7 de fort bonne heure. Le duc de Vicence, le maréchal Ney et le maréchal Macdonald partirent aussitôt, et lui-même, à son lever, annonça sans détour l'objet de la nouvelle mission qu'ils allaient remplir. Ce fut bientôt la nouvelle du quartier général et de l'armée. Celle-ci était déjà dans un abattement difficile à décrire depuis que l'offre de son abdication sous condition de la régence avait été connue; il devint plus grand encore quand on apprit que l'abdication entière était devenue la base de la négociation.

On a dit que Napoléon ne se faisait pas encore une idée juste de sa situation, qu'il se persuadait que, jusqu'au moment de la signature, même jusqu'à celui des ratifications, il pourrait toujours se rétracter. Qu'il se soit nourri de cette illusion, c'est un fait dont on ne saurait douter, s'il est vrai qu'après le départ de ses plénipotentiaires, il se soit occupé avec le duc de Bassano d'un projet de jonction avec l'armée d'Italie.

Ce qui est certain, c'est qu'il voulut encore passer en revue deux corps de son armée. Il fut reçu avec les acclamations accoutumées, et cet accueil parut lui causer une vive satisfaction. Cependant, en regardant combien étaient faibles les bataillons, glorieux débris des vieilles bandes qu'il avait conduites si longtemps d'une extrémité de l'Europe à l'autre, de tristes réflexions venaient troubler sa joie. Le maréchal Oudinot, auquel il demanda en rentrant dans son cabinet s'il pouvait compter sur le dévouement de son corps d'armée, lui répondit sans hésiter : « Non, Sire, Votre Majesté a abdiqué. — Oui, mais sous « certaines conditions. — Il se peut, Sire, répliqua le maré- « chal, mais le soldat ne connaît pas les restrictions poli- « tiques. — Eh bien, donc, répliqua-t-il après un moment « de réflexion, attendons les nouvelles de Paris. »

Les négociations avaient repris leur cours aussitôt après l'arrivée de ses plénipotentiaires. Le duc de Vicence était dans la réalité le seul qui fût en état de les mener à bien. La première chose arrêtée fut une continuation de l'armistice. La France se trouva partagée entre les armées françaises et les armées alliées. Le point le plus délicat à décider était la résidence de Napoléon. Le Czar, en exigeant son abdication pure et simple, lui avait fait proposer Corfou, la Corse, ou l'île d'Elbe. J'ai lieu de croire qu'il s'était avancé sans se concerter avec M. de Talleyrand. Je ne sais pas si ce dernier eût pu ou même cru devoir s'y opposer. On était si pressé d'en finir, que tout semblait bon pour arriver à ce résultat; les dangers du moment empêchaient de penser à ceux de l'avenir. L'île d'Elbe était bien proche, mais la Corse l'eût été encore davantage; c'était une partie intégrante de la France. Jamais Napoléon n'aurait voulu reparaître sur sa terre natale dans de si tristes moments; quant à Corfou, il aurait redouté de se trouver au milieu d'une population qui lui était aussi étrangère; pour mille raisons il ne s'y serait pas cru en sûreté. Le choix de l'île d'Elbe était donc en quelque sorte inévitable; il fallait s'y résoudre. Il fut décidé qu'il la posséderait en toute souveraineté et propriété. Restaient les stipulations sur les rangs et titres qui seraient assurés à Napoléon et aux membres de sa famille, sur les revenus dont ils jouiraient. On peut voir dans le traité de Fontainebleau tous les détails de ces stipulations, qui sont curieuses. M. Fain le donne en entier dans son *Manuscrit de 1814*.

Tout étant donc enfin convenu et arrêté, le traité fut signé à Paris, le 11 avril, par les plénipotentiaires des deux parts. Ceux de Napoléon remirent, en signant, son abdication dont ils n'avaient pas dû se dessaisir jusqu'alors. Elle fut insérée le lendemain dans le *Moniteur;* elle était ainsi conçue :

« Les puissances alliées ayant proclamé que l'Empereur
« Napoléon était le seul obstacle au rétablissement de la
« paix en Europe, l'empereur Napoléon, fidèle à son ser-
« ment, déclare qu'il renonce, pour lui et ses héritiers, aux
« trônes de France et d'Italie, parce qu'il n'est aucun sacri-

« fice personnel, même celui de la vie, qu'il ne soit prêt à
« faire à l'intérêt de la France.

« Fait au palais de Fontainebleau, le 6 avril 1814.

« *Signé :* NAPOLÉON. »

Restaient les ratifications à obtenir et à échanger. Qui pourrait croire que, les choses étant aussi avancées, Napoléon ait encore hésité à donner la sienne ? M. Fain assure que, pendant le cours de la dernière négociation, il avait plusieurs fois fait redemander au duc de Vicence, mais en vain, l'acte d'abdication dont je viens de donner le texte, qu'il le lui demanda encore lorsque celui-ci apporta le traité conclu. Le fait, quoique très étrange, peut être admis sur l'assertion de M. Fain ; mais on vient de voir que le duc de Vicence n'avait plus, quand il revint à Fontainebleau, le pouvoir de satisfaire à cette demande. La pièce était livrée et déjà rendue publique.

On trouve encore dans M. Fain le récit, tracé, je crois, avec beaucoup de vérité, de toutes les anxiétés de Napoléon, lorsqu'il lui fallut prendre une résolution qui devait être irrévocable. Elles s'accrurent encore quand il acquit la certitude que l'Impératrice, qui s'était acheminée de Blois dans l'intention de le venir joindre, il le supposait du moins, avait été arrêtée dans sa route, à Orléans ; que sur l'invitation de son père, elle se dirigeait d'un autre côté. Ce fut alors que, dans la nuit du 12 au 13, il tenta de se détruire. Le poison qu'il employa, enfermé dans son nécessaire depuis la campagne de Russie, était probablement trop vieux ; il manqua son effet, après lui avoir causé de très vives douleurs. L'épouvante fut grande parmi ceux qui l'entouraient. Le chirurgien de service auprès de lui (il s'appelait Yvan) perdit la tête, descendit dans la cour du Cheval blanc, et, ayant trouvé un cheval tout sellé, se jeta dessus, partit au galop ; il n'a plus reparu à Fontainebleau.

Porté comme l'était Napoléon à croire à la fatalité, il est probable que le mauvais succès de cette tentative se sera présenté à son esprit comme un signe que le cours de ses grandes destinées n'était point accompli, et qu'il devait se réserver pour celles qui l'attendaient encore. Une fois fixé sur cette pensée, toutes ses incertitudes cessèrent, et le 13 au matin, il donna sa ratification, avant l'expiration du délai de deux jours qui avait été fixé dans la convention.

L'empressement pour se rallier au nouveau gouvernement fut extrême; on ne peut s'empêcher de remarquer, entre toutes les adhésions, celle du prince de Neufchâtel, major général de l'armée, dont il était par conséquent l'interprète naturel; non seulement il l'envoya en son nom personnel, en qualité de vice-connétable, mais il avait cru pouvoir, dès lors, parler au nom de l'armée tout entière : « Messieurs et sénateurs, avait-il écrit en même temps, « l'armée, essentiellement obéissante, n'a pas délibéré, elle « a manifesté son adhésion quand son devoir le lui a « permis. Fidèle à ses serments, l'armée sera fidèle au « prince que la nation française appelle au trône de ses « ancêtres. J'adhère pour moi et mon état-major aux actes « du Sénat et du gouvernement provisoire. »

Napoléon, il importe de le remarquer, une fois son parti pris, se hâta de mettre tout le monde à l'aise; affectant de paraître soulagé d'un très lourd fardeau, il entra familièrement en conversation avec les généraux et les officiers dont il était encore entouré et leur dit que, dans la situation des affaires, la maison de Bourbon était ce qui convenait le mieux à la France. Il alla jusqu'à faire l'éloge du Roi qui était au moment d'arriver, dit qu'il avait de l'esprit, des moyens, qu'il devait être éclairé par l'expérience, qu'on pouvait espérer un règne doux et favorable à tous les intérêts.

M. de Koch donne sur cette conversation des détails qui s'accordent avec ce que j'en ai entendu dire; ce dont je suis très sûr, parce que les témoins les plus dignes de foi me l'ont raconté, tous à peu près dans les mêmes termes, c'est qu'il termina ainsi : « Messieurs, dès que je ne reste « plus avec vous et que vous avez un autre gouvernement, « il faut vous y attacher franchement et le servir aussi « bien que vous m'avez servi. Je vous y engage et vous « l'ordonne même. Ainsi ceux qui désirent aller à Paris « avant que je parte, sont libres de s'y rendre, ceux qui « veulent rester feront bien d'envoyer leur adhésion. »

Il y avait beaucoup d'habileté dans ce langage, car il lui importait fort que les hommes qui l'abandonnaient eussent encore l'air de lui obéir et ne se crussent pas irréconciliables avec lui. Tout son avenir pouvait dépendre de ces ménagements.

Le *Moniteur* enregistra les adhésions de toutes les cours, de tous les tribunaux, de l'Université, de tous les corps civils et militaires. Le clergé de Paris se hâta de donner la sienne par l'organe du chapitre métropolitain. Restait à obtenir celle de la garde nationale; elle était importante, parce qu'à celle-là se liait la question de la cocarde aux trois couleurs, celle qu'on appelait depuis vingt-cinq ans la cocarde nationale. Serait-elle décidément abandonnée et remplacée par la cocarde blanche? Les royalistes qui s'étaient prononcés au moment de l'entrée des étrangers n'avaient pas hésité à arborer celle-ci; c'était la plus prompte manière d'exprimer leurs vœux. Mais quand le but était atteint, quand Napoléon était renversé, quand les princes de la maison de Bourbon étaient rappelés, fallait-il donner par ce changement de couleur, aux uns une satisfaction complète, aux autres un très vif sujet de déplaisir? Officiers et soldats, tous, à peu d'exceptions près, n'avaient connu que la cocarde et le drapeau tricolores; c'était sous ce drapeau qu'ils avaient livré d'innombrables combats, remporté tant de brillantes victoires, acquis tant de gloire; combien de fois n'avait-il pas été teint de leur sang?

L'abandonner, c'était en quelque sorte abjurer des souvenirs qui faisaient tout l'honneur de leur vie; exiger d'eux ce sacrifice, c'était accroître beaucoup des difficultés déjà bien grandes.

Ce qui, pour les militaires, serait si pénible et si douloureux, pouvait être pour beaucoup de fonctionnaires civils et pour de simples citoyens un juste sujet d'inquiétude. Il était à craindre qu'ils n'y vissent le symptôme d'une contre-révolution complète; or, c'était ce que l'immense majorité des Français redoutait. Il fallait surtout se garder d'en présenter la possibilité à la classe si nombreuse des acquéreurs des domaines nationaux. Tout cela fut dit, exposé, discuté dans plusieurs séances du gouvernement provisoire. On y fut très embarrassé; je déclarai qu'à mon avis, il y aurait à garder les couleurs nationales le grand avantage de ne pas les laisser aux ennemis de la maison de Bourbon qui, le jour où ils voudraient lever un étendard contre elle, seraient heureux d'avoir celui-là à ressusciter et pourraient en tirer fort grand profit. J'étais au reste, en parlant sur cette question, plus à mon aise qu'aucun autre, ayant jusqu'alors, par les raisons précédemment déduites, constamment porté la cocarde nationale. Les membres du gouvernement provisoire avaient au contraire tenu, dès le premier moment, à arborer la cocarde blanche. Ils étaient donc presque engagés; puis il était question de l'arrivée de Monsieur sous peu de jours, on pensait déjà à ce qui serait le plus agréable à ses yeux. On ne pouvait hésiter en voyant l'insistance de l'abbé de Montesquiou sur ce point, lui qui ordinairement prenait peu de part aux discussions. Cependant, on était encore très indécis, lorsque la question fut tranchée par la nouvelle que le maréchal Jourdan, commandant supérieur de la 15ᵉ division militaire, avait proclamé à Rouen la constitution adoptée par le Sénat, avait fait jurer aux troupes obéissance et fidélité à Louis-Stanislas-Xavier, et avait fait en conséquence arborer la cocarde blanche. Quelques personnes ont prétendu qu'il avait reçu auparavant un faux avis, lequel portait que le corps d'armée du maréchal Marmont avait déjà pris ce parti, mais je ne crois pas à l'exactitude de cette assertion.

L'ordre du jour que le maréchal Jourdan avait publié le 8 à Rouen, arriva à Paris avec son adhésion dans la nuit du 8 au 9. Un tel exemple donné par celui des maréchaux qu'on avait toujours regardé comme le plus attaché aux idées et aux principes de liberté, par celui qui, sous l'Empire, avait presque conservé un renom de républicanisme, par le vainqueur de Fleurus enfin, était décisif. Il y aurait eu un grand danger à laisser une partie de l'armée adopter la nouvelle couleur, tandis qu'une autre partie s'obstinerait à conserver l'ancienne. Du moment où l'impulsion était donnée, il fallait aller jusqu'au bout. On décida donc, dans la matinée du 9, que le commandant de la garde nationale prendrait toutes les mesures nécessaires pour en obtenir sans trop de difficultés le changement de cocarde.

Le général Dessolle avait dit, ainsi que moi, les inconvénients de ce parti, mais comme il prévoyait qu'on finirait par s'y arrêter, il avait déjà fort heureusement employé toute son adresse à y préparer les esprits. Il avait vu l'un après l'autre les personnages les plus influents; dès le soir même, il crut pouvoir transmettre aux chefs des légions un ordre du jour où il annonçait que le gouvernement provisoire ordonnait à la garde nationale de prendre la cocarde blanche, qui redevenait dès ce moment la cocarde nationale, le signe de ralliement des Français.

Le lendemain matin, malgré tout ce qu'il avait fait et dit durant les jours précédents, bien que cet ordre fût officiellement annoncé dans le *Moniteur*, il eut encore à supporter de nombreuses et très vives représentations dont il triompha cependant en employant les formes les plus conciliantes. Avec les Français, ce qui le plus souvent suffit pour les gagner, c'est qu'on veuille bien les entendre; quand un supérieur surtout sait discuter de bonne grâce avec eux, ils aiment généralement à lui donner raison. La mesure ordonnée fut donc exécutée plus facilement qu'on ne s'en était flatté.

La garde nationale, une fois engagée, fut irrévocablement acquise; son zèle alla toujours croissant. Bientôt elle présenta un effectif de plus de quarante mille hommes, bien armés, bien équipés, de la plus belle tenue, dont le dévouement ne s'est pas démenti. Ne les avons-nous pas vus, en effet, supporter pendant plusieurs mois, sans en paraître fatigués, le plus pénible service? N'ont-ils pas constamment offert à l'étranger le spectacle imposant d'une force militaire vraiment nationale entourant le trône des Bourbons? La vue d'une si belle troupe, sortie spontanément de la partie de la population la plus sage, nécessairement la plus amie de l'ordre, donna aux étrangers, j'ai eu lieu de le reconnaître, une très haute idée de la force intrinsèque du pays, des ressources qu'il pouvait trouver dans son sein, et leur fit comprendre les ménagements qu'il était nécessaire de garder avec une telle nation.

Le gouvernement provisoire prit plusieurs mesures sages qui devaient amener l'apaisement dans les esprits. Par une juste réciprocité de ce que l'empereur Alexandre avait accordé pour ses prisonniers français, les prisonniers russes qui étaient en France furent remis à la disposition du général en chef des armées russes. Quelques prisonniers de guerre importants, ou plutôt quelques otages enlevés en Prusse étaient enfermés dans le château de Saumur; l'ordre fut donné de les élargir sur-le-champ. Leur sortie ne précéda que de bien peu celle des autres détenus qui se trouvaient enfermés dans le château de Vincennes; tous avaient été arrêtés pour faits politiques. Plusieurs étaient enfermés depuis des années. Plus de huit cents paysans espagnols, faits prisonniers lors de la reddition du fort de Figuières, étaient depuis 1811 dans les bagnes de Brest et de Rochefort, où des différences de couleur dans le vêtement les distinguaient seules des malfaiteurs dont ils partageaient les travaux. C'était de la part de Napoléon une flagrante violation du droit de la guerre et des gens. Il fut ordonné de les mettre sur-le-champ en liberté et de les reconduire jusqu'aux premiers postes espagnols.

On eut lieu de croire que le Saint-Père éprouvait quelques difficultés pour continuer sa route et rentrer dans ses États. Un arrêté fut pris pour lever tout empêchement à son voyage et lui faire rendre les honneurs qui lui étaient dus. Il en fut de même pour l'infant Don Carlos, retenu en otage à Perpignan, lorsque son frère Ferdinand avait eu la permission de franchir la frontière et de rentrer dans ses États.

A l'intérieur, j'ai dit qu'on avait renvoyé dans leurs foyers les conscrits appelés par les dernières levées. Beaucoup de parents, surtout les militaires, étaient inquiets sur le sort de l'Université, sur la continuation de l'éducation gratuite qu'elle faisait donner à leurs enfants. Le gouvernement provisoire arrêta que le sénateur comte de Fontanes, grand maître de l'Université de France, était invité à continuer ses fonctions, que tous les jeunes élèves des lycées et des collèges qui y jouissaient de bourses accordées par le gouvernement ou la commune, continueraient à jouir de ce bienfait. Napoléon avait forcé des parents dont il suspectait les sentiments à mettre leurs enfants dans les collèges, dans les lycées, surtout dans les écoles militaires de la Flèche, Saint-Cyr et Saint-Germain. Là, il était assuré que la jeunesse recevrait une éducation conforme à ses vues, que rien ne serait négligé pour leur inculquer des idées de respect et de dévouement à sa personne.

Comme Rome et l'Illyrie faisaient partie de l'Empire, il n'avait pas craint de faire prendre, même dans ces lieux si éloignés, des enfants qui appartenaient aux meilleures familles et de les faire conduire à l'école militaire de la Flèche. On avait vu des parents réduits à se transporter eux-mêmes des bords de la mer Adriatique jusque dans cette ville, pour ne pas perdre de vue des êtres qui étaient l'objet de leurs affections les plus chères. Cet abus de la toute-puissance était cruel, il méconnaissait les droits sacrés qu'ont les pères de veiller sur l'éducation de leurs enfants, de les faire élever par ceux-là seuls qui leur inspirent confiance. Le gouvernement provisoire pouvait donc compter sur un assentiment universel lorsqu'il ordonnait que la direction de l'éducation des enfants et le choix des formes de cette éducation seraient rendus à l'autorité des pères, mères, tuteurs; que tous les enfants qui avaient été placés dans les écoles, lycées, institutions et autres établissements publics, contrairement à la volonté de leurs parents, leur seraient rendus sur-le-champ.

Les châteaux de Bouillon, de Ham et de Pierre-Châtel renfermaient un bon nombre de prêtres belges retenus depuis plusieurs années pour la part qu'ils avaient prise aux discussions élevées entre le Pape et Napoléon. A la demande de M. de Pradt, archevêque de Malines, des ordres furent donnés pour qu'ils fussent mis en liberté. On en fit autant pour les séminaristes du diocèse de Gand, qui au nombre de deux cent trente-six, dont quarante diacres et sous-diacres, avaient été conduits à Wesel au mois d'août 1813 avec ordre de les placer dans l'artillerie; pour les membres du chapitre de Tournay qui étaient détenus à Alais, pour plusieurs autres membres du Sacré Collège retenus dans différentes villes de France, et enfin pour les gardes d'honneur de Hollande, détenus dans les prisons de Bourges, Metz et Grenoble.

On appela le général Marescot aux fonctions de premier

inspecteur général du génie. Ses talents incontestables, ses éminents services, qui dataient de la reprise de Landrecies en 1794, lui donnaient beaucoup de droits à cette haute destination ; il était juste de mettre fin à une disgrâce qui avait généralement paru trop rigoureuse, lorsque surtout on l'avait vue se prolonger indéfiniment. Il l'avait encourue pour avoir, avec une faiblesse qu'on ne devait pas attendre de lui, accepté du général Dupont la mission de conclure, après la fatale affaire de Baylen, la capitulation que celui-ci s'était vu réduit à accepter (1).

Comme on ne négligeait rien pour être agréable au public et lui faire prendre confiance dans le nouveau gouvernement, on pensa à assurer le plus possible le service des correspondances. Dès le 4 avril, le public avait été prévenu, par un avis du directeur général, M. de Bourrienne, que l'immense quantité de lettres retenues depuis trois ans dans le dépôt, tant celles venues d'Angleterre que celles provenant des autres pays, allaient être expédiées à leur adresse. Le 9, un arrêté fut rendu par le gouvernement provisoire pour ordonner à tous les magistrats et administrateurs de faire respecter la libre circulation des lettres. A la même date, un autre arrêté pourvut au moyen de faire rentrer dans le Trésor les fonds enlevés dans les journées qui avaient précédé l'occupation de Paris par les troupes alliées. Il en rendit responsables tous les dépositaires qui n'en effectueraient pas le versement sur-le-champ dans les formes et comme il était prescrit par ledit arrêté.

Il était important de rassurer sur leur situation les membres du Conseil d'État. Sachant mieux que personne tout ce que ce corps renfermait de capacités et d'hommes justement considérés, j'insistai pour qu'on s'efforçât de les

(1) Le général Marescot n'avait aucun commandement dans cette armée. Il ne s'y trouvait que parce qu'elle devait lui ouvrir le passage sur Cadix, où il avait ordre de se rendre.

rallier. Le gouvernement provisoire arrêta donc, sur ma demande, le 6 avril, que ce Conseil aurait à reprendre ses fonctions, qu'il serait, attendu l'absence de l'archichancelier, présidé par l'architrésorier, et que le travail dont les différentes sections se trouvaient chargées ne devait souffrir aucune interruption. « Le gouvernement verra avec « une grande satisfaction, était-il dit dans cet arrêté, que « des hommes aussi éclairés, qui dans toutes les circon- « stances ont donné des preuves de leur amour pour la « patrie, continuent à concourir par leurs lumières aux « changements politiques que la force des choses a néces- « sités. »

Cependant, il fut avec raison jugé à propos, le lendemain 8, d'aller au-devant de la trop grande extension que quelques personnes pourraient être tentées de donner à cette déclaration. Le gouvernement provisoire statua que : « les commissaires nommés provisoirement par lui aux « départements de la guerre, de l'intérieur, des finances et « des cultes, pourvoiraient par eux-mêmes aux directions « générales qui dépendaient de leurs départements respec- « tifs et qui se trouvaient vacantes par fait d'absence. » Il ajouta que « les ministres membres du Conseil d'État, « administrateurs et autres fonctionnaires qui avaient suivi « l'ancien gouvernement, ne pourraient reprendre leur « service que d'après un acte spécial émané de lui ».

Les commissaires délégués à l'effet de remplir provisoirement les fonctions de ministres étaient enfin arrivés à leur poste; on pouvait espérer que la correspondance administrative allait reprendre entre leurs mains quelque activité. Cela était fort à désirer, surtout pour le ministère de l'intérieur, dont le comte Beugnot se trouvait chargé. C'était lui précisément qui s'était fait le plus attendre; il est juste de dire qu'il avait, avant de venir, puissamment contribué à l'adhésion fort importante du général Maison, qui commandait à Lille, et qui depuis deux mois s'était fait beaucoup d'honneur en tenant la campagne avec une poignée de soldats contre des forces ennemies très supérieures.

M. Beugnot, à peine arrivé, donna les mains à une mesure à laquelle je tenais beaucoup et qui fut adoptée sur ma demande. Ayant été longtemps préfet, il savait aussi bien que moi à quel point les agents spéciaux de la police générale étaient odieux dans les départements et combien on serait heureux de s'en voir délivré. Il savait aussi que loin de servir le gouvernement, ils lui nuisaient presque toujours, entravant la marche de l'administration, décourageant et déconsidérant les administrateurs locaux. Le gouvernement provisoire décida donc, sur nos vives instances, que les fonctions des directeurs généraux, directeurs particuliers, commissaires généraux et spéciaux de police étaient réunies à celles des préfets et des sous-préfets. L'arrêté fut rendu le 10.

Notre tâche à tous était lourde, au milieu de cette foule d'intérêts privés qu'il fallait servir, de cette immense quantité de détails qui tous acquéraient de l'importance par la nécessité de tout ménager, de ne blesser personne. A tous ces sujets d'inquiétude pesant sur moi s'ajoutait le devoir de faire vivre un grand nombre d'artisans pendant tout le cours de l'hiver. Il y avait une grande misère dans cette classe, principalement agglomérée dans les faubourgs. Durant les derniers jours qui précédèrent l'entrée des alliés, l'interruption des travaux fut complète. Les ouvriers, en bâtiment surtout, ne trouvèrent plus moyen de s'occuper. Cette situation était d'autant plus inquiétante que beaucoup d'entre eux étaient étrangers à la ville, n'y avaient pas de domicile fixe, n'avaient rien à perdre, devaient par conséquent se tenir toujours prêts à courir là où pouvait se former un rassemblement, naitre une occasion de tumulte. Le seul remède était de les soulager un peu, mais comment se procurer les fonds nécessaires? J'ai déjà parlé de l'excessive pénurie du Trésor, toutes les caisses ayant été vidées au moment de l'évacuation. Fort heureusement, il y en avait une qui se remplissait par les circonstances qui avaient amené la détresse de toutes les autres. La masse d'officiers de toutes nations qui affluaient à Paris se portaient avec passion dans les maisons de jeu. Le fermier, voyant qu'il faisait d'énormes bénéfices, songea à se les assurer en se ménageant la bienveillance de l'autorité; il vint me déclarer qu'il était dans l'usage de verser tous les jours trois mille francs entre les mains du ministre de la police, qu'il les tenait à ma disposition (1). Je lui ordonnai de verser l'arriéré et le courant à la caisse de la préfecture de police; puis j'organisai avec ces fonds un service de secours dans les faubourgs et dans les quartiers les plus nécessiteux. Je me servis principalement pour la distribution de ce secours des dames de la Société maternelle, qui se trouvaient répandues dans tous les quartiers et avec lesquelles Mme Pasquier était en relations habituelles. Elles s'acquittèrent de ce soin avec le zèle le plus éclairé, s'aidèrent des conseils des maires, des curés, des commissaires de police, et arrivèrent ainsi avec assez de certitude

---

(1) Cette affaire des jeux, quelques jours après, donna lieu à beaucoup de vilaines intrigues et amena une scène plaisante à mon sujet. Tous les individus accoutumés à exploiter cette veine de fortune ne tardèrent pas à reconnaître qu'elle allait devenir très productive. Plusieurs imaginèrent qu'il devait être aisé de déposséder le fermier actuel et de se faire mettre à sa place. Il ne fallait pour cela qu'offrir un prix de ferme un peu plus considérable et de grands avantages personnels à celui qui aurait la volonté et le pouvoir de réaliser cette opération. Ils me firent donc arriver des propositions assez adroitement colorées et par toute espèce d'intermédiaires. Je répondis toujours que je ne me croyais pas le droit de rompre un bail en cours. Alors, arrivèrent des dénonciations sans fin contre le fermier, qui était un misérable, un jacobin, un terroriste, un ennemi juré des Bourbons. Je n'en tins pas compte et répondis une fois pour en finir, que le jour où j'aurais le pouvoir de rompre le bail des jeux, j'en userais, mais pour qu'il n'en fût jamais passé d'autres. Cela ne fut pas plus tôt su qu'un cri de haro s'éleva contre moi. Ces intrigues n'ont pas manqué de me susciter la haine de gens qui bientôt n'ont pas été sans moyens de me nuire.

là où les besoins étaient les plus pressants. Les moments critiques se passèrent de cette manière plus heureusement qu'on ne pouvait s'en flatter.

Quant au faubourg Saint-Antoine, où se trouvaient les têtes les plus ardentes et où fermentaient encore quelques restes des vieux levains de la Révolution, il exigea de moi une attention plus particulière. Je me servis, pour le contenir, d'un homme qui avait marqué entre les plus ardents patriotes des temps les plus orageux, mais qui était en même temps homme d'esprit et de talent. M. Tissot, connu par une traduction des *Bucoliques* de Virgile, ayant longtemps professé, sous l'abbé Delille, la littérature latine, habitait alors le faubourg Saint-Antoine, où le duc de Rovigo le trouva établi lorsqu'il arriva au ministère de la police. Il lui ordonna de transporter son domicile au centre de la ville. Lorsque j'entrai à la préfecture de police, je le trouvai dans cet état de suspicion, même en danger de perdre son professorat. Il me parut qu'on le traitait plus sévèrement qu'il n'était nécessaire; je le pris donc sous ma protection et parvins à calmer le duc de Rovigo. Grâce à moi, il avait été laissé en paix depuis trois ans. Je le fis venir, lui fis entendre qu'avec ses antécédents il pourrait lui être fort utile un jour d'avoir rendu un important service au gouvernement qui s'établissait, qu'il en avait le moyen, s'il voulait retourner au faubourg et user de son ancien crédit pour le tenir en repos. Il accepta sans hésiter, me promit que je serais averti de tout ce qui pourrait fournir un motif à la plus légère inquiétude, et m'assura qu'il s'emploierait tout entier à calmer les têtes effervescentes; il me tint parole. Dès le lendemain, il fut de retour à son ancien gîte. Je sus bientôt qu'il agissait avec grande franchise et fort efficacement dans le sens que je lui avais indiqué. Je lui donnai aussi quelques secours à distribuer, ce dont il s'acquitta avec conscience et discernement.

Les adhésions devenaient innombrables; on peut lire les

plus importantes dans le *Moniteur*; elles sont curieuses par l'empressement qu'elles témoignent, par les tournures inventées pour donner à cet empressement tout le relief possible. On y voit les cardinaux, les archevêques, les évêques, les chapitres, les consistoires, les tribunaux, les avocats, les administrateurs de toute espèce, les corps militaires de la garde, les maréchaux, les généraux, ceux mêmes qui pouvaient se regarder comme les plus compromis; le général Hulin, par exemple. Mais les plus remarquables peut-être de ces adhésions sont celles qui arrivèrent de Blois; là se trouvaient les ministres, les chefs de tous les grands services, les hommes enfin qui devaient être le plus attachés au gouvernement impérial. L'archichancelier, qui marchait à leur tête, prêcha d'exemple, aucun ne fut plus diligent. Dès le 4, il avait écrit à M. de Talleyrand en ces termes : « Monseigneur, les princes grands dignitaires étant « sénateurs, je crois devoir, en tant que de besoin, adhérer « à tous les actes faits par le Sénat depuis le 1er avril cou- « rant. » Le 9, il crut devoir envoyer encore une nouvelle adhésion aux actes faits depuis le 1er avril, ainsi qu'aux dispositions qui étaient « la suite de ces actes ».

Il est impossible de ne pas faire une petite place dans cette énumération au fameux Merlin de Thionville, conventionnel de si célèbre et redoutable mémoire, régicide en outre! Oublié pendant longtemps, il avait dans les derniers moments offert ses services à Napoléon, avait reçu mission de lever un corps franc; nul n'était plus en état que lui de s'en bien acquitter, il avait commencé avec le plus grand zèle. On peut lire dans le *Moniteur* comment il jugea à propos de cesser l'organisation à laquelle il travaillait, du moment où il sut que la paix était le fruit des soins du gouvernement provisoire, et comment il se hâta, en adhérant à tout ce qu'avait fait ce gouvernement *paternel*, de lui offrir ses services.

Le 10, qui était le jour de Pâques, la ville de Paris eut

le spectacle d'une cérémonie très imposante. Un autel fut élevé avec une pompe toute militaire sur la place Louis XV, qu'on avait depuis 1792 appelée tantôt place de la Révolution, tantôt place de la Concorde. Dans l'ordonnance que je rendis pour les mesures de police à prendre pour cette cérémonie, je lui donnai son ancien nom. Toutes les troupes alliées avaient été dès le matin disposées sur le boulevard, qu'elles occupaient depuis l'Arsenal jusqu'à la rue Royale. Elles défilèrent devant le roi de Prusse et l'empereur Alexandre qui se trouvaient à l'entrée de cette rue, puis elles vinrent se ranger sur la place, dans la partie voisine des Champs-Élysées, où elles entendirent le *Te Deum* et reçurent la bénédiction qui fut donnée par des prêtres du rite grec. Les souverains baisèrent la croix qui leur fut présentée par ces prêtres. Le temps était magnifique, une foule immense couvrait la terrasse des Tuileries et remplissait les quais et les rues adjacentes. Cette pompe militaire et religieuse tout à la fois produisit une grande impression. Il se trouva que cette année la fête de Pâques tombait pour le rite grec, ce qui est infiniment rare, le même jour que pour l'Église romaine; l'occasion fut habilement saisie pour répandre dans le peuple des idées de paix et de concorde.

Mais cette journée, si calme et si rassurante à Paris, était ailleurs signalée par une sanglante catastrophe. Dans ce même moment, l'armée française et l'armée anglaise étaient aux prises sous les murs de Toulouse. Cette dernière bataille livrée entre le duc de Wellington et le maréchal Soult, fut encore glorieuse pour les armées françaises, malgré l'échec qu'elles éprouvèrent. On a dit que les dispositions du maréchal avaient été belles et bonnes, mais que, pendant l'action, il avait fait des fautes qui lui avaient enlevé les avantages qu'il aurait dû en recueillir. Cela peut se croire facilement, parce que tel a toujours été, suivant les gens du métier, le côté faible de son talent; mais il avait dans tous les cas une infériorité de forces qui ne lui permettait guère d'espérer un succès.

Bien que cet événement n'ait pas exercé en apparence une grande influence sur les affaires, bien que la question de la Restauration fût déjà irrévocablement décidée à Paris, il est cependant certain qu'il eût été fort à désirer pour la France que cette bataille n'eût pas été donnée ou qu'elle eût été gagnée. Dans la première hypothèse, ses forces restant intactes dans le Midi, elle se fût trouvée en meilleure position pour le traité de paix définitif; l'armée anglaise, surtout son général, n'auraient point achevé d'acquérir le renom qui leur est demeuré, et l'ascendant exercé par les Anglais eût été moins marqué dans les négociations qui ont décidé les plus graves questions pour notre pays. Dans la seconde hypothèse, on aurait peut-être évité, au moins en partie, la rigueur des conditions préliminaires auxquelles il a bientôt après fallu souscrire.

On a prétendu que cette sanglante rencontre aurait été évitée si le préfet de Montauban, M. Bouvier-Dumolard, n'avait pas arrêté, ou au moins considérablement retardé dans leur marche, deux parlementaires envoyés d'un commun accord par les alliés et par le gouvernement provisoire au duc de Wellington et au maréchal Soult. Ils devaient, en leur faisant connaître l'armistice qui venait de se conclure entre la grande armée des alliés et l'armée française, intimer l'ordre d'arrêter les hostilités (1). M. de Beauchamp ne pouvait manquer d'accueillir ce fait, il l'a consigné comme certain dans son *Histoire de la campagne de 1814*. M. Bouvier-Dumolard a soutenu que l'accusation était sans fondement. Je n'ai point été à même de vérifier son assertion; mais quand les parlementaires auraient rencontré quelques difficultés à Montauban, quand il en serait résulté un retard, je n'en

---

(1) L'un des parlementaires était M. de Saint-Simon, celui qui nous avait apporté l'avis si important de l'arrivée des maréchaux et du duc de Vicence dans la soirée du 4.

serais nullement étonné; M. Bouvier-Dumolard était fort zélé pour le service de l'Empereur et n'a dû reconnaître le gouvernement provisoire qu'à la dernière extrémité. Il faut être juste pour les administrateurs placés à une grande distance; leur position était fort délicate, entre une proclamation qui leur venait de Blois au nom de la régence, et les nouvelles qu'ils recevaient de Paris.

La question de savoir à qui l'obéissance était due pouvait paraître à quelques fonctionnaires fort obscure. Entre ceux qui ont depuis fait le mieux valoir leurs services, j'en connais plus d'un dont l'hésitation a été grande. Comme exemple de ces situations difficiles, je puis citer celle d'un jeune auditeur nommé Harel, que Napoléon avait envoyé à Soissons en qualité de sous-préfet, même, je crois, de commissaire extraordinaire. On peut se rappeler à quel point la prompte reddition de cette ville avait été fatale au succès de sa grande opération sur la Marne. Il avait donc fait en y entrant les injonctions les plus formelles à toutes les autorités civiles et militaires auxquelles on en confiait la garde, leur demandant de la défendre jusqu'à la dernière extrémité; en effet, elle tint assez longtemps encore après l'entrée des alliés dans Paris. Ils avaient été obligés de laisser devant ces mauvaises murailles un corps de troupes qui était uniquement occupé à les bloquer. Or, l'approvisionnement de Paris ne laissait pas que de souffrir du blocus, Soissons étant situé sur une des routes les plus importantes pour l'arrivage des farines. On avait beau envoyer des parlementaires à M. Harel et lui faire les récits les plus exacts, les plus détaillés sur l'état vrai des affaires, il ne voulait croire à rien, ne voyait dans toutes les démarches qu'on tentait auprès de lui que des pièges tendus avec plus ou moins d'adresse. Il ne se décida à ouvrir les portes de la ville que sur une lettre de moi. En vérité, on ne pouvait nier qu'il fût très fondé dans ses méfiances et sa résistance; on a donc eu grand tort de les lui reprocher.

CHAPITRE XVII

Monsieur est invité à se rendre à Paris. — Son entrée dans la capitale; attitude de la garde nationale et de la population. — Disgrâce du cardinal Maury. — Monsieur aura-t-il la lieutenance générale du royaume? — Les mésintelligences se font jour dans le conseil, aux travaux duquel M. Fouché prend part. — Scène très vive entre le maréchal Marmont et M. Louis. — Attitude réservée de M. Pasquier. — Le Sénat défère la lieutenance générale au comte d'Artois. — Sa réponse. — Le Conseil d'État provisoire. — Les délégués aux fonctions ministérielles. — Illusions de Monsieur. — Ambition du marquis de Vitrolles. — Les favoris du comte d'Artois. — Hostilité du parti royaliste contre M. Pasquier. — Préventions de Monsieur à son égard. — Fautes commises par le gouvernement provisoire. — Révocation des commissions particulières. — Entrée de l'empereur d'Autriche à Paris.

Monsieur, comte d'Artois, était depuis longtemps à une distance trop rapprochée de Paris pour qu'on n'eût pas pensé à l'y faire arriver, aussitôt que sa présence n'offrirait plus aucun inconvénient. Il fallait surtout qu'aucune opposition n'eût de prétexte pour éclater au moment où le prince paraîtrait. La déchéance était prononcée, le rappel de la maison de Bourbon décrété dans l'acte constitutionnel; l'abdication de Napoléon pouvait être considérée comme certaine, attendu le retour de ses plénipotentiaires et les négociations qui se suivaient avec eux. On jugea qu'il était temps de prendre un parti; Monsieur fut invité à quitter sa résidence de Nancy et à s'acheminer vers la capitale. M. de Vitrolles, qui était resté à Paris, à la suite du grand état-major des alliés, fut expédié par M. de Talleyrand et le duc de Dalberg pour lui donner tous les renseignements qu'il importait de lui faire parvenir.

Le Roi se trouvait atteint, en Angleterre, d'un accès de goutte qui ne permettait pas de fixer le moment de son départ. Il fallait sortir au plus vite d'une situation précaire qui n'était pas sans péril. On allait donc assister à un spectacle aussi étrange qu'imprévu. Après vingt-deux ans d'exil, pendant lesquels rien n'avait empêché le plus profond oubli; après tant d'événements, de batailles auxquels il était resté étranger, on allait revoir celui des chefs de la race royale qui le premier avait fui en terre étrangère et avait été l'objet d'une animadversion spéciale. Il allait être comme l'ange de la paix, comme le gage assuré de toutes les félicités après lesquelles on soupirait. Dans cette capitale où le sang de son frère couronné, de sa sœur, de sa belle-sœur, la Reine, avait été versé sur l'échafaud; où, trois semaines auparavant, pas un homme sur mille ne soupçonnait son existence, toutes les voix allaient l'acclamer, bénir son retour. La garde nationale, où le 31 mars on n'aurait pas trouvé une seule compagnie à laquelle on pût sans danger proposer de changer la couleur de la cocarde, qui n'y avait consenti que quatre jours auparavant avec grande hésitation, allait se précipiter au-devant de lui, portant la nouvelle couleur, ardente, enthousiaste, comme si elle n'avait jamais eu d'autres sentiments.

Le 11, on sut dans la matinée que Monsieur était arrivé à trois lieues de Paris. Toutes les personnes qui lui avaient été attachées autrefois, toutes celles qui avaient eu avec lui anciennement ou récemment des relations, se hâtèrent d'aller lui rendre leurs hommages. Le petit village de Livry, où il séjourna le 11, fut dans la soirée visité par une grande affluence, au milieu de laquelle se rencontrèrent bon nombre des gardes nationaux que leur zèle et une curiosité fort naturelle avaient amenés. Monsieur les reçut avec aménité et bonne grâce, tous furent enchantés de lui. Ils revinrent avec un ruban blanc ajouté à leur cocarde blanche; il leur avait été distribué par Mmes de Damas et de Chastellux, chez lesquelles était logé Monsieur.

Parti de Livry le 12 de bonne heure, Monsieur trouva à Bondy des détachements de toutes les légions de la garde nationale, au milieu desquels il s'avança jusqu'à la barrière de Pantin. Il était à cheval, en uniforme de la garde nationale; son arrivée à la barrière eut lieu un peu avant trois heures; le gouvernement provisoire, le conseil municipal, un groupe nombreux d'officiers généraux, ayant à leur tête les maréchaux, s'y étaient rendus dès midi pour le recevoir. Il fut harangué par M. de Talleyrand pour le gouvernement provisoire, par M. de Chabrol pour le corps municipal. Ses réponses furent de bon goût. Cependant il n'en faudrait pas juger avec une foi entière sur ce qui a été inséré dans le *Moniteur*, le lendemain; c'était l'ouvrage de M. Beugnot qui, comme de raison, l'arrangea et auquel il faut laisser le mérite de cette phrase si heureuse : « Je « revois la France enfin, rien n'y est changé, si ce n'est « qu'il s'y trouve un Français de plus. » Je ne puis douter qu'elle ne soit due à l'auteur que je cite; il en est convenu avec moi.

Le discours de M. de Talleyrand, conçu en cinq ou six lignes, était remarquable par l'affectation de n'être qu'une vive et courte effusion du cœur. M. de Chabrol s'était plus avancé, et la France avait été par lui fort à propos mise en scène. Aussi son discours eut-il beaucoup de succès; la plume habile et élégante de son beau-père M. Lebrun fut reconnue.

Le plus beau temps favorisa l'entrée solennelle; le spectacle était magnifique. Le cortège s'avança par le faubourg et la rue Saint-Denis jusqu'à Notre-Dame, où le prince devait rendre ses actions de grâces et entendre un *Te Deum*. Ce trajet eut lieu au milieu d'une foule immense qui saluait le prince par des acclamations enthousiastes. Les alliés avaient eu pour ce jour-là la délicatesse de consigner toutes leurs troupes dans les casernes. On ne voyait donc que la garde nationale. Elle seule occupait les postes et faisait la haie. Ainsi la pompe avait une couleur entièrement française; toutes les pensées affligeantes étaient, autant que possible, écartées. Les rues à traverser pour aller de la barrière à Notre-Dame et de Notre-Dame aux Tuileries étaient celles qu'on pouvait considérer comme appartenant plus spécialement à la classe bourgeoise, marchande, à la garde nationale par conséquent. Les fenêtres étaient garnies des femmes, des sœurs, des filles des gardes nationaux, tout heureuses de la part que prenaient à ce grand événement leurs maris, leurs frères, leurs pères. Une joie sincère éclatait. On peut dire que ce fut à la garde nationale que revinrent le mérite et l'honneur de cette brillante journée. Partout on entendait les cris de : « Vive la maison de Bourbon! Vive le Roi! Vive Monsieur! » Les murailles étaient en beaucoup d'endroits tapissées comme jadis pour la Fête-Dieu; des drapeaux blancs pendaient à toutes les fenêtres, des fleurs étaient jetées. Cette joie avait tous les caractères d'une émotion vraie et spontanée.

Je crois n'avoir rien exagéré dans le tableau que je viens de tracer; personne n'a été plus que moi à portée de bien voir. Je faisais partie du cortège, j'étais fort près des princes, j'ai donc beaucoup vu par mes yeux; les rapports qui m'ont été faits à la fin de la journée m'ont prouvé qu'il en avait été de même sur tous les points où mes regards n'avaient pu atteindre; nul cri hostile ne se fit entendre. Le peuple fut moins entraîné que la classe bourgeoise, mais parmi ceux qu'on eût pu accuser de tiédeur, il eût été impossible de signaler la moindre expression de mécontentement.

J'ai dit que Monsieur était descendu à Notre-Dame. Il fut reçu par le chapitre, ayant en tête un de ses membres. Cette particularité est digne d'attention. Le cardinal Maury était, comme on voit, mis de côté. Nommé par Napoléon archevêque de Paris, il n'avait jamais pu, on doit s'en souvenir, obtenir ses bulles d'investiture; il ne lui restait dès lors d'autre titre, la puissance qui l'avait installé ayant disparu, que celui qui lui venait du chapitre auquel avait été imposée l'obligation de le nommer administrateur du diocèse. Or, sa conduite à l'égard de plusieurs chanoines n'avait que trop justifié l'éloignement qui s'était manifesté contre lui dès sa première apparition à l'archevêché. Il n'est donc pas étonnant que la première occasion de s'en séparer ait été saisie avec empressement. On a commencé par l'inviter à se démettre de ses fonctions. Sur son refus, le chapitre a pris une délibération qui lui retirait tous les pouvoirs dont il avait été investi. Cette révocation fut accompagnée de quelques expressions assez sévères. En vain avait-il essayé de faire quelque résistance, d'en appeler au gouvernement provisoire, celui-ci n'avait aucune envie de se déclarer son champion, et n'était même pas fâché de s'en voir débarrassé. Sa présence sur le siège de Paris ne pouvait être que très désagréable à la maison de Bourbon; je ne serais pas même étonné quand la résolution du chapitre aurait été provoquée par l'un des membres du gouvernement. Quoi qu'il en puisse être, le cardinal fut obligé de rester à l'écart et, de ce moment, son rôle en France peut être considéré comme fini. Le dernier de ses actes publics est, je crois, l'adhésion du chapitre aux actes du Sénat, qu'il signa comme administrateur de la métropole (1).

La cérémonie qui eut lieu dans l'intérieur de la cathédrale ne pouvait être magnifique; on n'avait pas eu le temps de décorer l'édifice; elle fut cependant d'un grand effet.

Monsieur rentra enfin dans le palais de ses pères. Marie-Louise en était sortie quinze jours auparavant, emportant

---

(1) Cette adhésion du chapitre de Paris a cela de particulier qu'on voit dans son libellé qu'il avait cru devoir la fortifier et peut-être la justifier en y joignant celle qu'il donnait en même temps à l'arrêté du Corps législatif, à l'acte d'adhésion de la Cour de cassation et aux déclarations du conseil général et du conseil municipal.

avec elle la dynastie des Napoléon. A son entrée, le drapeau blanc fut arboré sur le pavillon du milieu. Les appartements étaient remplis de généraux, de fonctionnaires; les rangs étaient si pressés que le prince eut beaucoup de peine à les traverser. On ne pouvait se tirer mieux qu'il ne le fit de la corvée si pénible d'avoir à répondre à tant d'empressement; on fut généralement satisfait de ses manières affables et de ses paroles. Beaucoup d'édifices publics, la plupart des maisons particulières furent spontanément illuminés. On joua le soir, au Théâtre-Français, *La partie de chasse,* qui fut l'occasion de cris unanimes en faveur de la maison de Bourbon.

A partir de ce jour, il est vrai de dire que la scène politique a changé complètement, le règne du gouvernement provisoire est fini. Il a bien fait encore quelques actes marquants, ses principaux membres ont, sous une dénomination différente, conservé pendant plusieurs jours, plusieurs semaines même, une assez grande importance, mais leur influence, allant toujours en diminuant, a été quelquefois contrariée, même ouvertement dédaignée. En dernier résultat, il ne fut plus question, à partir du 12 avril, de cette sorte de pouvoir absolu qu'ils avaient depuis le 31 mars exercé sans contrôle. Tous ces hommes qui, dans ces temps si difficiles, avaient rendu tant de services, bravé des dangers certains, porté les plus redoutables responsabilités, suffi aux plus écrasantes charges, qui avaient droit à des égards, sinon à la reconnaissance, furent écartés! Alors ont commencé pour eux, pour ceux qui s'étaient directement associés à leurs travaux, de grands mécomptes qui n'ont pas été sans influence sur l'avenir. Il fallait donc en signaler le début.

Quels seraient les pouvoirs de Monsieur? quel titre devait-il prendre? Le présenterait-on au peuple comme lieutenant général du royaume? Lui reconnaîtrait-on ce titre sur-le-champ, en supposant qu'il le tenait de son frère? Ou bien, le lui ferait-on déférer par le Sénat? Le gouvernement passerait-il entièrement entre ses mains? L'abbé de Montesquiou n'avait pas d'hésitation, ni sur l'un ni sur l'autre point. M. de Talleyrand ne partageait pas entièrement cette manière de voir; il ne prenait pas la peine de la contester en droit, mais il la disait inapplicable en fait et dangereuse dans les circonstances présentes. Suivant lui, il fallait avant tout être conséquent; le Sénat avait fait une Constitution, le Roi ne pouvait régner avant de l'avoir acceptée et jurée; il ne pouvait donc déléguer un pouvoir qu'il n'était pas encore en mesure d'exercer. Que ce fût bon ou mauvais en soi, juste ou injuste, régulier ou irrégulier, c'était un fait constant auquel on devait obéir. On s'était si bien trouvé jusqu'alors d'avoir recours au Sénat, pourquoi ne pas continuer comme on avait commencé? Il ne serait pas plus difficile de lui persuader de donner la lieutenance générale à Monsieur qu'il ne l'avait été de l'amener à rendre la couronne à son frère. Quant à l'étendue du pouvoir dont Monsieur devait être mis en possession, rien de mieux que de lui tout abandonner en apparence, pour la forme; mais à condition qu'on lui ferait entendre qu'il devait accepter comme principaux agents et conseillers les seuls hommes qui fussent capables de l'aider dans cette tâche délicate et difficile. Ces hommes étaient évidemment les membres du gouvernement provisoire, ceux qui depuis le 31 mars avaient rempli les fonctions ministérielles, qui avaient enfin, dans des postes importants, pris une part active aux affaires. Il serait par trop déraisonnable, disait M. de Talleyrand, de s'en remettre dans un moment aussi critique à l'inexpérience passionnée de quelques ambitieux entreprenants qui ne manqueraient pas de s'offrir au prince et qui auraient bientôt usurpé sa confiance.

Cette manière de voir prévalut; l'abbé de Montesquiou, au reste, ne la combattit qu'en soutenant que Monsieur ferait de lui-même, indubitablement, le choix qu'on voulait lui imposer poliment. Il résulta de ce débat que la secrète mésintelligence qui subsistait déjà entre M. de Talleyrand et l'abbé de Montesquiou en fut sensiblement accrue. Ces deux personnages ne s'étaient jamais aimés; la nécessité seule les avait momentanément réunis; chacun d'eux tirait le plus possible de son côté et ne se gênait pas pour fronder la conduite de l'autre; chacun d'eux aussi avait dans le gouvernement ses amis et ses partisans. Ceux de l'abbé de Montesquiou étaient à la vérité les moins nombreux; mais comme on s'attendait à lui voir une grande part dans la confiance du Roi, tout le monde le ménageait. Il était particulièrement bien avec M. Louis, qui cependant savait aussi se maintenir avec M. de Talleyrand dans une liaison fort intime. On sait les relations que j'avais eues avec M. l'abbé de Montesquiou dans le courant de janvier; il lui en était resté une grande bienveillance pour moi. Il me mettait donc habituellement dans la confidence de ses mécontentements que je m'efforçais de calmer, d'adoucir; dans les circonstances où nous étions, toute division était fâcheuse. Avec beaucoup d'esprit et de bonnes qualités, je n'ai jamais connu d'homme plus sujet à préventions que l'abbé de Montesquiou; je n'en ai jamais vu de plus obstiné dans celles qu'il avait une fois conçues. Je me gardai, comme de raison, d'entrer dans ces démêlés; je sentais qu'il serait fou de se compromettre, alors qu'on n'y était pas obligé.

Déjà j'avais eu plus d'une occasion de remarquer qu'à mesure que les difficultés s'aplanissaient, les esprits les plus accommodants devenaient plus difficiles; chacun tenait davantage à ses opinions et ménageait moins celles des autres. Les réunions du gouvernement provisoire étaient devenues trop nombreuses. M. de Talleyrand en ouvrait la porte avec une grande facilité. Outre les ministres qui y avaient naturellement leur entrée, outre le général Dessolle et moi, il n'y avait pas de jour où quelque personnage ne fût invité par lui, au moins pour une fois, à s'asseoir autour de la table ronde. Il y avait sans aucun doute dans cette manière d'agir des avantages ; il fallait se faire des partisans : mais la discussion en devenait aussi plus difficile ; avec un peu de prudence, on était moins tenté d'y prendre part.

Entrant un jour dans la salle du conseil, j'y trouvai M. Fouché établi, aussi à son aise que s'il eût été une des premières colonnes de l'œuvre qu'on s'efforçait de fonder (1). Il arrivait du Midi, d'où il s'était vu, dans le mois de février, repoussé par le préfet de Lyon qui l'avait prié de sortir de la ville, que ses intrigues agitaient beaucoup trop. Heureusement, il n'avait pu parvenir jusqu'à la capitale que par de longs détours, ce qui nous avait, dans les premiers jours du mois d'avril, épargné sa présence. M. de Talleyrand, qui certainement ne l'avait vu paraître qu'avec déplaisir, n'avait pas cependant su lui refuser une marque de confiance déjà accordée à tant d'autres. Cette facilité de sa part était un des griefs de l'abbé de Montesquiou et un des motifs pour lesquels il refusait fort souvent d'assister aux séances.

Le jour où nous eûmes à supporter la présence de M. Fouché fut, si j'ai bonne mémoire, malheureux de

(1) M. Fouché n'avait pas occupé longtemps le gouvernement d'Illyrie où il avait été envoyé de Dresde pendant l'été de 1813. Cette province étant retombée au pouvoir de l'Autriche aussitôt la reprise des hostilités, il se réfugia d'abord à Trieste, que, bientôt après, il lui fallut abandonner encore. Napoléon imagina alors de lui faire reprendre le titre de gouverneur de Rome, où il alla s'installer pour un moment. Le but secret de sa mission était de surveiller et de contenir le roi de Naples sur lequel on lui supposait toujours beaucoup d'ascendant. Il fit en effet un voyage à Naples, où il ne pénétra rien ; il repartit fort peu de jours avant la signature du traité conclu entre Murat et l'Autriche, traité auquel il n'avait jamais voulu croire malgré les avertissements de l'ambassadeur de France, M. Durand. De Naples il était revenu à Florence et n'avait pas tardé à repasser en France, le mouvement hostile qui se manifestait dans toute l'Italie ne lui permettant pas d'y demeurer.

toutes manières; il vit éclater une scène extrêmement pénible pour ceux qui y assistaient. Ce fut entre le maréchal Marmont et M. Louis. Le maréchal était de ceux qui, sans en faire partie, entraient le plus souvent dans le conseil; la discussion s'établit sur une mesure concernant l'armée, dont on aurait voulu diminuer la dépense; M. Louis, qui, comme ministre des finances, était dans une position peu commode, s'éleva avec vivacité contre l'énormité des dépenses de l'état militaire en France. Il manquait de tact et de mesure et se laissa aller à dire que le mieux serait de se débarrasser incessamment de ce fardeau; puisqu'on allait avoir la paix, il fallait réduire l'armée au plus petit pied possible. Ce projet ne pouvait avoir l'approbation du maréchal, qui essaya de faire sentir que les derniers malheurs de la France, même les pertes de territoire qu'elle allait subir, nécessiteraient au contraire le maintien d'une force militaire qui seule pouvait encore la rendre respectable en Europe; d'autant plus respectable que l'armée française, malgré ses revers, restait encore par son organisation, par les grands talents, les hautes réputations qu'elle comptait dans ses rangs, la meilleure du continent et serait pendant longtemps la plus redoutée. M. Louis, en répliquant, s'exprima assez légèrement sur ces grands talents, ces hautes réputations qui n'avaient pas empêché le pays de tomber, qui peut-être l'avaient poussé dans la triste situation où on le voyait placé. M. Marmont perdant patience, l'apostropha de la plus rude manière; des mots injurieux furent dits de part et d'autre, on eut toutes les peines du monde à ramener un peu de calme. Je ne crois pas que le maréchal reparut au conseil depuis ce jour; en effet, il eût été difficile de remettre ces deux personnes en présence.

Quant à moi, je n'eus jamais à me plaindre. J'ai été traité par les membres du conseil avec égards. Loin de me causer le moindre désagrément, tous ceux qui, à cette époque, avaient une part active dans la conduite des affaires ont cherché à rendre moins pesant le fardeau que j'avais à porter. Absorbé par tant de soucis, il ne me vint pas à la pensée de faire quoi que ce fût pour prévenir en ma faveur les princes sous le gouvernement desquels nous allions passer, ni pour me ménager plus particulièrement l'appui des personnes qui influenceraient leur opinion. Il me semblait que ma conduite devait suffire pour me faire connaître. Je n'avais aucune idée de ce qu'on pouvait attendre d'une cour où tant d'agents qui n'avaient rien fait, dont tout le mérite consistait dans leur bonne volonté, s'empresseraient de déprécier les services de ceux qui avaient porté le poids si lourd des derniers mois.

Dès le jour de l'arrivée de Monsieur, les conversations qu'il eut avec le Czar, avec M. de Talleyrand, avec les membres du gouvernement provisoire et les ministres, ne lui laissèrent aucun doute sur la nécessité d'accepter, au moins dans les premiers moments, la direction du gouvernement provisoire. M. de Vitrolles l'y avait déjà préparé, quelles que fussent ses inclinations personnelles, en dépit des insinuations, des conseils même qui lui venaient des royalistes empressés à le circonvenir. Il a adopté sans difficulté le plan que j'ai indiqué plus haut, qui consistait à lui faire déférer la lieutenance générale par le Sénat. Tout fut donc aussitôt disposé pour obtenir ce résultat; il ne se fit pas attendre; dès le 14, le Sénat se présenta chez le prince pour accomplir la dernière œuvre qu'on attendait de lui. Il n'avait pas été aussi unanime qu'on s'y était attendu; dans la séance du 13, quelques voix s'étaient élevées, sinon contre la mesure proposée, du moins pour soutenir qu'elle ne devait être prise qu'avec certaines précautions, dont la première serait d'exiger que le prince s'engageât préalablement pour lui et le Roi son frère à accepter l'acte constitutionnel. Cette idée fut combattue par le motif qu'il y aurait dans cet engagement une nullité radicale; que le Roi, n'ayant pas donné à son frère le droit de le contracter, pourrait ne pas se croire obligé de le tenir, qu'alors on se trouverait dans la plus fausse position. Cette objection l'emporta; il fut décidé à une grande majorité que la lieutenance générale serait déférée à Monsieur, le lendemain.

On remarqua que, dans cette occasion, M. Fouché, qui prenait séance pour la première fois depuis son retour, s'était conduit avec prudence. Non seulement il avait insisté pour l'adoption pure et simple de la proposition, sentant bien que le moment de faire des difficultés était passé, mais il avait évité de faire partie de la députation chargée de porter la résolution au prince et avait été le premier à dire qu'il fallait se garder d'offrir à ses yeux des personnes dont la vue pourrait lui rappeler de pénibles souvenirs. Cette sage réserve lui fit honneur dans l'esprit de ceux qui en eurent connaissance, et lui porta profit dans l'esprit de Monsieur. De ce moment date la confiance qui lui fut accordée par ce prince; il en a recueilli le fruit dans une circonstance mémorable.

Le débat dont je viens de rendre compte fit un assez mauvais effet, il mettait le comble aux maladresses dont le Sénat s'était rendu coupable dans la rédaction de sa Constitution. Le lendemain 14, il parut aux Tuileries, conduit par M. de Talleyrand. Le décret accordait le pouvoir; mais la nécessité pour le Roi d'accepter la Charte constitutionnelle, comme première condition de son règne, était soigneusement maintenue.

Monsieur, dans un discours concerté avec M. de Vitrolles et quelques autres de ses serviteurs intimes, plus qu'avec M. de Talleyrand, n'hésita pas à répondre qu'il avait pris connaissance de l'acte constitutionnel qui rappelait au trône de France le Roi son auguste frère; qu'il n'avait pas reçu de lui le pouvoir de l'accepter; mais que, connaissant ses sentiments et ses principes, il ne craignait pas d'être désavoué en assurant qu'il en admettrait les bases. Ainsi le prince avouait l'emploi du mot *rappelle*, mais il faisait en même temps pressentir la nécessité de certaines restrictions qui devaient être apportées à l'acceptation de l'acte constitutionnel, et qui se trouvaient clairement indiquées par l'énumération assez habilement faite de ces bases que le Roi admettrait sûrement et sur lesquelles devait reposer, ajouta-t-il, *la monarchie pondérée par le gouvernement représentatif divisé en deux Chambres*. On retrouve à peu de chose près dans cette énumération la déclaration qui fut, un peu plus tard, donnée à Saint-Ouen. On peut donc dire avec vérité que le 14 avril, l'œuvre du Sénat fut en partie déchirée, et qu'il ne resta que les dispositions auxquelles il aurait dû lui-même avoir la prudence de se borner. Cette prompte résolution, à laquelle l'abbé de Montesquiou n'était point étranger, fut très désagréable à M. de Talleyrand; il la trouva imprudente : l'humeur qu'il en témoigna lui nuisit dès lors dans l'esprit de Monsieur. Pour premier usage du pouvoir qui venait de lui être remis, Monsieur forma aussitôt un Conseil d'État provisoire dans lequel, suivant ce qui avait été convenu, tous les membres du gouvernement provisoire trouvèrent place, plus le maréchal Moncey, le maréchal Oudinot et le général Dessolle. Le baron de Vitrolles dut faire les fonctions de secrétaire de ce conseil, avec le titre de secrétaire d'État provisoire. Telle fut la première récompense des services qu'il avait rendus, des dangers qu'il avait courus. Les commissaires délégués aux fonctions ministérielles conservèrent tous leurs portefeuilles; leur importance se trouva même sensiblement accrue, parce qu'ils eurent l'avantage de travailler directement avec le prince.

Malheureusement, parmi les hommes qui se trouvaient ainsi appelés à l'éclairer, il n'y en avait aucun qui réunît aux connaissances et aux qualités de l'esprit, le caractère qu'il aurait fallu posséder pour lui faire accepter sur les hommes, comme sur les choses, la vérité tout entière, pour prendre sur lui un utile ascendant.

M. Beugnot, par son esprit séduisant et les grâces de sa conversation, avait plus de moyens qu'aucun autre pour se rendre utile, pour plaire, même pour captiver; ce fut lui, en effet, qui, dans ce premier moment, réussit le mieux à obtenir une entière confiance; mais il n'avait ni la force ni la résolution nécessaires pour conserver longtemps les avantages de cette position, moins encore pour en user de manière à produire de grands et solides résultats. Le personnage le plus important après lui, était le ministre de la guerre; j'ai déjà dit les inconvénients du général Dupont : plus on avança, plus ils se firent sentir. M. Louis avait l'avantage de bien connaître la partie des finances dont il était chargé, et son esprit audacieux, tenace, fertile en ressources, était précieux dans un moment où il n'en fallait négliger aucune; mais je ne crois pas qu'il ait existé un homme moins propre à réussir auprès d'un prince, surtout d'un prince dont l'éducation s'était faite à Versailles. Tranchant sur toutes choses, sec, cassant jusqu'à la grossièreté, il ne connaissait d'autre manière de faire adopter son opinion que de l'imposer, cela sans égard pour personne, sans respect pour les situations les plus élevées. Le vieux Malouet avait des titres acquis qu'on ne pouvait contester, ses formes étaient aussi attachantes que celles de M. Louis étaient repoussantes; mais le ministère de la marine ne lui fournissait guère d'occasions de se mettre en avant. M. Henrion de Pansey, encore plus vieux, n'était qu'un jurisconsulte dont l'esprit et le mérite n'étaient pas à leur place au milieu des mouvements, des agitations et des intrigues d'une semblable époque. Restaient M. Anglès, dont les qualités étaient peu brillantes, et M. de Laforest, n'occupant que pour la forme le ministère des affaires étrangères, car il était sensible que M. de Talleyrand s'en réservait la direction.

Tels étaient les personnages que le hasard des circonstances avait mis dans une position dont on eût pu tirer grand parti, qu'aucun d'eux cependant n'était en état de diriger. Il est juste de dire que le provisoire de cette lieutenance générale, dont la durée probable n'était que d'un ou deux mois, avait le grand inconvénient de ne donner d'assiette à rien, de mettre chacun en présence de la pensée que la démarche qu'il ferait, la peine qu'il prendrait, le succès qu'il obtiendrait seraient peut-être, à l'arrivée du Roi, peu appréciés.

Monsieur ne dissimulait pas qu'il se regardait comme destiné à conserver, après l'arrivée de son frère, la plus grande part du pouvoir. Tous ceux qui l'ont alors approché savent comment il s'exprimait sur le compte de Louis XVIII. « La tête est entière sans doute et les facultés de l'esprit « sont intactes et toujours brillantes, mais dans l'état de « santé où il se trouve, avec l'impossibilité de remuer, il ne « pourra se passer d'un lieutenant général; nous profite- « rons donc de ses lumières et nous nous chargerons de « l'action. » Louis XVIII, à ce compte, ne devait être Roi que de nom; il n'est donc pas étonnant que les hommes qui se croyaient assurés de la confiance de Monsieur aient partagé ses illusions. C'est ainsi qu'ils ont été conduits, aussitôt après l'organisation du gouvernement de Louis XVIII, à former dans l'intérieur même du parti royaliste un noyau d'opposition, d'intrigues gênantes, quelquefois coupables. Louis XVIII a été pendant tout son règne sous le coup des inconvénients, des difficultés que cette situation passagère avait fait naître; ainsi l'accès de goutte qui l'a retenu en Angleterre a eu des conséquences qui se sont fait ressentir jusque dans les dernières années de sa vie.

Bien que le conseil supérieur fût composé de huit personnes, il y en avait seulement trois en position d'exercer une certaine influence : M. de Talleyrand, à cause du rôle qu'il venait de jouer et parce qu'il était l'intermédiaire naturel entre le prince et les puissances étrangères, qui ne connaissaient que lui et ne traitaient qu'avec lui; M. l'abbé de Montesquiou, à cause de ses antécédents, et M. le général Dessolle parce qu'il commandait la garde nationale, c'est-à-dire la seule force armée sur laquelle il fût possible de se reposer.

M. de Dalberg lui-même, qui avait, dans ces derniers temps, été si agissant, se trouvait à peu près annulé; quant aux deux maréchaux, ils avaient été mis là *ad honores*. Restaient le général de Beurnonville et M. de Jaucourt, le premier n'ayant jamais joué dans le gouvernement provisoire qu'un rôle très insignifiant, le second dont l'esprit juste, sage et conciliant s'était fait remarquer en toute occasion; mais sans ambition, très réservé, il devait être aisé à écarter.

On n'en pouvait dire autant de M. de Vitrolles; une fois entré dans la politique, il était très résolu à ne laisser échapper aucune occasion de s'y faire une place. Ambitieux, ayant sa fortune à faire, ne manquant pas de moyens, sans être supérieur, indifférent sur le choix des routes qui mènent au succès, comme sur celui des hommes avec lesquels il se pourrait allier, il visait au plus utile, au plus commode, au plus sûr. Ancien émigré, n'ayant joué aucun rôle sous le dernier gouvernement, il se rattachait au parti royaliste, et lui offrait ses services pour prix de l'appui qu'il en devait recevoir. Récemment employé d'une manière importante par M. de Talleyrand et le duc de Dalberg, il se trouvait dans la meilleure position avec le gouvernement provisoire; il pouvait, s'il le jugeait à propos, entrer dans toutes les combinaisons qui se formeraient, quoiqu'il ne se dissimulât pas qu'il y avait plus de prétentions à satisfaire que de places disponibles. Il se fit auprès de Monsieur l'intermédiaire de tous les royalistes qui fondaient leurs titres sur des services rendus dans les premiers temps de la Révolution, dans les guerres civiles de la Vendée, sous les drapeaux de l'émigration, sous ceux de l'armée de Condé, ou mieux encore qui établissaient leurs prétentions sur des services secrets, qu'un mystère épais avait toujours couverts, dont l'importance dès lors se pouvait amplifier à volonté. Là se rencontraient les hommes qui prétendaient avoir tout fait depuis trois mois, qui avaient, à les en croire, entraîné, soulevé toute la France en faveur de la maison de Bourbon, qui avaient les premiers arboré la cocarde blanche et décidé, à ce qu'ils assuraient, les souverains étrangers.

M. de Vitrolles se fit leur patron, l'avocat de leurs prétentions, aidé de quelques personnes déjà attachées à Monsieur, mais sur lesquelles sa place au conseil lui donnait une supériorité très marquée. On peut en citer trois ayant joué plus ou moins longtemps un rôle de quelque importance. M. de La Maisonfort, émigré connu par son esprit, par l'éclat de son arrestation sous le régime impérial, beaucoup aussi par son évasion de l'île d'Elbe. Il venait de publier un écrit fort remarquable sur les derniers mois du règne de Napoléon et sur sa chute. Cet écrit, qui portait le titre de *Tableau politique de l'Europe depuis la bataille de Leipzig jusqu'au 31 mars 1814*, était d'un assez grand effet. M. de Bruges, émigré, employé dans les Antilles par le gouvernement anglais, s'était trouvé sous les pas de Monsieur en Franche-Comté, lui avait offert ses services trouvés agréables, et avait été attaché à sa personne. Je crois qu'il avait déjà le titre d'aide de camp; nul n'a plus longtemps conservé la faveur qu'il avait su acquérir. Le troisième était M. de Monciel, employé plus particulièrement dans le cabinet, faisant les fonctions de secrétaire; sa faveur n'a pas été de longue durée.

Entre des hommes d'opinions, d'origines si différentes, d'intérêts si contraires, pouvait-on penser que la bonne intelligence régnerait longtemps? D'un côté, des fonctionnaires qui depuis quinze ans avaient donné des preuves d'une capacité incontestable, de l'autre, des hommes aigris par le malheur, par l'exil, par des souffrances endurées pour une cause aujourd'hui triomphante, attendant avec une extrême impatience la récompense de leur fidélité, fort peu disposés à tenir compte des services rendus aux régimes précédents qu'ils avaient toujours combattus et détestés. Je ne tardai pas, pour mon compte, à m'apercevoir de la sourde hostilité qui nous entourait, des efforts faits pour inspirer au prince les plus injustes préventions.

J'étais de ceux auxquels leurs fonctions conservaient une importance spéciale, mais importance et faveur sont choses fort différentes. On ne pouvait m'empêcher d'avoir des relations habituelles avec le prince; l'exécution d'une grande quantité de mesures passait nécessairement par mes mains. J'étais un intermédiaire utile avec une quantité de personnes qu'on avait intérêt à ménager. L'approvisionnement de la capitale reposait en grande partie sur mes soins, et comme on ne pouvait nier le succès des mesures que j'avais prises, il eût été dangereux d'en faire passer subitement la direction en d'autres mains. Enfin mes relations avec les personnages influents du gouvernement provisoire, avec les souverains étrangers, rendaient difficile d'ébranler brusquement ma situation. Elle était cependant l'objet d'une quantité de manœuvres hostiles. Les royalistes ardents de la réunion Mortfontaine, dont il m'avait fallu calmer les bruyantes manifestations, beaucoup d'agents sans mandat que j'avais tenus à distance, avaient fait entendre leurs plaintes à Monsieur, soit pendant son séjour à Nancy, soit dans les premiers moments de son arrivée.

J'ai su plus tard que les préventions qu'on avait inspirées à Monsieur contre moi allaient jusqu'à ce point que le surlendemain de son entrée aux Tuileries il dit à M. Beugnot : « Voyez-vous, monsieur Beugnot, je ne dormirai pas « tranquille tant que je verrai M. Pasquier chargé de la

« police. » Celui-ci ne négligea rien, du moins me l'a-t-il assuré, pour le faire revenir sur une idée aussi injuste, cherchant à lui faire comprendre qu'il était impossible de songer à me remplacer; que j'avais été utile, que j'étais indispensable. Monsieur se résigna, mais sa conviction première n'était point ébranlée.

Dans les premiers jours, je n'avais nul soupçon de la défaveur dont j'étais atteint; je devais encore l'accroître par la franchise de mes communications et le peu de ménagements que je gardais pour des préventions auxquelles j'aurais pu songer. J'étais uniquement occupé de l'importance des résultats qu'il fallait obtenir. Je signalais donc les fautes et les torts, sans nul égard pour ceux qui les commettaient; j'avertissais des dangers, de quelque côté qu'ils vinssent; je blâmais ce qui semblait blâmable, je conseillais ce que je croyais utile, sans m'inquiéter si le conseil devait plaire ou déplaire. Pour comble à mes maladresses, cela n'était pas dit, mais consigné dans un bulletin que j'adressais au prince à la fin de chaque journée. Ces bulletins passaient le lendemain entre les mains du conseil intime; là ils étaient commentés, discutés de la manière la plus malveillante. J'ai gardé la minute de ces bulletins. Ils sont d'autant plus curieux à relire qu'écrits sous l'inspiration de chaque jour, ils retracent cette situation avec une grande précision. On pourrait aussi trouver dans les conseils qu'ils renferment une involontaire et instructive prédiction de la redoutable catastrophe qui devait éclater avant la fin d'une année! Ces conseils portaient surtout sur les ménagements à garder vis-à-vis de l'armée, sur le choix des commissaires extraordinaires en province.

Eh bien, toute l'histoire de l'année qui va suivre peut se résumer en deux points : fautes dans la conduite vis-à-vis de l'armée, fautes commises par les porteurs de pouvoirs de Monsieur dans les départements. Pendant son séjour en Franche-Comté et à Nancy, Monsieur avait promis l'abolition des droits réunis et de la conscription. Passe pour la seconde promesse ; il n'entrevoyait pas un grand besoin de soldats ; la conscription avait pesé si lourdement sur les peuples, que la politique commandait de leur annoncer à cet égard un grand soulagement ; mais la première était inconsidérée jusqu'à la déraison. Il n'y avait pas de finances possibles sans impôts indirects ; apparemment la maison de Bourbon ne comptait pas gouverner avec un trésor vide. Les commissaires extraordinaires, dans les départements, n'avaient pas manqué d'insister sur ces périlleux engagements, déclarant que l'impôt indirect n'était pas dû, qu'on devait cesser de le payer.

C'était acheter par trop cher un court moment de popularité. M. Louis, en sa qualité de ministre des finances, ne pouvait manquer d'être furieux de toutes ces sottises ; les plaintes qu'il fit entendre, jointes à mes avertissements, nécessitèrent le premier acte qui soit émané de Monsieur : il était contresigné par M. de Vitrolles, en date du 15. Après des témoignages de satisfaction sur la manière dont les personnes auxquelles Monsieur avait, au nom du Roi son frère, donné des commissions particulières plus ou moins étendues, s'étaient acquittées de leurs missions, il était dit que le gouvernement ayant repris une marche régulière, toutes les affaires devaient être à l'avenir traitées par les magistrats ou les administrateurs dans le ressort desquels elles se rencontraient ; que toutes les commissions particulières étaient dès lors révoquées ; que ceux qui en étaient revêtus auraient à s'abstenir désormais d'en faire usage. Le *Moniteur* du 17, qui contint cette salutaire prescription, causa nécessairement un grand désappointement chez beaucoup de ceux qui se disaient les plus zélés serviteurs : ils n'ignorèrent pas que j'étais de ceux qui l'avaient provoquée.

L'entrée de l'empereur d'Autriche eut lieu le 15 et se fit avec une pompe déplacée ; il eût été de meilleur goût de la part du père de Marie-Louise d'arriver avec moins de fracas. Monsieur, escorté de la garde nationale à cheval, se trouva au boulevard du Temple pour y recevoir les souverains alliés. Tous ensemble vinrent jusqu'à la place Louis XV, où eut lieu une grande revue, après laquelle l'empereur François se rendit au faubourg Saint-Honoré, dans l'hôtel qu'il devait occuper. C'était celui de la princesse Borghèse. Il y fut conduit par Monsieur. En général, l'impression que cette pompe produisit fut pénible dans Paris; il n'en pouvait être autrement lorsqu'on voyait le prince lieutenant général du royaume dans une position secondaire, effacé par l'appareil de puissance et de force militaires dont les souverains étrangers se montraient environnés. Les sentiments nationaux furent donc manifestement en souffrance.

CHAPITRE XVIII

L'Empereur à Fontainebleau après l'abdication; ses confidences au duc de Vicence; son départ. — Le trésor de la liste civile est ramené à Paris; M. de Maubreuil prétend que des effets ont été dérobés; pour les recouvrer, il se fait délivrer des passeports par toutes les autorités. — Il arrête la reine de Westphalie à Fossard; lui-même est incarcéré quelques jours après. — Enquête poursuivie par la préfecture de police; elle établit la culpabilité de Maubreuil; celui-ci prétend alors avoir été chargé par M. de Talleyrand d'assassiner l'Empereur. — Rapport probable entre cette affaire et le complot du duc de Dalberg. — Lieutenance générale de Monsieur. — Les exigences royalistes croissent sans cesse. — Les journaux et les pamphlets. — La censure. — Royer-Collard reçoit la direction de la librairie. — Efforts faits pour soulager la misère des ouvriers. — Nouvelles adhésions de généraux. — Mauvaises dispositions de l'armée et du peuple. — La convention du 23 avril; elle accroît encore le mécontentement. — Situation délicate de M. de Talleyrand.

Après avoir signé son abdication et ratifié le traité qui en était la conséquence, il ne restait plus à l'empereur Napoléon qu'à s'occuper des préparatifs de son départ; la prolongation de son séjour en France ne profitait à personne, pas même à lui. Sa résidence à Fontainebleau était un sujet continuel d'inquiétudes bien ou mal fondées, sincères ou affectées. Il fallait bien peu de chose pour causer ces inquiétudes que les royalistes étaient toujours les premiers à propager; ainsi l'arrivée à Paris du valet de chambre de Napoléon et de son mameluk, qui l'avaient quitté, voulant jouir en paix de leur petite fortune, avait suffi pour mettre en mouvement tous les plus zélés serviteurs dont les soins et les avis empressés assaillaient le château. J'eus grand'peine à calmer les craintes qu'ils étaient venus à bout de faire naître. Ce qui méritait attention, c'était l'impression que produisait sur l'esprit des soldats la pensée que leur Empereur était toujours là, que d'un moment à l'autre il pourrait reparaître et revenir se mettre à leur tête. Leur espoir était accru par le déplaisir que leur causait ce changement de cocarde auquel ils ne se soumettaient qu'avec un vif regret.

Tout a été dit sur ce qui se passa à Fontainebleau, sur les circonstances qui accompagnèrent le départ de Napoléon, sur ses derniers adieux à ses serviteurs, aux troupes dont il était encore entouré. On ne peut contester qu'une fois son parti pris, son attitude n'ait été noble et résignée, et qu'il n'ait montré une grande élévation de sentiments. Ses conversations bien connues avec ceux qui l'approchaient en offrent la preuve. C'est avec le duc de Vicence qu'il s'ouvrit avec le plus d'abandon; ses confidences sont restées secrètes, cependant j'en ai eu quelques révélations. Il s'exprima sur le compte de l'homme qui lui avait fait le plus de mal, sur M. de Talleyrand, avec une rare modération, même avec indulgence : « Au fond, disait-il, celui-là
« m'a très bien servi, tant qu'il m'a servi; je me suis
« brouillé avec lui peut-être un peu légèrement, je l'ai
« alors maltraité. Il devait être tenté de se venger; un
« esprit aussi délié que le sien ne pouvait manquer de
« reconnaître que les Bourbons s'approchaient, qu'eux
« seuls pouvaient assurer sa vengeance. Il a donc été au-
« devant d'eux, c'est tout simple. J'ai fait une grosse faute;
« l'ayant conduit au point de mécontentement où il était
« arrivé, je devais ou l'enfermer ou le tenir toujours à mes
« côtés. »

Sa grande et continuelle indignation portait sur le maréchal Marmont; pour lui il ne trouvait aucune excuse; jamais l'ingratitude n'avait été poussée plus loin; il ne se reconnaissait qu'un tort à son sujet, celui d'avoir poussé sa fortune beaucoup au delà de ses mérites.

La proclamation du conseil municipal de la ville de Paris

était peut-être ensuite l'acte dont il se montrait le plus blessé, d'abord parce qu'il avait paru le premier, ensuite parce qu'il y voyait une spontanéité qui révélait des haines que rien ne lui avait fait présager. Le nom de M. de Chabrol qu'il avait trouvé au bas de cette pièce l'avait surtout attristé : « Je l'ai comblé, disait-il, lui et toute sa famille, « et pourquoi? Quels étaient leurs titres? En vérité, je « n'en sais rien. » Il parla aussi de moi avec dépit, mais sans amertume. « J'en avais toujours fait cas, je le tenais « pour homme de mérite, j'aimais à y compter, il m'a « quitté aussi ; mais du moins il a pris sa résolution fran- « chement, en sachant ce qu'il voulait et quand il y avait « encore du danger. Cela excuse beaucoup de choses, et « au moins il m'a prévenu du parti qu'il prenait. » Voilà, j'ai des raisons d'en être certain, ses propres expressions à mon sujet.

Le prompt abandon du prince de Neufchâtel lui fut très sensible ; on ne doit pas s'en étonner. Chaque jour les déplaisirs de cette nature allaient se multipliant pour lui. Il partit le 20. Je n'ai point à raconter ce qui se passa sur sa route jusqu'à son embarquement; je n'aurais rien à apprendre à personne, l'histoire de ce voyage est trop généralement connue. Mais il est une affaire qui s'y rattache, dont je dois rendre compte, parce qu'elle a fait beaucoup de bruit et parce qu'elle est encore enveloppée de quelques nuages que je veux dissiper, c'est celle de M. de Maubreuil.

On doit se souvenir des arrêtés qui avaient été pris par le gouvernement provisoire et que j'ai eu soin d'énumérer, pour faire rentrer au Trésor et dans les différentes caisses de l'État les sommes qui, dans les derniers jours du mois de mars, en avaient été enlevées par les ordres de Napoléon ou de la Régence. Des commissaires avaient été envoyés dans plusieurs directions pour exécuter ces arrêtés, et M. Dudon avait été spécialement chargé par M. Louis d'aller à la recherche des diamants et du trésor de la liste civile qui avaient suivi Marie-Louise à Blois, et qu'avait accompagnés M. de La Bouillerie, trésorier de la liste civile. M. Dudon n'avait eu aucune peine à faire revenir à Paris le trésor et M. de La Bouillerie, qui ne demandait pas mieux que de le ramener. Mais, arrivé à la porte de Paris, le convoi tomba dans une troupe conduite, si je ne me trompe, par un sieur de Lagrange, qui avait, disait-il, mission de le saisir. De qui la tenait-il? je ne saurais le dire. Les caissons au lieu d'être déposés au Trésor devaient être portés aux Tuileries. Cet incident fut l'occasion d'une dispute très vive entre M. Louis et les conseillers de Monsieur, qui auraient voulu lui composer avec les huit ou dix millions retrouvés, un trésor particulier. Ils fondaient leurs prétentions sur ce que ces sommes provenaient de la liste civile. Suivant M. Louis, peu importait d'où elles venaient; le service public devait être assuré avant tout; il soutenait, non sans raison, que, dans la pénurie où se trouvait le Trésor, ce secours lui était indispensable.

Dans ce conflit, je me souviens que les caissons restèrent une ou deux fois vingt-quatre heures dans la cour des Tuileries, sans être déchargés, confiés à un poste de la garde nationale et de la gendarmerie dont M. Louis avait réclamé le secours. Les commissaires envoyés par le ministre des finances n'étaient donc pas, ainsi qu'on vient de le voir, les seuls agents qui se missent en mouvement pour des recherches et des recouvrements de cette nature, le zèle se montrait grand sur ce point du côté des royalistes. Parmi eux M. de Maubreuil s'était signalé par son zèle. Il avait, dans la personne de M. Laborie, un protecteur spécial; et M. Laborie, en sa qualité de secrétaire adjoint du gouvernement provisoire, dès les premiers moments, s'était mis en position d'introduire dans les antichambres et les premiers cabinets de M. de Talleyrand une foule de personnes venant offrir leurs services, et dont il garantissait toujours le mérite, le zèle, les bons sentiments. Il faut l'avoir vue, pour se faire une idée de la foule qui se pressait alors dans un si petit espace, et de l'incroyable mélange dont elle se composait; tous les rangs de la société, toutes les couleurs d'opinions, toutes les natures d'existence s'y trouvaient confondus. Spectacle d'autant plus étrange qu'à l'étage supérieur était logé le Czar avec ses principaux officiers, que ses gardes remplissaient la cour et les escaliers de l'hôtel. Nul doute que M. de Maubreuil, sous l'aile de son protecteur M. Laborie, se soit trouvé plus d'une fois dans cette foule, qu'il ait été présenté à M. de Talleyrand et à quelques-uns des membres du gouvernement provisoire. Il en aura reçu des mots obligeants et insignifiants, distribués en pareil cas à tout venant. Ce n'était pas assez pour le satisfaire, il cherchait un bon coup à faire, voici ce qu'il imagina. Il prétendit, sur le témoignage du sieur de Lagrange qui s'était entremis si à propos pour la rentrée du trésor de la liste civile, que deux caisses contenant des effets précieux, peut-être une partie des diamants de la couronne, manquaient encore parce qu'elles avaient été remises à Napoléon; il offrit de les aller chercher partout où elles pourraient se trouver. Il paraît qu'il voulut d'abord se faire donner pour cette recherche une autorisation et des ordres par M. de Sémallé; celui-ci l'ayant repoussé, il s'adressa au ministre de la guerre, le général Dupont, et obtint le 16 un ordre aux autorités militaires, à toutes les troupes françaises qui se rencontreraient sur sa route, de lui prêter main-forte. Comment M. Dupont prit-il cette initiative, comment sans être autorisé par aucun de ses collègues, donna-t-il cet ordre pour une affaire si étrangère à ses attributions? Il paraît n'avoir conservé aucun souvenir précis de ce qui se passa entre M. de Maubreuil et lui; il croit même que cet ordre lui fut extorqué, sous prétexte d'aller à la recherche de quelques effets précieux qui avaient été enlevés au dépôt de la guerre, des cuivres de la carte de Cassini.

Quoi qu'il en soit, il fallut à M. de Maubreuil un passeport; il est remarquable qu'il n'osa pas venir le demander à la préfecture de police où il était trop connu. Il s'adressa au ministre de la police générale. Après quelques difficultés, M. Anglès se décida à le lui accorder sur le *vu* de l'ordre du ministre de la guerre. Il y joignit un ordre semblable pour les autorités civiles. Se trouvant aussi bien accrédité, il ne lui fut pas difficile d'obtenir le lendemain de M. de Bourrienne un permis pour prendre partout des chevaux de poste. Ce qui est plus surprenant, il se fit délivrer par le général de Sacken et par le général-major des troupes alliées un ordre mettant à sa disposition les troupes étrangères qui pouvaient se rencontrer à sa portée, comme avait fait le général Dupont pour les troupes françaises. Muni de toutes ces pièces, il se mit en route le 18, avec un sieur Dasies qu'il s'était associé, avec lequel il paraît avoir formé ses premières liaisons lors de la tentative faite à la place Vendôme pour abattre la statue de Napoléon.

Ce même jour 18, la reine de Westphalie, princesse de Wurtemberg, partait pour retourner en Allemagne et prenait la route de Nemours. M. de Maubreuil avait servi en Westphalie dans la maison de son mari, en qualité d'écuyer; les relations qu'il avait conservées dans son intérieur lui avaient rendu facile de connaître le moment de son départ, la route qu'elle tenait; il ne pouvait douter qu'elle n'emportât les bijoux, les diamants, les objets précieux lui appartenant. Tout le monde sait comment, ayant mis en réquisition, à Montereau, un piquet de chasseurs de la garde et de mameluks, il fut l'attendre auprès du village de Fossard, l'arrêta, la força de descendre, d'entrer dans une grange, ne lui permit enfin de continuer sa route qu'après s'être emparé de onze caisses où se trouvaient ses bijoux, ses diamants, quatre-vingt-quatre mille francs en or. Il exigea d'elle les clefs de tous ses coffres; elle fut obligée de les livrer; une seule manquait, celle-là était restée entre les mains de son mari. Il se servit pour motiver cette expédition auprès de la Reine, du prétexte qu'il était chargé de saisir ses malles, attendu l'enlèvement dont elle était soupçonnée de diamants appartenant à la couronne.

Tout cela se passait le 21. Dans la nuit du 23 au 24, à une heure du matin, étant de retour à Paris, après quantité de démarches, très exactement énumérées dans l'extrait imprimé en 1827 des conclusions prises à Douai au mois de mai 1818 par l'avocat général près la cour royale de cette ville, l'audacieux Maubreuil ne craignit pas d'aller aux Tuileries, chez M. de Vitrolles. Il apporta quatre sacs contenant de l'or, suivant lui, et qui, avec les débris d'une caisse brisée en route, formaient le reliquat de ce qu'il avait enlevé à la reine de Westphalie; les autres caisses avaient été dans le courant de la journée apportées chez M. de Vitrolles par M. de Vanteaux. Toutes ces restitutions ou plutôt ces dépôts apparents, n'avaient été faits que sur le bruit répandu de l'extrême colère témoignée par les souverains, surtout par Alexandre, à la nouvelle d'une violence si odieuse, d'un si sanglant affront fait à une princesse de sang royal, naguère couronnée. Elle voyageait avec des passeports délivrés au nom de tous les souverains, aussi il y avait dans son arrestation et la spoliation dont elle avait été victime, la plus insolente violation de tous les droits. Les ministres étrangers reçurent en conséquence de leurs maîtres l'ordre de demander hautement, avec la restitution des objets enlevés, la punition des coupables.

On s'était donc estimé fort heureux à la secrétairerie d'État provisoire, établie au pavillon de Marsan, lorsqu'on avait vu arriver la caisse et plus tard les sacs contenant l'argent. On se flattait que tout était terminé. Mais les employés de M. de Vitrolles et M. de Vitrolles lui-même avaient commis la faute incroyable de tout recevoir sans rien vérifier, de ne pas exiger l'ouverture des caisses, de ne pas dénouer un seul sac, ils s'étaient contentés de la déclaration que les clefs n'avaient pas été livrées avec les caisses. Lorsque le lendemain on envoya chercher pour les ouvrir le serrurier qui les avait fabriquées (c'était un sieur Biennais, célèbre pour ces sortes d'ouvrages), elles se trouvèrent vides à peu de chose près, les sacs contenaient des pièces d'argent de vingt sous au lieu de pièces d'or de vingt francs. Le désappointement fut grand. Il était à prévoir que M. de Maubreuil soutiendrait qu'il avait remis le tout comme il l'avait pris et renverrait l'accusation à ceux qu'il avait constitués dépositaires. On ne savait quel parti prendre. La journée du 24 se passa dans cette incertitude. Pendant ce temps-là M. de Maubreuil marchait tête levée dans Paris. Cet excès d'insolence indigna les étrangers, qui portèrent plainte; on résolut enfin de l'arrêter. Il fut, ainsi que son associé Dasies, appelé aux Tuileries le 25 au soir, pour donner des renseignements. M. Anglès s'y trouvait avec un commissaire de police qui les interrogea l'un et l'autre, puis dressa procès-verbal, apposa les scellés sur les caisses et sur les sacs d'argent qui leur furent présentés.

Cela fait, M. de Maubreuil et M. Dasies furent amenés à la préfecture de police; il pouvait être minuit; j'étais déjà couché. M. Anglès me fit éveiller et m'annonça que ces deux messieurs étaient prisonniers dans l'hôtel. Il ajouta que j'étais prié de donner tous mes soins aux poursuites, de ne rien négliger pour constater le vol et faire retrouver, si possible, les objets volés. J'étais jusqu'alors demeuré étranger à la conduite de cette affaire, mais j'en savais la gravité, les ministres des souverains ayant déjà plusieurs fois réclamé mon intervention. Les royalistes imprudents de l'entourage de Monsieur y pouvaient être compromis. On ne pouvait se persuader qu'un coup aussi audacieux ait été tenté sans de très hauts encouragements, sans l'assurance de l'appui le plus puissant. Je sentais donc la nécessité d'arriver à une prompte découverte, c'était le seul moyen d'empêcher les soupçons fâcheux ; pour atteindre ce résultat, rien ne fut négligé, les perquisitions, les interrogations. La première découverte fut celle d'un diamant retrouvé dans un des appartements occupés par Maubreuil ; il en avait trois ou quatre dans Paris, celui-là était rue Neuve-du-Luxembourg. Le diamant, retrouvé sur le lit, provenait évidemment de ceux de la Reine et prouvait qu'on les avait maniés dans cet endroit. J'avais envoyé des agents fort intelligents sur toute la route parcourue par les spoliateurs, c'était de leur rapport que j'attendais la lumière ; mais pour bien opérer, il fallait du temps, leur retour se faisait attendre. Ce délai excita l'impatience des souverains et donna lieu de leur part à de nouvelles et plus pressantes instances. Ils ne pouvaient se persuader qu'on n'usât pas de ménagements envers les coupables, qu'on ne cherchât pas à les sauver. Il n'y avait presque pas de jour où quelque officier ne me fût envoyé du cabinet de l'empereur Alexandre pour me demander où en était l'affaire.

Les choses, enfin, allèrent jusqu'à ce point que M. de Talleyrand, ne sachant plus comment se délivrer d'une si rude importunité, m'autorisa, pour en finir, à offrir à M. de Maubreuil, s'il voulait tout rendre, une somme d'argent, avec la promesse de la plus complète sécurité pour l'avenir. Je le fis donc amener dans mon cabinet : je ne l'avais pas encore fait paraître devant moi ; il avait souvent été interrogé, mais par les agents de la police, fort habiles en ce genre d'investigations. Dans la conversation que j'eus avec lui, il demeura inébranlable, soutint toujours sa parfaite innocence ; il protesta qu'il n'avait été mû dans tous ses actes que par le désir de rendre un grand service sans aucune vue d'intérêt personnel.

Cependant, les agents envoyés sur la route qu'il avait tenue s'étaient acquittés de leur mission avec beaucoup d'adresse et avec un grand succès. Ils revinrent enfin avec le détail le plus circonstancié de tout ce qui s'était passé à Fossard et depuis. Marchant pas à pas sur ses traces, ils avaient enfin découvert que Maubreuil abandonnant, au retour, la route directe de Paris, avait pris, à la hauteur de la Croix-de-Bernis, celle de Versailles. Une fois sûrs de ce fait, ils avaient aisément retrouvé dans cette ville l'auberge où il était descendu avec son acolyte et étaient parvenus à savoir tout ce qui s'y était passé entre ces deux misérables. Établis dans une chambre, sur les derrières, ils avaient demandé un serrurier qui avait ouvert, sur leur ordre, avec un crochet, la seule caisse dont ils n'eussent pas la clef. C'était celle qui contenait les objets les plus précieux. Le même ouvrier avait été rappelé pour la refermer trois ou quatre heures après. Tout cela fut constaté par les dépositions les plus régulières, consignées dans un procès-verbal. Il n'y avait plus de doute sur le lieu où les caisses avaient été vidées, sur les personnes qui avaient pris ce soin; je me trouvai en mesure de donner au gouvernement des renseignements sûrs et décisifs.

La première chose à faire était d'interroger de nouveau Maubreuil. Il n'en fut point déconcerté, persista dans ses dénégations. Ce fut alors qu'il produisit pour la première fois un système de défense auquel on était loin de s'attendre. « Il voyait bien qu'on voulait le perdre, qu'on était
« résolu de le sacrifier pour avoir si mal répondu à l'hor-
« rible confiance qui avait été mise en lui. La vérité était
« qu'il était parti de Paris avec mission d'assassiner l'em-
« pereur Napoléon, que cette mission lui avait été donnée
« par M. de Talleyrand; que malgré l'horreur qu'elle lui
« inspirait il s'en était chargé de peur qu'elle fût donnée à
« un autre. Il avait tout arrangé pour tromper les crimi-
« nelles intentions de ceux qui l'avaient employé et s'était
« flatté, en leur apportant un trésor, en satisfaisant leur
« avidité, d'apaiser leur mécontentement. Il avait tout
« déposé chez M. de Vitrolles, parce qu'il savait que nulle

« part on ne serait plus sensible à pareil dépôt; en effet, il
« paraissait qu'on ne s'était pas gêné pour en user. »

On eut beau lui représenter la fausseté évidente de ce récit, les faits incontestables qui venaient le contredire, on eut beau lui dire que, même en supposant qu'on pût admettre la première partie, il ne détruirait pas les faits constatés à Versailles et qui prouvaient invinciblement que les caisses avaient été vidées par lui dans une auberge de cette ville, il n'y eut aucun moyen de lui faire abandonner son nouveau plan de défense. J'en rendis compte au gouvernement. On eut dès lors à délibérer sur le parti à prendre à son égard. Ce parti devenait fort embarrassant. Au premier aperçu, rien de plus naturel que de le mettre en jugement. Mais qu'on se reporte à la situation dans laquelle on se trouvait, qu'on se figure l'effet qu'auraient produit dans le public des allégations de la nature de celles que soutenait Maubreuil, qu'on songe surtout à l'impression qu'elles pouvaient faire sur l'esprit des militaires, particulièrement sur celui des soldats! En de telles matières, les plus grandes faussetés obtiennent toujours une certaine créance.

Il fut donc résolu de ne rien précipiter, de garder les prévenus en prison, d'attendre du temps et de la marche des événements conseil et secours. Les souverains étrangers furent eux-mêmes obligés de donner leur approbation à cette marche. Eux aussi se trouvaient compromis. Maubreuil n'hésitait pas à affirmer que la mission qu'il avait acceptée lui avait été donnée dans un intérêt commun, avec l'assentiment de tous les intéressés, parmi lesquels il mettait en première ligne Monsieur, l'empereur Alexandre et le roi de Prusse. Il en donnait pour preuve l'ordre du général de Sacken et celui du général prussien dont il avait été muni, et qui l'autorisaient l'un et l'autre à requérir partout le secours des troupes alliées. Une telle marque de confiance était en effet extraordinaire, quand elle était accordée à un tel homme; pour l'expliquer, il était difficile de ne pas croire qu'on en avait attendu un grand service. On voit donc avec quel art diabolique ce misérable avait su se faire un rempart des moyens qu'il s'était ménagés pour compromettre les plus hauts personnages. Toute la responsabilité devait retomber sur le premier ordre émané du général Dupont. Le passeport, la permission de poste et les deux autres ordres en avaient été la conséquence, sinon nécessaire, du moins assez excusable; cela pouvait paraître d'autant plus grave qu'on devait soupçonner le général Dupont de nourrir contre Napoléon un ardent désir de vengeance.

Cette étrange affaire n'a-t-elle pas quelque rapport avec le projet dont le duc de Dalberg m'avait fait confidence? Il arrive quelquefois que les plus insignes mensonges s'appuient sur quelque point présentant une apparence de vérité. Quand il m'avait parlé du projet de se défaire de Napoléon, M. de Dalberg me dit que les conjurés devaient revêtir des uniformes de chasseurs de la garde. M. de Maubreuil, dans ses déclarations, dans ses interrogatoires, a dit aussi qu'on lui avait proposé de se servir de ce moyen, de revêtir ce déguisement. Aussitôt que je connus cette particularité, je ne doutai plus que le chef de l'expédition dont m'avait parlé le duc de Dalberg fût enfin trouvé. Le projet avait été abandonné, le danger qui en avait fait concevoir l'idée étant évanoui par la défection de Marmont. Que conclure de tout cela? Que Maubreuil avait, comme il l'a soutenu, été mis en avant; que ses services pour la vilaine action qu'il se vante de n'avoir pas voulu commettre, avaient été agréés, mais à une date qui ne répond nullement à celle de son expédition contre la reine de Westphalie. Depuis cette époque, personne n'avait été tenté de reprendre l'odieux projet auquel on avait renoncé, si tant est qu'il ait été sérieux. Maubreuil s'est lancé dans l'entreprise, persuadé que la confidence dont il était en possession forcerait le gouvernement à garder vis-à-vis de lui de grands ménagements. La coïncidence de l'instant où il tentait son coup de main avec celui du départ de Napoléon, lui a semblé heureuse; elle permettait de bâtir la fable qu'il avait inventée. Ainsi un projet évanoui a été la véritable cause sur laquelle est venu s'appuyer l'audacieux attentat de Maubreuil. Cette aventure a eu dans le monde un bien long retentissement. Au moment où j'écris, après treize années écoulées, elle a servi de prétexte à une calomnie qui a porté à M. de Talleyrand un des coups les plus sensibles qui pussent atteindre sa vieillesse, en donnant à entendre qu'il avait pu connaître un projet d'attentat contre la vie de l'empereur Napoléon.

J'ai dit avec une entière sincérité tout ce qui est venu à ma connaissance sur cette affaire. Rien ne peut justifier, rien ne peut donner une apparence de fondement à cette odieuse allégation. Dans le tourbillon d'affaires où M. de Talleyrand était alors jeté, il a pu voir Maubreuil sans y attacher d'importance; celui-ci, je n'en fais aucun doute, lui a été, comme tant d'autres, présenté par M. Laborie; il en aura reçu quelques mots obligeants, mais non pas, comme le dit Maubreuil, un long entretien. Le prince était trop expérimenté, trop habile, pour parler de choses sérieuses avec un inconnu; quelques mots vagues, d'une banalité complète, sont les seuls qu'il ait dû lui adresser.

Monsieur a exercé les fonctions de lieutenant général pendant dix-sept jours. Il est nécessaire de constater le chemin qui a été parcouru pendant cette période. Le départ de Napoléon apporta une amélioration sensible dans la marche générale des affaires; mais à mesure que les périls s'éloignèrent, les prétentions, les passions jusqu'alors contenues se produisirent, se développèrent avec plus d'assurance; à partir de ce moment nos plus graves embarras vinrent des exigences des royalistes. L'imprudence des discours, les mépris follement exprimés, les dénigrements sur tout le passé, les grands airs affectés d'une quantité de personnes qui reparaissaient tout à coup sur une scène dont elles avaient été si longtemps éloignées, ne pouvaient manquer de jeter dans le public de puissants germes d'inquiétude et de mécontentement.

Dans les journaux, dans de nombreux pamphlets on attaquait avec passion les existences créées depuis vingt-cinq ans; il était très permis de croire qu'on n'en respecterait aucune, qu'on voulait les anéantir toutes. Ainsi, dès le 17, le *Journal des Débats* publiait un article donnant comme certaine la prochaine élévation de M. Dambray à la dignité de chancelier; on lui attribuait comme premier mérite de n'avoir voulu accepter aucune fonction depuis le commencement de la Révolution. Outre l'inconvenance de préjuger un choix du Roi, rien n'était plus maladroit que ce genre d'éloge, aucun ne pouvait être plus offensant pour tant d'hommes distingués qui avaient cru devoir tenir une conduite différente. L'article cependant était de M. Laborie.

Parmi les pamphlets, on ne pouvait manquer de remarquer celui qui était intitulé : *Manifeste du peuple français contre les régicides, leurs adhérents et leurs complices.* Les plus violentes récriminations s'y trouvaient mêlées à des assertions d'une indigne fausseté, aux conseils les plus dangereux. On y assurait que de nouveaux prisonniers avaient déjà remplacé les malheureux dont le nouvel ordre de choses avait fait ouvrir les cachots. Le fait était que depuis le 1er avril, pas un individu n'avait été arrêté pour cause politique. On blâmait la levée des impôts, les réquisitions vexatoires, comme s'il était possible, dans la situation des affaires, de nourrir sans réquisitions les troupes alliées et même les troupes françaises.

Je signalais dans mes bulletins les dangers, les désordres que pouvaient amener de pareilles excitations; je les commentais de vive voix devant Monsieur toutes les fois que j'avais l'honneur de l'approcher, ce qui avait lieu à peu près tous les deux jours. On me recevait bien, on m'écoutait, on avait l'air de trouver que j'avais raison; plusieurs fois les mesures que je conseillais furent adoptées, mais la direction secrète restait la même; cela était sensible surtout par l'audace toujours croissante des écrivains du parti. Cela me força d'insister sur une plus forte organisation de la censure des journaux. M. Michaud, qui en était chargé, était trop faible ou trop enclin aux opinions qu'il eût fallu retenir. Je demandai le rétablissement de la direction de la librairie. Elle fut provisoirement confiée à M. Royer-Collard, que l'abbé de Montesquiou désigna. Ce fut son premier pas dans les affaires.

Une des choses les plus frappantes dans les violences de la presse était l'acharnement contre le Sénat. C'est sur ce point que les attaques se concentraient, trahissant ainsi des intentions inquiétantes, car il importait de rallier au nouvel ordre de choses le plus d'individus possible, surtout parmi ceux ayant une réelle valeur. Quelle confiance voulait-on inspirer à ces généraux dont l'adhésion était reçue avec joie, lorsqu'ils voyaient méconnaître tous les services rendus? Un certain nombre d'exaltés, croyant le temps des ménagements passé, voulaient détruire l'œuvre de la Révolution tout entière, abattre les institutions et le régime qu'elle avait établis; ainsi on allait jusqu'à parler dans quelques cafés du Palais-Royal de l'annulation de toutes les ventes de domaines nationaux.

Les hommes qui vivaient comme moi au milieu des réalités, qui observaient tout, sans chercher d'ailleurs à se faire illusion, jugeaient que l'opinion publique ne s'améliorait pas; aux violences du parti royaliste répondaient les violences du parti de la Révolution. Il n'y avait pas de jour où il ne se passât quelques scènes dans les cabarets, dans ceux surtout qui étaient situés autour des halles ou auprès des barrières; là, c'étaient les partisans de Napoléon qui étaient les plus nombreux et les plus forts.

En opposition aux pamphlets que je signalais tout à l'heure, un sieur Durbach, membre du Corps législatif et beau-frère du maréchal Mortier (il avait été condamné à mort en 1794 pour avoir défendu Louis XVI), fit paraître une brochure intitulée : *Des véritables intérêts de la maison de Bourbon*, dans laquelle se trouvait formellement établi qu'elle ne pouvait régner qu'en vertu d'un nouveau contrat formé entre elle et la nation, lorsqu'elle aurait nettement accepté les conditions qui pouvaient garantir tous les droits et tous les intérêts. Cette brochure, on ne pouvait se le dissimuler, répondait à beaucoup de désirs. Il n'y avait donc pas, au bout de quinze jours, autant de chemin franchement fait vers le parti royaliste qu'il eût été naturel de l'espérer après l'enthousiasme des premiers temps. Or, la cause de ce mécompte n'était pas difficile à pénétrer, je me crus obligé de le dire. A force de répéter les mêmes vérités j'obtenais parfois un temps d'arrêt dans la fausse direction où on s'engageait, mais au fond, ma franchise nuisait peut-être encore plus qu'elle ne servait à la chose publique.

Je revenais sans cesse sur la nécessité de se concilier l'armée ; j'avais la conviction que, sans elle, rien de solide ne serait établi. Les événements n'ont que trop justifié cette prévoyance. Quant aux ouvriers, on en comptait quatre mille environ précédemment occupés dans les constructions entreprises par le gouvernement, qui depuis trois semaines se trouvaient sans aucun moyen de gagner leur vie ; à ceux-là il fallait en ajouter huit à dix mille, employés dans les filatures, dans les fabriques de tissus de coton qui étaient arrêtées. Ces derniers, tous gens de la ville, trouvaient encore quelques ressources dans leurs familles ; mais les ouvriers en bâtiment étaient dans une horrible détresse, et naturellement se montraient turbulents et menaçants. Je ne cessai d'appeler sur eux l'attention du gouvernement; je conjurais qu'on fît effort pour donner un peu d'ouvrage. Il était facile de trouver des entrepreneurs qui avec quelques garanties feraient des avances; si on voyait le travail reprendre sur quelques points, cela suffirait pour ramener la confiance. J'obtins que M. Bruyère, ingénieur des ponts et chaussées, homme habile et estimé, fût remis à la tête de l'administration des travaux publics. M. de Bourrienne vint à mon secours en employant à la reprise des travaux commencés rue de Rivoli, pour le nouvel hôtel des postes, une somme assez forte en billon qui se trouvait dans les caves de l'ancien hôtel. Mais quoi que j'aie pu dire et faire, la situation malheureuse des ouvriers a été la grande difficulté de mon administration pendant le peu de temps qu'elle a encore duré.

Les adhésions des généraux les plus marquants arrivaient de tous côtés. On reçut celles des maréchaux Soult, Suchet, Augereau, Masséna, puis celle de Carnot, qui commandait dans Anvers; cette dernière était remarquable par la franchise qui semblait l'avoir dictée, par le personnage dont elle émanait; elle l'est devenue encore davantage par le rôle qu'il a joué peu de temps après. Mais dans la bourgeoisie, dans la masse populaire, dans l'armée, la haine, le mépris de l'étranger qui aujourd'hui dictait les lois, jetaient sur l'ordre de choses nouveau une défaveur dont il était fort difficile de triompher.

Les conversations, recueillies sur les points les plus divers, faisaient foi de cette triste vérité. La cocarde blanche n'était portée par la troupe qu'à regret, le moins ostensiblement possible. A Rouen, le corps d'armée sous les ordres du maréchal Jourdan l'avait arborée avant les autres; c'était cependant un des cantonnements où elle était vue avec le plus de déplaisir, où les couleurs nationales étaient le plus regrettées. La garnison de Lille n'était pas mieux disposée; il avait fallu la fermeté du général

Maison pour empêcher une désertion presque générale des soldats. C'était toujours parmi eux que se rencontraient les plus vifs mécontentements. Ce qu'on en obtenait n'allait guère au delà de l'obéissance; la discipline entrait pour presque tout dans les marques extérieures de l'assentiment qu'on leur arrachait.

A mesure qu'augmentait le nombre des militaires entrés dans Paris, l'esprit du peuple devenait plus hostile contre les troupes étrangères, même contre leurs souverains. On leur prêtait mille projets odieux. Ces mauvaises dispositions étaient fort accrues par la connaissance qu'il fallut bien donner au public de la convention conclue le 23 entre les puissances alliées et Monsieur. Les conditions étaient bien dures. Il avait fallu consentir à évacuer dans des délais déterminés les places fortes occupées dans les provinces situées au delà des limites de la France, telles qu'elles existaient au 1er janvier 1792, et qui comprenaient toutes celles au delà et sur le Rhin, en Espagne, en Piémont, en Italie et enfin dans la Méditerranée, en tout cinquante-trois places, parmi lesquelles Mayence, Anvers, Mantoue, Alexandrie, toutes quatre de haute importance.

Il fallut remettre aux alliés les dépôts d'artillerie, les munitions, ce qui formait un matériel de guerre immense; douze mille bouches à feu, dont onze mille de bronze. Les troupes françaises ne pouvaient emmener avec elles que l'artillerie de campagne dans la proportion de trois pièces par chaque millier d'hommes. Les malades, les blessés, enfin les corps français qui faisaient partie de l'armée d'Italie devaient être rappelés sur-le-champ par le lieutenant général du royaume. Sous ces conditions, le blocus des places fortes en France serait immédiatement levé par les troupes alliées; il faut remarquer qu'elles n'en occupaient pas une seule. Toutes ces stipulations étaient applicables aux places maritimes. Les puissances contractantes se réservaient de régler, dans le traité de paix définitif, le sort des arsenaux, vaisseaux de guerre armés ou non armés qui s'y trouvaient renfermés. C'étaient encore trente et un vaisseaux de ligne et douze frégates dont on pouvait prévoir la perte, tout ce matériel étant dans le port d'Anvers et dans quelques autres qui allaient être évacués. De part et d'autre les prisonniers, les otages devaient être renvoyés dans leurs pays respectifs sans rançon. L'administration des départements ou villes occupées par les troupes cobelligérantes devait être remise immédiatement aux magistrats nommés par le gouvernement provisoire du Roi, qui s'engageait dès lors à pourvoir aux besoins et à la subsistance des troupes alliées jusqu'au moment où elles auraient évacué le territoire français. Toutes réquisitions militaires devaient en conséquence cesser à l'instant même.

Quant à l'évacuation du territoire, il était dit que les puissances alliées l'effectueraient à mesure que les places occupées hors des limites fixées seraient elles-mêmes évacuées par les troupes françaises. D'après ces stipulations, les conditions du traité de paix définitif n'étaient pas difficiles à prévoir. Il se trouvait en quelque sorte écrit à l'avance, puisque la cession des provinces qu'on était décidé à reprendre allait se trouver de fait opérée par l'abandon des places fortes qui en constituaient réellement la possession.

Il est facile de comprendre tout ce que la lecture d'une pareille convention dut susciter de mécontentement dans l'esprit de ceux qui n'étaient déjà que trop portés à en concevoir. Voilà donc, disaient-ils, ce qu'on a gagné à rappeler la maison de Bourbon ! Avec elle, les sacrifices que redoutait la France ont été décidés un peu plus vite. Ce sont toujours les propositions de Châtillon ; cependant l'empereur Alexandre avait dit qu'on pourrait s'attendre à de sensibles adoucissements, dont on aurait l'obligation au parti qu'on prenait en faveur de cette maison. N'était-il donc pas possible, n'aurait-il pas été juste de revenir aux propositions de Francfort, à celles qui avaient été faites lorsqu'on reconnaissait qu'il importait à l'Europe que la France restât forte et puissante? Tout ce grand semblant de générosité se réduisait donc à rien, et n'avait été mis en avant que pour faire tomber les armes des mains de nos soldats! Et pourquoi tant se presser? que gagnait-on par cette convention? La cessation des hostilités? Elles allaient cesser de fait partout dans l'intérêt des uns comme des autres. La fin des réquisitions militaires? Ne fallait-il pas, de toutes manières, nourrir les troupes étrangères? On s'était donc lié les mains à plaisir, on s'était ôté tout moyen d'obtenir un traité définitif raisonnable; il fallait qu'on eût quelques motifs secrets pour se tant hâter, puisqu'on n'avait pas même jugé à propos d'attendre l'arrivée du Roi qui ne pouvait être éloignée.

Ces reproches s'adressaient à la fois à Monsieur et à M. de Talleyrand, surtout à ce dernier; on jugeait que la responsabilité devait peser sur lui, qu'il était seul en position de conduire les négociations avec l'étranger. Il faut, pour être juste, reconnaître que sa situation était difficile, qu'elle devenait de jour en jour plus délicate. Il se trouvait seul pour repousser les prétentions des cabinets étrangers. Sur ce point, Monsieur ne lui donna aucun appui. Était-ce parce que la France restait ce qu'elle était en 1792, qu'il la retrouvait telle qu'il l'avait laissée? Cette disposition d'esprit était celle de beaucoup des confidents les plus intimes du prince. Elle ne put échapper aux étrangers; hors le Czar, que sa générosité naturelle portait à moins abuser de ses avantages, tous étaient bien résolus à en faire leur profit. M. de Talleyrand pouvait-il obtenir des conditions moins mauvaises, accablé qu'il était de soucis et d'affaires? Entrevoyant et ressentant déjà les embarras qui lui viendraient du parti royaliste, il était pressé d'en finir.

A mon sens, il s'est décidé trop tôt. Tant que Napoléon était à Fontainebleau, il pouvait faire craindre aux souverains étrangers que l'armée se rejetât dans ses bras. N'ayant plus ce moyen de défense, je crois qu'il eût dû, au moins dans son propre intérêt, se refuser à accepter des conditions si dures avant l'arrivée du Roi; sa responsabilité eût été moins engagée. Il est, au reste, difficile de juger, avec une complète équité, la conduite des hommes qui se trouvent aux prises avec de tels événements. M. de Talleyrand a probablement vu, dans la convention du 23, l'avantage de donner à la France la certitude que son territoire serait bientôt évacué; il savait à quel point l'étranger lui pesait, il avait hâte de lui procurer le soulagement auquel elle aspirait le plus.

CHAPITRE XIX

Entrée du duc de Berry à Paris: son heureux début à Rouen. — Ignorance dans laquelle sont les princes de la société qui les entoure; Mlle Montausier aux Tuileries. — M. Pasquier congédie l'agent Veyrat et menace de donner sa démission si cette mesure n'est pas maintenue. — Envoi dans les provinces des commissaires extraordinaires du Roi. — Carnot et Lecourbe sont réintégrés dans leurs grades. — Bienveillance de l'abbé de Montesquiou pour M. Pasquier. Celui-ci lui communique ses vues sur la réorganisation de la police. — Les anciens fonctionnaires de l'Empire viennent demander des conseils à M. Pasquier. — Démarches infructueuses du duc de Rovigo auprès de M. de Talleyrand. — Réception de Louis XVIII à Londres. — Départ de Napoléon pour l'île d'Elbe. — Le gouvernement provisoire est dans une profonde ignorance des idées et des dispositions du Roi; celles-ci sont manifestement différentes de celles de Monsieur. — Des détachements de troupes françaises sont réunis pour l'entrée du Roi à Paris; la population leur fait un accueil enthousiaste. — Licenciement de la gendarmerie d'élite. — Alexandre et M. de Talleyrand vont au-devant de Louis XVIII à Compiègne. — Le Czar trouve le Roi gagné à l'influence anglaise et se voit contraint de renoncer à son projet d'une union intime franco-russe. — M. de Talleyrand désespère de pouvoir jouer le rôle qu'il avait ambitionné.

Le duc de Berry fit son entrée le 21. Sa venue fut d'un effet d'autant meilleur, qu'il était jeune encore et qu'il passait pour avoir le goût, les habitudes militaires. Tous les officiers généraux se plurent à espérer que l'armée trouverait en lui son protecteur naturel. Il avait bien débuté et avait dû cet avantage aux bons conseils de M. de Girardin, préfet de Rouen. Débarqué en Normandie, c'était la première ville importante où il s'était montré; les troupes y étaient nombreuses, mal disposées, il lui était impossible de l'ignorer. Beaucoup de personnes auraient voulu qu'il passât sans les voir. Il était arrivé le soir, on lui conseillait de partir le lendemain de grand matin. Heureusement M. de Girardin, chez qui logeait le prince, lui persuada d'agir autrement. Les troupes furent rassemblées le lendemain de fort bonne heure sur le boulevard extérieur; le duc de Berry se présenta hardiment pour les passer en revue; son assurance, ses manières plurent aux soldats; il en fut accueilli beaucoup mieux qu'il ne s'y était attendu, et son départ fut salué par des acclamations presque unanimes.

Je fus un des premiers à voir M. le duc de Berry; j'en fus fort bien reçu; j'étais à ses côtés lorsqu'il donna sa première audience. Tous les généraux se trouvant à Paris ne manquèrent pas de s'y présenter, ils étaient fort nombreux. Il n'en connaissait aucun, tous étaient obligés de décliner leurs noms à un aide de camp placé auprès de lui. Je dus l'aider dans ces délicates fonctions. On trouvera ce détail tant soit peu puéril; il faut cependant reconnaître que pour des hommes accoutumés à jouer dans leur pays un rôle considérable, pour ces généraux qui auparavant n'entraient dans ce palais que salués par tout le monde, fixant surtout l'attention du Maître, il était pénible de se voir obligés de solliciter un regard de ceux qui allaient disposer de leur fortune. On aurait dû, dans ces premiers moments, mettre auprès de chacun des princes une ou deux personnes au courant des situations, prenant soin de leur apprendre les noms, de les avertir des égards qui étaient dus à chacun.

Cette ignorance de la société au milieu de laquelle devaient vivre les princes avait pour Monsieur plus d'inconvénients encore. Dans les premiers moments, il lui avait été à peu près impossible de ne pas recevoir tout le monde, son affabilité naturelle se prêtait fort bien à cette obligation; elle fut continuée au delà de la nécessité, et comme personne n'était chargé de veiller sur ceux qui s'introduisaient à ses audiences, comme il n'y avait pas de règle pour y être admis ou refusé, on finit par y voir des gens de très mauvaise compagnie, et des aventuriers. Je me souviens d'un jour entre autres où cette inconvenance fut portée au plus haut degré. Monsieur recevait les dames pour la première fois; la galerie de Diane était remplie d'un bout à l'autre, sur trois rangs de chaque côté. Or, le spectacle de cette foule était non seulement curieux, mais parfois plaisant, attendu l'incroyable mélange de tous les rangs, de tous les âges, de toutes les époques; à la bizarrerie de certaines toilettes se reconnaissaient des prétentions étrangement surannées; mais ce qui ne pouvait se tolérer, c'est que des femmes qui ne devaient être reçues en aucune maison digne de quelque respect aient eu l'art de s'y introduire. J'étais heureusement arrivé de bonne heure; j'allai chercher le duc de Maillé, premier gentilhomme de Monsieur, auquel j'en fis remarquer trois ou quatre, entre autres Mlle Montausier, si longtemps directrice de spectacle, et connue par mille aventures où l'obligeance de ses services pour l'ancienne cour avait éclaté. Il fit avertir les dames par des huissiers; on parvint à les éconduire sans trop de scandale. De semblables erreurs étaient sans doute difficiles à éviter dans les premiers moments; je ne les signale que parce qu'elles complètent la peinture de l'époque.

On se serait aisément épargné en 1814 la plus grave partie des inconvénients de toute nature dans lesquels on est tombé, si on avait voulu accorder confiance aux personnes qui seules avaient une réelle connaissance des hommes et des choses. Malheureusement, on était enclin à se méfier de tout ce qu'on trouvait établi. Dans le service que je dirigeais, les conséquences de cette manière d'agir pouvaient être très fâcheuses, parce qu'il n'y en avait pas où il fût plus aisé d'être trompé.

A peine établie dans le château des Tuileries, à la suite de Monsieur, la petite coterie dont j'ai déjà parlé et qui avait la prétention de tout diriger, avait organisé une police secrète. Elle n'avait pas manqué de gens venant lui offrir assistance et lumières; c'était le rebut de toutes les polices qui avaient existé depuis vingt-cinq ans; c'était tout ce qui en avait été chassé comme incapable ou indigne; espions, doubles espions de tous les partis, des étrangers comme des Français. Le plus important des agents employés par M. de Vitrolles et ses amis était Veyrat. Sachant très bien ce que je devais penser de lui, il n'avait pas hésité à venir chercher une protection qui pût le mettre à l'abri de ce qu'il appelait mon inimitié; il l'avait achetée par une foule de délations et de mensonges. Il comptait ainsi se créer, auprès de Monsieur, une position semblable à celle qu'il s'était faite auprès de l'Empereur par l'intermédiaire de son valet de chambre Constant.

Je comptais me défaire de lui, j'attendais le moment où cela pourrait s'effectuer sans inconvénient. Après le départ de Napoléon, je préparai aussitôt ce qui était nécessaire pour l'exécution de mon projet. Je m'étais, avant tout, fixé sur le choix de son successeur de manière à être assuré qu'il serait bien remplacé; puis je pris la précaution d'en parler dans un de mes bulletins à Monsieur. Comme ce renvoi dépendait uniquement de moi, j'avais ajouté que je comptais l'effectuer incessamment. Le 26 au matin, je fis appeler M. Veyrat et lui dis qu'il devait comprendre que le rôle qu'il avait joué depuis plusieurs années ne me permettait pas de le maintenir dans les fonctions qu'il exerçait; qu'il venait de perdre sa qualité de Français, la ville de Genève dont il était originaire se trouvant séparée de la France; il n'avait donc rien de mieux à faire que de retourner dans sa ville natale. Je lui donnai un passeport avec injonction d'être parti le lendemain avant neuf heures du matin. Il ne fit aucune objection, je n'en entendis plus parler pendant le reste du jour; il avait quitté la préfecture presque aussitôt après cette signification; on ne l'avait pas revu, je sus seulement qu'aucun préparatif de départ ne se faisait chez lui.

Le soir, à minuit, j'étais déjà couché, quand m'arriva une lettre de M. de Vitrolles ainsi conçue : « Monsieur le « baron, j'ai l'honneur de vous transmettre l'ordre de « Son Altesse Royale de cesser toutes poursuites contre « MM. Veyrat père et fils, inspecteurs de police. » Je répondis par la même ordonnance à M. de Vitrolles que j'avais reçu sa lettre et que le lendemain je porterais ma réponse à Monsieur. En effet, j'étais le lendemain avant sept heures au château. Je fis lever M. de Vitrolles et le chargeai d'annoncer à Monsieur que je demandais à lui parler aussitôt qu'il serait visible, ajoutant qu'il m'obligerait de le prévenir en même temps que je lui apportais ma démission.

M. de Vitrolles fut fort effaré, m'assura que j'avais tort de prendre la chose aussi vivement, qu'on n'avait pas cru que je misse à cette affaire autant d'importance, qu'on tenait beaucoup à mes services; il se faisait fort, si je voulais l'y autoriser, de tout arranger à ma plus grande satisfaction. Je tins ferme et insistai pour être introduit chez le prince. Je fus reçu au bout d'une demi-heure, avec un embarras très visible. Monsieur m'interrompit presque aussitôt quand je commençai à lui dire, avec beaucoup de sang-froid, ma résolution de quitter la préfecture de police. Il me renouvela l'assurance, déjà donnée par M. de Vitrolles, qu'il était à mille lieues de vouloir me causer le moindre déplaisir; il ajouta que du moment où je tenais autant à éloigner MM. Veyrat, il me laissait entièrement maître d'en agir à leur égard comme bon me semblerait; il eût été difficile de ne pas me contenter d'une telle satisfaction. Je saisis du moins cette occasion pour lui dire ce que je pensais du parti que des personnes honorées de sa confiance voulaient tirer des moyens de police dont elles n'avaient aucune expérience, dont l'usage mal dirigé ne pouvait les conduire qu'à de déplorables erreurs. Ce qui arrivait pour M. Veyrat le prouvait invinciblement. Il était clair qu'on l'avait employé secrètement; il n'y avait pas d'homme qui méritât moins de confiance et dont les services fussent plus compromettants. Si je jugeais par cet agent de ceux que je ne connaissais pas, on ne pouvait obtenir par eux que des renseignements sans valeur. Cela m'expliquait certaines notes qui m'étaient arrivées dans ces derniers jours, du cabinet de Monsieur. On appelait mon attention sur des faits très graves, lesquels, après vérification, étaient tous faux ou dénaturés. On avait effrayé Monsieur de certaines distributions d'argent qui se faisaient, disait-on, dans les faubourgs avec les plus mauvaises intentions. Ces distributions n'étaient autres que celles faites par les personnes les plus respectables, sous ma direction, par mès ordres; j'avais appliqué à cela une somme que me remettait chaque jour le fermier des jeux. Depuis trois semaines, on devait la tranquillité du faubourg à ce secours, réparti avec discernement et qui avait efficacement soutenu les familles pauvres et les plus chargées d'enfants.

En rentrant à la préfecture de police, je fis appeler de nouveau M. Veyrat, qui s'y était réinstallé avec de grands airs de triomphe; il eut cette fois ordre de partir avant six heures du soir, et l'ordre fut rigoureusement exécuté.

On aurait pu regarder le dénouement de cette affaire comme un succès pour moi; il m'en resta cependant une impression des plus fâcheuses. La pensée qu'on avait pu si légèrement se décider à me donner un aussi intolérable dégoût m'était très pénible; je n'avais donc aucune illusion à me faire, ma situation était ébranlée, la sincérité dont je faisais mon premier devoir la rendait chaque jour plus mauvaise. Toutes les fois que j'y ai songé depuis, je n'ai pu manquer de sourire de ma naïveté et de mon inexpérience.

D'accord avec M. de Talleyrand et l'abbé de Montesquiou, avec qui j'avais toujours soin de m'entendre pour les choses importantes, j'avais été des premiers à proposer l'envoi dans les départements d'un certain nombre de commissaires munis de pouvoirs authentiques, et devant stimuler le zèle des préfets et sous-préfets, des maires, et d'éclairer les esprits en faisant connaître les véritables intentions du gouvernement. J'avais espéré que ces commissaires, bien choisis, ayant de sages instructions, détruiraient le mauvais effet produit en plusieurs lieux par des individus qui avaient mal usé des pouvoirs que le prince leur avait confiés avant son entrée dans la capitale. Pourquoi aussi des généraux influents ne seraient-ils pas envoyés dès à présent pour passer en revue les différents corps et les tranquilliser? Mon vœu fut réalisé, et le 22, Monsieur décréta qu'il serait envoyé dans chaque division militaire un commissaire extraordinaire du Roi. L'objet de leur mission, l'étendue de leurs pouvoirs furent détaillés avec soin dans le décret; ces pouvoirs allaient loin, peut-être trop loin. Cela était bon à la condition qu'on choisirait des commissaires capables, prudents et irréprochables. Or, il n'en fut pas ainsi; parmi des noms connus et dignes de confiance, il s'en trouva de tout à fait déplacés et devant alarmer beaucoup d'esprits. Quand la liste parut, elle produisit mauvais effet, et donna lieu à des critiques fondées. Je le dis à Monsieur dans une note qu'à la vérité je mis à part de mon bulletin afin qu'elle fût plus confidentielle. Je m'admire encore d'avoir pu penser que des critiques portant sur des amis particuliers du prince pouvaient être bien reçues!

L'administration ne négligeait rien de ce qui paraissait commandé pour le rétablissement de l'ordre, l'exécution des lois et la rentrée des impôts. Pour toutes ces dispositions générales, le prince agissait d'après les directions qui lui étaient données par son Conseil d'État provisoire et par les commissaires chargés des différents ministères. Là venait expirer la puissance secrète des conseillers intimes dont il était entouré.

C'est ainsi qu'a commencé la double action dans le gouvernement ; les conséquences ont été très nuisibles et se sont fait sentir longtemps. Monsieur semblait dans ses actes publics vouloir confirmer le mouvement imprimé par le gouvernement provisoire, on doit même reconnaître qu'il se prêtait souvent de bonne grâce à des actes qui pouvaient lui être pénibles, mais jugés indispensables pour calmer des inquiétudes ou satisfaire les esprits les plus ombrageux. Ainsi il rendit à ses anciennes fonctions d'inspecteur général du génie, aussitôt qu'il eut envoyé son adhésion, le général Carnot, qui commandait Anvers. Ce général n'était autre que le régicide, membre du Comité de salut public. Cet acte de son autorité nouvelle dut beaucoup coûter au frère de Louis XVI.

On fit payer à toute l'armée un mois de solde ; on remit toutes les peines encourues pour faits de conscription, ce qui fit sortir des bagnes beaucoup de malheureux dont le sort inspirait la plus juste pitié. Monsieur accorda aussi quelques grâces bien placées ; il réintégra le général Lecourbe dans la haute situation militaire qui lui était due ; il n'avait cessé d'être employé qu'à cause de son inimitié bien connue contre Napoléon. Il donna le commandement d'une division militaire au général Souham, qui avait conduit à Versailles le corps d'armée du maréchal Marmont. Il fit acte de justice en remplaçant plusieurs préfets que l'excès de leur zèle avait rendus odieux à leurs administrés.

Mon frère, sous-préfet à la Flèche, fut nommé préfet au Mans, dans ce même département où étaient nos propriétés de famille ; rien ne pouvait lui être plus agréable. Je dus cette faveur à l'abbé de Montesquiou, qui me témoignait en toute occasion une bienveillance particulière. Il vint me voir un matin, à la préfecture de police. Après quelques mots sur les affaires courantes : « Maintenant, « me dit-il, parlons de vous; le Roi va arriver au premier « jour; je me ferai un devoir de lui dire tous les services « que vous avez rendus; il voudra les récompenser. Il est « nécessaire que je sache ce qui peut vous convenir, ce « que vous désirez, dites-le-moi sans détour. — Je ne « désire qu'une seule chose, lui répondis-je, c'est de m'en « aller d'ici, de quitter cette place dont je suis fatigué, « dont les devoirs sont toujours pénibles, quelquefois affli-« geants. — Eh bien, vous me demandez la seule chose « qu'il me soit impossible de faire pour vous. Je suis trop « bon serviteur du Roi pour ne pas lui dire au contraire à « quel point il est heureux pour lui de trouver à la tête « de la police, en rentrant dans ses États, un homme « sur lequel il peut compter absolument, qui connaît les « affaires présentes et passées, les hommes et leurs situa-« tions; qui par conséquent peut lui fournir des renseigne-« ments précieux qu'il n'obtiendrait d'aucun autre au même « degré. »

Il insista pour que je consentisse à rester chargé de la police une ou deux années, disant qu'on ferait pour m'y décider tous les arrangements que je pouvais désirer. J'étais loin de me rendre, et, sans parler plus longtemps de ce qui m'était personnel, nous raisonnâmes de la meilleure manière d'organiser l'administration de la police. Je conseillai de supprimer le ministère de la police qui m'était offert; qu'on pourrait le remplacer par une direction générale à laquelle se réuniraient les fonctions du préfet de police, qui aurait ainsi, avec plus de latitude au dehors, les attributions du lieutenant général de police avant la Révolution. Je donnai plusieurs motifs pour ce changement, qui aurait d'ailleurs l'avantage de renvoyer beaucoup d'affaires au département de l'intérieur, d'où elles n'auraient jamais dû sortir; de rendre ainsi plus d'indépendance et de considération à l'administration des préfets. L'abbé de Montesquiou goûta mes idées sur ce sujet; bientôt après, il les fit sans doute valoir avec succès, car elles ont été à peu près réalisées dans la première organisation que Louis XVIII donna à son gouvernement.

Cette conversation est curieuse quand on pense à ce qui m'arriva peu de temps après. Devais-je penser que je garderais encore quelque temps le poste où le sort m'avait conduit, que j'avais accepté avec si peu d'enthousiasme et qui m'avait permis de jouer un rôle important, bien différent de celui auquel je devais m'attendre? Ma position a été, en effet, bien étrange dans cette période de ma vie; sa plus grande bizarrerie a été de m'avoir fait aux derniers jours de sa durée rencontrer l'injustice et la malveillance dans une partie de ceux au service desquels je m'étais dévoué, et d'avoir au contraire recueilli l'estime et la confiance de presque tous ceux dont je m'étais séparé.

J'étais resté indépendant. Peu soucieux d'obtenir des faveurs personnelles, j'avais dit sans dissimulation, sans ambages, la ligne que je voulais suivre dans une situation où j'avais de grands devoirs à remplir envers mes concitoyens. Je ne m'étais décidé que par la seule pensée de servir ma ville et mon pays; j'avais toujours évité de prononcer une seule parole offensante pour celui dont j'avais cru devoir abandonner la cause; je pouvais être un intermédiaire entre le nouveau gouvernement et les hommes qui ne demandaient pas mieux que de s'engager avec lui, à condition qu'on daignerait avoir pour eux les égards auxquels ils avaient droit.

La chose était délicate, car une révolution, et ceci en était une, ne se passe pas sans qu'il y ait de nouveaux services à récompenser, de nouvelles prétentions à satisfaire; pour faire droit à celles-ci, il faut de toute nécessité sacrifier un peu les anciennes. Tout consiste dans la mesure à tenir, dans l'habileté à faire les parts de chacun. Je ne crois pas qu'il soit possible d'en plus manquer que ceux entre les mains desquels étaient alors les affaires. Dès les premiers jours, le conflit s'établit entre les intérêts opposés; parmi les plus empressés à se produire, il faut mettre les arrivants de Blois. Tous venaient me consulter pour avoir quelque bon avis sur les démarches qu'ils pouvaient hasarder. Je leur rendais tous les services en mon pouvoir et me gardais surtout de détruire leurs illusions; ils avaient généralement idée qu'on devait avoir grande joie à les voir arriver et qu'on s'empresserait de se les attacher. L'archichancelier fut peut-être celui qui se livra le moins à cette illusion; il ne voulait se mettre en campagne qu'autant que cela serait nécessaire à sa sécurité, à son bien-être, à la conservation de ses jouissances. Je fus heureux de reconnaître les bons offices que j'en avais reçus par ceux que je lui rendis auprès de l'abbé de Montesquiou, qui mieux que personne pouvait disposer l'esprit du Roi en sa faveur ou atténuer ses préventions. Personne n'avait plus de talents et de connaissances en administration que M. Regnaud, personne n'était plus disposé à les mettre à l'entière disposition du gouvernement royal, mais une circonstance fâcheuse était venue jeter sur lui une défaveur générale. Il commandait, le 30 mars, une légion de la garde nationale auprès de la barrière de Clichy, un des points les plus exposés; dans un moment où l'action semblait devoir s'engager, il avait disparu et était rentré chez lui au grand galop. Cet abandon de son poste fut très blâmé. Il n'avait cependant fait qu'obéir à l'ordre envoyé par le roi Joseph de quitter Paris et de partir pour Blois. Il est certain qu'il eût dû mettre moins d'empressement à exécuter cet ordre et eût pu choisir un moment plus opportun.

J'ai dit les dispositions du duc de Rovigo à son départ; elles expliquent son empressement pour se faire agréer. Il avait écrit de Blois à M. de Talleyrand, et réclamait ses bons offices. Sa lettre était apportée par un valet de chambre; elle resta sans réponse; M. de Talleyrand, qui avait plus d'une affaire dans la tête, trouva sans doute que le duc de Rovigo était trop pressé. Le valet de chambre m'était aussi adressé; en vain je rappelai à M. de Talleyrand, plusieurs fois, qu'un mot, même insignifiant, suffirait pour calmer une tête dont il devait savoir l'effervescence; il ne tint aucun compte de mon avertissement. Le duc de Rovigo se croyait en droit de compter sur lui et n'était pas d'humeur à souffrir l'oubli des titres qu'il se connaissait à sa gratitude; il en conçut donc le plus vif ressentiment. Tel a été le commencement d'une haine que M. de Talleyrand a dédaignée, que d'autres circonstances sont venues accroître, et qui n'a pas laissé que de lui porter des coups très sensibles; quant à moi, l'obligeance de quelques procédés me maintint avec lui dans d'assez bons rapports.

Parmi les revenants de la fin d'avril, je dois noter M. de Sémonville. Il parut au Sénat le 26; c'était bien tard pour un homme aussi soigneux de prévoir et d'étudier les grands événements politiques. Il n'arrivait pas de loin, sa mission de commissaire général ne l'ayant mené que jusqu'à Moulins; il avait su, dans cette mission même, se procurer des intelligences précieuses avec les agents les plus dévoués de la cause royale, avec M. de Rivière, et il comptait aussi sur l'appui de M. Ferrand, auquel un rôle important ne pouvait manquer d'échoir incessamment. Il avait donc préparé les choses; la position dans laquelle il s'est trouvé bientôt a fait voir qu'il n'avait pas perdu son temps, que ses pas avaient été bien calculés.

Nous approchions du moment qui devait rendre à la France, à la capitale, le chef de la maison de Bourbon, et avec lui tous les autres membres de sa famille. Louis XVIII avait enfin quitté Hartwell. En venant s'embarquer à Douvres, il avait traversé Londres, où le prince régent lui avait fait préparer une entrée solennelle. Il le reçut avec la plus grande pompe en qualité de roi de France. Cette cérémonie eut lieu le 20 avril; le même jour, Napoléon quittait Fontainebleau pour l'île d'Elbe, entouré d'une escorte étrangère et de commissaires anglais, russes, autrichiens et prussiens, qui le constituaient véritablement prisonnier.

Les hommages rendus au Roi de l'autre côté du détroit causèrent peu de joie en France; il ne fallait pas se dissimuler que l'intervention de l'Angleterre n'était pas heureuse, qu'elle avait quelque chose de blessant pour notre pays, qu'il aurait mieux valu que Louis XVIII prît pour point de départ une autre plage que la plage britannique. Il descendit à Calais, le 24. De qui était-il accompagné, quels seraient à l'avenir son entourage, ses intimités? Sur ce point si important, on allait avec anxiété au-devant des moindres renseignements.

Quelques personnes avaient déjà été lui porter leurs hommages à Hartwell; beaucoup s'étaient trouvées à Calais au moment de son débarquement. Ces empressés étaient surtout des hommes de l'ancienne cour, ayant occupé de grandes charges, spécialement attachés à son service lorsqu'il portait encore le titre de Monsieur. Il était donc difficile de tirer de ce fait quelque indication. C'était quelque chose d'étrange que l'ignorance où se trouvaient à cet égard des personnages qui auraient dû conserver le moyen d'être bien informés. J'en puis citer une singulière preuve. M. de Talleyrand, du 20 au 30 avril, me donna comme une découverte importante la certitude qu'il venait d'acquérir que l'homme dont le crédit sur l'esprit du Roi était le mieux établi, qu'il importait par conséquent de se concilier, était M. de Blacas, qui avait remplacé auprès de lui M. d'Avaray. Ce renseignement venait, à ce que je crois, de M. Charles de Noailles, depuis duc de Mouchy. Il était de ceux qui avaient été jusqu'à Hartwell, envoyé par M. de Talleyrand. De son côté, le Roi avait gardé de très nombreux correspondants; il avait sur bien des choses, sinon des partis pris, au moins des idées différentes de celles acceptées par Monsieur. Sa confiance avait toujours été autrement placée; les agents de l'un n'avaient presque jamais été ceux de l'autre. L'abbé de Montesquiou, le plus important de tous ceux qui, pendant de longues années, avaient été employés par le Roi, était lié à Paris avec deux personnes qui lui fournissaient les éléments de sa correspondance. MM. Royer-Collard et Becquey sont restés toujours ignorés de la police impériale et aussi de Monsieur et de tous ses agents. Ils avaient tenu à être parfaitement en dehors de ces derniers; c'était une condition de leurs services.

De quelque part qu'elles vinssent, les correspondances avec les deux princes étaient sans aucun doute rédigées par des hommes pleins de préventions; il s'en trouvait moins cependant dans celles adressées au Roi; les idées y étaient plus justes, les préjugés moins aveugles. Tout cela nous était inconnu et devait pourtant avoir une grande influence sur la direction des affaires. Sans la goutte qui a si mal à propos retenu le Roi en Angleterre, il serait probablement entré en France deux ou trois jours après son frère, aurait saisi les rênes du gouvernement; la première mainmise de Monsieur, dont les conséquences n'ont jamais été effacées, eût été évitée; et la situation de beaucoup de personnes qui méritaient d'être comptées eût été fort différente vis-à-vis de la maison de Bourbon.

La marche du roi de France fut assez lente; il n'arriva à Compiègne que le 29, à six heures du soir. Son passage par Boulogne, Abbeville et Amiens avait été signalé par les plus grands témoignages de joie; le bon goût, la mesure, l'à-propos, l'expression pleine de grâce de ses moindres paroles avaient eu grand succès. Il était accompagné de Madame la duchesse d'Angoulême, de M. le prince de Condé, et de M. le duc de Bourbon. Tous les soins avaient été pris non seulement pour donner à son entrée dans la capitale la pompe la plus éclatante, mais encore pour imprimer à cette journée un caractère vraiment national. Il était pour cela indispensable d'y faire figurer un nombre assez considérable de troupes françaises. L'entreprise n'était pas sans difficultés en présence des troupes étrangères. On s'y résolut cependant; un ordre du jour du ministre de la guerre annonça, le 30 avril, que par ordre de Monsieur, lieutenant général du royaume, des détachements de toutes armes, tirés des différents corps d'armée, étaient désignés pour faire partie du cortège du Roi. Ces détachements, qui devaient représenter l'armée tout entière, à la tête desquels se trouvèrent, avec des maréchaux de France, plusieurs officiers généraux, étaient mis sous le commandement supérieur de M. le duc de Berry.

Le lendemain, un second ordre du jour annonça que Monsieur venant de faire mettre de nouveaux fonds à sa disposition, un second mois de la solde arriérée allait être payé à l'armée. Il y avait grand mérite de la part du ministre des finances à trouver aussi vite les fonds suffisants pour faire face à cette dépense nécessaire.

Le 1er mai, on vit paraître les premiers détachements annoncés : ceux des chasseurs et des grenadiers de la garde. Ils furent reçus avec enthousiasme par le peuple, par les ouvriers, qui se portèrent en foule à leur rencontre sur le boulevard du Sud, heureux, disaient-ils, de revoir les *vieilles moustaches* qui feraient si aisément, si elles le voulaient, sauter les étrangers. Les soldats se montrèrent fort sensibles à cette réception ; il fallut une grande prudence pour empêcher des manifestations et des désordres; les conséquences eussent été fort graves.

Je fus obligé de signaler l'effet fâcheux d'une circonstance particulière. Le ministre de la guerre, sur des insinuations, s'était laissé aller à licencier la gendarmerie d'élite, considérée comme composée d'hommes spécialement dévoués à Napoléon. C'était une puérilité ; ce corps n'avait pas un plus mauvais esprit que les autres ; il était mieux composé, car c'était une faveur d'y être admis ; sa suppression fut regardée par les autres corps comme le prélude du traitement qui leur était réservé. On chercha à effacer cette impression en faisant dire que la famille royale avait voulu, au contraire, donner une marque de confiance à toute l'armée en renonçant au service organisé en méfiance d'elle et pour venir à l'appui d'une police inquisitoriale. Cette affaire fut l'occasion de la dernière conversation que j'ai eue avec Monsieur sur l'armée. Je lui répétai que je croyais nécessaire de la beaucoup ménager, qu'il fallait surtout s'appliquer à s'attacher la garde impériale, dont la fidélité répondrait de tout le reste. Monsieur m'écouta avec l'air sérieux, puis il lui échappa de me dire : « Mais il « serait cependant bien cher de garder un corps accoutumé « à tant d'avantages. » Au moment où cette raison d'économie m'était donnée, je ne pouvais douter qu'on n'insistât auprès de Monsieur pour le rétablissement des gardes du corps et de toute l'ancienne maison militaire du Roi. Cette idée ne fut que trop tôt réalisée.

Je n'entrerai pas dans le détail des différentes scènes qui eurent lieu à Compiègne, mais il y a deux circonstances, moins connues, que je ne dois pas passer sous silence. L'empereur Alexandre s'y était transporté avec un obligeant empressement ; M. de Talleyrand n'avait pas perdu de temps pour s'y présenter. Tous deux revinrent peu satisfaits.

Louis XVIII, malgré son esprit plus éclairé que celui de beaucoup de princes, tenait singulièrement aux règles de l'étiquette établies à la cour de France et qui, depuis Louis XIV surtout, semblaient avoir été inventées pour constater en toutes circonstances la prééminence de sa maison. Il ne les abandonna pas en cette occasion ; pour mieux dire, il les ressuscita. Je ne sais quelle disposition dans des sièges (1), quel rang en passant une porte, durent

(1) Au dîner, le Roi eut un fauteuil, on offrit une chaise à l'empereur Alexandre.

avertir le Czar que sa race était jeune entre celles des souverains, surtout à côté d'un Roi de la famille des Bourbons. Il avait compté sur un accueil plus amical, moins cérémonieux, et croyait que les grands services qu'il venait de rendre lui donnaient quelques droits à des égards devant lesquels tomberaient les barrières de l'étiquette. Le mécompte qu'il éprouva ne laissa pas que de lui être sensible; ce ne fut pas le plus sérieux. Jusqu'alors Alexandre avait marché à la tête de tous les membres de la coalition sous laquelle Napoléon avait succombé; non seulement son influence y avait été prépondérante, mais depuis six semaines rien ne s'y était fait que par sa volonté, il y avait décidé de tout. A Paris, où cette vérité était incontestablement reconnue, tous les regards se tournaient vers lui, toutes les demandes s'adressaient à lui, il était l'objet de toutes les espérances. A Compiègne, tout change brusquement.

Le Roi, avec tous les siens, arrivait d'Angleterre, où il avait trouvé un asile alors qu'il était chassé de toute l'Europe, même de la Russie; il venait d'y recevoir les hommages, rendus avec éclat, à la couronne placée sur sa tête; le prince régent, la nation tout entière, avaient salué sa restauration; dans leur orgueil ils avaient affecté de s'en réjouir comme de leur ouvrage, comme le résultat de leur lutte opiniâtre contre Napoléon.

« Seuls, avaient-ils dit à Louis XVIII, nous avons tou« jours été vos alliés; parmi les souverains du continent, « les uns ont été bassement soumis à l'usurpateur de votre « trône, les autres se sont unis avec lui de l'amitié la plus « étroite, ont brigué l'honneur que l'un d'eux a obtenu de « lui donner pour épouse une princesse de leur sang. S'ils « ont fini par s'unir à nous pour le détrôner, le délire de « son ambition les y ayant forcés, ils n'ont combattu que « pour sauver leur propre existence. » Ce langage très spécieux avait fait grande impression sur Louis XVIII.

Lorsque Alexandre parut à Compiègne, il lui fut impossible de ne pas s'apercevoir qu'il entrait dans une atmosphère très différente de celle dans laquelle il avait vécu. Il n'était plus l'homme indispensable, unique, sur qui tout roulait, de qui tout dépendait; une autre influence balançait la sienne, c'était précisément celle qui devait lui être désagréable par-dessus toutes, car elle venait du côté où déjà on pouvait entrevoir la seule rivalité qu'il eût désormais à craindre en Europe. Il était arrivé avec une idée qu'il caressait depuis quelque temps avec complaisance, celle d'une union intime de la Russie avec la France, union qui serait cimentée par le mariage du duc de Berry avec une de ses sœurs. A la réalisation de cette idée il n'avait jusqu'alors entrevu aucun obstacle; n'était-il pas à craindre que des intérêts rivaux, qu'une politique contraire à la sienne ne cherchassent à en empêcher le succès? Il ne rencontrait ni dans le Roi ni dans sa famille cet abandon, cette cordialité qui auraient rendu simples et faciles toutes les ouvertures. Il fit donc la route, en revenant de Compiègne à Paris, dans une disposition d'esprit fort différente de celle qu'il avait au départ.

Nous verrons les conséquences graves de ces mécomptes, alors que viendront à éclater les terribles événements qui ont encore une fois bouleversé l'Europe, qui ont coûté si cher à la France. Le conflit entre l'influence anglaise et l'influence russe a amené à l'intérieur une division analogue dans les partis politiques. Du côté de l'Angleterre est venue se ranger toute la Cour avec le parti des émigrés, du côté de la Russie se sont groupés les hommes qui avaient joué un rôle actif et important dans les derniers événements et tous ceux dont le patriotisme avait été, dans les guerres de l'Empire, exalté contre l'Angleterre. La haine profonde contre les Anglais était devenue un sentiment national, tous les militaires en étaient pénétrés, les habitants du littoral l'avaient sucé avec le lait, les malheurs de la guerre maritime n'avaient pu que l'accroître. Même après la paix, les marins prisonniers, à mesure qu'ils rentraient en France, lui fournissaient un nouvel aliment par le récit des indignes traitements qu'ils avaient subis sur les pontons anglais. Il y eut donc, dès le début, un désaccord marqué entre le gouvernement royal et la grande majorité des sujets. Ce désaccord s'est retrouvé au 20 mars comme tant d'autres, et explique la catastrophe.

M. de Talleyrand, en partant de Paris, avait aussi ses illusions ; il se préparait à une grande conversation avec le Roi, qui ne pouvait manquer d'être désireux d'apprendre une quantité de faits et de renseignements qu'il était seul en état de lui donner. Il se promettait de faire naître dans l'esprit du Roi quantité d'idées importantes dont le développement viendrait plus tard. Il comptait poser les premières bases du programme politique qui devait être suivi tant à l'intérieur qu'à l'extérieur. Je ne puis douter, par le peu qu'il m'a dit à ce sujet, que son plan ne fût très étendu ; il se croyait tellement sûr de l'influence qu'il allait exercer, qu'il avait questionné chacune des personnes de son intimité sur ce qu'elles désiraient faire arriver jusqu'au Roi.

On se demandera peut-être s'il ne faisait aucun retour sur lui-même, s'il croyait sérieusement que sa vie passée pût être oubliée en allant à Compiègne.

Je ne suis pas de ceux qui aient voulu atténuer les torts graves de la vie publique et privée de M. de Talleyrand. A aucune époque, le charme de son esprit ne m'a fait illusion sur les côtés faibles de son talent, ou les défauts de son caractère ; mais je dis sans hésiter que si jamais il a été permis à quelqu'un d'espérer que des services rendus pouvaient effacer les torts passés, personne plus que lui n'a eu droit à cette indulgence de la part des princes de la maison de Bourbon. Son étonnement fut donc infini et pénible lorsqu'à Compiègne il se vit relégué dans la foule des courtisans ; lorsqu'il lui fallut attendre deux ou trois heures avant d'être reçu chez le Roi, après avoir, pour faire cesser son attente, recouru à l'intermédiaire de M. de Blacas (1).

Une fois admis, le Roi lui fit un accueil plein de bon goût et d'obligeance, lui dit les phrases les plus gracieuses. J'en suis aussi sûr que si je les avais entendues (2). Mais la confiance sur laquelle il comptait ne se manifesta en aucune façon ; il fut, avec d'aimables formes, tenu à distance ; la conversation ne prit point le développement qu'il avait espéré.

Il parvint cependant à traiter quelques questions principales, celle de la nécessité d'un acte faisant connaître les intentions du Roi sur la Charte du Sénat. Là, comme auprès de Monsieur, il fit la faute d'en proposer l'acceptation pure et simple, au lieu de se borner à demander que les principes fondamentaux qui y étaient énoncés et qui constituaient l'alliance du pouvoir monarchique avec une

(1) M. de Talleyrand s'était obstiné, malgré plusieurs avertissements, à commettre une faute assez grave. Il avait envoyé au-devant du Roi le duc de Liancourt et l'avait fait porteur de paroles auxquelles il mettait du prix. En vain lui avait-on assuré que ce personnage, quel que fût son mérite, ne pouvait être agréable à Sa Majesté, qui n'avait sans doute pas oublié le tort d'avoir renvoyé le cordon bleu ni l'esprit dans lequel était écrite la relation de son voyage en Amérique. Il s'obstina et affecta de dire que M. de Liancourt, étant grand maître de la garde-robe, manquerait aux devoirs de sa charge et méconnaîtrait ses privilèges s'il négligeait de prendre place auprès du Roi. Or, la charge de grand maître de la garde-robe était celle qu'occupait M. de Blacas, c'est-à-dire l'homme que le Roi aimait le plus, et qu'il ne laisserait certainement pas déposséder.

(2) Parmi ces phrases, il en est une que voici, que M. de Talleyrand s'est plu à rapporter souvent comme étant la première que le Roi lui eût adressée; pour être exactement rendue par lui, on ne la jugera peut-être pas de même. « Eh bien, monsieur de Talleyrand, c'est donc « moi qui ai raison à la fin ? Si l'avantage vous fût demeuré, vous « m'auriez dit : Asseyons-nous et causons ; puisque c'est à moi à vous « faire le compliment, asseyez-vous et causons. » M. de Talleyrand paraissait flatté de tant de familiarité, de cette manière de traiter avec lui en quelque sorte de puissance à puissance. N'aurait-il pas dû s'apercevoir que l'ironie était cachée sous ce langage? N'aurait-il pas dû surtout en conclure que le passé n'était point oublié, qu'il devait avant tout se tenir pour battu?

liberté sage, réglée par les lois, fussent immédiatement promulgués. Il ne pouvait porter une plus rude atteinte à son crédit et gâter davantage sa position. Il paraît que sa conduite avait été, à cet égard, concertée avec l'empereur Alexandre, qui tint le même langage. Louis XVIII les écouta l'un et l'autre, répondit comme les rois savent le faire, en laissant tout espérer sans s'engager sur rien; son parti d'ailleurs était arrêté, il ne voulait certainement pas aller au delà des engagements pris par Monsieur dans sa réponse au Sénat. Ceux-là ne pouvaient être ni méconnus ni éludés. Qu'on ajoute à l'attention bienveillante avec laquelle il fut écouté des marques répétées de satisfaction pour les services rendus, quelques témoignages de confiance sur ceux qu'il rendrait encore, on aura le résumé exact de tout le fruit qu'il recueillit de cette entrevue sur laquelle il avait fondé de si grandes espérances. Ce que je puis certifier, c'est qu'à son retour nous l'interrogeâmes à l'envi les uns des autres; il ne fut pas difficile de pénétrer, à travers l'air satisfait qu'il affectait, au milieu des phrases habiles sur le touchant spectacle qu'il venait de voir, qu'il n'avait rien de positif ou d'important à communiquer à personne.

Fallait-il au fond s'en étonner beaucoup? Tout le monde à cette époque était atteint par le même aveuglement, qui ne permettait pas d'avoir une idée juste ni sur sa situation, ni sur celle des autres. Il y avait dans toutes les positions un côté inconnu, obscur, qui empêchait de juger sainement les choses. Ainsi, nous ne connaissions la maison de Bourbon et tous ceux qui revenaient à sa suite, ni plus ni mieux qu'elle et eux ne nous connaissaient; nous étions ignorés d'eux tout autant que nous les ignorions; ils ne savaient pas plus la France que nous ne savions Hartwell et Édimbourg.

La Restauration, d'ailleurs, était à leurs yeux l'œuvre de la nécessité bien plus que l'œuvre des hommes. Nous avions tous dit que le retour aux princes légitimes était la seule solution possible dans la crise où nous étions jetés. Or, cette vérité excellente à établir pour opérer la Restauration, ne valait plus rien quand il s'agissait de la rendre sage et reconnaissante. On ne pouvait, dans le palais du souverain, trouver qu'il y eût beaucoup de gré à nous savoir d'avoir embrassé le seul parti qui pût nous sauver.

Bien plus, quand M. de Talleyrand, un des principaux auteurs du changement politique en faveur des princes de la maison de Bourbon, se présentait devant eux, malgré les services rendus, il apportait avec lui des souvenirs qui leur causaient la plus pénible impression. L'un des plus ardents novateurs de l'Assemblée constituante, dès cette époque, l'un des premiers déserteurs de l'autel, le ministre du Directoire et de Napoléon, le confident ou l'artisan sous ces deux régimes de tous les actes hostiles aux droits de la maison de Bourbon, l'évêque marié enfin, venant à la rencontre de cette maison si religieusement pénétrée de ses droits, pouvait-il être l'objet des premières faveurs, devenir le conseiller nécessaire et comme le tuteur indispensable ? On doit regarder comme une des principales causes des difficultés et des malheurs de l'époque, que le rôle de M. de Talleyrand ne soit pas échu à un homme que ses antécédents auraient rendu moins désagréable, qui eût été le lien naturel entre les deux partis, qui après avoir puissamment concouru à la Restauration eût été le défenseur inébranlable des légitimes intérêts de la France nouvelle. Il était impossible que la confiance et l'autorité indispensables pour remplir ce rôle existassent entre la famille royale et M. de Talleyrand.

CHAPITRE XX

Louis XVIII à Saint-Ouen ; il y reçoit les grands corps de l'État ; discours de M. de Talleyrand. — Déclaration dite de Saint-Ouen. — Rentrée du Roi à Paris. — Enthousiasme de la population ; bonne tenue de la Garde. — Le lendemain les troupes alliées défilent à la parade devant le Roi. — Les Autrichiens mécontentent la population par leurs airs victorieux. — Première entrevue de M. Pasquier avec Louis XVIII ; celui-ci le met en rapport avec M. de Blacas. — Le Corps législatif est convoqué pour le 31 mai. — Réunion de la Commission de constitution. — Sentiments contre-révolutionnaires de M. Ferrand et de l'abbé de Montesquiou. — Singulier dédain du chancelier Dambray pour le Sénat et le Corps législatif. — Les intrigues s'agitent autour des portefeuilles. — Création d'un Conseil de guerre ; l'existence de celui-ci n'atténue en rien la responsabilité du général Dupont. — Ce dernier prête son concours à la reconstitution de la maison militaire du Roi. — M. Pasquier appelle son attention sur les dangers que présente une semblable mesure. — Réorganisation de l'armée ; les compagnies des gardes du corps. — Monsieur prend le titre de colonel général des gardes nationales. — Nomination des autres colonels généraux.

Le 1ᵉʳ mai, on annonça dans le *Moniteur* que le Roi arriverait le lendemain à Saint-Ouen, que le surlendemain il ferait son entrée dans la capitale.

Déjà, depuis plusieurs jours, on avait calculé que pour que l'entrée se fît avec plus de commodité pour Sa Majesté et pour le cortège, il était nécessaire qu'elle couchât la veille à une petite distance de la ville. J'avais été chargé par M. de Talleyrand de chercher un emplacement convenable dans les environs de Saint-Denis, puisqu'on voulait faire traverser au Roi, comme à Monsieur, les quartiers les plus populeux et suivre la même route que celle qu'on avait suivie le 12 avril.

Je parcourus à cheval tous les villages qui bordent la

Seine de ce côté, je trouvai à Saint-Ouen l'ancien château qui avait appartenu avant la Révolution au duc de Nivernais, qui depuis était la propriété d'une dame polonaise, puis une maison appartenant à M. Terneaux, qui avait été celle de M. Necker. Le château fut très gracieusement mis à la disposition du Roi et de Madame la duchesse d'Angoulême, la maison de M. Terneaux fut réservée pour le prince de Condé et le duc de Bourbon.

Le Roi arriva à Saint-Ouen pour dîner, le lundi 2 mai. Il reçut à sept heures du soir les membres du Conseil d'État provisoire, les commissaires aux départements ministériels, les maréchaux de France et les députations des différents corps de l'État, du Sénat, du Corps législatif, de la Cour de cassation, de la Cour royale, de la Cour des comptes et de l'Université.

Le Sénat fut présenté par M. de Talleyrand, qui prononça un discours dans lequel il prit acte de la résolution où était Sa Majesté « de réunir par une charte constitu- « tionnelle tous les intérêts à ceux du trône et de fortifier « ainsi la volonté première du concours de toutes les « volontés... » — « Vous savez mieux que nous, Sire, « ajouta-t-il, que de telles institutions, si bien éprouvées « chez un peuple voisin, donnent des appuis et non des « barrières aux monarques amis des lois et pères des « peuples. » Il n'y avait plus, en effet, à reculer, le moment était venu pour le Roi de s'exprimer solennellement et de prendre un engagement qui pût, en satisfaisant au vœu général, calmer toutes les inquiétudes.

Louis XVIII franchit ce pas avec beaucoup de hardiesse et de bonheur. Craignant d'avoir la main forcée par l'empereur Alexandre (1), il comprit qu'il fallait se hâter. Le

---

(1) L'empereur Alexandre tenait à la Charte du Sénat comme ayant été conçue sous ses auspices, comme étant une condition dont il avait garanti l'exécution, et qui avait payé le secours que ce corps lui donnait alors pour l'accomplissement de ses vœux les plus chers pour

Moniteur du 3, qui parut dès le matin, donna au public une déclaration qu'il avait signée la veille au soir. Elle est connue sous le titre de Déclaration de Saint-Ouen.

Abordant sans détour la question de la Charte sénatoriale, le Roi disait qu'après avoir lu attentivement le plan de constitution proposé par le Sénat, il avait reconnu que les bases en étaient bonnes, mais qu'un grand nombre d'articles portaient l'empreinte de la précipitation avec laquelle ils avaient été rédigés et ne pouvaient, dans leur forme actuelle, devenir loi fondamentale de l'État. Il était résolu à adopter une constitution libérale, mais il voulait qu'elle fût sagement combinée, et ne pouvait accepter une rédaction qu'il était indispensable de rectifier. Il convoquait donc, le 10 du mois de juin, le Sénat et le Corps législatif, s'engageant à mettre alors sous leurs yeux le travail qu'il aurait fait avec une commission choisie dans le sein de ces deux corps. Il s'engageait à donner pour base à la Constitution future les garanties exprimées dans les onze articles faisant partie de la déclaration. On ne pouvait se mettre sur un meilleur terrain. Les articles contenaient tout ce que Monsieur avait promis le 14 avril. On ne pouvait nier que les conditions fondamentales d'un gouvernement libre n'y fussent très clairement exprimées. Il y avait de plus, pour les intérêts nés de la Révolution, toutes les garanties auxquelles il leur était possible de prétendre. La vente des biens nationaux restait irrévocable, les pensions, grades et honneurs militaires étaient conservés, ainsi que l'ancienne et nouvelle noblesse, la Légion d'honneur maintenue, sauf les changements qui seraient déterminés dans la décoration; tout Français était

---

l'anéantissement de Napoléon et le rétablissement de la maison de Bourbon. J'incline à croire aussi qu'il entrait beaucoup de condescendance pour l'empereur Alexandre dans la persévérance que M. de Talleyrand mit à demander au Roi l'acceptation pure et simple de cette Charte.

admissible aux emplois civils et militaires, enfin nul individu ne pouvait être inquiété pour ses opinions et ses votes. L'emploi du mot *vote* mettait même les régicides à couvert.

L'effet fut aussi satisfaisant qu'on pouvait le désirer; je ne puis douter que la rédaction de cette pièce importante n'ait été l'œuvre de M. de Vitrolles; c'est avec raison qu'il en a toujours réclamé l'honneur. L'abbé de Montesquiou l'a peut-être revue.

Heureusement préparée, l'entrée du Roi fut admirable; on voit tous les jours déployer plus de magnificence, mais ce mouvement spontané, cet enthousiasme dans une immense population, voilà ce qui ne s'était peut-être rencontré nulle part au même degré. Comme au 12 avril, le temps était superbe; même itinéraire, même cérémonie à Notre-Dame, même parure des maisons, des fenêtres, mêmes transports de joie, surtout de la part de la bourgeoisie. La statue de Henri IV avait été relevée comme par enchantement sur le terre-plein du Pont-Neuf; la voiture du Roi s'arrêta pour qu'il pût lire sur le piédestal cette simple et belle inscription :

Ludovico reduce Henricus redivivus.

La foule en cet endroit était si grande qu'on ne s'explique pas comment il fut possible de maintenir le passage libre. Dans toute l'étendue du trajet on avait profité du moindre espace pour élever des échafaudages couverts de spectateurs. Dans la première voiture découverte, le vieux Roi auquel ni le malheur ni les infirmités n'avaient ôté la belle expression de ce visage rappelant le type si connu de son antique race; à ses côtés la duchesse d'Angoulême, la fille de Louis XVI et de Marie-Antoinette, la prisonnière du Temple, dont la physionomie mélancolique rappelait tant de douloureux souvenirs. Sur le devant, le prince de

Condé, le père du duc d'Enghien, dernier rejeton d'une race désormais éteinte; à cheval aux deux côtés de la voiture, Monsieur et M. le duc de Berry.

Aujourd'hui encore, le souvenir de cette journée me remue profondément. Je revoyais les jours si tristes où je regardais les hautes murailles du Temple le cœur serré; je revoyais la place de la Révolution, la mort du Roi, la mort de mon père, tant d'heures où le désespoir s'emparait des cœurs les plus fermes! Qui donc alors eût pu croire que cette famille dispersée par l'orage reviendrait triomphante, acclamée par la population de Paris?

Toutes les troupes étrangères avaient été soigneusement consignées. Les troupes françaises eurent une tenue parfaite, elles voyaient autour du Roi et des princes leurs chefs les plus distingués, ceux qu'elles étaient accoutumées à respecter par-dessus les autres. Le maréchal Berthier marchait en avant de la voiture du Roi, avec une partie des officiers généraux. Les autres maréchaux entouraient Monsieur et le duc de Berry. Il eût été fort difficile que l'enthousiasme dont les troupes étaient témoin ne les gagnât pas.

La garde impériale, qui tenait le premier rang dans l'escorte, parut très sensible à cet honneur. On avait en beaucoup d'endroits, en la voyant passer, crié : *Vive la garde!* Ce cri mêlé à celui de *Vive le Roi! Vive la maison de Bourbon!* avait produit le meilleur effet. Si dès le lendemain un prince fût venu au nom du Roi leur dire : « Camarades, « vous êtes aujourd'hui la garde royale, le Roi et sa famille « se remettent à vous, ne veulent pas avoir d'autre garant « de leur sûreté que votre courage et votre fidélité », tous ces vieux braves auraient été irrévocablement acquis.

Parti de Saint-Ouen à dix heures du matin, le Roi n'arriva au château des Tuileries qu'à six heures du soir; une foule immense remplissait le Carrousel, les cours et les jardins. Plusieurs fois, dans la soirée, Sa Majesté fut obligée de se montrer au balcon, ayant Madame la duchesse d'Angoulême près d'elle. La journée se termina par un feu d'artifice et une illumination générale.

Je fus assez heureux pour n'avoir à consigner dans mon bulletin du soir aucun accident, chose rare en un pareil jour. Malheureusement la journée du lendemain fut moins heureuse. Les troupes russes, autrichiennes et prussiennes furent dès le matin rangées en colonnes sur la rive droite de la Seine, depuis l'Arsenal jusqu'au Louvre. A trois heures, le Roi vint se placer à une fenêtre du pavillon de Flore. Il avait à ses côtés l'empereur de Russie, l'empereur d'Autriche, le roi de Prusse, la duchesse d'Angoulême, Monsieur et le duc de Berry. Le défilé commença aussitôt et finit à six heures. Il était commandé par le grand-duc Constantin. Cette pompe militaire fut très belle sans doute, mais elle avait été sur toute la ligne l'occasion d'une bien vive agitation, causée surtout par un usage dont j'ai déjà parlé. Les Autrichiens, toutes les fois qu'ils sont en campagne, portent une branche verte à leur coiffure; les Russes et les Prussiens avaient adopté cet usage, et l'opinion générale était qu'ils affectaient cette sorte de parure comme un emblème de leur victoire; les murmures devinrent universels dans la garde nationale comme dans le peuple. Je n'ai pas besoin de dire que l'irritation fut plus violente encore dans l'armée. Je me décidai, vers midi, à écrire à M. de Nesselrode, en le priant de mettre ma lettre sous les yeux de l'empereur Alexandre. Trois quarts d'heure après, un ordre était arrivé sur toute l'étendue de la ligne russe; la terre était jonchée de branches vertes arrachées des shakos et des casques. Les Prussiens suivirent cet exemple; il ne resta que les Autrichiens qui s'obstinèrent à conserver cette parure, aussi furent-ils l'objet d'une animadversion particulière qui alla toujours croissant jusqu'au moment de leur départ.

J'étais sorti à la fin de la matinée pour juger par moi-même la manière dont les choses se passaient aux environs des Tuileries. En rentrant chez moi, je trouvai sur mon bureau une fort petite lettre dont l'écriture m'était alors inconnue, c'était celle du Roi. En envoyant le bulletin de la veille, j'avais pris la liberté d'écrire à Sa Majesté, de lui demander ses ordres sur la nature et l'étendue des relations qu'elle m'autorisait à conserver avec elle. Le Roi trouverait-il bon que je me présentasse quelquefois, comme je l'avais fait chez Monsieur, pour lui rendre des comptes particuliers ?

La réponse était fort obligeante ; j'étais autorisé à continuer les habitudes prises jusque-là ; je pouvais me présenter tous les jours, à huit heures du matin. J'usai dès le lendemain de la permission, je fus reçu avec une bonté extrême. Le Roi me dit que j'étais en correspondance avec lui depuis plus longtemps que je ne le croyais ; il m'apprit que depuis sa rentrée en France, mes bulletins lui avaient été exactement envoyés. Il ajouta qu'il les avait lus avec intérêt, me recommanda de le tenir toujours avec autant d'exactitude et de franchise au courant de toutes choses. Il me répéta plusieurs fois de ne pas craindre d'abuser de sa permission, que dans ces premiers temps surtout, il serait bien aise de me voir presque tous les jours.

En sortant de son cabinet, je trouvai à la porte un homme qui attendait avec l'air impatient et sur la physionomie duquel je pus lire un peu d'étonnement de ce que je l'avais précédé. Il entra aussitôt, c'était M. de Blacas ; le lendemain, ayant renouvelé ma visite, le Roi me dit, au moment où elle se terminait, de monter chez M. de Blacas ; qu'il désirait que je le misse, autant que cela se pourrait, au courant de la véritable situation des choses ; il ajouta que dorénavant je ferais bien de le voir soit avant d'entrer dans son cabinet, soit en en sortant. Je n'eus pas de peine à deviner que ceci était la conséquence de l'humeur que M. de Blacas avait témoignée la veille en me rencontrant ;

je compris qu'il désirait que les visites que je ferais chez lui précédassent mon admission auprès de Sa Majesté.

Au fond, j'avais tout à gagner, dans l'intérêt du service, à ménager celui qui possédait à un si haut degré la confiance du Roi. Je montai donc chez M. de Blacas. Il demeurait alors dans un petit entresol au-dessus de l'appartement du Roi et n'avait pour secrétaire qu'un abbé de chétive apparence dont j'ai oublié le nom; sa vue me surprit un peu, nous avions perdu l'habitude de voir les ecclésiastiques employés autrement que pour le saint ministère. M. de Blacas, ayant lu mes bulletins depuis dix ou douze jours, était fort au courant des questions que nous avions à traiter. Le blâme qui ressortait de mes observations, portant sur les personnes qui avaient eu la confiance particulière de Monsieur et sur les directions qu'elles avaient données, ne pouvait lui être désagréable, car il était dans d'assez mauvais termes avec ce prince et avec sa cour. La bonne intelligence entre les deux frères n'avait pas toujours été complète ; plus d'une fois, il avait été auprès de Monsieur et des siens l'interprète un peu sec des volontés du Roi. Me voici donc, grâce à des circonstances qui m'étaient fort peu connues, dans une situation meilleure en apparence que celle d'où je sortais; en effet, tant qu'ont duré les rapports directs avec le Roi et M. de Blacas, je n'ai pas éprouvé le moindre dégoût; jusqu'au dernier moment j'ai été fondé à croire que mes services étaient appréciés.

Du moment où le Roi prenait les rênes du gouvernement, il devenait nécessaire d'imprimer à l'administration un mouvement qu'elle n'avait pu avoir sous le lieutenant général. Il y avait de nombreuses décisions à prendre sur des questions ajournées jusqu'à ce moment. Le Roi commença à réunir des conseils où furent appelés d'abord Monsieur et le duc de Berry, puis les membres du Conseil d'État provisoire, tel que Monsieur l'avait organisé, enfin les commissaires chargés des différents ministères.

Parmi les points fort graves dont le public attendait la solution avec une vive impatience, il y en avait quatre qui l'intéressaient plus particulièrement. Comment le Roi allait-il composer son ministère? On sentait qu'il fallait réorganiser l'armée : quel esprit présiderait à cette opération? Quel serait le traité de paix définitif? Enfin, quand paraîtrait la Charte? Sa rédaction répondrait-elle aux promesses de la déclaration?

Sur l'article de la Charte, une grande preuve d'empressement et de loyauté fut donnée, car on vit paraître, dès le 6, une ordonnance qui convoquait, pour le 31 mai, le Corps législatif, dont la réunion n'avait été annoncée dans la déclaration que pour le 10 juin. Cette mesure fut principalement due, mais le public l'ignora, à l'insistance de l'empereur Alexandre. Il sentait le besoin de quitter bientôt la France et ne voulait pas sortir de la capitale avant d'être assuré que les engagements pris seraient tenus, que la nation jouirait d'une constitution libre dans laquelle tous les intérêts seraient protégés et défendus. Il ne faut jamais perdre de vue, quand on étudie les événements de cette époque, que la conviction la plus intime régnait alors dans l'esprit de tous les souverains, que la France ne pouvait rester tranquille qu'à cette condition. On avait assez de confiance dans les lumières du Roi, mais on se méfiait du parti royaliste, dont les tendances avaient paru différentes pendant la lieutenance générale de Monsieur. L'empereur Alexandre surtout redoutait ce parti; les démarches qu'il avait hasardées auprès de lui à plusieurs reprises le lui faisaient considérer comme capable de toutes les imprudences. Voilà pourquoi il tenait tant à ne pas s'éloigner avant que tout fût réglé par l'acte le plus solennel.

On avait fait depuis quelque temps tant de constitutions que l'entreprise d'en rédiger une en trois semaines ne paraissait extraordinaire à personne. La commission qui devait s'occuper de ce travail fut organisée immédiatement ; elle était composée de sénateurs, de députés et de quelques hommes en qui le Roi mettait une confiance particulière. Chose assez singulière, aucun arrêté ni ordonnance ne furent insérés au *Moniteur* ni au *Bulletin des lois*. On craignit apparemment de créer une espèce de pouvoir constituant ; on voulait des conseils, point de délibérations qui pussent s'imposer. MM. de Pastoret, Barthélemy, Boissy d'Anglas, Barbé-Marbois, Sérurier, Garnier, de Fontanes et de Sémonville *comme sénateurs*, MM. Lainé, Maine de Biran, Blanquart de Bailleul, Chabaud-Latour, Faget de Baure, Félix Faulcon, Clausel de Coussergues, Duchesne, Duhamel comme députés, firent partie de cette commission, avec le chancelier, l'abbé de Montesquiou, M. Ferrand et M. Beugnot, ceux-ci en qualité de commissaires du Roi.

Les membres de la commission qui influèrent le plus dans la discussion et la rédaction furent l'abbé de Montesquiou, M. Lainé, M. Garnier, M. Faget de Baure, M. Ferrand et M. Beugnot, ce dernier surtout ; ce fut lui qui tint presque toujours la plume, qui rédigea les procès-verbaux. Je sais qu'il les a conservés ; ils doivent contenir des documents curieux, car entre toutes les personnes qui figuraient dans cette délibération, il y en avait bien peu qui marchassent du même pied, qui sussent où elles allaient et voulussent arriver au même but. Si jamais ces pièces sont données au public, on sera sans doute étonné que des dispositions qu'on a cru être le résultat des débats les plus profonds, ont passé en quelque sorte inaperçues. Les articles sur la liberté des cultes, sur la liberté de la presse, sur le droit électoral ont été à peine discutés. Que de fois cependant on a dit depuis : « L'intention du législateur « est évidente ; sa profonde sagesse a certainement voulu « que... ! »

Parmi les rédacteurs que je viens de citer, il en est deux qui ne croyaient en aucune façon à la durée de l'œuvre qu'ils allaient mettre au jour, qui ne la regardaient que comme une concession à l'esprit du moment, comme une transition pour revenir à un système monarchique beaucoup plus simple, le seul, croyaient-ils, praticable en France. Entre ces deux hommes il y avait de grandes différences. M. Ferrand était un vrai contre-révolutionnaire qui, si on l'eût laissé faire, aurait tout brisé, les hommes et les choses; l'abbé de Montesquiou, au contraire, voulait beaucoup de ménagements pour les personnes, tout en pensant qu'il fallait se préparer avec soin les moyens de devenir de jour en jour plus monarchique, mais ne croyait pas qu'on pût rétrograder jusqu'à l'ancien régime.

Quant à M. Dambray, que sa qualité de chancelier avait mis à la tête de cette commission, chez qui elle tint toutes ses séances, on constata vite à quel point les facultés d'un homme de grand mérite, de grand talent, peuvent être amoindries par une oisiveté de vingt-cinq années. Dès l'ouverture des conférences, il avait affecté de ne traiter les sénateurs et les membres du Corps législatif que comme des *notables* dont le Roi avait jugé à propos d'agrandir son conseil, mettant ainsi de côté cette qualité de sénateur et de membre du Corps législatif que le Roi avait si hautement reconnue à Saint-Ouen. La formation du ministère qui semblait devoir précéder tout le reste se fit cependant attendre. Beaucoup d'intrigues s'agitèrent; Monsieur aurait voulu obtenir pour les siens une part dans la distribution des portefeuilles et des plus importantes places que le Roi pouvait difficilement accorder. De là des négociations qui durèrent dix grands jours. Cette longue incertitude n'était pas d'un bon effet, je dus en avertir; elle étonnait d'autant plus que certains choix étaient considérés comme faits à l'avance. Il était impossible que M. de Talleyrand ne conservât pas les affaires étrangères et M. Louis les finances. Les sceaux et le ministère de la justice étaient évidemment dévolus à M. Dambray, déjà nommé chancelier. L'honorable réputation de M. Malouet, son dévouement à la famille royale, dont il avait donné tant de preuves, son émigration, sa disgrâce sous le régime impérial, ne permettaient pas de lui ôter la marine. Il eût été difficile de ne pas laisser à la guerre le général Dupont, qui s'était chargé de ce département dans un moment si critique. Restaient donc le ministère de l'intérieur et celui de la police; là devaient se heurter les prétentions rivales.

Mais il y avait des affaires qui ne pouvaient sans danger attendre que ce débat fût terminé, aucune solution n'était plus urgente que celle qui concernait l'armée. On avait donc pris le parti de s'en occuper immédiatement. Le général Dupont, rassuré sur sa position, avait reçu les ordres du Roi les plus positifs, et avait pris la sage précaution de faire nommer, dès le 6 mai, par Sa Majesté, un conseil de guerre, sur lequel il comptait s'appuyer, et dont l'autorité pouvait être grande. Les maréchaux Ney, Augereau et Macdonald en faisaient partie, avec dix autres officiers généraux de mérite et choisis dans les différentes armes. Tous les plans furent soumis à ce conseil. Ce serait pour le général Dupont un puissant moyen de justification si on ignorait la grande prépondérance du ministre qui a préparé un travail, et combien il a de moyens de le faire prévaloir dans l'esprit de collègues qui n'en portent pas la responsabilité. Le général Dupont doit donc, dans le fait, répondre seul de ses œuvres. Quelles que soient les apparentes garanties dont il a essayé de se couvrir, je n'hésite pas à dire qu'elles lui appartiennent tout entières; il est seul coupable, l'expression n'est pas trop forte, car il a, par ses fausses combinaisons et ses complaisances, contribué plus que personne à la catastrophe du 20 mars. Préoccupé, avant tout, de se rendre agréable à la cour et de consolider son existence ministérielle, indifférent d'ailleurs sur le sort d'une armée dont il était séparé depuis longtemps, il obéit à ceux qui avaient intérêt à détruire beaucoup d'existences faites, pour avoir des places à distribuer. Il n'a pas dit la vérité au Roi, il a présenté comme facile ce qui était impolitique et dangereux.

L'idée dominante autour de Monsieur était la résurrection de tous les corps de l'ancienne maison militaire du Roi, telle qu'elle avait existé depuis Louis XIV jusqu'aux réformes opérées sous Louis XVI par M. de Saint-Germain. On se persuadait que cette opération était sans inconvénients ; qu'il suffirait d'admettre parmi les nouveaux chefs de corps quelques illustrations de l'armée nationale et d'accorder un certain nombre de grades à quelques officiers de cette armée, qu'on voyait d'un meilleur œil que les autres. A l'aide de cette précaution on ne voyait point de difficulté à rétablir les anciennes dénominations, à donner un uniforme à tous ceux qui depuis vingt-cinq ans n'avaient pas tenu une épée ou manié un mousquet. Dans ces corps privilégiés, chaque grade conférait un rang supérieur au grade correspondant dans l'armée régulière. Ainsi un grand nombre de lieutenants, de capitaines, de colonels qui n'avaient jamais vu le feu, viendraient montrer leurs épaulettes à côté de celles gagnées sur le champ de bataille, récompense de la bravoure la plus éprouvée et des talents les plus incontestables et les plus incontestés !

Pour mener à bien une pareille entreprise, il aurait fallu être en état de licencier non seulement la garde impériale, mais l'armée tout entière. Deux ou trois fois, Napoléon le victorieux, entraîné par le désir de ressusciter à son profit la pompe monarchique de Louis XIV, avait eu la pensée de se donner des gardes du corps ; toujours il avait reculé devant les dangers de l'entreprise ! Elle n'épouvanta ni les conseillers les plus intimes des princes, ni le général Dupont ; tout fut concerté entre eux et lui pour arriver à ce résultat.

Il était impossible qu'un tel projet ne transpirât pas et surtout qu'il n'en vînt pas quelque chose à mes oreilles. Je résolus d'en parler au général Dupont; j'étais d'autant plus en mesure de m'expliquer franchement avec lui que, depuis plus d'un mois, nos rapports avaient été fréquents, que je lui avais donné d'utiles renseignements sur la nécessité de faire sortir de la ville les troupes qui y étaient venues figurer pour l'entrée du Roi et qui commençaient à s'agiter beaucoup; elles avaient des querelles avec les soldats étrangers. Nous avions concerté ensemble leur retour dans leurs cantonnements. Je lui demandai où il en était de son travail d'organisation. « Fort avancé, me répondit-il, et il en paraîtra une partie avant deux ou trois jours. » Cette conversation avait lieu dans un des salons des Tuileries, le 8 ou le 9. « Mais est-il vrai que vous pen-
« siez à rétablir l'ancienne maison militaire du Roi? —
« Comment faire autrement? Les princes le désirent, et
« pour une chose où leur sûreté peut être intéressée, il n'y
« a pas moyen de les contrarier. Il faut convenir d'ailleurs
« que ce sera pour le trône une décoration fort convenable.
« Bonaparte lui-même y a pensé plusieurs fois, et on a
« tant dit que la Révolution n'aurait pas eu lieu si cette
« maison avait subsisté! Or, il ne faut pas qu'elle recom-
« mence. — Quant à la sûreté des princes, répliquai-je, je
« crois fermement qu'elle sera compromise au lieu d'être
« défendue par cette création. Pour un ami qu'elle satisfera
« elle fera mille ennemis à la maison de Bourbon, aliénera
« toute l'armée, et cela sera regardé comme une preuve de
« méfiance qui appelle le danger. Ce pas rétrograde vers
« un passé déjà loin fera supposer qu'on en médite beau-
« coup d'autres. Je crois cette idée funeste; souffrez donc
« que je vous exhorte, si le parti du Roi et le vôtre ne sont
« pas irrévocablement pris, à faire encore des réflexions et
« à les soumettre à Sa Majesté avec courage et franchise.
« — Oh! la chose est absolument décidée. — Alors puis-je

« vous demander ce que vous comptez faire de la garde
« impériale, de la vieille garde? — Soyez tranquille à son
« sujet, elle sera contente. Nous lui conservons tous ses
« avantages de grade et de traitement; nous en faisons le
« corps des grenadiers royaux de France. Vous savez, ce
« corps qui était si beau avant la Révolution. — Quoi! lui
« dis-je avec une extrême vivacité, c'est là ce que vous lui
« réservez! De bonne foi, pouvez-vous supposer qu'un corps
« qui a une réputation acquise, si bien justifiée, puisse se
« soucier de changer le nom sous lequel il est connu de
« toute l'Europe contre un nom dont l'avantage est d'avoir
« existé avant la Révolution? Il n'y a pas un des grenadiers
« de la garde qui ait jamais entendu parler des grenadiers
« royaux, et cela est heureux, car ils sauraient que ces
« beaux grenadiers étaient des miliciens : trouvez-vous que
« ce soit un agréable rapprochement à offrir aux vétérans
« qui ont survécu à vingt-cinq ans de batailles? Mais où
« prétendez-vous les placer? — Oh! dans les meilleures
« garnisons de France, à Metz, à Nancy. — Ainsi vous les
« bannissez de Paris, où ils ont leurs habitudes, leurs
« familles, où ils se croyaient chez eux, quand ils n'étaient
« pas en campagne! Et vous pouvez vous faire illusion sur
« les conséquences d'un tel changement? Mon général, il
« n'y avait que le titre de garde royale qui pût remplacer
« celui de garde impériale. Ne vous a-t-on pas raconté ce
« que l'Empereur a dit à ce sujet en quittant Fontaine-
« bleau : « *Quant à ma garde, si le Roi fait bien, il la prendra,*
« *se confiera franchement à elle; s'il ne prend pas ce parti, il*
« *faut qu'il la licencie.* » Vous avez le courage de ne proposer
« ni l'un ni l'autre de ces deux partis, vous allez ainsi
« placer à la tête de l'armée le plus redoutable foyer de
« mécontentement. Dieu veuille qu'il n'en arrive pas de
« grands malheurs! Vous prenez là une terrible responsa-
« bilité, je ne voudrais pas être à votre place. »

C'est la dernière conversation que j'aie eu avec le général

Dupont. Dès le 12, les ordonnances sur l'organisation des diverses armes de l'armée française furent signées, ainsi que celle qui réglait le sort de la garde. On avait fait de cette garde un corps royal de grenadiers de France, un corps royal de chasseurs à pied de France; avec la cavalerie, un corps royal de cuirassiers de France, un corps royal de dragons de France, un corps royal de chasseurs à cheval de France, enfin un corps royal de chevau-légers lanciers de France. Quelques jours après, le maréchal Oudinot fut nommé commandant en chef de l'infanterie, le maréchal Ney de la cavalerie; on ne doutait pas que ces deux nominations ne dussent suffire pour satisfaire les esprits.

Le 13, on eut six compagnies de gardes du corps au lieu de quatre qui existaient en 1789. Il en avait fallu quatre pour les anciens capitaines, puis deux de plus pour deux maréchaux auxquels on jugeait convenable d'accorder cette faveur. Les deux élus furent le prince de Neufchâtel et le duc de Raguse. Bientôt après arrivèrent les gardes de la porte, puis deux autres compagnies de gardes du corps pour Monsieur, puis enfin les compagnies rouges; tout cela sous prétexte d'économies, au moment où on faisait des réformes considérables dans le reste de l'armée, où l'on mettait une énorme quantité d'officiers à la suite des régiments, ou conservés sur le tableau général en demi-solde! Je ne nie pas que des réformes fussent nécessaires, je ne prétends pas discuter la nouvelle organisation militaire; cela ne me convient en aucune façon. Mais je dis que nulle économie n'était plus mal placée que celle qui portait sur l'armée. Le moment n'en était pas venu; d'ailleurs, la France a suffisamment prouvé, depuis, qu'elle était en état de supporter des dépenses plus considérables que celle-là.

Un acte beaucoup plus politique fut celui qui nomma Monsieur, comte d'Artois, colonel général de toutes les gardes nationales de France. C'était une belle manière de consacrer leur existence et de les remercier des services qu'elles venaient de rendre. Il eût fallu s'en tenir là et n'y pas ajouter le titre de colonel général des Suisses, retour fort inutile vers l'ancien régime. Le moment était peu favorable pour accorder cet honneur aux Suisses; ils venaient d'ouvrir la frontière de France aux troupes alliées et de donner passage sur leur territoire. La nomination du prince de Condé, du duc d'Angoulême, du duc de Berry, du duc d'Orléans, du duc de Bourbon, comme colonels généraux de l'infanterie de ligne, des cuirassiers et des dragons, des chasseurs et des chevau-légers, des hussards et de l'infanterie légère, ne fut pas non plus sans inconvénient; il eût fallu au moins l'ajourner, rien ne pressait à cet égard. Elle dépossédait de ces titres des officiers de beaucoup de mérite qui en furent blessés. On peut en grande partie attribuer à ce mécontentement la conduite que l'un d'eux, le général Grouchy, a tenue au 20 mars de l'année suivante.

CHAPITRE XXI

Le portefeuille de l'intérieur reste à l'abbé de Montesquiou. — Les royalistes battent en brèche la position de M. Pasquier. — Trouble au Carrousel. — M. Regnaud de Saint-Jean d'Angely insulté aux Tuileries. — Le Roi et Monsieur décident en secret d'enlever la préfecture de police à M. Pasquier. — Celui-ci apprend leur détermination par M. de Blacas qui lui promet la direction des ponts et chaussées. — M. Beugnot tente vainement de le faire revenir sur sa détermination. — Le Roi signe la nomination de M. Pasquier qui remet le service de la préfecture à M. Beugnot. — Le Roi à l'Opéra. — M. de La Valette verse tout à fait dans l'opposition. — Situation fausse des souverains étrangers. — Alexandre entretient des relations suivies avec l'impératrice Joséphine. Elle est subitement emportée par un mal de gorge. La garde russe rend les honneurs militaires à ses funérailles. — Le traité du 30 mai. — Nouvelles limites de la France. Stipulations relatives à la flotte, aux munitions de guerre, aux indemnités pécuniaires, aux dettes des pays cédés par la France et aux domaines nationaux situés dans ces derniers. — Convention particulière avec l'Angleterre. Les articles secrets. — Rédaction de la Charte. Elle est octroyée par le Roi et datée de la 19ᵉ année de son règne. — Les souverains alliés et leurs troupes quittent Paris. — Ouverture du Corps législatif. — Discours du Roi et du chancelier. — Heureuse situation de M. Pasquier.

Il fallait se décider pour le ministère de l'intérieur. Malgré le vif désir de Monsieur et de ses amis, il était bien difficile de le retirer à l'abbé de Montesquiou. Le Roi lui demanda de conserver son portefeuille; avant de céder l'abbé de Montesquiou fit de nombreuses objections, il fallut pour l'y décider, outre les ordres formels du Roi, les instances de sa famille et de tous ses amis.

Monsieur, peu satisfait de ce choix, désirait plus vivement encore une concession pour la police. C'était aussi une raison pour qu'on désirât lui complaire. Dès ce moment, on ne négligea rien de ce qui pouvait donner force et apparence de raison aux attaques dont j'étais l'objet. L'occasion cherchée ne tarda pas à se présenter; deux jours de suite, des ouvriers partis de la place de Grève, où ils attendaient d'habitude qu'on vînt les embaucher, se rassemblèrent sur la place du Carrousel, demandant de l'ouvrage et du pain. Des mesures furent prises immédiatement; la gendarmerie, conduite avec prudence et fermeté, fit évacuer la place. Les jours suivants les mêmes agents de désordre, qui avaient organisé la manifestation des ouvriers, se transportèrent au milieu de la foule qui stationnait dans le jardin des Tuileries, sous le balcon du Roi; des cris hostiles au Sénat, à la noblesse, à la Révolution furent proférés.

Il n'y avait plus à s'y tromper, la manifestation avait un caractère et un but politiques. Quelques agents de police ayant remarqué celui qui paraissait diriger la manœuvre, le suivirent et le virent se rendre dans un coin du jardin où il rassemblait son monde; un d'eux se glissa même dans le groupe. Le chef de la troupe était un sieur Julienne, se disant chevalier breton, ayant, assurait-il, cinq cents hommes à sa disposition; il fallait revenir le soir et porter le grand coup; le Roi était mal entouré; s'il ne cassait pas le Sénat, la guerre civile était inévitable.

Les projets du sieur Julienne furent déjoués; on savait sa demeure, il fut mandé le soir même à la police. Quand les hommes de cette espèce se savent connus, il est rare qu'ils ne se tiennent pas tranquilles.

Tout cela coïncidait avec un redoublement de violence dans les brochures politiques, quelquefois avec des scènes contre les personnes ayant joué un rôle dans la Révolution. Ainsi M. Regnaud de Saint-Jean d'Angely avait été insulté d'une manière odieuse au moment où il sortait du vestibule du château pour monter dans sa voiture. Trois ou quatre voix parties d'un groupe qui se tenait toujours sur les marches de ce vestibule avaient crié « A bas le scélérat ! » Il était aisé de reconnaître de quel côté partaient ces violences ; je les signalais dans mes bulletins, n'en dissimulant ni la source ni la gravité.

« Il est évident, disait Monsieur, que le préfet de police « n'inspire pas de confiance aux royalistes ; il est néces-« saire de leur donner satisfaction sur ce point. » Les résolutions prises ne furent connues de personne. Tout se passa entre le Roi et Monsieur. Je n'ai pu douter que, même à l'égard des personnages qui devaient être le mieux instruits, un profond secret ait été gardé. Il fut convenu entre les deux frères que je serais remplacé à la police. Monsieur s'estima fort heureux de faire accepter à ma place M. Beugnot, pour lequel il avait un goût assez vif. Cela lui fut aisé, le Roi goûtait aussi l'esprit et l'instruction en toutes matières de M. Beugnot. Cet arrangement, pris le 12 au matin, fut communiqué le soir par Sa Majesté à ceux de ses ministres qui travaillaient avec elle ; la nomination de M. Beugnot comme directeur général de la police devant se trouver dans l'ordonnance qui serait signée le lendemain et qui contiendrait l'organisation ministérielle.

Le 13, à huit heures du matin, je me présentai pour entrer chez le Roi, où je fus admis comme de coutume. Sa Majesté, après une courte conversation toujours fort gracieuse, me dit : « Vous n'avez pas vu M. de Blacas ce « matin, ne manquez pas d'y monter en sortant, il a quel-« que chose à vous communiquer. » Je sortis sur cet ordre. En entrant chez M. de Blacas, je lui trouvai l'air embarrassé. « Eh bien, monsieur Pasquier, j'ai donc à vous « annoncer un changement qui a été jugé convenable, « mais dans lequel le Roi tient surtout à ce que vous ne « voyiez pas la moindre marque de défaveur de sa part. « Dans l'organisation ministérielle arrêtée, vous ne con-« servez pas la police. » Puis il se hâta d'ajouter sans me laisser prendre la parole : « Sa Majesté m'a chargé de vous « demander quelle était la place qui pouvait le mieux vous

« convenir ; elle vous sera donnée sur-le-champ. » —
« Vous ne pouviez, monsieur le comte, m'apprendre une
« meilleure nouvelle, lui répondis-je ; il fallait, pour que
« je prisse sur moi de rester à la police, l'effort du dévoue-
« ment le plus pénible. M. l'abbé de Montesquiou pourra
« vous dire ce qui s'est passé entre lui et moi à ce sujet.
« Quant à mes désirs, le Roi a un moyen facile de les satis-
« faire. La place de directeur général des ponts et chaus-
« sées est vacante. Si elle m'est donnée, je serai parfaite-
« ment heureux. — Vous pouvez regarder la chose comme
« faite », me dit M. de Blacas en accompagnant cette promesse des paroles les plus obligeantes.

Mes affaires personnelles étant ainsi arrangées, j'eus la
curiosité de lui demander qui me remplaçait, quelle était
l'organisation pour la police : « Votre avis est suivi, me
« répondit-il, il n'y aura qu'une direction générale, dans
« laquelle seront réunies les attributions des deux places;
« c'est à M. Beugnot que le Roi la confie. » Il me fut impossible, en entendant prononcer ce nom, de retenir un mouvement de surprise. M. de Blacas m'en demanda l'explication. Je résistai d'abord, puis, sur ses instances, je lui
avouai que M. Beugnot était l'homme le moins propre aux
fonctions qui lui étaient destinées. « Mais quoi ! n'a-t-il pas
« beaucoup d'esprit et de talent ? Monsieur en a été si con-
« tent pendant sa lieutenance générale ! »

J'accordai qu'il avait toutes les connaissances imagi-
nables, que je ne connaissais personne de plus instruit, de
plus spirituel, que je ne doutais pas de ses excellentes
intentions; mais puisqu'on m'avait forcé de parler, je ne
pouvais dissimuler qu'il avait dans le caractère tout ce qui
peut rendre un homme impropre à administrer la police. Il
était causeur, indiscret, par conséquent, facile à pénétrer;
sans résolution dans les cas difficiles, d'une timidité qui
allait jusqu'à la pusillanimité. M. de Blacas resta ébahi ;
je me retirai.

En sortant de chez M. de Blacas je me rendis chez l'abbé de Montesquiou, qui m'apprit, avec l'expression d'un vif dépit, que lui-même n'avait été informé que la veille à dix heures du soir de ce qui était décidé sur mon compte. C'était le résultat d'intrigues dont je devais bien deviner les auteurs. Il en avait dit franchement son opinion au Roi. « Ce qui n'arrive pas toujours, ajouta-t-il, M. de Talley-« rand et moi avons été parfaitement d'accord sur ce point. » En effet, je sus bientôt qu'emporté par son premier mouvement, il avait dit au Roi, sur M. Beugnot, à peu de chose près ce que je venais de dire à M. de Blacas. Il en résulta que M. Beugnot a été pendant tout le temps qu'a duré ce ministère assez mal avec l'abbé de Montesquiou et médiocrement avec M. de Talleyrand. Il était cependant innocent, et ne fut informé de ce qui arrivait que le matin même. Il accourut chez moi pour me dire que cet arrangement était inexécutable, pour me conjurer de n'y pas donner les mains. Aucune place ne lui convenait moins que celle qu'on lui destinait; la direction des ponts et chaussées lui allait au contraire à merveille; il m'avoua avoir apporté le plus grand soin à se la réserver, pendant qu'il était au ministère de l'intérieur; il s'était donné garde d'y mettre personne même provisoirement, afin que, quand il en serait temps, elle fût vacante à son profit. Il fallait donc nous entendre, que chacun de nous restât dans ce qu'il appelait l'ordre naturel, c'est-à-dire moi à la direction de la police, lui à celle des ponts et chaussées.

« Quoi! lui dis-je, vous voulez qu'un homme à qui on
« vient de donner une pareille marque de méfiance fasse la
« folie, la lâcheté de rester dans le poste qu'on a voulu lui
« retirer? Plutôt n'occuper aucune place de ma vie que de
« demeurer à celle-ci. Faites donc tous les arrangements
« nécessaires pour vous y installer le plus tôt possible,
« car je vous avertis que je suis extrêmement pressé
« d'en sortir. » Il me quitta fort désappointé, cherchant

encore quelques moyens de se tirer de ce mauvais pas.

Je n'ai pas besoin de dire que j'avais trouvé l'abbé de Montesquiou tout aussi décidé que M. de Blacas à me satisfaire en me donnant la direction des ponts et chaussées. Comme elle ressortait du ministère de l'intérieur, c'était à lui que devait appartenir le soin de proposer ma nomination. Il me promit que ce serait un des premiers actes de son ministère et me tint parole, malgré un obstacle auquel ni lui ni moi nous ne nous attendions.

Le 13, au conseil, le Roi ayant annoncé la composition définitive de son ministère, Monsieur prit la parole pour demander à Sa Majesté une grâce à laquelle il mettait le plus grand prix, celle de nommer, à la place de directeur général des ponts et chaussées, un de ses serviteurs les plus dévoués, un de ceux qui avaient le plus souffert pour la cause des Bourbons, M. de La Maisonfort. J'ai déjà dit qu'il avait récemment publié un ouvrage intitulé : *Tableau politique de l'Europe, depuis la bataille de Leipzig jusqu'au 30 mars 1814.* Cet ouvrage, d'une excessive violence contre Napoléon, avait eu grand succès parmi les royalistes. C'était donc un nouveau titre ajouté aux anciens. Si Monsieur eût fait cette demande au Roi hors du conseil, elle eût été probablement agréée. L'abbé de Montesquiou ne laissa pas au Roi le temps de répondre, il le pria de vouloir bien suspendre sa décision parce qu'il avait aussi un candidat à lui présenter pour cette place, auquel il croyait impossible de ne pas accorder la préférence ; voulant éviter la discussion sur mon compte, il ne prononça pas encore mon nom. Monsieur n'eut par conséquent rien à répondre.

Le Roi n'hésita pas quand il sut qu'il s'agissait de moi ; M. de Blacas ne lui laissa pas ignorer l'engagement qu'il avait pris en son nom. Ma nomination fut donc signée et expédiée le 16, en même temps que celle de M. Becquey aux fonctions de directeur général de l'administration de l'agriculture, du commerce, des arts et des manufactures.

C'était tout ce qui, sous Napoléon, constituait le ministère du commerce. L'abbé de Montesquiou avait eu hâte de faire accorder cette marque signalée de confiance à l'homme qui, avec M. Royer-Collard, avait été si longtemps son principal agent pour le service du Roi dans l'intérieur du royaume. M. Becquey avait une réelle capacité; un caractère doux et conciliant le fit bientôt voir sous un jour assez favorable par ceux, en très grand nombre, que leurs intérêts appelaient à traiter avec lui.

Je ne dois pas omettre de dire, en parlant de l'organisation ministérielle, que M. de Blacas fut nommé ministre de la maison. La même ordonnance portait encore la nomination de M. Ferrand à la direction générale des postes et celle de M. Bérenger à la direction générale des impositions indirectes, dans lesquelles se trouvaient comprises les douanes qui y étaient réunies par une précédente ordonnance.

Tous les membres du Conseil d'État provisoire, dont les fonctions cessaient à partir de cette époque, furent nommés ministres d'État ainsi que M. Ferrand et le chancelier Dambray. Cette importance accordée au titre de ministre d'État dont le chancelier même était pourvu, était renouvelée de l'ancien régime et s'accordait assez mal avec nos habitudes modernes. Sur la fin de son règne, Napoléon avait aussi fait des ministres d'État, mais dans un rang évidemment inférieur à celui des ministres ayant des portefeuilles; cependant, il n'avait accordé ce titre qu'à des hommes ayant une grande part à l'administration, comme les présidents de section du Conseil d'État. Monsieur et les princes continuèrent à avoir séance dans le conseil; cette circonstance, qui emportait une grande atténuation du pouvoir ministériel, ne pouvait manquer d'influer sensiblement sur la marche des affaires. Cet ordre de choses a subsisté jusqu'au 20 mars 1815.

Le 14 mai, on célébra dans l'église de Notre-Dame un

service solennel pour Louis XVI, Louis XVII, Marie-Antoinette et Madame Élisabeth. Le Roi et Madame la duchesse d'Angoulême y assistaient dans une tribune grillée; les autres princes conduisaient le deuil. Cette cérémonie funèbre fut très imposante. Toutes les notabilités du dernier et du nouveau gouvernement s'y trouvèrent réunies, l'impression fut en général très vive.

Malgré les fatigues et les dégoûts que j'avais éprouvés, je quittai la préfecture de police avec une sorte de tristesse. J'y laissais des amis, des collaborateurs qui m'avaient montré le dévouement le plus méritoire dans les crises terribles que nous venions de traverser ensemble. Je m'efforçai au moins de les placer aussi justement qu'il dépendait de moi dans l'esprit de mon successeur.

Malgré ce que j'avais pu lui dire, M. Beugnot ne se pressait pas d'entrer en fonction; je fus obligé de lui annoncer le 17 au soir que j'étais résolu à ne pas coucher le lendemain à la préfecture. J'en sortis, en effet, le 18 avant dîner, après l'avoir mis au courant des affaires qui devaient, pour le moment, fixer plus particulièrement son attention, après lui avoir présenté tous les chefs de service, lui avoir indiqué les hommes qui devaient mériter sa confiance; de ce nombre était le nouvel inspecteur général de la police Foudras, dont lui et tous ceux venus après ont été satisfaits jusqu'au jour où il a pris sa retraite, à la fin de 1821.

Le soir de ce jour, le Roi allait à l'Opéra avec Madame la duchesse d'Angoulême et toute sa famille. C'était la première fois qu'il se montrait de cette manière en public. L'affluence devait être immense. J'assistais avec Mme Pasquier à cette représentation. Le choix de la pièce était heureux : on donnait *OEdipe*. Les allusions nobles et touchantes pour le Roi et Madame la duchesse d'Angoulême se présentaient naturellement. Elles furent saisies avec enthousiasme; la famille royale parut touchée de cet accueil, qu'il eût été difficile en cette occasion de ne pas croire sincère. Je dis *en cette occasion,* car les salles de spectacle ne sont guère, en général, des lieux où l'on puisse sagement juger de l'opinion, des sentiments d'un peuple; il est si aisé d'y produire les effets que l'on veut!

On remarqua comme chose peu convenable que le duc de Wellington, arrivé à Paris depuis huit ou dix jours, et lord Castlereagh, se fussent montrés en grande loge avec une actrice, chanteuse célèbre, Mme Grassini.

Cette représentation fut pour moi l'occasion d'un petit mécompte qui ne mérite d'être raconté qu'à cause des faits survenus depuis. J'ai déjà dit que mes rapports avec M. de La Valette n'avaient pas cessé, malgré le changement de nos positions respectives. Il m'avait témoigné le désir d'assister à l'Opéra le jour où le Roi y viendrait; je lui avais en conséquence envoyé un billet d'entrée dans ma loge. Il ne vint point, et la place resta vide. Quand je lui demandai le lendemain le motif de son absence, il fut d'abord un peu embarrassé, puis me dit : « J'ai pensé que « ma présence pourrait vous compromettre. Tenez, mon « ami, j'admire votre confiance, mais je ne la partage pas. « Vous croyez beaucoup trop qu'on peut toujours, quand « on est franc et sincère, voguer à pleines voiles; ce qui « vient de vous arriver, la manière dont vous venez d'être « évincé de la police, est une leçon dont il faut savoir faire « son profit. » Je lui répondis que ce qu'il y avait de pire au monde dans toutes les situations, c'était de prendre de l'humeur, et que je le conjurais de ne pas se laisser aller à cette faiblesse qui serait indigne de lui, qui l'empêcherait de juger sainement des choses. Malheureusement on lui donna bientôt après un juste sujet de plainte, qui le jeta tout à fait dans l'opposition, et même parmi les plus mécontents.

Le reste du mois fut employé à débattre et à rédiger le traité de paix définitif, à mettre la dernière main à la Charte, à tout disposer pour l'ouverture du Corps législatif. Tout cela était nécessaire pour que la France fût rendue à elle-même, pour que les souverains étrangers reprissent la route de leurs États : tout le monde attendait cette époque avec une vive impatience. La situation n'était bonne pour personne. Les souverains étrangers, depuis l'arrivée du Roi, avaient une position fausse qui devenait de jour en jour plus embarrassante ; car malgré l'influence qu'ils exerçaient encore sur les affaires, ils étaient obligés de s'effacer devant le Souverain. Placés entre la nation et lui, ils n'étaient à l'aise ni avec l'un ni avec l'autre ; la nation ne pouvait manquer de les regarder comme un fardeau toujours pesant sur elle. Ils n'avaient aucune intimité avec la famille royale et étaient obligés, pour occuper leurs loisirs, d'accepter toutes les distractions qui leur étaient offertes.

Parmi les relations que l'empereur Alexandre avait le plus cultivées depuis son arrivée à Paris, il en est une qui allait être rompue d'une manière bien triste, bien imprévue. L'impératrice Joséphine occupait le château de la Malmaison, elle y vivait entourée de sa cour avec l'élégance et l'urbanité qui l'avaient toujours caractérisée ; sa fille la reine Hortense s'était retirée auprès d'elle. Le lendemain de son entrée dans la capitale, l'empereur Alexandre eut la bonne grâce de lui faire une visite et de lui porter l'assurance que sa retraite serait respectée et entourée de tous les égards dus à son rang. Il fut charmé de la manière dont elle le reçut, de tout ce qu'il vit autour d'elle, de la mesure parfaite qui fut gardée dans toutes les paroles qu'on lui adressa. Joséphine se tira de cette position bien délicate avec la finesse, le bon goût qui ne lui ont presque jamais manqué, elle ne fut point infidèle à ce qu'elle devait à Napoléon, elle fit et dit tout ce qui était convenable de dire et de faire et acheva de se concilier l'estime et la bienveillance d'Alexandre. Aussi eut-il soin, lorsque le traité d'abdication se négocia, de veiller lui-même à ce que ses intérêts fussent ménagés, à ce qu'une fortune lui fût assurée. Depuis cette époque il avait pris l'habitude d'aller chez elle souvent. Dans les trois dernières semaines de mai, il y passa une grande partie de ses soirées. On y faisait de la musique, il s'y trouvait à son aise, c'étaient le lieu et la société où il se plaisait le mieux, ce qui, entre parenthèses, n'était pas vu de très bon œil au château des Tuileries (1).

Ce fut au milieu des douceurs d'une intimité dont elle devait être si flattée que Joséphine fut atteinte d'un mal de gorge qui ne donna d'abord aucune inquiétude, mais qui bientôt, devenu gangréneux, l'emporta en trois jours. Elle expira le 29. L'empereur Alexandre lui rendit pendant sa maladie les soins les plus assidus; il passa à la Malmaison la nuit presque entière de sa mort, et ne voulut se retirer que lorsqu'il n'y eut plus d'espérance de la conserver. Étrange destinée que celle de cette femme qui, montée au rang le plus élevé, dépossédée pour ne pas dire déchue de ce rang, en retrouve en quelque sorte à l'heure de sa mort toute la splendeur et est assistée à son dernier jour par le plus puissant souverain de l'Europe! On a dit avec raison que cette fin était le complément de sa fortune; en effet, si sa vie se fût prolongée, de nombreux et cuisants dégoûts lui étaient probablement réservés. Elle a donc eu ce grand bonheur, refusé à tant d'autres existences, qui a manqué surtout à l'auteur de sa fortune, celui de mourir à propos. Deux jours après elle fut enterrée à Rueil; c'était le village attenant à la Malmaison. Ses funérailles furent entourées d'une pompe bien impossible à prévoir, alors qu'elle était au faîte de ses grandeurs. La garde impériale russe y assista dans la plus grande tenue,

---

(1) Il était difficile, en effet, que quelque chose ne transpirât pas de ce que l'empereur Alexandre se permettait de dire dans cette intimité, moins sûre qu'il ne le croyait; il s'y dédommageait de la réserve qu'il s'imposait partout ailleurs. Je ne puis douter qu'il n'y ait plusieurs fois exprimé ses doutes et ses craintes sur la stabilité de l'ouvrage qu'il avait entrepris. « *Ces gens-là*, lui échappa-t-il de dire dans un moment d'humeur, en parlant des Bourbons, *ne se soutiendront jamais.* »

l'escorta depuis le château jusqu'à l'église, lui rendit tous les honneurs qu'en d'autres temps elle aurait reçus de la garde impériale française.

Pour que rien ne manquât de ce qui pouvait donner à sa vie un caractère de prédestination, sa fin coïncida avec la conclusion définitive du traité qui anéantissait l'œuvre de Napoléon, et semblait effacer ce que la France avait acquis depuis la Révolution de grandeur et de puissance au dehors. Aussi Joséphine reste dans le souvenir comme un météore qui devait s'éclipser en même temps que cette puissance et cette grandeur.

Le 30 mai, le traité fut conclu; la paix fut promulguée sur les places publiques, dans les rues de Paris, avec les formes les plus solennelles. Les conditions en étaient telles, à peu de chose près, qu'on avait dû le prévoir depuis la convention du 23 avril, en prenant pour base de l'étendue de la France ses limites au 1ᵉʳ janvier 1792. Cependant, quelques améliorations furent obtenues dans la délimitation des frontières; elles furent rectifiées au moyen de la concession de quelques portions de territoire qui y formaient des angles rentrants : la ligne de défense se trouvait ainsi meilleure. La forteresse de Landau, d'isolée qu'elle était en 1792, devenait attachée au territoire, la cession d'une partie de la Savoie, dans laquelle se trouvaient Chambéry et Annecy, portait de ce côté nos limites jusqu'au pied des Alpes. La propriété de la principauté d'Avignon, du comtat Venaissin, de Montbéliard et de toutes les enclaves qui avaient appartenu autrefois à l'Allemagne nous fut assurée. La France obtenait, en dernier résultat, au delà de ses anciennes possessions continentales, un agrandissement de cent cinquante milles carrés environ, renfermant quatre cent cinquante mille âmes; le nombre de celles qui avaient fait partie de l'empire de Napoléon et qui en furent séparées se montait à plus de quinze millions.

Je ne prétends point entrer dans l'exposé de toutes les

stipulations dont se compose ce traité, qui, attendu les conséquences qu'elles ont eues et auront encore pendant de longues années, mériteraient une étude particulière. Je ne note que celles qui touchent directement aux intérêts les plus précieux de la France. Ainsi l'île de Malte et ses dépendances furent accordées en toute propriété et souveraineté à l'Angleterre. C'était le plus rude coup porté à la puissance et au commerce de la France dans la Méditerranée. On avait promis de lui rendre ses colonies, cependant l'île de France et celle de Sainte-Lucie furent encore exceptées au profit de l'Angleterre. La restitution de quelques établissements sur le continent de l'Inde fut aussi subordonnée à des conditions qui la rendaient presque illusoire.

Quant aux vaisseaux, artillerie navale et munitions, dont le sort avait été laissé indécis lors de la convention du 23 avril, il fut dit que tout serait partagé dans la proportion des deux tiers pour la France, d'un tiers pour les nouveaux possesseurs; cette stipulation fut accompagnée d'une restriction qui en atténua beaucoup l'effet favorable à la France. On excepta de ce partage les vaisseaux et arsenaux existant dans les places maritimes tombées au pouvoir des alliés avant le 23 avril. Or, les vaisseaux, les arsenaux de la Hollande, notamment la flotte du Texel, tombaient dans cette exception. Le port d'Anvers devint port de commerce.

Restaient à régler les indemnités pécuniaires. Sur ce point, il faut reconnaître que les alliés se conduisirent avec modération. Après tant de contributions de guerre levées par Napoléon dans tous les États de l'Europe, ils n'en exigèrent aucune, car on ne peut parler d'une indemnité de vingt-cinq millions dont le payement fut stipulé dans une convention du 28 mai; elle était motivée par la nécessité de régler, au moment de l'évacuation, tout ce qui tenait aux subsistances, à la marche des troupes, aux dépôts des malades, aux services des hôpitaux, au transport des prisonniers. Les alliés se firent donner cette somme comme équivalent de ce qu'ils laissaient dans les magasins militaires français, de ce qui aurait pu être considéré par leurs troupes comme butin légitime. Renonçant à toute réclamation pour avances et fournitures, ils se bornèrent à exiger que le gouvernement français prît l'engagement de faire liquider et payer les sommes qu'il se trouverait devoir hors de son territoire, « en vertu de contrats ou engagements formels passés entre des individus ou des établissements particuliers et les autorités françaises, tant pour fournitures qu'à raison d'obligations légales ». Je rapporte cet article littéralement, parce que personne n'en comprit bien alors la portée, et le peu de soin qui fut pris pour son exécution dans les mois suivants, jusqu'à mars de l'année d'après, a eu les plus graves conséquences.

D'autres stipulations qui ne manquaient pas d'équité furent encore comprises dans le traité au sujet des dettes des pays cédés par la France et qui se trouvaient portées sur le grand-livre de sa dette publique. Il fut dit qu'on lui en tiendrait compte ; de son côté, elle s'engagea à la restitution des dépôts et des consignations.

Des commissaires devaient être nommés par les parties contractantes pour régler dans leur ensemble et dans leurs détails l'exécution de ces différentes dispositions. Les facilités apportées à tout ce qui avait trait aux intérêts pécuniaires furent entièrement dues à l'empereur Alexandre, qui se considérait toujours comme lié par ses premières paroles prononcées en entrant dans la capitale. Ce fut encore à lui qu'on dut la conservation de tous les objets d'art ou de science qui étaient dans les galeries, les musées et les bibliothèques.

Les Autrichiens se firent rendre quelques livres et quelques manuscrits enlevés à la Bibliothèque de Vienne ; la

Prusse redemanda avec beaucoup d'instance quelques objets pris dans les châteaux de Potsdam et de Berlin. On ne les refusa pas, mais on trouva moyen de n'en rendre qu'une partie.

Il y avait dans le traité du 30 mai un article que je ne dois pas passer sous silence ; il était ainsi conçu : « Les « domaines nationaux acquis à titre onéreux par les sujets « français dans les ci-devant départements de la Belgique, « de la rive gauche du Rhin et des Alpes, hors les « anciennes limites de la France, sont et demeurent garantis « aux acquéreurs. » Cette consécration dans une si grande étendue de pays situés en dehors de la France, de toutes les ventes de domaines nationaux légalement opérées était de favorable augure pour les acquéreurs des biens de même nature dans l'intérieur du royaume; ils devaient y voir l'assurance du respect de leurs intérêts. On reconnaissait donc l'aliénation comme valable dans tous les pays réunis par traités à la France; on étendait ce principe au Piémont, quoique le roi de Sardaigne eût protesté contre sa renonciation. En même temps, on mettait à néant ce qui avait été fait dans les pays dont aucun traité conclu avec les anciens possesseurs n'avait sanctionné la réunion à la France. Ces mots *à titre onéreux* indiquaient que les souverains se réservaient le droit d'annuler les dotations; c'était une dure perspective pour tant de personnages, de généraux surtout, dont elles composaient en grande partie la fortune.

Toutes ces clauses diverses étaient terminées par la convention formelle que, dans le délai de deux mois, toutes les puissances qui avaient été engagées de part et d'autre dans la guerre à laquelle on venait de mettre un terme, enverraient des plénipotentiaires à Vienne pour régler, dans un congrès général, les arrangements qui devaientcompléter les dispositions du présent traité.

On avait à statuer sur une nouvelle distribution, entre

toutes les puissances de l'Europe, de tant de territoires, de tant de provinces que la France abandonnait. Il n'entrait nullement dans les intentions des grandes puissances, qui avaient tenu à rétablir pour la France le *statu quo* de 1792, de faire l'application du même principe aux propriétaires de territoires et de souverainetés dont la dépossession était opérée depuis cette époque. Cette rigoureuse justice eût été bien difficile à rendre, car Napoléon, en élevant de nouvelles royautés en Allemagne, avait créé des intérêts indispensables à ménager; en cela, comme en tant d'autres choses, il avait imprimé son sceau d'une manière presque ineffaçable.

Pour cette fois, en apparence au moins, on ne faisait pas à la France, comme on l'avait fait à Châtillon, l'injure de l'exclure de toute participation à des arrangements qui étaient de si haut intérêt pour son avenir; mais, hors cela, tout ce que j'ai dit au sujet de la convention du 23 avril peut s'appliquer au traité du 30 mai. Il est évident qu'on y a oublié ce qui avait été reconnu et avoué à Francfort, sur la nécessité de laisser la France forte et puissante; qu'on ne faisait pas résulter d'assez grands avantages de son consentement au retour de la maison de Bourbon. Il était impossible que ce ne fût pas vivement ressenti dans le pays et ne nuisît pas beaucoup au prestige de la royauté.

J'ai peu de chose à dire de quelques conventions particulières venant à la suite du traité principal, conclues séparément entre la France et chacune des quatre grandes puissances. Dans toutes, la France avait encore subi la loi. Celle avec l'Angleterre est digne d'attention. La France s'y engageait à seconder cette puissance dans ses efforts pour l'abolition de la traite des nègres et prenait pour son propre compte l'engagement d'y renoncer dans l'espace de cinq années. L'Angleterre se faisait aussi assurer des avantages particuliers pour la liquidation des créances que ses sujets pouvaient avoir sur la France. Grâce à ces avantages, ils furent mieux traités que les Français eux-mêmes, puisque la réduction au tiers, imposée à ceux-ci, ne leur fut pas appliquée.

Mais ce qui doit être considéré comme plus important encore, c'est l'existence de plusieurs articles secrets ajoutés au traité principal. Par un de ces articles, la France s'engageait à reconnaître le partage qui serait fait entre les alliés, des parties conquises ou cédées à leur profit; par un autre, elle promettait de consentir à ce que l'État de Gênes fût réuni à la Sardaigne. Cette dernière concession consacrait le pénible abandon d'intérêts politiques et commerciaux d'une haute importance. Enfin, sans prononcer aucune renonciation formelle aux dotations situées hors de France, le gouvernement français se laissait interdire la faculté d'intervenir dans les réclamations qui pourraient être faites à ce sujet. Les donataires étaient entièrement abandonnés à la merci des gouvernements étrangers.

La rédaction de la Charte avait marché du même pied que celle du traité; il le fallait, puisque l'empereur Alexandre ne voulait pas s'éloigner avant d'être assuré de l'esprit dans lequel elle serait rédigée et avant d'avoir acquis la certitude que rien n'en arrêterait la promulgation. M. de Nesselrode s'en est plusieurs fois expliqué avec moi d'une manière formelle; de plus, ayant été dans le cas de faire à M. Beugnot des reproches assez vifs sur ce qu'il avait, sur plusieurs points, laissé son ouvrage imparfait. « Que voulez-vous, m'a-t-il répondu, nous étions « si pressés! Huit grands jours nous auraient encore été « nécessaires. L'empereur Alexandre voulait absolument « partir à une époque déterminée; on avait promis de lui « montrer avant son départ la rédaction telle qu'elle serait « promulguée. Il m'a donc fallu, au dernier moment, « mettre de côté ce que j'avais préparé sur la matière des « élections. »

La Charte ne fut pas une condition acceptée par le Roi,

elle fut *octroyée*. Elle fut datée de la dix-neuvième année du règne. Il y avait sans doute des avantages dans ces deux manières de procéder, mais elles n'étaient pas sans inconvénients. Plusieurs années plus tard, j'ai dû défendre à la tribune de la Chambre des députés la forme d'*octroyer*. Je crois l'avoir fait par d'assez bonnes raisons. La date de la dix-neuvième année du règne avait quelque chose de plus délicat encore; je crois que l'effet en a été aussi plus périlleux. On ne pouvait pas exiger que le Roi n'eût pas la prétention qu'en droit, son règne avait commencé à la mort du fils de Louis XVI, de Louis XVII; mais en fait, il était difficile de faire comprendre à tant de gens qui n'avaient connu que la République, le Consulat et l'Empire, que ce règne de dix-neuf années eût quelque chose de réel. Il prêtait donc à la critique et soulevait les inquiétudes de bon nombre d'esprits ombrageux, qui se demandaient, lorsque rien de légal n'avait existé pendant ces dix-neuf années, ce que devenaient les titres qu'ils avaient acquis pendant ce temps. A l'aide de cette bizarre fiction, on pourrait, si la fantaisie en venait, les mettre à néant. Il faut bien noter ces impressions, qui ont amené de si funestes conséquences.

En approchant du moment où la promulgation de la Charte allait s'effectuer, il était nécessaire de rendre au pouvoir royal les apparences de la liberté la plus entière. Il fut donc résolu que les souverains partiraient avant l'ouverture du Corps législatif, que leurs troupes auraient à cette époque évacué la capitale. L'empereur Alexandre et l'empereur d'Autriche s'acheminèrent le 3 juin (1) et le roi de Prusse le 4 au matin seulement. Dès le 2, le général de

(1) Ce départ de l'empereur Alexandre me ramène à parler d'une lettre de M. de Talleyrand, dont j'ai déjà fait mention dans une note au sujet des conférences d'Erfurt, et dont j'ai tiré la conséquence que ses liaisons particulières avec ce souverain pouvaient bien remonter à cette époque. M. de Talleyrand adresse cette lettre au Czar le lendemain du jour où celui-ci avait quitté Paris. Je l'ai eue récemment

Sacken avait cessé ses fonctions de commandant de la ville. Je n'oublierai jamais l'impression que je reçus lorsque le 3 au matin, avant huit heures, traversant la place Louis XV pour aller chez moi, je trouvai cette place

sous les yeux; il y a peu de pièces plus curieuses à lire : elle donne le moyen de bien connaître quelques-unes des situations importantes de l'époque. On y voit clairement qu'Alexandre, alors très partisan des idées les plus libérales, partait mécontent que ses inspirations à cet égard n'aient pas été suivies. On doit se rappeler l'importance qu'il avait attachée à la constitution improvisée par le Sénat. A son grand déplaisir, elle avait été renversée, mais son existence passagère avait suffi pour imposer au roi de France la nécessité d'en donner une dont les bases furent posées dans la déclaration de Saint-Ouen; le texte s'en trouve reproduit dans la Charte. M. de Talleyrand avait d'abord franchement secondé les vues de l'empereur Alexandre; il avait même été assez loin pour se compromettre avec la famille royale. Cet engagement une fois rempli, il avait trouvé dans la Charte toutes les satisfactions dont il avait personnellement besoin; la sincérité de ses sentiments libéraux n'allait pas au delà, et il essaya de faire comprendre à l'empereur qu'il serait peu raisonnable d'exiger plus. Cette contradiction, jointe à quelques autres déplaisirs, inspira au Czar une humeur qui se manifesta par d'amères paroles. « Cet homme, par sa conduite, disait-il, sacrifie à son ambition sa patrie et ses amis. » Il alla jusqu'à refuser, la veille de son départ, une dernière entrevue à M. de Talleyrand. Aussi la lettre commence-t-elle par des plaintes spirituelles sur cette rigueur. Vient ensuite l'énumération de ses titres à la confiance de l'empereur. Alors il lui rappelle leurs rapports anciens, secrètement contractés, au sujet desquels il se vante d'avoir, dès cette époque, deviné dans l'élévation de son âme, dans la générosité de ses sentiments, le futur sauveur de sa patrie, le souverain qui devait arracher la France et l'Europe au joug de fer qui pesait sur elles. Vient ensuite une longue dissertation sur les libertés constitutionnelles dans les différents pays. « Qu'on
« laisse faire le temps, dit-il, on sentira, en France, la nécessité de
« cette alliance entre une royauté forte et des institutions libres. Que
« l'empereur Alexandre veuille bien prendre patience, avoir confiance,
« et il verra que l'avenir ne trompera pas ses espérances, ne déjouera
« pas ses nobles intentions. »

La lettre se terminait en priant l'empereur Alexandre de vouloir bien entendre à son sujet une personne qui aurait souvent le bonheur de le voir incessamment et qui, plus qu'aucune autre, connaissait ses sentiments si sincères, si dévoués pour un prince qui avait tant de droits à sa reconnaissance et à sa haute admiration. Cette personne était nécessairement la duchesse de Courlande, mère de Mme de Dino. M. de Talleyrand annonçait encore l'intention de cultiver beaucoup M. de Pozzo di Borgo, qui pouvait aussi témoigner de lui. Il remerciait l'empereur d'avoir bien voulu confier à un homme si éprouvé, d'un et les quais adjacents du Nord, couverts de troupes russes et prussiennes qui se mettaient en route sac au dos et achevaient l'évacuation. Le brouillard tombait, et, soit le mauvais temps, soit la fatigue d'avoir vu tant de choses, le grand événement s'accomplissait sans bruit, sans spectateurs. Personne ou presque personne ne s'était dérangé pour le voir. Il semblait que ce fût un mouvement de troupes ordinaire, comme il s'en fait dans les circonstances les plus simples.

Quant à moi, qui avais encore présente l'entrée qui, soixante et un jours auparavant, m'avait, comme à tant d'autres, causé les plus pénibles émotions, dont les embarras, les dangers m'avaient alors paru presque insurmontables, je ne pouvais revenir de cet aspect si paisible, de ce dénouement si complet arrivé en si peu de temps. Je croyais rêver, je me demandais si tout cela n'était pas une illusion. Je restai une demi-heure sur le pont, immobile, appuyé sur le parapet, regardant s'écouler cette foule de soldats, cette masse d'armes, de chevaux, de canons; à mesure qu'elle s'éloignait, je respirais plus à l'aise. Combien alors était loin de ma pensée la possibilité de revoir à brève échéance ces phalanges redoutables qui avaient pesé sur nous d'un poids si écrasant!

Le lendemain eut lieu l'ouverture du Corps législatif. La famille royale tout entière se trouvait réunie pour cette grande cérémonie, car M. le duc d'Angoulême était arrivé huit jours auparavant. C'est le prince dont le rôle personnel, dans la Restauration, avait été le plus utile et le plus

---

mérite si distingué, les fonctions de ministre plénipotentiaire près la cour de France.

Cette lettre est précieuse de toutes manières, car on y trouve, malgré les expressions d'attachement et les professions d'union dans les mêmes sentiments, un premier indice de la situation qui s'est développée pendant l'hiver suivant au congrès de Vienne, et qui a conduit M. de Talleyrand et l'empereur Alexandre à se placer l'un et l'autre sur des lignes si opposées, on peut même dire si ennemies.

brillant. Il se présentait avec tout l'intérêt qu'inspire un beau succès remporté dans une entreprise audacieuse. Il venait de parcourir une grande partie du Midi, avait visité les armées du maréchal Soult et du maréchal Suchet. Partout il s'était fait remarquer par la rectitude de son esprit et cette modération de caractère qui lui a fait prononcer depuis, au milieu des passions les plus animées, ces mots célèbres : *Union et oubli*. Le Roi fut accueilli avec transport; son air vénérable, sa noble figure, son organe sonore et agréable, bien qu'un peu aigu, ses infirmités mêmes, qu'il savait porter avec dignité, lui concilièrent tous les esprits. Son discours, qu'on disait son ouvrage, eut un véritable succès. Il y rappelait heureusement et d'une manière fort touchante le testament de Louis XVI (1).

Le discours du chancelier fut entendu moins favorablement; on y remarqua l'emploi de quelques vieux mots dont l'usage ne se pouvait expliquer; que signifiait, en parlant de la Charte, cette expression : *ordonnance de réformation ?*

Enfin vint la lecture, qui fut faite par M. Ferrand, de la Charte elle-même. Le préambule était habile, on ne pouvait mieux indiquer comment une Charte constitutionnelle, que la sagesse d'un Roi accorde librement aux vœux de ses peuples, présente plus de chances de durée qu'en peuvent offrir les concessions arrachées par la violence à la faiblesse. Les dispositions de la Charte sont trop connues pour qu'il soit utile de les énumérer; je remarque seulement que si la Chambre des pairs ne fut pas dès lors instituée héréditairement, le principe de cette hérédité fut posé, le Roi s'étant réservé de nommer les pairs à vie ou

(1) M. Beugnot s'est souvent accusé au sujet de ce discours d'avoir commis une des plus grandes gaucheries qu'un courtisan puisse faire. Dans le conseil où le Roi en donna la première lecture, il fit remarquer une faute de français et soutint qu'elle était réelle, malgré une défense très vive de Sa Majesté. La faute fut corrigée, mais M. Beugnot prétend qu'elle est toujours restée à son compte.

de les rendre héréditaires suivant sa volonté. Il est évident qu'on n'avait pas voulu prendre l'engagement de rendre la pairie héréditaire dans les familles de quelques sénateurs auxquels on ne pouvait se dispenser de l'accorder individuellement. La liste des pairs, au nombre de cent cinquante-quatre, que le Roi avait signée le matin, avait écarté plusieurs sénateurs, surtout ceux qui avaient voté la mort du Roi.

Ainsi fut définitivement accomplie la Restauration.

Le gouvernement royal ne fut organisé qu'à partir du jour où il fut enfin délivré des difficultés que lui imposait la présence des princes étrangers. Désormais, il va marcher de ses propres forces, ses succès comme ses revers ne pourront être imputés qu'à lui seul.

Il n'est pas d'époque dans ma vie où je me sois senti plus heureux qu'à celle où me voici parvenu; je sentais par-dessus tout l'extrême jouissance d'être sorti sans encombre d'une situation difficile, périlleuse même. J'étais placé dans le poste qui me convenait le mieux. Chargé d'une des plus intéressantes parties de l'administration publique, je me trouvais à la tête d'un corps distingué par ses talents, par ses lumières et qui m'accueillait avec joie. Les ingénieurs avaient craint qu'on leur donnât pour chef quelque personnage étranger à l'administration, peu disposé à reconnaître les anciens services. Ils étaient sûrs de rencontrer en moi un défenseur zélé de leurs droits; je pouvais leur être utile. J'étais traité par tous les ministres, surtout par celui dont je dépendais, l'abbé de Montesquiou, avec des égards très marqués. Tout ce que j'avais fait m'avait été inspiré par mon dévouement au pays, sans nulle pensée d'intérêt personnel, sans nul désir de satisfaire mon ambition. Aucune récompense extraordinaire ne m'avait été accordée; j'occupais une place égale en rang à celle qui m'appartenait sous le gouvernement impérial, mais d'une moindre importance politique.

Tous mes amis me pressèrent de demander le titre de ministre d'Etat, on l'accordait bien à M. Anglès. Je ne voulus pas en témoigner le moindre désir. Je ne fis même pas attention à un mot de l'abbé de Montesquiou qui pouvait m'autoriser à demander la pairie. Enfin, quand les décorations étaient prodiguées de tous côtés, je n'en reçus aucune; je n'avançai pas d'un grade dans la Légion d'honneur (1). Quant à moi, je l'avoue, ma délicatesse et mon amour-propre jouissaient de cette sorte de distinction qui naissait de la modération de mes désirs. Affranchi de toute responsabilité politique, je me laissai aller à jouir du présent sans m'inquiéter de l'avenir; si parfois mon habitude d'observer, et quelque connaissance des hommes et des choses me conduisaient à des réflexions peu rassurantes, je m'efforçais de les écarter.

(1) Au sujet des décorations, je puis raconter encore un fait qui caractérise ma manière de voir et de sentir. L'empereur Alexandre jugea à propos, avant de partir, de distribuer une certaine quantité de décorations de ses ordres aux personnes qui avaient acquis le plus de droits à son estime et à sa bienveillance. La liste en fut dressée entre lui, M. de Nesselrode et le général de Sacken. J'y fus porté pour je ne sais laquelle. M. Janet, que j'avais placé auprès du général, en ayant eu connaissance, se hâta de venir me donner cette nouvelle. Je l'étonnai beaucoup en lui avouant que j'étais très fâché de recevoir cette marque de faveur. « Si l'empereur Alexandre, lui « dis-je, me l'eût accordée pour quelque service rendu à lui ou à son « pays, dont le mien n'aurait pas eu à souffrir, je m'en ferais un grand « honneur; mais quand elle me vient comme consacrant en quelque « sorte le triomphe de l'étranger sur mon pays et l'occupation de « notre capitale, elle ne se présente plus à mon esprit que sous le « plus triste aspect; je suis très décidé à ne pas la porter. » Je priai M. Janet de faire en sorte qu'elle ne me fût pas envoyée. Il me promit de faire ce qui serait en son pouvoir : en effet, je n'entendis parler de rien. J'ai appris depuis qu'il s'en était tiré en la gardant dans ses cartons avec la lettre d'envoi. Il en est résulté que je suis porté dans l'Almanach russe comme chevalier de je ne sais quel ordre; la décoration ni le diplôme ne me sont jamais parvenus.

FIN DU TOME DEUXIÈME.

TABLE DES MATIÈRES

CHAPITRE PREMIER

Les premiers bulletins de la Grande Armée. — Appréhensions de MM. de La Valette, Pasquier, Mollien, Decrès. — Illusions de Napoléon. — Translation de Pie VII de Savone à Fontainebleau. La bataille de la Moskova. — Occupation prolongée de Moscou. — Vives inquiétudes à Paris. — La conspiration Malet. — Antécédents de ce général. — L'association secrète des *Philadelphes*. — Détention des chefs de cette association. — La maison de santé du faubourg Saint-Antoine ; MM. de Polignac, de Puyvert, Berthier de Sauvigny et l'abbé Lafon. — Conception et plan du complot. — Exposé des moyens. — Préparatifs combinés par le général Malet et l'abbé Lafon. — Malet à la caserne Popincourt, à la caserne des Minimes, à la prison de la Force. — Les généraux Lahorie et Guidal et le Corse Boccheiampe. — Arrestation de M. Pasquier et du duc de Rovigo. — Malet chez le général Hulin, commandant la division, puis chez le général Doucet, chef d'état-major. — Avortement du complot. — Arrestation de Malet et de Lahorie. — Danger couru par M. Pasquier à son retour à la préfecture de police. — Effarement et crédulité de M. Frochot, préfet de la Seine. — Arrestation des conspirateurs, à l'exception de l'abbé Lafon. — Les projets de Malet, son gouvernement provisoire, ses mesures politiques. — Interrogatoire de Lahorie. — Enquête contre les hommes de l'ancien parti révolutionnaire. — Entrevue à ce sujet de Tallien avec M. Pasquier. — Procès des accusés. — Condamnation des conspirateurs et de leurs dupes. — Lettre du général Lahorie au duc de Rovigo. — Irritation de l'Empereur à la nouvelle de cette conspiration. — Indignation affectée des gens de cour contre l'administration de la police. 1

CHAPITRE II

Sang-froid de Napoléon après l'évacuation de Moscou. — Son arrivée à Paris le 18 décembre 1812. — Le lendemain, réception du Sénat et du Conseil d'État. — Harangues concertées des orateurs de ces deux corps. — Réponse de l'Empereur à ces discours et allusions à la conspiration Malet. — Appréciation de la conduite de M. Frochot déférée aux sections du Conseil d'État. — Décret destituant M. Frochot de ses fonctions. — Nouvelles désastreuses de l'armée en retraite. — Levée ordonnée de trois cent cinquante mille hommes. — Négociations engagées avec le Pape à Fontainebleau. — Arrangement provisoire arraché à Pie VII par Napoléon en personne. — *Te Deum* chanté à cette occasion, tandis que le Pape prépare une rétractation. — Lettre à ce propos de Pie VII à l'Empereur. — Décret de Napoléon, imposant l'arrangement provisoire comme loi d'État. — Renouvellement des rigueurs contre le Pape et ses conseillers. — Mort de l'évêque de Nantes et son adjuration suprème à l'Empereur. 42

CHAPITRE III

Pourparlers entre le cabinet de Paris et les cabinets de Berlin et de Vienne. — Illusions persistantes de M. de Bassano. — Confiance de Napoléon dans la fidélité de ses alliés. — Traité d'alliance offensive et défensive signé entre la Prusse et la Russie. — Attitude ambiguë de l'Autriche. — Traité conclu entre l'Angleterre et la Suède. — Nouvelle levée de cent quatre-vingt mille hommes ordonnée par Napoléon. — Création de quatre régiments de gardes d'honneur à cheval. — Profond mécontentement causé par cette mesure. — La loi sur les finances et le budget 1813. — Optimisme excessif de M. le comte Molé. — Misère de la classe ouvrière et gêne étroite des dignitaires de l'armée. — Grands travaux donnés aux ouvriers : commandes importantes d'ameublements, achèvement de l'avenue de l'Observatoire. — Création de la gendarmerie de Paris, placée sous les ordres du préfet de police. — Apostrophe à ce sujet, du maréchal Moncey à M. Pasquier. — Ouverture de la nouvelle campagne contre la coalition des Russes et des Prussiens. — Force et composition des armées en présence. — L'impératrice Marie-Louise régente. — Victoire de Lutzen. — Bataille de Bautzen et mort du grand maréchal Duroc. — Armistice signé après la prise de Breslau. — Médiation équivoque de l'Autriche. — Rôle prépondérant du général Pozzo di Borgo dans ce débat diplomatique. — Son antagonisme constant avec Napoléon depuis 1793. 55

CHAPITRE IV

Confiance excessive de Napoléon dans la fidélité de l'empereur d'Autriche. — Prolongation de l'armistice. — Désastres en Espagne; perte de la bataille des Arapiles par Marmont; le roi Joseph et Jourdan défaits à Vitoria, par le duc de Wellington ; évacuation progressive de la Péninsule par l'armée française dont le commandement est donné au maréchal Soult. — Armements de plus en plus menaçants de l'Autriche. — La Comédie-Française mandée à Dresde. — Conditions onéreuses demandées à Napoléon pour traiter de la paix. — Refus de l'Empereur. — Notification formelle, au

12 août, de l'accession de l'Autriche à l'alliance de la Russie et de la Prusse. — Concours de Bernadotte et de Moreau obtenu par la coalition. — Hésitations de Napoléon sur le plan de campagne à adopter. — Souvenir anecdotique de M. Daru à ce sujet. — Reprise des hostilités. — Bataille de Dresde et mort de Moreau. — Jugement de la vie de ce général, ainsi que de la conduite de Bernadotte. — Joie causée à Paris par la victoire de Dresde et prompte désillusion. — Défaite du général Vandamme; l'entrée de la Bohême fermée à l'armée française. — Petite cause de ce grave événement. — Série de revers en Saxe complétés par la désastreuse bataille de Leipzig. — Obstination de Napoléon à ne pas vouloir acheter la paix. — Énormité des sacrifices en hommes imposés à la France dans l'année 1813. — Arbitraire des préfets. — Scène très vive, à ce propos, entre M. Pasquier et le ministre de la guerre. — Mécontentement manifeste de la haute société et multiplication des réfractaires dans les campagnes. — Récit d'une mission de M. Réal à ce sujet. — Entêtement de Napoléon; ses abus de pouvoir 75

CHAPITRE V

État des esprits après la défaite de Leipzig. — Explosion de la haine des peuples alliés contre Napoléon et contre la prépondérance française. — Défection imprévue des Bavarois; leur marche pour couper l'armée française; ils sont culbutés à Hanau. — Isolement de l'Empereur. — Murat abandonne soudainement l'armée. — En Espagne : retraite forcée de Soult sur Bayonne. — En Italie : évacuation de l'Illyrie par le prince Eugène et entrée imminente des Autrichiens. — Retour de Napoléon à Saint-Cloud. — Nouveaux sacrifices demandés au pays. — Indignation de l'Empereur contre la Bavière. — Capitulation, à Dresde, du maréchal Gouvion. — Mort de M. de Narbonne et portrait de cet homme d'État. — Ouvertures faites à l'ancien roi d'Espagne Ferdinand. — Propositions de paix des puissances coalisées, transmises par M. de Saint-Aignan. — Acceptation évasive de l'Empereur. — Remarques de M. de Metternich. — Proclamation des alliés précisant les bases indispensables à la conclusion de la paix. — Désir universel, à Paris, de bien accueillir ces propositions et sentiment conforme des ministres à cet égard. — Tergiversations de l'Empereur sous l'influence de M. de Bassano. — Remplacement de ce dernier par M. le duc de Vicence au ministère des affaires extérieures. — Réponse favorable du nouveau ministre à la lettre de M. de Metternich. — Nouvelles exigences des alliés. — Napoléon ne peut sacrifier son orgueil personnel à l'intérêt de la France. — Soulèvement de la Hollande qui rappelle le prince d'Orange. — Appréciations de M. Pasquier sur les intentions réelles des souverains de Russie et d'Autriche; intentions modifiées par les hésitations dilatoires de Napoléon. — Considérations qui déterminent les princes coalisés à profiter jusqu'au bout des embarras de l'Empereur, de l'insuffisance de ses forces militaires, de l'épuisement de toutes ses ressources. — Premiers pressentiments de Napoléon sur la possibilité du retour des Bourbons. — Traité de Valençay : Napoléon reconnaît Ferdinand VII roi d'Espagne et des Indes. — Offre qu'il fait au Pape de la restitution d'une partie de ses États. 95

CHAPITRE VI

Ouverture de la session du Corps législatif. — Précautions prises dans la crainte de manifestations hostiles. — Cri séditieux poussé, au passage du cortège impérial, par M. de Bassompierre. — Arrestation de ce dernier et sa mise en liberté, grâce à l'intercession de M. Pasquier. — Adresse adulatrice du Sénat en réponse au discours du Trône. — Caractère très différent du projet d'adresse élaboré au Corps législatif; garanties demandées au nom des droits de la nation contre les dangers du pouvoir absolu. — Colère de l'Empereur. — Réunion, chez le ministre, du conseil de police. — Considérations de M. Pasquier sur la nécessité d'entendre ce langage. — Opinion conforme et motivée de M. Réal. — Acceptation par M. de Rovigo de transmettre cet avis à l'Empereur. — Décision contraire de Napoléon. — Saisie chez l'imprimeur de toute l'édition du rapport. — Ajournement du Corps législatif. — Attitude de M. Molé en cette circonstance. — Paroles amères adressées par Napoléon au Corps législatif, à la réception du 1er janvier 1814. — Ordre de quitter Paris signifié à M. Lainé, rapporteur, et aux autres membres de la commission législative. — Décret autorisant la perception des impôts. — Envoi en province de commissaires extraordinaires investis de pouvoirs exceptionnels. — Entretien de l'Empereur et de M. Pasquier à propos de la situation publique. — Sur la proposition de ce dernier, décret de mise en activité de la garde nationale de Paris et nomination du maréchal Moncey comme major général de cette garde. 117

CHAPITRE VII

Napoléon reconnaît enfin la nécessité de négocier la paix. — Instructions données à cet effet au duc de Vicence. — Réponse dilatoire de M. de Metternich et suspension de la correspondance diplomatique. — Refus motivé de la régence d'Espagne de ratifier le traité de Valençay. — Refus du Pape de traiter pour la restitution totale de ses États. — Amertumes et dédains subis de tous côtés par l'Empereur; accession du roi de Naples Murat à la ligue générale contre son beau-frère. — Comparaison entre la défection de Murat et celle de Bernadotte. — Napoléon n'a plus rien à attendre que d'une lutte suprême. — Soins infatigables qu'il apporte à l'organisation de ses faibles ressources. — Formation de régiments composés d'ouvriers sans travail. — Préoccupation de l'Empereur sur le retour possible des Bourbons. — Ses paroles à M. Pasquier à cet égard, confirmées par les instructions données à M. le duc de Vicence. — Institution, le 28 janvier, du conseil de Régence; sa composition. — Situation bizarre de M. de Talleyrand. — Nomination du roi Joseph comme lieutenant général. — Noble et touchante allocution de Napoléon, la veille de son départ pour son quartier général, aux officiers de la garde nationale de Paris. — L'Empereur engage la lutte avec soixante mille hommes de troupes à peine contre les six cent mille soldats de la coalition. — Génie militaire déployé par Napoléon pendant cette extraordinaire campagne. — Pressentiments d'une catastrophe inévitable. — Exposé des combinaisons possibles et des intérêts divers des souverains coalisés. — Situation effacée, même à ce moment, du parti royaliste. — Nullité d'action parmi les partisans des Bourbons : l'abbé Louis et le duc de Dalberg. — Le plan de conduite de M. de Talleyrand. — Insuccès de Napoléon au commencement de la campagne. — Bataille de la Rothière. — Organisation de Paris en un vaste atelier d'armement, d'équipement, et en un camp d'instruction pour les conscrits. — Réunion, enfin consentie par les alliés, d'un congrès à Châtillon. 134

CHAPITRE VIII

Ouverture du Congrès le 5 février. — Instructions conciliantes et pleins pouvoirs donnés au duc de Vicence. — Les deux premières conférences. — Les plénipotentiaires alliés posent comme base la rentrée de la France dans ses limites d'avant la Révolution. — Réponse pleine de mesure de M. le duc de Vicence. — Interruption soudaine des conférences : sous l'inspiration du général Pozzo di Borgo, la Russie propose à ses alliés la restauration des Bourbons. — Opposition des ministres d'Autriche, d'Angleterre et de Prusse à cette proposition : texte des conclusions contraires qu'ils adressent à la Russie. — Le général Pozzo réfute ces conclusions au nom de l'empereur Alexandre. — Anéantissement de tout espoir de pacification. — Accentuation des conditions rigoureuses contre la France notifiées à M. le duc de Vicence, qui en réfère à son souverain. — Succession de faits militaires à l'avantage de l'Empereur : destruction presque complète d'un corps russe et prussien; la grande armée combinée est refoulée sur la rive gauche de la Seine. — Espérances de Napoléon dans la victoire définitive. — Sa correspondance avec le duc de Vicence. — Il juge déshonorantes les propositions des alliés. — Anxiété au quartier général des souverains coalisés et offre d'un armistice faite par eux le 23 février. — Obstination de la Russie, sous l'inspiration du général Pozzo, à poser des conditions inacceptables. — Motifs qui ne permettaient pas à Napoléon de subir de telles exigences. — Première démarche faite en Champagne par quelques royalistes, entraînés par le chevalier de Gouault. — Indignation contre ces royalistes dans les provinces envahies. — Exaltation de l'esprit national en présence de l'étranger. — Acclamations presque unanimes de la ville de Troyes à l'entrée de l'Empereur. — Condamnation à mort du chevalier de Gouault. 152

CHAPITRE IX

Arrivée de Monsieur à Vesoul et du duc d'Angoulême à Saint-Jean de Luz, où il publie un manifeste. — Hostilité du Midi contre Napoléon. — Le parti royaliste de Paris envoie M. de Vitrolles en mission auprès des alliés. — Prudente réserve de M. de Talleyrand en cette circonstance. — Les Autrichiens reçoivent froidement l'émissaire royaliste; l'empereur Alexandre s'engage beaucoup plus. — Napoléon, vainqueur de Blucher à Craonne, échoue devant Laon; il revient alors sur l'Aube et sur la Seine, au-devant de la grande armée coalisée. — Signature du traité de Chaumont. — A Châtillon, le duc de Vicence dispute le terrain pied à pied; il présente un contre-projet de traité; les plénipotentiaires alliés le repoussent et rompent les négociations. — Napoléon se décide trop tard à faire des concessions. — Alexandre incline de plus en plus vers les Bourbons. — L'Empereur, craignant de voir le Pape tomber aux mains des alliés, se détermine à le renvoyer en Italie. — Il prend la même résolution à l'égard des princes d'Espagne et leur rend la liberté. — Les Anglais pénètrent dans nos départements du Midi. — M. Lynch, maire de Bordeaux, et M. de La Rochejaquelein livrent la ville au duc d'Angoulême et au maréchal Beresford. 177

CHAPITRE X

Impression produite à Paris par la nouvelle de la reddition de Bordeaux. — Entretien de M. Pasquier avec M. de Saint-Marsan. — Fréquentes visites du préfet de police chez M. de La Valette; il y rencontre M. de Bourrienne qui lui offre son concours au cas où les alliés pénétreraient dans Paris. — La machine infernale du Palais-Royal. — Curieux exemple de l'obéissance aveugle de Savary aux ordres de l'Empereur. — M. Pasquier, éclairé par M. de La Valette, fait prévenir les princes français du danger qu'ils courent. — Conduite étrange du duc de Rovigo; ses confidences à M. Pasquier. — Il ne songe qu'à empêcher le retour des Bourbons. — Sa colère lorsqu'il apprend la fuite de MM. de Polignac. — Tiédeur du conseil de régence. — Découragement du roi Joseph; il attribue à l'Empereur la perte de l'Espagne. — Le conseil est appelé à se prononcer sur les propositions de paix des alliés, datées du 17 février, et sur l'opportunité d'un armement général des faubourgs; M. Pasquier combat ce projet. — L'approvisionnement de Paris présente des difficultés sans cesse grandissantes. — Les convois de blessés menacent la ville du typhus. — Triste état de l'armée française. — Le découragement se fait jour surtout chez les officiers. — Nouveau plan de Napoléon; il veut couper la base des opérations de l'armée ennemie. — Bataille d'Arcis-sur-Aube. — L'Empereur repoussé marche sur Vitry et Saint-Dizier en découvrant la capitale. — Conseils de guerre des alliés à Pougy et à Sommepuis. — Ils se décident à marcher sur Paris tout en faisant croire à Napoléon qu'ils lui font tête. 192

CHAPITRE XI

La nouvelle des combats d'Arcis-sur-Aube parvient à Paris. — Les communications avec l'armée impériale sont interceptées. — Mortier et Marmont, battus à la Fère-Champenoise, découvrent la capitale. — Une dépêche très compromettante du prince royal de Suède au général Maison tombe aux mains des alliés. — Le lieutenant général Joseph s'apprête à défendre Paris. — On met en question le séjour de l'Impératrice dans la capitale; consulté à ce sujet par le duc de Rovigo, M. Pasquier signale les inconvénients que présenterait le départ de la souveraine. — Après un long débat, le lieutenant général produit une lettre de l'Empereur qui enjoint à Marie-Louise de sortir de Paris. — Vive discussion entre MM. Pasquier et de Talleyrand sur l'opportunité de cette mesure. — Propos significatif tenu peu après par M. de Talleyrand sur M. Pasquier. — Mauvaise impression produite par la fuite de l'Impératrice. — Napoléon découvre la ruse des alliés; il hésite sur le choix d'un plan de campagne; une lettre de M. de La Valette fait cesser ses incertitudes; il marche au secours de Paris. — Dernière tentative du duc de Vicence pour reprendre les négociations. — M. de Wessenberg, fait prisonnier, est envoyé par l'Empereur auprès de son beau-père, avec un message confidentiel. — Les alliés attaquent Paris. — Physionomie de la ville durant la bataille. — Joseph, éclairé tardivement sur les véritables forces des coalisés, donne aux deux maréchaux l'autorisation de capituler et va rejoindre l'Impératrice à Rambouillet. — Sur son ordre, tous les ministres s'y rendent pareillement. — M. de Rovigo confie sa correspondance avec l'Empereur à M. Pasquier. — Celui-ci reçoit la visite de Mme de Rémusat et de M. de Talleyrand, qui cherche un moyen de rester dans Paris. — Stratagème qu'il emploie pour arriver à ses fins. 211

CHAPITRE XII

Le maréchal Marmont communique à M. Pasquier les articles de la capitulation. — Il l'invite à se rendre auprès de l'empereur Alexandre, à la tête de la municipalité, pour faire sa soumission. — Le général Dejean, aide de camp de l'Empereur, arrive auprès de Mortier. — Le général Girardin, envoyé par Berthier, vient prendre des renseignements au ministère de la guerre. — On l'a accusé faussement, plus tard, d'avoir voulu faire sauter la poudrière de Grenelle. — Manque de sang-froid de M. de Chabrol. — M. Pasquier prend les dispositions nécessaires pour assurer l'approvisionnement de la ville. — Avant de confier le portefeuille de M. de Rovigo à un chef de division, il en vérifie le contenu et y trouve de curieuses lettres de Napoléon relatives aux assiduités de Joseph auprès de Marie-Louise. — Il part au milieu de la nuit, à la tête du corps municipal, pour Bondy. — La députation éprouve beaucoup de peine à se faire ouvrir la barrière. — Affreux spectacle du champ de bataille. — Douloureuse impression éprouvée par M. Pasquier en trouvant Alexandre logé dans le château qu'avait occupé autrefois son grand-père. — En attendant le réveil de l'empereur, M. de Nesselrode communique à M. Pasquier la proclamation du prince de Schwarzenberg. — C'était, en fait, l'œuvre de Pozzo di Borgo, qui amena adroitement le généralissime autrichien à y apposer sa signature. — M. de Nesselrode présente la députation à l'empereur de Russie; celui-ci s'emporte contre Napoléon et sépare nettement sa cause de celle de la France. — Il accorde à M. Pasquier l'autorisation de maintenir la garde nationale sous les armes. — Revenu à Paris sous l'escorte des Cosaques, le préfet de police adresse une proclamation à la population parisienne et exhorte les officiers de la gendarmerie à veiller au maintien de l'ordre. — M. de Vicence fait de vains efforts pour obtenir une entrevue de l'empereur Alexandre. — M. Pasquier brûle le portefeuille du duc de Rovigo. **233**

CHAPITRE XIII

Entrée des souverains alliés à Paris. — Manifestations royalistes. — Sentiments de la population. — Entrevue de M. de Nesselrode avec M. de Talleyrand. — Les souverains tiennent conseil chez ce dernier. — M. de Talleyrand se prononce pour les Bourbons; les princes coalisés déclarent qu'ils ne traiteront plus avec Napoléon ni avec aucun membre de sa famille. — Entretien de M. Pasquier et de M. de Nesselrode. — La joie trop bruyante des royalistes fait craindre une collision entre eux et le reste de la population; ils s'attaquent à la colonne Vendôme. — Difficultés que présente la distribution des vivres aux troupes d'occupation. — Réception bienveillante ménagée par l'empereur Alexandre à M. Pasquier. — L'antichambre de M. de Talleyrand. — Alexandre refuse définitivement de traiter avec Napoléon. — Un groupe de royalistes, parmi lesquels M. de Chateaubriand et M. Ferrand, supplie les souverains de rendre la France aux Bourbons. — Une déclaration de l'empereur de Russie rassure les officiers qui se cachaient dans Paris. — Dure réplique de M. de Vicence à l'abbé de Pradt. — Franche explication entre lui et M. Pasquier. — Le Sénat s'assemble le 1er avril, sous la présidence de M. de Talleyrand. — Organisation d'un gouvernement provisoire. — Manifeste lancé par la municipalité. — M. Pasquier refuse d'y apposer sa signature. — Apparition du pamphlet de M. de Chateaubriand, *Bonaparte et les Bourbons*. — La gendarmerie de Paris murmure. — Les Cosaques pillent les environs de la capitale. — Entente entre M. Pasquier et le général de Sacken relativement à l'administration de la ville. — Mise en liberté des détenus politiques. **254**

CHAPITRE XIV

Le général Dessolle est nommé commandant de la garde nationale. — Le Sénat prononce la déchéance de Napoléon. — Le *Triomphe de*

Trajan à l'Opéra. — L'empereur Alexandre donne audience au Sénat. — Sa popularité grandit de jour en jour. — Adresse du gouvernement provisoire à l'armée. — Formation du ministère. — M. Pasquier refuse le portefeuille de la police. — La direction des postes est donnée à M. de Bourrienne. — Les adhésions affluent. — Renvoi des conscrits dans leurs foyers. — Napoléon se décide à livrer bataille sous Paris. — On songe à le faire assassiner ; M. Pasquier prévient M. de Bassano. — Alexandre comprend qu'il est indispensable de gagner l'adhésion de l'armée. — Il jette les yeux sur Marmont. — Mécontentement de celui-ci contre Napoléon. — Le gouvernement provisoire lui dépêche M. de Montessuy. — Marmont accueille favorablement les propositions que celui-ci lui transmet. — Jugement porté sur lui. — Le duc de Vicence engage Napoléon à abdiquer en faveur de son fils. — État d'esprit des officiers et de l'armée. — Les maréchaux arrachent à l'Empereur la signature de son acte d'abdication. — Marmont les accompagne à Paris............................. 277

CHAPITRE XV

M. de Saint-Simon prévient le gouvernement provisoire de l'arrivée des maréchaux. — Alexandre les reçoit au milieu de la nuit. — Les envoyés de Napoléon et les membres du gouvernement provisoire font valoir tour à tour auprès de lui leurs arguments pour et contre la régence. — Le Czar les congédie sans prendre de détermination. — Il apprend le lendemain matin la défection de Marmont. — Celui-ci calme ses troupes mutinées à Versailles et les conduit à Mantes. — Les maréchaux retournent auprès de Napoléon. — Préparation de la Constitution. — Habile tactique de M. de Talleyrand. — Conseil tenu chez lui le 3 avril : M. Lebrun ne trouve rien de mieux à proposer que la Constitution de 1791 ; M. de Talleyrand remet la question au point ; il fait l'éloge du nouveau souverain. — Composition de la commission chargée par le Sénat d'étudier le projet. — Le Corps législatif adhère à la *Charte constitutionnelle*. — Principes et garanties insérés dans celle-ci. — Les sénateurs se réservent de nombreux avantages................. 302

CHAPITRE XVI

Abdication pure et simple de Napoléon. — Il passe en revue les restes de son armée. — L'île d'Elbe est choisie pour sa résidence. — Signature du traité de Fontainebleau. — L'acte d'abdication. — L'Empereur tente de s'empoisonner. — Les adhésions au nouvel ordre de choses se multiplient. — Napoléon, loin de s'en montrer froissé, les encourage. — Le drapeau tricolore et le drapeau blanc : le maréchal Jourdan tranche la question en faisant prendre, à Rouen, la cocarde blanche à ses troupes ; le général Dessolle en fait autant à Paris avec la garde nationale. — Heureuse impression produite par celle-ci sur les étrangers. — Échange des prisonniers. — Mise en liberté des otages. — Les boursiers des écoles de l'État sont maintenus dans leurs droits. — Les membres du clergé détenus sont relaxés. — On appelle le général Marescot aux fonctions de premier inspecteur général du génie. — Le service des correspondances est assuré. — Le Conseil d'État reprend ses fonctions. — Suppression des agents spéciaux de la police générale. — Grande misère dans les faubourgs. — M. Pasquier affecte à son soulagement les produits extraordinaires de la ferme des jeux. — Mise en surveillance du quartier Saint-Antoine. — Adhésions du général Hulin, de Cambacérès, de Merlin de Thionville. — La fête de Pâques à Paris. — Bataille de Toulouse; ses malheureuses conséquences. — Situation délicate des administrateurs de province. — Résistance prolongée de l'auditeur Harel dans Soissons. **322**

CHAPITRE XVII

Monsieur est invité à se rendre à Paris. — Son entrée dans la capitale; attitude de la garde nationale et de la population. — Disgrâce du cardinal Maury. — Monsieur aura-t-il la lieutenance générale du royaume? — Les mésintelligences se font jour dans le conseil, aux travaux duquel M. Fouché prend part. — Scène très vive entre le maréchal Marmont et M. Louis. — Attitude réservée de M. Pasquier. — Le Sénat défère la lieutenance générale au comte d'Artois. — Sa réponse. — Le Conseil d'État provisoire. — Les délégués aux fonctions ministérielles. — Illusions de Monsieur. — Ambition du marquis de Vitrolles. — Les favoris du comte d'Artois. — Hostilité du parti royaliste contre M. Pasquier. — Préventions de Monsieur à son égard. — Fautes commises par le gouvernement provisoire. — Révocation des commissions particulières. — Entrée de l'empereur d'Autriche à Paris. **342**

CHAPITRE XVIII

L'Empereur à Fontainebleau après l'abdication; ses confidences au duc de Vicence; son départ. — Le trésor de la liste civile est ramené à Paris; M. de Maubreuil prétend que des effets ont été dérobés; pour les recouvrer, il se fait délivrer des passeports par toutes les autorités. — Il arrête la reine de Westphalie à Fossard; lui-même est incarcéré quelques jours après. — Enquête poursuivie par la préfecture de police; elle établit la culpabilité de Maubreuil; celui-ci prétend alors avoir été chargé par M. de Talleyrand d'assassiner l'Empereur. — Rapport probable entre cette affaire et le complot du duc de Dalberg. — Lieutenance générale de Monsieur. — Les exigences royalistes croissent sans cesse. — Les journaux et les pamphlets. — La censure. — Royer-Collard reçoit la direction de la librairie. — Efforts faits pour soulager la misère des ouvriers. — Nouvelles adhésions de généraux. — Mauvaises dispositions de l'armée et du peuple. — La Convention du 23 avril ; elle accroît encore le mécontentement. — Situation délicate de M. de Talleyrand.. 363

CHAPITRE XIX

Entrée du duc de Berry à Paris ; son heureux début à Rouen. — Ignorance dans laquelle sont les princes de la société qui les entoure ; Mlle Montausier aux Tuileries. — M. Pasquier congédie l'agent Veyrat et menace de donner sa démission si cette mesure n'est pas maintenue. — Envoi dans les provinces des commissaires extraordinaires du Roi. — Carnot et Lecourbe sont réintégrés dans leurs grades. — Bienveillance de l'abbé de Montesquiou pour M. Pasquier. Celui-ci lui communique ses vues sur la réorganisation de la police. — Les anciens fonctionnaires de l'Empire viennent demander des conseils à M. Pasquier. — Démarches infructueuses du duc de Rovigo auprès de M. de Talleyrand. — Réception de Louis XVIII à Londres. — Départ de Napoléon pour l'île d'Elbe. — Le gouvernement provisoire est dans une profonde ignorance des idées et des dispositions du Roi ; celles-ci sont manifestement différentes de celles de Monsieur. — Des détachements de troupes françaises sont réunis pour l'entrée du Roi à Paris ; la population leur fait un accueil enthousiaste. — Licenciement de la gendarmerie d'élite. — Alexandre et M. de Talleyrand vont au-devant de Louis XVIII à Compiègne. — Le Czar trouve le Roi gagné à l'influence anglaise et se voit contraint de renoncer à son projet d'une union intime franco-russe. — M. de Talleyrand désespère de pouvoir jouer le rôle qu'il avait ambitionné....................... 384

CHAPITRE XX

Louis XVIII à Saint-Ouen ; il y reçoit les grands corps de l'État ; discours de M. de Talleyrand. — Déclaration dite de Saint-Ouen. — Rentrée du Roi à Paris. — Enthousiasme de la population ; bonne tenue de la Garde. — Le lendemain les troupes alliées défilent à la parade devant le Roi. — Les Autrichiens mécontentent la population par leurs airs victorieux. — Première entrevue de M. Pasquier avec Louis XVIII ; celui-ci le met en rapport avec M. de Blacas. — Le Corps législatif est convoqué pour le 31 mai. — Réunion de la Commission de constitution. — Sentiments contre-révolutionnaires de M. Ferrand et de l'abbé Montesquiou. — Singulier dédain du chancelier Dambray pour le Sénat et le Corps législatif. — Les intrigues s'agitent autour des portefeuilles. — Création d'un Conseil de guerre ; l'existence de celui-ci n'atténue en rien la responsabilité du général Dupont. — Ce dernier prête son concours à la reconstitution de la maison militaire du Roi. — M. Pasquier appelle son attention sur les dangers que présente une semblable mesure. — Réorganisation de l'armée ; les compagnies des gardes du corps. — Monsieur prend le titre de colonel général des gardes nationales. — Nomination des autres colonels généraux. . . **406**

CHAPITRE XXI

Le portefeuille de l'intérieur reste à l'abbé de Montesquiou. — Les royalistes battent en brèche la position de M. Pasquier. — Trouble au Carrousel. M. Regnaud de Saint-Jean d'Angely insulté aux Tuileries. — Le Roi et Monsieur décident en secret d'enlever la préfecture de police à M. Pasquier. — Celui-ci apprend leur détermination par M. de Blacas qui lui promet la direction des ponts et chaussées. — M. Beugnot tente vainement de le faire revenir sur sa détermination. — Le Roi signe la nomination de M. Pasquier qui remet le service de la préfecture à M. Beugnot. — Le Roi à l'Opéra. — M. de La Valette verse tout à fait dans l'opposition. — Situation fausse des souverains étrangers. — Alexandre entretient des relations suivies avec l'impératrice Joséphine. Elle est subitement emportée par un mal de gorge. La garde russe rend les honneurs militaires à ses funérailles. — Le traité du 30 mai. — Nouvelles limites de la France. Stipulations relatives à la flotte, aux munitions de guerre, aux indemnités pécuniaires, aux dettes des pays cédés par la France et aux domaines nationaux situés dans ces derniers. — Convention particulière avec l'Angleterre. Les articles secrets. — Rédaction de la Charte. Elle est octroyée par le Roi et datée de la 19ᵉ année de son règne. — Les souverains alliés et leurs troupes quittent Paris. — Ouverture du Corps législatif. — Discours du Roi et du chancelier. — Heureuse situation de M. Pasquier. . . . **423**

FIN DE LA TABLE DES MATIÈRES DU TOME DEUXIÈME.

PARIS

TYPOGRAPHIE DE E. PLON, NOURRIT ET Cie,
Rue Garancière, 8.

www.ingramcontent.com/pod-product-compliance
Lightning Source LLC
Chambersburg PA
CBHW070216240426
43671CB00007B/675